北京文化60年 (1949~2009)

Culture
60 years in beijing

北京文化60年
(1949~2009)

李建盛 / 著

北京大学出版社

图书在版编目(CIP)数据

北京文化 60 年/李建盛著. —北京:北京大学出版社,2010.3
ISBN 978-7-301-16950-6

Ⅰ.北… Ⅱ.李… Ⅲ.文化事业-成就-北京市-1949～2009
Ⅳ.G127.1

中国版本图书馆 CIP 数据核字(2010)第 026608 号

书　　　名：北京文化 60 年(1949—2009)
著作责任者：李建盛　著
责 任 编 辑：尚　明
标 准 书 号：ISBN 978-7-301-16950-6/G·2821
出 版 发 行：北京大学出版社
地　　　址：北京市海淀区成府路 205 号　100871
网　　　址：http://www.pup.cn
电　　　话：邮购部 62752015　发行部 62750672　编辑部 62750673
　　　　　　出版部 62754962
电 子 邮 箱：minyanyun@163.com
印　刷　者：三河市北燕印装有限公司
经　销　者：新华书店
　　　　　　650 毫米×980 毫米　16 开本　22.75 印张　372 千字
　　　　　　2010 年 3 月第 1 版　2010 年 3 月第 1 次印刷
定　　　价：45.00 元

未经许可,不得以任何方式复制或抄袭本书之部分或全部内容。
版权所有,侵权必究
举报电话：010-62752024　电子邮箱：fd@pup.pku.edu.cn

目录

导论　北京文化60年 ……………………………………（1）
　一、城市总体规划与文化定位 …………………………（4）
　二、历史文化保护与世界著名古都建设 ………………（5）
　三、精神文明建设与首善之区构建 ……………………（6）
　四、社会科学发展与文化建设 …………………………（7）
　五、北京教育事业与教育文化发展 ……………………（8）
　六、文学艺术与精神文化建设 …………………………（10）
　七、新闻出版事业与北京文化建设 ……………………（11）
　八、北京体育事业与体育文化 …………………………（13）
　九、公共文化体系、文化旅游与文化交流 ……………（14）

第一章　新中国成立后17年的北京文化 ………………（16）
　一、北平文化接管和新文化的开端 ……………………（16）
　二、城市规划与城市文化定位 …………………………（21）
　三、文化保护与文博事业 ………………………………（29）
　四、首都教育的建设与发展 ……………………………（39）
　五、北京文艺事业的建设 ………………………………（53）
　六、北京其他文化事业的发展 …………………………（69）

第二章　"文革"时期的北京文化状况 …………………（76）
　一、"文化大革命"与文化生态的破坏 …………………（76）
　二、城市建设与文物保护事业的停滞 …………………（82）
　三、"文化大革命"期间北京的教育状况 ………………（88）

四、"文化大革命"时期的北京文学艺术 …………………………（95）

第三章 改革开放与北京文化建设 ………………………………（104）
 一、城市规划建设与城市文化定位 ………………………………（104）
 二、文物保护与历史文化名城建设 ………………………………（111）
 三、首都社会主义精神文明建设 …………………………………（120）
 四、改革开放与北京的社会科学研究 ……………………………（127）
 五、改革开放与首都教育发展 ……………………………………（137）
 六、改革开放与新时期北京文学艺术 ……………………………（148）
 七、改革开放中的新闻出版与体育事业 …………………………（160）
 八、新时期北京的公共文化体系、文化旅游与文化交流 ………（167）

第四章 深化改革与北京文化发展 ………………………………（179）
 一、城市总体规划与城市文化定位 ………………………………（179）
 二、文化保护与世界著名古都 ……………………………………（186）
 三、深化改革与首都精神文明建设 ………………………………（193）
 四、深化改革与北京社会科学 ……………………………………（200）
 五、深化改革与北京教育建设 ……………………………………（212）
 六、深化改革与北京文学艺术 ……………………………………（224）
 七、深化改革与北京新闻出版事业 ………………………………（237）
 八、深化改革与北京体育事业发展 ………………………………（244）
 九、深化改革与北京公共文化体系、文化旅游、文化交流 ……（250）

第五章 新世纪北京文化的繁荣 …………………………………（260）
 一、文化体制改革与首都文化发展 ………………………………（260）
 二、城市总体规划与城市文化定位 ………………………………（269）
 三、整体文化遗产保护与文化名城建设 …………………………（276）
 四、首都精神文明发展与首善之区建构 …………………………（285）
 五、新世纪北京的社会科学发展 …………………………………（294）
 六、新世纪北京的教育发展 ………………………………………（304）
 七、新世纪北京的文学艺术 ………………………………………（313）
 八、新世纪北京的新闻出版事业 …………………………………（325）

九、新北京、新奥运与北京体育事业大发展 …………………（332）
十、新世纪北京的公共文化体系、文化旅游和文化交流 ………（339）

主要参考文献 ……………………………………………………（352）
后记 ………………………………………………………………（354）

导论 北京文化 60 年

北京是有 3000 多年建城史和 800 多年建都史的历史文化名城,文化传统深远,文化资源宏富,文化精神博大,在数千年的历史发展过程中,北京以厚德载物、自强不息的中华民族精神,传承、弘扬、创造和丰富着北京和中国的历史文化。1949 年 1 月北平和平解放和 1949 年 10 月中华人民共和国成立,北京成为了中华人民共和国首都,北京的文化发展开始了新的历程。新中国成立 60 年以来,首都北京作为全国的文化中心,各个文化领域的建设和发展发生了巨大的变化,取得了举世瞩目的成就。尤其是改革开放以来,在首都城市现代化和文化现代化进程中,北京的文化建设、文化保护和文化发展,更是取得了前所未有的辉煌成就,北京正努力建设传统文化与现代文明交相辉映的世界文化名城。

新中国成立 60 年来,北京作为中华人民共和国的首都,一直被定位为全国的文化中心。新中国成立 60 年来的北京文化,是在新中国社会主义制度下的文化建设与发展,是在延续和弘扬中国传统文化和北京地域文化中的建设与发展,同时也是基于新中国成立以来北京文化需要的建设和发展。本书以如下三大基本思路描述、梳理和概括北京文化 60 年的历程:一、以当代中国文化建设与发展的宏大历史为背景,突出当代文化建设与发展的特色,突出和强调不同时期北京文化的历史性内涵和基本特征,做到理论性与实践性、历史性与逻辑性、事件性与内涵性的统一;二、以历史发展为主要线索,描述 60 年来北京各文化领域的重要历史事件,展示北京文化的历史变迁和发展脉络,描述各个不同历史阶段北京各文化领域所取得的重要成就、基本特征和历史贡献;三、以专题和主题为基本结构,对 60 年来北京文化的建设和发展进行专题性和主题性的梳理、分析和考察,阐述各文化领域的主要内容和基本特征,多层面多角度描述和展示 60 年来北京各文化领域的建设和发展。

正如60年历程的中国文化发展一样,首都北京60年的文化历程经历了曲折的过程,更取得了巨大的发展和辉煌的成就。根据新中国成立以来中国文化发展和北京文化发展的历史进程,本书从五个历史阶段描述北京文化60年的发展历程。

一、1949年北平解放和中华人民共和国成立到"文化大革命"爆发前为第一阶段,北京文化进入了改造旧文化和建设社会主义新文化的时期,确立了北京作为新中国全国文化中心的地位。1949年1月,北平宣告和平解放,北京这座拥有悠久历史的文化名城进入了崭新的时代。1949年9月,中国人民政治协商会议通过的《共同纲领》确定中华人民共和国的国都定于北平,改北平为北京。1949年10月1日,中华人民共和国成立,定都北京。从此,北京作为中华人民共和国的首都具有了特殊性质和发挥着特殊的功能。与北京的城市建设与政治、经济和社会发展一样,新中国成立后,北京的文化事业也开创了历史的新纪元,文化的建设和发展发生了重大的社会主义转变和转型。

二、1966年5月"文化大革命"爆发至1976年10月"文化大革命"结束为第二阶段,这是中国文化生态遭到严重破坏和北京文化遭受重大冲击的时期。在这一场历时十年并给新中国的社会、政治、经济、文化各个领域带来严重挫折和损失的运动中,北京的整个文化事业遭受了首当其冲的严重而巨大的冲击,"文化大革命"给北京的各个文化领域带来了严重的灾难。城市文化建设几乎停顿,城市文化保护几近崩溃,首都的教育事业步入低谷,文学艺术事业濒临绝境。

三、1978年中共十一届三中全会召开到1992年为第三阶段,党的拨乱反正政策和改革开放方针使中国的文化和首都北京的文化进入复苏、建设和发展的新时期。1977年8月,中共第十一次全国代表会议宣告"文化大革命结束"。1978年关于真理标准问题的大讨论促进和推动了全国性的马克思主义思想解放运动。邓小平再次阐述了实事求是的思想,指出了拨乱反正、解放思想的重大任务。1978年12月,中共十一届三中全会决定把全党工作的重点和全国人民的注意力转移到社会主义现代化建设上来,确立了解放思想、开动脑筋、实事求是、团结一致向前看的指导方针。"文化大革命"的宣告结束,意味着一个新的政治、社会、经济和文化时代的开始和转型,标志着中国政治、社会、经济和文化的新发展。首都北京的文化有如其他政治、社会、经济领域一样,逐步进入了社会主义现代化建设和发展阶段。北京的城市文化定位和发展、文化保护事业、精神文明建设、教育文化事业、文学艺术以及其他文化事业发生了新的变化,取得了新的历史性成就。

四、1992年邓小平"南巡讲话"和中共十四大的召开到2002年中共十六大提出全面建设小康社会和深化文化体制改革为第四阶段,这一时期标志着中国改革开放事业和经济社会建设的进一步深化和发展,中国的社会主义现代化建设进入了加速发展的新阶段。在深化改革和扩大开放的社会主义现代化和市场经济体制建设中,中国的文化建设,也进入了进一步改革、发展和繁荣的历史阶段。20世纪90年代,北京市积极开创首都社会主义两个文明建设的新局面,适应新的时代要求和建设需要,对城市总体规划进行了修编,进一步明确了北京的城市文化定位,北京作为历史文化名城的文化保护工作取得了更大的进展;在进行首都社会主义物质文明建设的同时,首都的精神文明建设取得了更大的成就;社会科学的发展和文化艺术的创作变得更加繁荣,北京市在全国率先提出了大力发展文化产业,提出文化事业与文化产业"双轮驱动"共同推动首都文化发展的战略构想,首都的基础文化设施的建设与公共文化服务体系逐步完善。在社会主义现代化建设的新的历史阶段,首都北京的文化事业也进入了深化改革、快速发展的新阶段。

五、2002年至今为第五阶段,北京文化事业和文化产业双轮驱动,共同推进北京的文化建设与繁荣。新世纪以来,中国的文化建设和发展进入了大发展大繁荣的时期。2002年,党的十六大报告提出必须大力发展社会主义文化,加强文化建设和文化体制改革。2003年,中央正式启动文化体制改革试点工作。2006年,中共中央、国务院颁布《关于深化文化体制改革的若干意见》,中共中央办公厅、国务院办公厅发布《国家"十一五"时期文化发展规划纲要》。2007年,党的十七大报告提出,要坚持社会主义先进文化的发展方向,推动社会主义文化的大发展大繁荣。新世纪首都北京的文化建设和发展进入了前所未有的新阶段。2001年,北京申奥成功,为北京的文化建设和发展带来新的契机和注入了新的活力,"新北京,新奥运"和"绿色奥运、科技奥运和人文奥运"理念的提出和落实,有力推动了新世纪北京文化的大发展。2004年,新修编的《北京城市总体规划》更加深化和明确了北京的城市性质和发展目标定位。2008年,"绿色奥运、科技奥运、人文奥运"理念的落实成功展示了北京作为历史文化名城和现代化城市的精神形象。2009年,北京市深入贯彻落实科学发展观,提出加快建设"人文北京、科技北京、绿色北京"的战略思路。在新世纪,北京市全面落实中央关于社会主义文化建设和文化体制改革的精神,努力推进首都两个文明的建设,弘扬历史文化,保护历史文化名城风貌,大力发展首都文化事业和文化产业,致力于文化首都和人文北京的建设。

根据新中国成立60年来北京文化的阶段性特点和专题性内容,本书以九大主题为基本结构,多层面描述和概括北京文化60年的历程。

一、城市总体规划与文化定位

城市文化的保护、建设和发展在城市总体规划中的位置,从总体上体现一个城市对文化保护和文化建设的认识高度和意识深度,体现城市文化在城市总体规划建设格局中的战略地位和发展目标。新中国成立以来的北京城市总体规划经历过重大曲折,但总体上对于北京城市文化保护和文化建设发挥着极为重要的指导作用,尤其是改革开放以来,北京作为全国文化中心的性质和定位更加明确和到位。1953年,北京市制定的《改建和扩建北京市规划草案的要点》提出了首都应该成为我国政治、经济和文化的中心的定位,特别是应该成为中国强大的工业基地和全国的科学技术中心。北京作为文化中心的定位虽确立,但更加偏重于工业基地和全国科技中心的定位。1965年,国家副总理李富春向中央作了《关于北京城市建设工作的报告》,再一次明确北京是全国政治、文化、经济管理中心的城市性质,但由于文化大革命的爆发,未能得到落实。"文化大革命"期间,北京城市总体规划被停止执行,北京的城市文化建设处于停滞状态。1973年提出的《北京市建设总体规划方案》,把北京城市的建设和发展定位为具有现代工业、现代农业、现代科学文化和现代城市设施的清洁的社会主义首都,这个总体规划方案并未得到讨论和实施。20世纪80年代制定的《北京城市建设总体规划方案》明确了北京是伟大社会主义祖国的首都、全国的政治中心和文化中心的性质以及北京作为"国家级历史文化名城"的定位,提出北京的城市建设要反映出中华民族的历史文化、革命传统和社会主义中国首都的独特风貌。20世纪90年代的《城市总体规划》在城市性质定位上确定北京是伟大社会主义中国的首都、全国的政治中心和文化中心、世界著名的古都和现代化国际城市。"世界著名的古都"和"现代化国际大都市"的概念和定位,体现了深化改革和首都现代化建设的国际化视野和战略性高度,北京作为全国文化中心和历史文化名城的定位变得更加明确。进入新世纪,北京市颁布新修编的《北京城市总体规划(2004—2020年)》,进一步明确了城市性质、城市发展目标与主要职能。在城市性质上保持了1993年总体规划中确定的北京是中华人民共和国的首都、全国的政治中心和文化中心、世界著名古都、现代化国际城市的性质定位,同时强调要贯彻尊重城市历史和城市文化的原则,把握社会主义先进文化的前进方向,保护古都的历史文化价值,弘扬和培育民族精神,全面展示北京的文化内涵,使北京形成融历史文化和现代文明为一体的城市风格和城市魅力。

二、历史文化保护与世界著名古都建设

北京是世界著名的历史文化名城,有着丰富的历史文化资源和深厚的历史文化传统,新中国成立60年来,如何保护和建设历史文化名城一直是北京文化建设与发展的重大课题和焦点问题。新中国成立之初,北京市进行新的城市建设的同时,也意味着对旧城的改造,甚至同时意味着对旧的城市格局的解构;城市建设中新的建筑和格局的形成,同时意味着一些旧的建筑和格局的逐步丧失。城市的历史文化传统就在这样一种二律背反中延续或者发生重大的变化。新中国成立后的17年中,针对北京的传统城市文化,北京市做了力所能及的保护工作,然而,由于新城市建设的需要和文化定位上的侧重不同,文化保护的工作处于单点保护的状态,难以进行城市文化的整体保护。"文化大革命"期间,文化保护的机构被废除,文化保护法律法规缺失,更因激进化的所谓"破四旧"的"四新"文化运动,北京的历史文化传统被批判和否定,北京的古都文化风貌被破坏,北京的文物事业被迫停止,北京的文物保护事业处于无政府状态,历史文化蒙受了巨大损失。十一届三中全会召开后,北京的文化保护事业进入了新的历史时期。首都北京的文物保护事业在法制法规、文物保护、管理体制等方面开始走向正常化、日益规范化的轨道。在被确定为国家历史名城之后,北京市开展了富有成效的保护工作,初步探索了文物事业的改革问题,提出了为"保护历史文化名城而奋斗"和保持古都风貌的目标。20世纪90年代的城市总体规划对历史文化名城的保护提出了更高的要求,首次提出"要从整体上考虑历史文化名城的保护,尤其要从城市格局和宏观环境上保护历史文化名城"的战略思路。在文物保护上,北京市积极贯彻"保护为主,抢救第一"方针,制定了一系列的政策和采取了一系列的措施,进一步完善

北京历史文化名城的保护规划和法规。在深化改革的新时期,北京市强调城市新建设与历史文化名城统筹兼顾和相互协调的辩证关系,文化保护力度不断增大,文物保护意识不断增强,历史文化名城的保护和发展迈上了新的台阶。进入新世纪,北京市本着弘扬历史文化、保护历史文化名城风貌、建设世界文化名城的文化定位,更加强调整体保护历史文化名城的重要性。北京市制定了一系列的保护规划,颁布了一系列的措施,加大了整体保护、区域保护和单位保护的力度。北京市颁发了《北京市"十五"时期文物事业发展规划》、《北京市"十五"期间历史文化名城保护工作发展规划》、《北京历史文化名城保护规则》、《北京历史文化名城保护条例》。2007年,北京市开始全面落实《北京市"十一五"时期文物、博物馆事业发展规划》,同年公布了《北京市"十一五"时期历史文化名城保护规划》。与此同时,北京开始重视和加强非物质文化遗产的保护工作,首都的非物质文化遗产的保护工作取得了重大的进展。新世纪,北京历史文化名城保护和发展进入了一个更加深入、更加全面的阶段,呈现出物质文化遗产和非物质文化遗产并重保护、整体推进的良好态势。

三、精神文明建设与首善之区构建

社会主义精神文明是在新的历史时期提出的关于社会主义文明建设的新概念,是在总结新中国成立以来社会文化建设的经验教训,面对新时期文明建设需要提出来的任务。十一届三中全会提出,社会主义物质文明和精神文明的建设是社会主义现代化建设的两个重要的、基本的内容。北京作为全国政治文化中心,首善之区的社会主义精神文明建设尤其重要,在全国城乡精神文明建设中具有率先垂范的作用。20世纪80年代初,为推动首都精神文明建设,北京市发布了一系列关于精神文明建设的文件、措施和决定,如《首都人民文明公约》(1982),《关于在全市开展军民共建社会主义精神文明的决定》(1982)和《关于在全市普遍开展一次国际主义教育活动的通知》(1982),《关于开展"五讲四美三热爱"活动争取首都社会风气根本转变的实施要点》(1984),《关于"七五"期间加强社会主义精神文明建设的若干措施》(1986)。1989年,北京市成立首都精神文明建设综合治理领导小组,大力推动首都社会主义精神文明的建设。1991年,《文明单位标准》和《文明单位管理办法》的制定,使首都文明单位的建设更加制度化和规范化。随着经济体制改革的深化和市场经济体制的发展,精神文明的建设逐步走向深入。1993年的《北京城市总体规划》提出要"加强民主法制建设和精神文明建设,走在全国的前列"。1994年,北京市制定了《1996—2000年首都文明城市建设规划》。北京市坚持"精神文明重在建设"的方针,大力开展"做文明市民,创文明单位,建文明城市"的群众性活动,全面落实"建首善、创一流"的首都精神文明建设措施。1999年和2000年制定并实施了一系列的首都精神文明建设的细则、措施和评价指标体系,完善了北京市各个层次的文明指标体系的构架。新世纪以来,首都的精神文明建设抓住迎奥运的时机,加强公民道德建设、未成年人思想道德建设、文明单位建设,努力创建以人为本、和谐发展和社会安定的首善之区。2004年,北京市制定了《首都精神文明建设奥运行动规划》,提出首都精神文明建设要坚持重在建设、以人为本、齐创共建、全面发展的原则,把北京率先建成一流文明城市。2006年,北京市下发《首都"十一五"时期精神文明建设规划》,努力建设和形成全市城乡精神文明建设全面协调发展的良好局面,形成首都社会主义物质文明、政治文明、精神文明与和谐社会建设全面协调发展的良好局面。在迎奥运和奥运举办期间,首都精神文明建设以"迎奥运、讲文明、树新风——我参与、我奉献、我快乐"活动为着力点,深入开展精神文明建设活动,首都精神文明建设进入了全面发展的新阶段。

四、社会科学发展与文化建设

北京集中了全国许多最优秀的哲学社会科学研究机构,北京有众多的综合性大学和文科院校从事哲学社会科学的研究,北京是全国哲学社会科学研究最发达的城市。新中国成立后,首都北京与全中国一样,社会科学的研究以马列主义毛泽东思想为指导,为中国的社会科学建设做出了新的贡献。改革开放以来,北京的社会科学研究进入了新的历史阶段。1977年,中国社会科学院成立,这一全国性的、最高的社会科学研究机构的成立,标志着党和国家对社会科学事业的高度重视。1978年,中共北京市委决定成立北京市社会科学研究所(1986年更名为北京市社会科学院),北京市开始有了专门的社会科学研究机构。1983年,北京社会科学学会联合会成立。北京社会科学学会联合会的成立,对于整合首都的社会科学研究力量,开展社会科学研究的合作,发挥了极为重要的作用。同年,北京市哲学社会科学规划领导小组成立,北京市社会科学事业进入了有计划和规划发展的阶段。十一届三中全会后,北京市哲学社会科学工作者积极参加拨乱反正的工作,积极参加真理标准问题的讨论,勇敢地冲破社会科学领域的禁锢,本着实事求是、解放思想的精神,对北京的城市发展、经济建设、文化保护与建设等社会科学的各个领域进行了深入研究和探讨,开创了新时期北京市社会科学研究的新局面。在20世纪90年代的深化改革、加速社会主义现代化和市场经济体制建设的历程中,北京的社会科学事业坚持百花齐放、百家争鸣的学术方针,进一步解放思想,更新观念,紧密结合中国社会、政治、经济、文化发展的实际和需要,积极研究和探索社会主义改革开放和经济建设中的理论问题和实践问题,密切联系首都北京改革开放中的两个文明建设,努力发展具有首都特色的北京社会科学。在"八五"和"九五"期间,北京的社会科学事业获得了新的较大的发展,为首都的两个文明建设提供了知识支持和智力支持。随着我国社会主义现代化建设事业的发展,哲学社会科学在经济和社会发展中发挥着日益重要的作用。党和国家高度重视哲学社会科学的建设与发展,把哲学社会科学提高到了一个前所未有的高度。历史进入新世纪,党中央更加强调社会科学的重要性,提出要繁荣发展哲学社会科学,推进学科体系、学术观点、科研方法创新,鼓励哲学社会科学界为党和人民事业发挥思想库作用,推动我国哲学社会科学优秀成果和优秀人才走向世界。北京市积极贯彻落实中央关于繁荣发展哲学社会科学的指示精神,紧密结合国家经济社会发展和首都现代化建设的需要,高度重视北京哲学社会科学的建设与发展,积极繁荣发展首都哲学社会科学事业。新世纪的北京社会科学,在社会科学研究的组织工作上更具有规划性和战略性,在队伍建设上更具有人才的整合性和结构性,在学科建设上更注重基础学科、应用学科、交叉学科和边缘学科的多向发展,在学术创新上要求开创性、深刻性和前沿性,在科研成果上更突出学理性、思想性和精品性,努力开创首都社会科学的繁荣发展的新局面。

五、北京教育事业与教育文化发展

教育是培养人的全面发展的重大工程,是人的文化化的系统工程。新中国成立后17年的首都教育事业,遵循党中央提出的新民主主义时期和社会主义建设时期的教育方针和政策,适应大规模社会经济建设的需要,首都教育事业的各个方面取得了重大成就,到1965年,北京地区的高等院校发展到58所,半工半读的学校125所,普通中学567所,小学5888所。经过新中国成立后十多年的建设和发展,基本奠定了北京作为全国教育文化中心的地位。"文化大革命"期间,首都北京的教育事业受到了严重的冲击,在教育的极端政治化和阶级斗争化的时期成为了社会动荡时期的"重灾区"。"文化大革命"结束后,随着高等学校招生工作的恢复、招生制度的改革和党的十一届三中全会的召开,以及教育体制改革的开展,北京的教育事业得到了迅速的恢复、重建和发展。20世纪80年代,党和国家对教育事业的高度重视和20世纪80年代中期开始的教育体制的改革,进一步推动了中国教育事业的迅速发展,北京的教育事业在改革开放的历史进程中取得了重大的成就,首都的教育事业呈现出前所未有的生机。1985年,北京市委、市政府召开的教育工作会议提出,要努力把北京建成全国教育程度最高的城市。1989年,北京市委、市政府召开教育工作会议,提出进一步深化教育体制改革,大力加强德育,全面提高教育质量。1990年,北京市开始进行学校改革试点工作,市属高校随即全面推进内部管理体制改革。对高校进行了整体布局上的结构性调整,优化了教育布局的结构,强化了学科建设,提高了教育质量。北京的高等教育、基础教育、成人教育和职业教育得到了较为全面的发展,重新树立了北京作为全国教育中心的地位。在深化改革中,北京市积极落实中央关于教育改革和教育发展的指示精神,把北京的教育事业放在优先发展的战略地位,制定和颁布了一系列改革发展的措施。1992年,北京市颁发了《北京市教育事业十年规划和"八五"计划纲要》,提出大力宣传"依靠人民办教育,办好教育为人民"的指导思想,全力办好北京的教育事业。1996年,北京市提出要树立北京大教育观念,加大改革力度,深化体制改革,继续把教育放在优先发展的战略位置。1998年,北京市确定"立足北京、服务全国、深化改革、优化结构、重在提高、争创一流"的教育发展总体思路。1999年,北京市确立北京高等教育新目标,提出到2010年,北京市的教育水平要达到中等发达国家首都教育的同期水平,在全国率先进入高等教育普及化阶段。经过"八五"和"九五"期间北京高等教育事业的改革、建设和发展,"立足北京、服务全国、深化改革、优化结构、重在提高、争创一流"的首都教育思路得到了更深入的落实。新世纪以来,北京市紧密结合北京教育发展的实际和首都社会主义现代化建设的需要,制定了"十五"和"十一五"时期教育事业发展规划和一系列改革发展措施,进一步深化教育改革,全面推进素质教育,提高办学质量和效益,充分发挥北京的教育优势,推进首都教育现代化,初步构建与社会主义市场经济和经济社会发展要求相适应的首都现代教育体制和教育体系。2005年,北京市制定的《首都教育2010年发展纲要》指出,首都的教育事业要为首都的经济现代化、城市现代化和社会现代化提供强大的人才、智力支持和知识、科技贡献。2006年,北京市开始实施《北京市"十一五"时期教育发展规划》,坚持"内涵发展"、"人才强教"、"资源统筹"、"开放创新"的原则,全面促进首都教育更好更快发展。到2010年,在全国率先基本实现教育现代化,基本接近发达国家首都同期平均水平,把北京建设成为世界上教育发达的城市之一。

六、文学艺术与精神文化建设

文学艺术属于精神意识的文化创造和生产,属于审美意识形态的范畴。新中国高度重视社会主义文学艺术的建设、繁荣与发展。新中国成立后17年的北京文学艺术,积极贯彻党中央和毛泽东的文艺思想,北京市的领导和首都的文学艺术家遵循党的政治路线和文艺方针,积极参与对旧文艺的改造和新文艺的建设工作。新中国成立后,一大批全国优秀的文学艺术工作者云集北京,一系列重大的文学艺术活动和会议在北京举行,使北京的文学艺术具有了首都的视野,一大批文学艺术作品具有全国性的水准。新中国成立后十多年的北京文艺事业,普及了首都文艺工作者的马列主义毛泽东思想水平,其间虽经历了复杂而曲折的发展变化历程,但也取得了令人瞩目的成就,为建设首都的社会主义文艺事业做了应有的贡献。"文化大革命"导致了全国文学艺术领域的黯淡和灾难,首都北京的文学艺术领域更不能幸免于难,文艺的极端政治化和阶级斗争化导致了首都文学艺术生态的彻底破坏。十一届三中全会后,首都文艺界开始了拨乱反正的工作,文学艺术开始复苏和发展。1979年召开的第四次全国文代会开创了新时期中国文学艺术和首都文学艺术的新局面。邓小平的讲话站在新时期社会主义现代化建设和文化建设的高度,充分肯定了文学艺术事业在中国文化建设中的地位和作用,重申百花齐放、推陈出新、洋为中用、古为今用的方针,要求文艺工作者勇于创新。邓小平的讲话极大地鼓舞了广大文艺工作者,成为了新的历史时期指导中国文学艺术事业的指针。随着改革开放的深入,北京的文学艺术事业呈现出主导性与多样化共同发展的态势,思想活跃、成果丰硕、人才辈出。新时期的北京文学艺术发展从文艺创作、文艺理论、文艺批评等的各个方面,始终在某种程度或某个方面保持领风气之先的发展态势,繁荣了首都的文学艺术,共同参与和建构新时期中国文学艺术事业,积极推动现代化建设时期的中国文化发展。20世纪90年代,中国的经济社会发展进入了一个新的历史阶段,文学艺术的发展呈现出新的发展态势。"弘扬主旋律,提倡多样化"成为90年代中国文艺发展的指导方针。北京市文艺战线在"弘扬主旋律,提倡多样化"的方针指导下,以"五个一工程"为龙头,抓住机遇,深化改革,繁荣艺术生产,加强对文艺队伍的建设和对文化市场的管理,创作出众多的优秀作品,举办了异彩纷呈的群众性文化活动,大力繁荣首都文艺,满足人民群众日益增长的文化需求。从1995年起,北京市开展社会主义精神文明建设"十个一工程",推动了文艺精品的创作。同时,进一步深化文艺体制改革,提高群众文艺生活的质量,丰富首都精神文化生活。进入21世纪,全球化和商业化浪潮波涛汹涌,随着中国各项事业的巨大进步,社会的变迁和思想的变革,政治经济体制的改革,特别是第七次和第八次全国文代会的召开以及文化体制的改革,北京文学艺术在弘扬主旋律、走向全面繁荣的同时呈现出新的变化,多元化、大众化、市场化等特征日益明显。新世纪的北京文学艺术,在弘扬主旋律的同时不断拓展文学艺术的多样性空间,在坚持正确文艺方向的同时积极探索文学艺术的新方法,在努力建构精神文化价值的同时勇于面向市场经济的发展,在深化文化体制改革的新形势下,坚持"百花齐放,百家争鸣"的方针,大力推动北京文学艺术的新发展和新繁荣。

七、新闻出版事业与北京文化建设

新中国成立后,北京地区的新闻出版事业依托首都的政治中心和文化中心优势,迅速成为全国的重要新闻出版中心。解放后,除了在北京创刊的中央报刊和全国性杂志外,北京市相继创刊了《北京日报》、《北京青年报》、《北京农民报》、《北京晚报》等。1958年,中共北京市委主办的《前线》杂志创刊,彭真主持撰写了题为《站在革命和建设的最前线》的发刊词。除北京的中央和全国性出版社外,1956年综合性的北京出版社成立,在成立后的10年,共出版书籍1200余种,印行4900多万册。"文化大革命"期间,北京的新闻出版事业遭到了严重的破坏,作为文化传播和文化生产重要媒介的新闻出版事业几乎处于停滞状态。十一届三中全会后,北京的新闻出版事业得到了恢复、建设和发展。1979年9月,北京市广播事业局成立(1984年2月更名为北京市广播电视局)。1987年7月,北京市政府决定成立新闻出版局。北京市的新闻出版管理机构的建设和逐步完善,有力地推动了北京新闻出版事业的发展。到1989年,在北京出版的中央报纸有151种,北京市出版的报纸19种。《北京日报》发至13个国家和地区,对于宣传党的方针政策和把握舆论导向、报道北京市在改革开放中取得的成就发挥了重要作用。在北京出版的各种期刊共有1655种,北京市属单位主办的期刊有97种,7种市属期刊被评为全国优秀期刊。改革开放过程中,北京地区新闻报刊和各种专业期刊不断丰富和繁荣。北京市的出版事业得到了迅速的发展,不断调整结构,扩大规模。北京出版社确立"立足北京,面向全国"的基本方针,出版了各种门类、各个学科的优秀出版物,为首都北京乃至全国的科学文化的研究和普及,以及社会主义文化学术的发展和繁荣做出了应有的贡献。"八五"和"九五"计划期间,北京的新闻出版事业坚持正确的政治方向,深化改革,强化精品,重文化建设,抓经济效益,在各个方面取得了重大的发展和重大的成就。北京的新闻事业坚持正确的舆论导向,积极宣传党的方针政策,紧紧围绕首都社会主义物质文明建设和精神文明建设,从各个角度、各个层面、各种主题形式报道、宣传首都经济社会的建设发展的成就。随着市场经济的深入发展,北京市新闻事业深化改革,加强管理,认真把握团结、稳定、鼓劲和正面宣传的方针,善于抓导向,重调控,大力宣传在首都两个文明建设中做出突出贡献的典型人物和典型事例。1992年开始,北京市的出版事业以"抓质量、上水平、繁荣京版图书"为指导,深化出版体制改革,强化精品工程,立足北京,面向全国,为首都和全国的经济建设和改革开放服务。1999年北京出版社出版集团成立,通过资产重组和生产要素的优化配置,加快实现了出版事业的规模化、集约化、效益化和现代化,增强了创新意识,提高了效率,强化了精品意识。新世纪的北京新闻出版事业进一步深化体制改革,积极探索社会主义市场经济体制下北京市新闻出版事业的新发展。"十五"期间,北京市新闻出版系统不断深化新闻出版的改革力度,努力打造形成了具有全国性影响和世界关注度的首都新闻出版系列品牌。"十一五"期间,北京市新闻出版事业贯彻落实中央和北京市有关文化体制改革、文化事业建设和文化产业发展的指示精神,抓住新的机遇,迎接新的挑战,以发展文化创意产业为重点,大力实施精品战略,推进人文奥运建设,全力建设具有全国辐射力和世界影响力的新闻出版事业。

八、北京体育事业与体育文化

新中国成立后,北京的体育事业得到了迅速的建设和发展。1949年10月北京市就举办了庆祝新中国诞生,促进人民身体健康,保卫祖国,增加生产,培养集体主义精神的第一届人民体育大会。1953年,北京市体育运动委员会成立。1956年,北京开始组建优秀运动队,正式开始了北京的竞技体育工作。1959年,北京市号召开展多种多样的群众性体育活动,积极准备参加全国运动会,涌现了许多优秀的运动员。同时,群众性体育进入大发展时期,职工运动会、农民体育、老年人活动及伤残人体育也得到蓬勃开展。北京的体育场馆建设也进入了新的历史时期,相继建了北京体育馆、北京工人体育场、北京工人体育馆,"文化大革命"期间的1968年建成了首都体育馆。中央和北京市对首都体育事业的高度重视,为首都的体育事业和北京市体育事业的建设和发展打下了重要的基础。1978年,北京市的体育事业进入了新的历史时期,恢复和采取了"从难、从严、从实战出发、大运动量训练"的方式,不断积累经验,探索提高体育竞技水平的方法。为全面提高北京体育事业的水平和运动的竞技能力,大力发展北京的体育事业,北京市的相关体育部门采取了一系列的改革措施,体育经济水平进一步提高,北京的运动员们在全国和世界性的体育运动中取得了许多优异的成绩。同时北京的群众性体育事业也得到了较大的发展。1990年第十一届亚运会的成功举办,成为了首都北京和全国体育发展的一个新起点。1991年,邓小平提出"办了亚运会还要办奥运会",对中国体育事业发展提出了更高的要求和指示精神。1991年,北京市政府向国际奥委会提出承办2000年第27届奥林匹克运动会的申请,首都北京体育事业的发展踏上了新的征程。深化改革和市场经济体制建设,为中国和首都北京的体育事业确立新的发展方向。北京市在大力发展首都北京的体育事业的同时,积极开展申办奥运的工作。在深化改革的历史进程中,北京市紧密围绕体育事业的开放、建设和发展主题,配合北京申办奥林匹克运动会的工作,在加强制度建设和管理建设的同时,狠抓竞技体育和人才工作、体育基础设施建设,进一步推动和发展全民健身运动,积极开拓体育市场,发展体育产业。

经过"八五"和"九五"期间的建设和发展,北京市的体育事业在人才培养、基础设施、健康教育和文化素养等方面都取得了较大发展。2001年,北京申办第29届奥林匹克运动会成功,为中国和首都体育事业的发展带来百年一遇的新契机。在新的世纪,北京体育事业围绕"新北京、新奥运"的宏伟主题,为筹办和迎接2008年北京奥运体育盛会,积极开展各项体育事业的建设,北京的体育事业取得了前所未有的新发展和新成就。2008年第29届奥林匹克运动会在北京举行,北京市的体育事业迈上了一个崭新的历史发展平台,是北京市体育事业、体育文化、体育产业走向大发展和大繁荣的年份。奥运会和残奥会的成功举办和完满完成,使北京赢得了世界性的广泛赞誉,北京市的体育事业走上了兴旺发达的征程,开创了北京体育大发展、大繁荣的新局面。

九、公共文化体系、文化旅游与文化交流

新中国成立后,中央和北京市非常重视北京的公共文化基础设施的建设,北京的公共文化基础建设初见成效。"文革"期间,文化事业遭到了巨大破坏,公共文化体系建设以及文化旅游、文化交流事业基本处于停滞状态。进入新时期以后,文化事业有了较大的调整与恢复,文化管理方面开始逐步探索"以文补文"、"多业助文"等模式。新时期的北京公共文化、文化旅游、文化交流经历了一个"百废俱兴"的恢复和发展过程。在公共文化体系建设方面,博物馆数量持续增长,行业办馆、地方办馆以及小型馆、专题馆有较大发展;图书馆全面恢复,出现一些新形式的基层图书馆、室;文化馆、站基层网络迅速壮大;博物馆事业步入轨道;档案馆的利用也开始确立了法律保障。在文化旅游方面,传统观光旅游得到恢复和持续的发展,民俗文化旅游于80年代中期兴起,北京市80年代中后期开始的大力推介也有力地推动了文化旅游的发展。在对外文化交流方面,逐步制定文化交流开放性政策法规,引入制度化和法规化管理;文化交流突出恢复、巩固和扩大对外交往的政治宣传功能,努力重塑中国国际形象。随着改革开放的进一步深化,北京市在加强事业性基础文化建设的同时,也不断地引入了市场的机制。在公共文化建设方面,博物馆进一步打开、放活,个人、企业办馆开始出现;图书馆稳定发展,藏书量和建筑面积都有较大增长,技术手段和服务方式不断更新;文化馆拓展活动内容和经营方式;档案馆进一步

增加馆藏、提高了利用率。在文化旅游方面，文化旅游资源与形式得到进一步拓展，逐步推出了更多、更新的文化旅游项目，同时，北京市开展了内容更加丰富、形式更加多样、领域更加广泛的推介活动。在对外文化交流方面，文化交流项目数量和规模都有显著增长；文化政策法规得到进一步健全和加强，为对外文化交流提供了良好的政策环境，推进了北京的对外文化交流的健康发展。进入20世纪以来，北京市文化事业建设在资金投入、设施数量和规模上有大幅度提高，建设的质量和理念转变方面实现了质的提升。尤其是"奥运"文化和文化创意产业的兴起更有力地促动了首都各项文化事业的发展。在公共文化体系建设方面，加强了资金扶持和政策引导；博物馆筹资渠道、办馆主体和门类进一步拓展，服务公众的力度提升；图书馆网络化、电子化趋势显著，农村和远郊区县的图书事业得到加强；文化场馆的四级文化设施服务体系大体实现全面覆盖；文博事业日益活跃和开放；档案馆等其他文化设施建设继续发展。在文化旅游方面，文化旅游事业与文化创意产业的结合更加紧密，出现了根据有科学性、合理性、可持续发展性的新项目、新规划、新气象。在对外文化交流方面，文化外交与文化交流的结合更加多样化；"引进来"与"走出去"相互协调，相辅相成；文化交流的管理和经营机制转换进一步深入，运作更为成熟，与市场、国际接轨更为密切；努力创建文化交流品牌，搭建世界性文化交流的平台，形成国际都市的开放气象；文化交流从"台上"走到"台下"，进入日常生活。在新世纪深化文化体制改革的过程中，北京市全面贯彻落实中央关于文化体制改革的精神，大力发展文化事业、文化产业和文化创意产业，努力建构更加完善的公共文化服务体系，推动首都社会主义文化事业和文化经济的大发展大繁荣。

第一章　新中国成立后17年的北京文化

1949年1月31日,北平宣告和平解放,北京这座拥有悠久历史的文化名城进入了崭新的时代。1949年9月21日至30日,中国人民政治协商会议在北平召开,会议通过了起临时宪法作用的《共同纲领》,选举了中央人民政府委员会,全体一致通过决议:中华人民共和国的国都定于北平,改北平为北京。1949年10月1日,中华人民共和国成立,定都北京。从此,北京作为中华人民共和国的首都具有了特殊性质和发挥着特殊的功能。与北京的城市建设、政治经济和社会发展一样,新中国成立后,北京文化事业也开创了历史的新纪元,文化的建设和发展发生了重大的转变和转型。

一、北平文化接管和新文化的开端

新中国成立后的北京文化,首先来自于对北平旧文化系统的改造和新文化制度的建立。中国共产党人在北平解放前夕,就充分认识到了北平已有的各种文化系统在北平解放后所具有的重要地位、作用和意义。如何有效保护、利用和改造旧北平的文化系统以为新中国和新北平服务,是中国共产党人建设新文化的一项重要课题和任务。

早在1948年冬,中共中央决定成立中国人民解放军北平市军事管制委员会,1948年12月13日,中共中央和华北局决定成立中共北平市委员会,任命了中共北平市委、北平市军事管制委员会、市政府的领导干部。1948年12月21日,中共北平市委发出了《关于如何进行接管北平工作的通知》,该《通知》明确了军事管制委员会的中心工作。军事管制委员会初期的中心任务为:迅速消除北平市的混乱现象,安定社会秩序;系统进行接管工作;肃清反革命残余;动员公私力量,保证城市的供应。1949年1月北平军事管制委员会宣告成立,叶剑英任主任。北平市人民政府成立,叶剑英任市长,徐冰任副市长。1949年1月31日,北平和平解放,为北京文化事业的建设和发展奠定了非常重要的基础,有力地保护了北京的历史文化资源。北平集中了一大批世界著名和全国一流的文化机构、文化场所和文化遗产,如故宫、中南海、颐和园、天坛等等,会聚了一大批文化教育机构,如北平图书馆、北京大学、清华大学、燕京大学等。北平的和平解放使这些文化机构得到了完好的保护。解放后的北京能成为全国的文化中心,能成为世界著名的历史文化名城,是与北平的和平解放息息相关的。1949年2月2日,军事管制委员会进入北平城办公。中国人民解放军军事管制委员会除设立物资接管委员会、纠察总队、警备司令部、市政府等机构外,为了接管北平的文化机构,同时在军事管制委员会下设立了文化接管委员会,负责北平市各文化系统的接管工作。文化接管委员会的主要任务是,负责接管一切属于国家的公共文化教育机构和一切文物古迹,凡属于市管理范围的由中共北平市教育局接收,文化接管委员会下设四个部,分别负责教育、文艺、文物和新闻出版的接管工作。

根据中央华北局和中共北平市委的决定和指示,以及文化接管委员会所了解和掌握的情况,文化接管委员会拟订了接管计划,并确立了文化接管的基本精神。《北平市军管会文化接管委员会接管计划要点》提出了三个基本精神:一、接管文化、教育、研究机关一律采取谨慎稳重的方针,一般地初期维持原状,迅速复工、复课,以后逐步进行可能和必要的改进。二、对情况不明或尚不明了的机关、学校一律采取暂时不动,待进城后进一步了解情况后请示上级处理。三、由于接管人员的数量、质量不够,且经验不足,接管时拟先决定接管若干重要的机关、学校(如北大、师大、清华、北平图书馆、故宫博物院、北平研究院、华北日报社、中央分社,北平广播台等),其他仅向他们宣布方针政策,不做直接接管,以便正确解决关键问题,推动全盘问题的逐步解决。即使在重要的机关、学校中,也必须分清先后轻重。

本着文化接管的基本精神和谨慎稳重的方针,文化接管委员会和各部、处的每一项接管工作都尽可能做得细致到位。每一项文化接管工作都有会议记录、工作计划、报告和总结。在新闻出版方面,文化接管委员会就关于接管报纸、杂志社、通信社的方针作了向中央和华北局的请示报告。

在教育方面,撰写了关于接管清华、北大等高校的报告。在艺术和教育方面,文化接管委员会对平津的艺术学校和艺术团体都进行了深入的调查并写出调查材料,对于北平各大学及平津专科以上学校基本情况列出一览表,撰写了概况材料。在文物方面,提交了故宫博物院、历史博物馆文物保存情况及清册目录,国史馆北平办事处概况。文化接管委员会详细地列出了接管对象和接管代表一览表、接管人员名册。文化接管委员会的工作所做的调查、研究、分析和汇报相当到位,不仅为各文化系统的接管工作提供了重要的前提条件,而且为接管工作的胜利进行奠定了基础。

文化接管委员会对于各文化系统的文化接管,都根据接管对象的不同进行了分类,根据不同对象的不同性质确立了不同的方法,根据接管对象的先后轻重,制定了接管的步骤。文化接管委员会对文艺、教育、新闻出版和文物等文化系统的各项接管都做了详细明确的规定,从而保证了整个文化接管和各个文化系统接管工作的顺利进行。

文艺部负责戏剧音乐、电影和艺术教育方面的接管工作。戏剧音乐方面的接管对象有:后勤总部演剧第十队、后勤总部演剧第二十三队、二〇四师评剧团、绥远省立戏剧学院、保安司令部四维剧团、四维剧校第二分队、青年馆、剿总铜乐队、省府铜乐队和二〇八师铜乐队。电影方面的接管对象有:中电三厂(国民党政府中宣部所办)、长春厂北平办事处(国民党中宣部办)、中电服务处北平办事处(国民党中宣部办)、国家大戏院、大光明戏院、建国东堂、建国西堂、文化剧场、电影放映队等。艺术教育方面的接管对象有:国立北平艺术专门学校、伪中央文化运动委员会北平分会,协助接管对象有国立北平师范大学工艺美术科和音乐系,以及长白师范学院的美术系和音乐系。新闻出版部负责报纸、外埠各报驻平办事处通讯社、外国通讯社和外国记者、书店出版社的接管工作。对于报纸、杂志、通信社的接管分为予以接收者、没收者和需要审案后没收者三类;书店分为应予接收者和应予保护者。教育部负责大学、研究机关、社教社团的接管工作。接管的大学、专门学校10余所,其中公立8所:北京大学、清华大学、师范大学、铁道管理学院、东北大学、长白师范学院、沈阳医学院、山西大学。私立7所:燕京大学、中法大学、辅仁大学、中国大学、华北文法学院、朝阳学院、东北中正大学。文化接管委员会接管的研究机构有:北平研究院、中央研究院历史语言研究所北平分所、天文台、大辞典编纂处。归文化接管委员会处理的社教社团有中国社会经济研究会(附《新路》杂志)、欧美同学会、中国政治学会图书馆、中国教育学会年会、社会教育促进会、中国教育学会北平分会、中国政治研究会。文物部负责博物馆(院)、行政院北平文物整理委员会、国立北平图书馆的接管工作。

从1949年2月2日入城正式开始全面接管旧北平文化机关以来,到3月20日,北平市军管会文化接管委员会,共接管了61个文化单位,基本完成了北平的文化接管工作。为了实现对接管文化单位的有效管理、改造和利用,北平市军管会文化接管委员会制定了接管单位移交计划表。

北平市军管会文化接管委员会接管单位移交计划表①
(1949年3月13日)

部门	已被接管机关	移交何机关	备注
文物部	国立故宫博物院	华北政府文物管理委员会	
	国立北平图书馆	华北政府文物管理委员会	
	北平文物管理委员会	华北政府文物管理委员会	
	历史博物馆		拟与故宫博物院合并
	沈阳博物馆迁平部分		拟令迁回沈阳,由沈阳该院接收
	国史馆北平办事处		拟令其合并于北平研究院史学研究所
教育部	东北大学		已遣回东北,移交东北大学委员会
	长春大学		已遣回东北,移交东北大学委员会
	长白师范学院		已遣回东北,移交东北大学委员会
	沈阳医学院		已遣回东北,移交东北大学委员会
	辽海商船专科学校		已遣回东北,移交东北大学委员会
	北平电影服务处	华北政府文艺工作委员会	
	国民电影院	华北政府文艺工作委员会	
	北洋电影院	华北政府文艺工作委员会	
	大华电影院	华北政府文艺工作委员会	
	大都市电影院	华北政府文艺工作委员会	
	建国东堂	华北政府文艺工作委员会	
	建国西堂	华北政府文艺工作委员会	
	私立剧院(现改为开明剧院)	北平市人民政府	
	北平艺术专科学校	高等教育委员会	
	电影二十七队		已由东北野战军政治部接去
	演剧十队		已并入华北人民文工团
	"剿总"军乐队		已并入华北人民文工团
	演剧二十三队		不愿入伍者另行处理

---

① 见王芸主编:《北京档案史料》,2004年第3期,北京:新华出版社,2004年,第45—47页。

（续表）

部门	已被接管机关	移交何机关	备注
新闻出版部	华北日报	新闻出版部所接管之各印刷机构之分配，已另订计划呈送中央并经批准	已由人民日报使用
	中央社北平分社		已由新华社北平分社使用
	正中书局		已由新华书店使用
	独立出版社		已由新华书店使用
	独立出版社印刷厂		
	中国文化服务社		已由新华书店使用
	中国文化油墨厂		
	河北省党部文化事业公司北平印刷厂		
	新生报		
	阵中日报（长城日报）		
	中国时报		
	北平时报		
	道报		
	世界科学社		
	军闻社		
	正中书局北平印厂		
	北平日报		
	英文时事日报		
	天津民国日报北平办事处		
	世界日报		并未接管，只是查封
	二〇八师印刷所		

北京市军事管制委员会文化接管委员会对北平文化接管工作的完成，实际上很大程度上实现了北平文化的一个重要转型，基本结束了旧北平的文化系统，使北平的文化进入了新的文化时期。这主要体现在如下几个方面：第一，北平的文化机构被接管后，各文化系统被纳入了新的文化管理体制，服从于新市委市政府的领导和管理，在文化管理上体现了新体制的转型。第二，整顿了一些混乱的文化机构，取缔了反动的文化机构和组织，纯化了北平市的文化氛围，在文化环境上体现了新的变化。第三，对被接管文化单位的人员进行了大量的政策宣传和思想教育，提高了文化领域内对文化的新认识，在认识上体现了新的意识。第四，新的文化政策、新的文化体制和文化管理方式，体现了文化性质和文化方向的重大转变。第五，接

管、改造和利用的方针政策,为解放后北平各项文化事业如文化教育、文物保护、新闻出版、文学艺术等等的恢复、稳定和发展奠定了极为重要的基础。第六,文化接管委员会对部分接管文化机构的移交,在某种意义上奠定了解放后北京文化机构格局的雏形。文化接管委员会对北平文化机构的接管所确立的基本精神,对接管对象采取的谨慎稳重的步骤和方法,以及一系列接管措施,为建国初期乃至新中国成立后北京的文化建设和文化发展奠定了重要基础。

二、城市规划与城市文化定位

一个城市的文化建设和发展,与该城市已有的历史文化资源密切相关,也与有意识的城市总体规划定位有着密切的关系。新中国成立后,北京的城市建设和发展,在某种意义上,就是在这个城市的总体规划的基本框架下进行的。新中国成立后17年的北京城市文化的宏观发展与新中国成立后北京的城市总体规划对城市的定位有着某种深刻的联系。

1949年3月5日,毛泽东在七届二中全会上所作的报告中提出"定都北京",报告提出党和军队的工作重心必须放在城市,要将消费的城市变成生产的城市。北京和平解放后,如何规划首都北京的发展、如何定位北京城市的发展,就成为了一种非常重大的课题。事实上,北京解放后不久,中共北京市委和市政府便着手考虑首都建设和发展的总体方案。1949年5月22日,北京市政府成立了都市计划委员会,由党政负责人叶剑英等和有关专家张友渔、梁思成、薛子正、王敏之、侯仁之、曹言行、戴念慈、严敬清等组成了北平市都市计划委员会,开始考虑北京的城市规划与发展问题的研究和讨论。

在党中央、中央人民政府的指导和关怀下,中共北京市委、市政府不仅邀请了国内专家参加北京城市的规划工作,还邀请了前苏联专家工作组来京协助研究北京的城市规划与建设问题。对首都的未来发展蓝图,中外专家建言献策,提出许多不同的构想,提供了不少的方案。这些构想和方案在首都城市的性质、规模和布局都有着大体相近的认识。

要在一个具有悠久历史的文化古都建设中华人民共和国的新首都,一方面,要充分考虑到已有的城市文化遗产,另一方面也必须充分考虑这个城市的新发展。因此,新中国成立之初,关于首都北京的城市规划和建设问题,一方面与北京城市新的建设和新的发展密切相关,另一方面与北京城市的文化保护和文化建设紧密相连。建国初期关于北京城市规划产生的不同意见,在很大程度上就是围绕这两个问题展开的。

1949年9月,中共中央请来以莫斯科市苏维埃副主席阿布拉莫夫为首的前苏联市政专家团,在对北京进行了短期的考察之后,该专家组提出了《北京市将来发展计划问题的建议》的报告,他们主张在旧城内天安门附近一带建设国家的行政中心,并大致规划了北京的工业区、居住区、文教区和休养区。聂荣臻主持了该报告的讨论会,多数与会者都同意前苏联专家团提出的基本设想。对于这个报告提出的基本设想,著名建筑学家梁思成提出了非常不同的意见和建议,他主张完整地保留北京旧城,在旧城西郊建立新的行政中心。1950年2月,梁思成和陈占祥为进一步阐明在西郊建立行政中心区的观点,共同完成了《关于中央人民政府行政中心位置的建议》及有关图纸十余张,报送中央人民政府及北京市人民政府的各有关领导。梁思成和陈占祥的《建议》,对前苏联专家提出的在旧城内建设行政中心区的观点予以反驳。梁思成等提出,把城外西面公主坟以东、月坛以西的地区定为首都的行政中心区域。

梁思成从古都文化保护、北京新城发展两方面论证了他们的《建议》的合理性,他特别强调了城市文化保护在北京城市建设中的重要性。他认为,北京城之所以为艺术文物而著名,就是因为它原是有计划的壮美城市,到现在仍然完整地保存着。除其历史价值外,北京的建筑形体同它的街道区域的秩序,都有极大的艺术价值,非常完美。因此,北京旧城区是保留着中国古代规制,具有都市计划传统的完整艺术实物。这个特征在世界上是罕贵无比的。他提出论证说,如果把行政中心设在旧城,崭新的全国政治中心建筑群,被夹杂在北京城原有文物的布局中间,一方面会损失旧城体形的和谐,另一方面新的建筑群也必将受到极不合理的限制。如果把行政中心放在西郊,就能达到"新旧两全的安排",将行政中心设在西郊将为城市的保护与发展全面解决问题。

其实,主张在天安门附近建立首都行政中心的中国专家们和前苏联专家组,也并未否定北京作为历史文化古都的应有的地位和作用。与梁思成和陈占祥提出的建议有所不同的是,前者主张如何在城市建设中加以利用旧城已有的城市设施和文化设施的问题,而后者则主张对北京古城进行完整的保护,以呈现北京旧城的整体风貌和首都发展的新格局。在已有的城市建设和文化遗产问题上,前苏联专家也同样认为,北京是一座足够美丽的城市,有美丽的故宫、大学、博物馆、公园、河湖、笔直的大街和其他贵重的建设,北京是建立并装饰了几百年的首都。与梁思成等人的建议不同的是,前苏联专家并不认为,在城市中心建立行政中心和进行新的建设,会导致这些城市历史文化的破坏。恰恰相反,用建筑良好的行政房屋装饰北京的广场和街道,可以增强和提高新中国首都的重要性。

在北京的城市文化问题上,前苏联专家的《计划问题的建议》和梁思成等的《建议》具有某些重要的共同点。双方都认为,北京作为国家首都的性质,除了行政中心之外,还应该是一个艺术的、科学的城市。根据中央把消费城市转变为生产城市的方针,北京还应该是一个大工业城市。梁思成等的《建议》把整个北京古城看做是一个应该完整保护的艺术作品,充分肯定了北京城的文化价值和美学价值。前苏联专家的《计划问题的建议》也用了"美丽"和"装饰"来形容北京城的文化价值和艺术价值,并且认为,古老而美丽的北京城市是可以充分利用的艺术品,而不只是需要完整保留的艺术作品。

当然,梁思成等人的建议也有充分的理由和根据。不过,就共和国建立之初的国民经济状况和首都社会发展的需要来说,以巴兰尼可夫为代表的大多数前苏联专家主张把行政中心设在旧城区内,具有更充分的理由和可行性。他们的建议考虑的不仅是新中国首都、首都行政中心、文化古都的"美观"的问题,更重要的是充分考虑了当时最紧迫的"经济"问题。当时负责城市建设问题的赵鹏飞和曹言行基本赞成前苏联专家的意见,他们把行政中心放在旧城区"是在北京市已有的基础上,考虑到整个国民经济的情况及现实的需要与可能的条件以达到新首都的合理的意见,而郊外另建新的行政中心的方案偏重于主观愿望,对实际可能条件估计不足,是不能采取的。"前苏联专家阿布拉莫夫在规划讨论会的讲话中也曾提到:"市委书记彭真同志曾告诉我们,关于这个问题曾同毛主席谈过,毛主席也曾对他讲过政府机关在城内,政府次要机关设在新市区。我们意见认为这个决定是正确的,也是最经济的。"①由此可见,对于把古都北京作为一件完整的文化艺术品来保存是不可能的,这不仅仅是毛泽东和中央的意见,而且也是由当时国家的国民经济状况和北京城市的稳定快速发展的需要决定的。

中央和北京市委、市政府同意前苏联专家团的建议,确定以北京旧城为中心逐步扩建首都的方针,虽然这个大的方针已经确定,但是,直至1952

---

① 见董光器:《古都北京五十年演变录》,南京:东南大学出版社,2006年,第8页。

年底,也还没有制订出一个正式的城市规划方案。不过,实际的建设已经开始按照行政中心放在旧城区的方针进行。就这个基本方针来说,充分考虑国民经济和首都经济的实际情况和发展需要是第一位的,虽然不能说没有考虑城市历史文化的问题,但相对当时的实际情况来说,包括旧城文化传统保护问题在内的城市文化问题在首都城市建设和发展中却理所当然是第二位的。

此时,关于北京城市总体规划的具体方案尚未确定,但是,关于首都北京的城市性质和定位问题却提出了大致相同的意见。即北京是国家的首都和国家的行政中心,是一个艺术的、科学的城市,一个大工业城市。在这个初步的首都城市定位中,除北京作为首都和国家的行政中心外,考虑到了北京城市的历史文化特性,也考虑到了北京城市的科学化和工业化的未来发展,体现了政治化、文化性、科学化、工业化的基本文化构架。

1952年至1953年春,北京市都市计划委员会按照市政府领导的指示精神,责成陈占祥和华揽洪按照行政中心区设在旧城的原则,分别组织人员编制完成了甲、乙两个北京城市规划方案。在甲方案中,华揽洪对旧城的原有格局作了较多的改变,把东南、西南两条对外放射干道斜穿入外城与正阳门大街汇交于正阳门,东北、西北两条放射道路分别从内城东北、西北部插入交于新街口与北新桥,并引铁路干线从地下插入中心区,总站仍设在前门外。在乙方案中,陈占祥则完全保持了旧城棋盘式道路格局,放射路均交于旧城环路上,铁路不插入旧城,把总站设在永定门外。两个方案在规划布局上没有原则性的差异。不过,在北京城墙的处理上问题却有所不同,一个设想部分保留,部分拆除。另一个设想全部保留或全部拆除,或只保留城楼。1953年夏,梁思成向北京市各界代表汇报了都市计划委员会编制的甲、乙两个方案。有关部门的领导听取报告后认为,在一些问题上,甲、乙两个方案与党对改造与扩建首都的意见不一致,尤其是在对待城墙与古建筑等一些重大原则问题上分歧比较大,因此,甲、乙两个方案都没有被通过。随后,中共北京市委成立一个规划小组(畅观楼小组),聘请前苏联专家作指导,在甲、乙方案的基础上,修改完成了《关于改建与扩建北京市规划草案的要点》。《要点》明确提出,将天安门广场加以扩大,东起原东三座门,西起原西三座门(现有11公顷,需扩大两倍到三倍左右),在其周围修建高大楼房作为行政中心。这样,首都行政中心区的位置确定在旧城中心的天安门附近,这一首都行政中心的确立,决定了此后北京旧城改造的政策,在很大程度上,也决定了此后北京城市总体格局和城市文化风貌的形成和发展。

1953年,中共中央制定了党在过渡时期的总路线。1月1日《人民日报》发表题为《迎接1953年的伟大任务》的社论。社论指出,1953年我国将开始执行国家建设的第一个五年计划。经济建设的总任务就是要使中国由落后的农业国逐步变为强大的工业国。6月15日,毛泽东在中共中央政治局会议上,第一次对党在过渡时期的总路线和总任务的内容作了比较完整的表述。他指出,从中华人民共和国成立,到社会主义改造基本完成是一个过渡时期。党在这个过渡时期的总路线和总任务,是要在一个相当长的时期内,逐步实现国家的社会主义工业化,并逐步实现国家对农业、手工业和资本主义商业的社会主义改造,并指出这条总路线是照耀各项工作的灯塔。1953年7月14日至18日,全国城市工作问题座谈会召开。会议认为,对于现有大城市,特别是首都和工业比较重大及工业发展速度较快的城市,必须从现在起,有计划地按照社会主义的城市规划和城市建设原则逐步地进行改造和扩建工作。

党在过渡时期的总路线和全国城市工作会议,明确了社会主义改造时期的社会发展和城市建设的方向,全国城市工作会议特别提出首都的城市规划和城市建设原则,对首都北京改建和扩建工作提出了明确的指示。1953年12月,中共中央批准和转发了中央宣传部撰写的《为动员一切力量把我国建设成为一个伟大的社会主义国家而奋斗——关于党在过渡时期总路线的学习和宣传》。从1953年10月至1954年3月,北京在全市范围内深入开展了总路线的宣传教育和学习贯彻活动。从1953年开始,中共北京市委、市政府在过渡时期的总路线的指导下,执行北京市发展国民经济的第一个五年计划。为了首都北京的城市建设和发展,北京市编制了北京城市建设规划的初步方案。1953年夏,中共北京市委规划小组在都市计划委员会提出的甲、乙两个城市建设总体规划方案的基础上,提出了《改建和扩建北京市规划草案的要点》。《规划草案》确定首都的总体建设方针为:"为生产服务,为中央服务,归根到底是为劳动人民服务。"总体建设方针明确提出了"三为"方针,为首都城市的规划和未来发展提出了重要的方向。

在总体规划方针的指导下,规划方案提出了六条指导原则。

第一,北京是我们伟大祖国的首都,必须以全市的中心地区作为中央首脑机关所在地,它不但是全市的中心,而且将成为全国人民向往的中心。第二,我们的首都应该成为我国政治、经济和文化的中心,特别是应该成为中国强大的工业基地和全国的科学技术中心。现在北京的最大弱点是现代工业基础薄弱,这是与首都的地位不相称的,不利于首都的社会主义建设和社会主义改造,不利于中央各部门直接吸取生产经验以指导工作。因此,首都发展计划的制定,必须首先考虑发展工业的计划,并且从城市建设方面为北京的工业建设提供各种便利条件。第三,改建和扩建首都时,应当以历史形成的城市基础为出发点,既要保留和发展合乎人民需要的风格和优点,又要打破旧格局的限制和束缚,改造和拆除那些妨碍城市发展和不适合人民需要的部分,使首都成为适应集体主义生活方式的社会主义城市。应该而且必须在城市的布局和艺术形式各方面,都能够反映生产力的巨大发展以及日益高涨的科学、文化和技术水平,超越以往历史时代已经达到的成就,并为后代的发展尽可能创造充分的条件。第四,对于古代遗留下来的建筑物,我们必须加以区别对待。采取一概否定的态度显然是不正确的;一概保留,束缚发展的观点和做法也是极其错误的。并且指出当前主要的倾向是后者。第五,是关于道路建设的。第六,是关于如何改造自然条件以为北京的工业发展创造有利条件的原则。总方针把首都确定为中央服务、为生产服务和为人民服务,极大而迅速地推动了北京城市的建设与发展,尤其是推动了北京从消费城市向生产城市的转变。

《改建和扩建北京市规划草案的要点》更加明确了首都的城市发展定位。在六大指导原则中,其中第一条原则确立了首都中心位于市域中心,第二条原则确立了北京为中华人民共和国的政治中心、经济中心和文化中心的性质和地位,尤其强调了北京应该成为中国强大的工业基地和科学技术中心。而第三、第四条原则,则根据当时北京城市的现状和城市发展的要求,提出了如何辩证处理北京城市历史文化遗产的问题,体现了当时对城市现代化发展和城市文化传统保护的思考和探索,并且在城市文化建设和发展中发挥极为重要的作用。从城市文化建设和发展的角度看,《规划草案》在突出强调首都作为政治中心和经济中心、工业基地和科学技术中心的同时,也强调了北京作为全国的文化中心的定位。可以说,在新中国成立后的北京60年的建设和发展中,北京作为全国的政治中心、文化中心和科学技术中心,始终发挥着首要的作用。

1953年11月《改建和扩建北京市规划草案的要点》报送中央审批。1954年10月6日,国家计划委员会对《规划草案》提出了四点建议:第一,不赞成北京市提出的把北京建设成为"强大工业基地"的设想;第二,不同意北京提出的500万人口规模的规划,提出改为400万人口;第三,不同意北京市提出的居住区、道路等方面的设想;第四,提出不要设置单独的大文教区。中共北京市委根据中央委托国家计委审议提出的意见,对《规划草案》进行了修改,并制定了具体实施的《北京市第一期城市建设计划要点》,起草了《关于早日审批改建和扩建北京市规划草案的请示》。北京市委在《请示》中主要对两个问题作了说明。一个是关于首都的性质问题。《请示》写道:"首都是我国的政治中心、文化中心、科学技术中心。同时还应该是也必须是一个大工业城市。"另一个是关于当前北京城市建设与未来发展的关系问题,《请示》提出:"我们不但要从我们这一代的需要和可能出发,同时还要考虑到后代发展的需要,给后辈子孙留下发展的余地。"北京市委的《规划草案》和《请示》与国家计划委员会提出的建议之间存在着不同的意见,尤其是在是否把首都建设成为"强大工业基地"问题上。对于双方的意见,中共中央和国务院没有做出明确的表态和批复。对于北京市委的规划方案和国家计划委员会的建议,中央没有表态,但是,北京市的第一个五年计划的城市建设实际上在进行之中。

为了更好地规划北京城市的建设与发展,1955年,北京市委、市政府提出了进一步编制首都建设总体规划的意见,撤销了都市计划委员会,成立了北京市都市规划委员会,在郑天翔、佟铮、梁思成等人的主持和参加下,以及市政府聘请的前苏联专家的指导下,北京都市计划委员会对北京市各方面的现状进行了深入全面的调查和研究,并对规划设想和方案进行了多次公开展览,征求各方面的意见。仅在1956年和1957年两年中,就先后举办了四次规划模型展览,党和国家领导人刘少奇、周恩来、朱德、邓小平等,中共八次代表大会代表、外国各兄弟党的领导人、国内各党派负责人和北京市党政负责人和市人大代表、各界人士,共16000人参观了展览。1956年10月,中共北京市委常委会讨论了总体规划方案。市委第一书记彭真强调"城市规划要有长远考虑,要看到社会主义的远景"。

1957年3月,在广泛听取各方面意见的基础上,经过市委常委会的多次讨论,北京市正式制定了《北京城市建设总体规划方案》,1958年4月17日,中共北京市委拟定《近期城市建设纲要(草案)》,《纲要》提出北京市当前的主要任务是,大干10年,把首都建设成为一个"现代化的工业基地"。《规划方案》提出:"北京不只是我国的政治中心和文化教育中心,而且还应迅速地把它建设成为一个现代化工业基地和科学的技术中心。"再一次阐述了"为生产服务,为中央服务,归根到底是为劳动人民服务"的"三个服务"的总体建设方针。1958年6月,北京市都市规划委员会对《北京城市建设总体规划初步方案》再次作了认真的修改和补充,报送中央和国务院,并印发给北京市各单位研究实施。6月26日,北京市委向中央报送关于北京工业建设问题的报告,并附《苦战三年,大干五年,把首都建设成一个现代化的工业基地》的规划纲要。9月,北京市委作了《北京市总体规划说明》上报中央。《初步方案》不仅提出北京是"政治中心和文化教育中心",而且更明确地强调了"应该迅速把它(北京)建成现代化的工业基地和科学技术中心,使它站在我国技术革命和文化革命的最前线"。毛泽东和刘少奇等国家领导人赞同这一基本思路,1956年9月和1958年3月,刘少奇和毛泽东分别表示赞同把北京建设成为现代化的工业城市。

从城市总体规划的发展定位上看,1957年北京的城市建设的总体规划,尽管更突出地强调了现代化工业基地的发展定位,但也同时重视了首都作为文化教育中心和科学技术中心的发展定位。文化教育中心、科学技术中心、现代化工业基地构成了此一时期北京的城市发展定位的基本构架。不过,北京城市发展定位的重心是把北京建设成为"现代化工业基地"。

北京市委把首都定位为文化教育中心、科学技术中心和现代化工业基地,尤其突出现代化工业基地和科学技术中心的发展目标,是在党中央关于国民经济和社会发展的总体方针指导下做出的定位。党的工作重心的转移必然决定和影响北京城市建设和文化建设。1958年5月5日至23日,中共第八届全国代表大会第二次会议在北京召开。会议正式提出了党的工作重点转移的问题,通过了"鼓足干劲、力争上游、多快好省地建设社会主义"的总路线,以及争取在15年,或者更短的时间内,在主要工业产品产量赶上和超过英国的口号。要求"尽快把我国建设成为一个具有现代工业、现代农业和现代科学文化的伟大的社会主义国家"。

自1958年开始,受"大跃进"形势的影响,北京市在城市建设上提出了"城市建设将着重为工农业生产服务,特别为加速首都工业化、公社工业化、农业工厂化服务。要为工农学商兵的结合,为逐步消灭工农之间、脑力劳动与体力劳动之间的严重差别提供条件"的建设思路。突出强调北京作为现代化工业基地发展目标的定位,在很大程度上忽视了北京作为历史文化古都以及北京作为国家首都的性质和功能,实际上极大地弱化了北京的历史文化资源的保护,甚至在很大程度上导致了建设中的破坏性因素的增长。随着1962年国家经济工作的调整和整顿,北京的城市建设减少了盲目性,逐步走上了正轨,北京市规划局对城市建设工作的经验和教训进行了总结,并撰写了《北京城市建设总结草稿》,提出北京的城市性质应该依照首都的地位、自然地理及历史条件而确定,北京只能是也必须是一个政治、文化、经济管理中心的旅游娱乐型的综合性城市,这个总结草稿重申了坚持"为中央服务,为生产服务,为劳动人民服务"的城市建设方针,提出片面强调大而全的工业基地发展不符合首都城市的性质和功能。1963年3月6日,中共中央批转《李富春同志关于北京城市建设工作的报告》,中央认为,必须下决心改变北京以往那种分散建设、毫无限制、各自为政和大量占用农田的不合理现象。凡是不应该在北京建设的单位,不要挤在北京建设。凡是不应该扩大建设的单位,不许进行扩大建设,要切实做到有计划地多快好省地进行首都建设。

1965年,国民经济调整任务基本完成,北京的城市建设也进入了一个新的阶段,开始大规模的城市建设。中央对首都北京的建设高度重视,中央有关部门会同北京市认真分析了北京城市建设中存在的问题,时任国家副总理的李富春向中央作了《关于北京城市建设工作的报告》。《报告》再一次明确北京是全国政治、文化、经济管理中心的城市性质,同时还对发挥北京作为全国政治中心的城市职能和怎样为中央服务等问题提出了许多建议。具体提出了长安街的改建规则,要求沿街多建设一些办公楼和大型公共建筑,以体现"庄严、美丽、现代化"的城市风格,从而使长安街与全国乃至世界关注的地位相配合。1965年的这次总结和认识,实际上再一次调整了北京城市发展的思路,再一次明确了北京作为政治中心、文化中心和经济中心的性质和功能,弱化了北京作为现代化工业基地的发展定位,突出了政治中心和文化中心的城市定位。然而,对北京城市发展目标定位的这一认识,由于"文化大革命"的破坏和干扰并未在此后的十多年中得到落实。

三、文化保护与文博事业

1949年1月,北平和平解放,北京作为著名的古都和新中国的首都,不仅面临着大规模建设的重大任务,也面临着历史文化古迹保护的问题,北京的城市建设管理和文化保护都同时进入一个崭新的历史阶段。北京作为一个历史悠久和文化深厚的古都,如何建设、管理乃至保护这座城市的文化和文明,都成为了一项新的重大课题。

北平和平解放前夕,中国共产党人就对北平的城市文化保护非常重视。1949年1月16日,中国人民解放军在"平津战役"攻打北平前夕,毛泽东曾在给平津前线总前委聂荣臻等负责人的电报中做出明确要求:"此次攻城,必须做精密计划,力求避免破坏故宫、大学以及其他著名而有重大价值的文化古迹,你们务必使纵队首长明了,并确守这一点。让敌人占领这些文化机关,但是我们不要去攻击它,我们将其他广大城区占领之后,对于占据这些文化机关的敌人再用谈判及瓦解的方法,使其缴械。即使占领北平延长许多时间,也要耐心地这样做。为此,你们对于城区各部分要有精密调查,要使每一部队的首长完全明了,哪些地方可以攻击,哪些地方不能攻击,绘图立说,人手一份,当作一项纪律去执行。"①在人民解放军重重包围平津守敌的同时,解放军派有关人员找到清华大学的梁思成家中,请他在地图上标出北平城内外及准备南下途中的重要文物古迹所在,并把这份有标记的地图发到各部队要求遵循。这份示意图上的标注文物古迹,也成为解放后国家第一批重点文物保护单位选择的名单。

1949年2月,北京和平解放后,中国人民解放军发布了《中国人民解放军北平军事管制委员会组织条例》,《条例》规定:"负责接管一切属于国家的公共文化教育机关及一切文物古迹,属于本市者由教育局接管。"北平解放初期,北京市的文物保护工作主要是由文物接管和文物机构的设立,以及以命令、通告等方式发布文件,对北京市的文物工作进行指导和管理。1949年2月1日,北平军事管会文化接管委员会下设立了文物部,著名学者尹达任部长,王冶秋任副部长,李枫、于坚、罗歌为联络员,负责接管北京市内的文物和博物馆工作。1949年3月16日,北平市军管会文化接管委员会邀请郭沫若等42人座谈本市的文物保护工作,并形成了12条文物界座谈会意见。钱俊瑞在座谈会总结中综合专家们的意见提出了三点:第一,文化和军事、政治、经济构成一个有机战线,共同为打倒帝国主义、封建主义、官僚资本主义而奋斗。文物事业和整个文化事业一样都是为人民的,属于人民的。这是新民主主义文化基本的性质。故宫和图书馆应该成为研究机关和教育人民的机关,研究的目的是为人民最近和长远的利益的。另一方面就是为人民服务的问题,也就是普及的问题。图书馆要双管齐下,整理旧的图书以供专家研究,开辟新文化阅览室以为广大人民服务。博物院应成为人民的、活的博物院。第二,文物机关要与专家共同想办法管理好,设立各种专门委员会,并且要与广大工、农、学生结合起来共同管

---

① 乔东光:《毛泽东与保护古都文化》,《瞭望》,1986年第36期。

理,使它们真正成为人民群众的东西。第三,座谈会提出制定保管文物法令和成立保管文物机构的意见,要使它们真正成为工农群众的机构。梁思成特别提出,平郊各古庙、古迹设立一个保管机构;对市内富有历史意义的地方(如学运流过血的地方),应显明指出,加以说明,以此教育人民,等等。座谈会的内容涉及文物保护、文物研究和文物教育等问题。

1949年6月6日,北平军管会文物部并入新成立的华北高等教育委员会,改称"文物处",原北平军管会文物部接管的北平文博单位均划归华北高等教育委员会文物处管理。1949年11月1日,中央人民政府文化部文物局成立。11月9日,中央教育部致函中央文化部,将前华北高等教育委员会管理的北平历史博物馆、故宫博物院、北平图书馆、北平文物整理委员会等文博单位划归文化部领导,具体办事机构是北平文物整理委员会和文物整理工程处。经过9个月的机构调整,北京的文物立法和执法管理机构实现了从临时性的、军事化的管理到长期性的、国家政权职能部门的转变。从1950年5月起,新中国成立初期,北京文物立法的主要形式是国家各个有关部门发布的政策规定、办法和通知。7月,政务院发出《关于保护古文物建筑的指示》,中央财经委员会发出《关于各地区在各项工程中应普遍注意古文化遗址的通知》,中央人民政府向各大行政区及华北五省二市人民政府下发关于保护古文物建筑的指示,内务部和文化部颁布《关于地方文物名胜古迹的保护管理办法》和《地方文物管理委员会组织通则》的命令,文化部发出《禁止珍贵文物图书出口暂行办法》、《对地方博物馆的方针、任务、性质及发展方向的意见》等等。中央人民政府政务院先后发布了《禁止珍贵文物图书出口暂行办法》、《古文化遗址及古墓葬之调查发掘暂行办法》、《规定古迹、珍贵文物、图书及稀有古物保护办法》,以及关于征集革命文物的命令和保护古文物建筑的指示等等。此后,还出台和实施了一系列关于古遗址、古建筑、古墓葬、考古发掘、传世和流散文物、革命文物、古生物和古植物、博物馆、馆藏文物、文物复制、拓印保护和管理的法律、法规和措施。

国家关于文物保护的文件在某种意义上发挥了法律法规的作用,北京市人民政府遵照国家文物保护的法律法规和精神,把文物保护管理和考古发掘工作作为建设社会主义新北京、发展首都新文化的重要组成部分。1951年7月1日,北京市成立了专门的文物机构,即北京市文化教育委员会文物调查组。在国家相关文物法规政策的指导下,北京市人民政府出台了一系列的地方文物保护和管理法规。1951年7月2日,北京市副市长吴晗主持召开由专家学者参加的座谈会,就文物保护工作明确指出,北京市文物调查组要以文献工作为重点,目前以抢救文物为主,展出出土文物,宣传群众和教育群众。1951年7月1日,北京文物调查组成立,原北平历史博物馆负责人傅振伦任主任,金梁任顾问,这是直属于北京市人民政府的第一个主管文物的机构,它的主要职能就是在北京市政府文化教育委员会的领导下,对物质文化遗产和精神文化遗产进行保护工作。1951年12月11日,北京市人民政府公布了《北京市发现古物古迹暂行处理办法》(共8条)。该《办法》规定,凡是在本市发现的古文化遗址和有文化价值的古墓葬,需立即报告当地政府,不得擅自发掘;出土文物由文物调查研究组保管;近代有主坟墓的出土文物归其后人所有;应收归公有者,公私双方协商作价;无主坟墓的出土文物由北京市文物调查研究组保管;无历史文化价值之物由财政局处理。

1953年2月21日,北京市政府召开了首都古文物建设保护座谈会,着重讨论本市庙宇、王府、官邸等文物建筑和名胜古迹的研究鉴定工作。1953年10月21日,北京市人民政府转发政务院颁发的《关于在基本建设工程中保护历史及革命文物的指示》。1955年3月,北京市人民委员会决定,撤销在北京市教育局文艺处基础上成立的北京市文化事业管理处,成立北京市文化局。1956年3月,决定将北京市文物调查组从市政府文化教育委员会改归北京市文化局管辖,更名为北京市文物调查研究组。除文物保护工作外,增加了文物普查、市属博物馆的陈列设计、专题展览以及首都历史与建设博物馆的筹建工作。1956年12月20日,北京地区重要出土文物展览会在天坛公园开幕,展出了从新石器时期到明、清的历代文物526件。1957年9月,北京市文化局决定,北京市文物调查组主要管理全市的文物行政工作,文物保护和考古发掘以及博物馆工作由首都博物馆筹备处负责。1956年8月7日,北京市文化局根据4月2日国务院(56)国文习字第六号通知中"必须在全国范围内对历史和革命文物遗迹进行普遍调查工作"的要求,制订北京市文物普查工作计划。

1957年4月1日,北京市人民委员会就北京市房地产管理局关于本市乙丙级坛庙和部分老建筑物的修缮问题的请示发出通知,北京市文化局在市文化局调查研究组与房管局对此批建筑进行检查后提出了意见,意见提出其中东岳庙、崇效寺、文公祠准备列入第一批保护单位;其余如关岳庙、风神庙等也有一定的保护价值。至于修缮问题,原则上必须保持原状,不得拆改扩建,必须建设时必需请房管局和文化局协商处理。1957年12月

20日,北京市人民委员会办公厅印发北京市副市长张友渔对市财政局、房地产管理局、文化局、园林局、道路工程局联合上报的《关于检查现存各处拆除的古建材料的情况和处理意见》的报告,对朝阳门楼、广安门楼以及历代帝王庙牌楼、东四西四牌楼、东郊西交民巷牌楼、东西长安街牌楼等古建筑材料的使用和处置,做出了具体的批示。12月24日,北京市人民委员会第18次行政会议做出决定,古建筑应否拆除以及拆除的古建筑材料的保存与否或移作别用,均由北京市文化局负责鉴定和决定。

1958年1月31日,北京市文化局文物调查组转发中华人民共和国文化部、交通部联合发出的《关于注意保护古代桥梁的指示》,5月16日,北京市文化局函呈文化部文物事业管理局,提出对《第一批全国重点文物保护单位名单草案》的修正补充意见。5月,为了加强对出土文物的保护和管理,杜绝盗掘、隐匿出土文物,避免出土文物流散,加强对古玩商下乡收购文物的管理,北京市人民委员会颁发了《北京市对出土文物的保护管理暂行办法》。然而,在"大跃进"的生产和建设热潮中,北京有少数地区也出现了损毁文物的不良现象。例如1958年8月8日,北京市周口店区人民委员会发出了《支援工业建设、处理文物工作的通知》,该《通知》的主要内容说,为支援工业大跃进,按照"厚古薄今"、"古为今用"的原则,以天开、石窝、琉璃河等乡为重点,把寺庙中的铜、铁佛像、古钱币、铜器投入工业生产。据周口店区的统计,共毁坏铜钟、铜佛35件,大多为明成化、万历、嘉靖年间的文物。对此,北京市发现问题后,于1959年对破坏文物的事件和现象予以了禁止。

在"第一个五年计划"期间首都的城市建设和经济建设中,北京市认真贯彻政务院颁布的《关于在基本建设工程中保护历史文物和革命文物的指示》,北京市文物部门与建设单位密切合作,将文物保护工作纳入到建设规划之中,积极配合考古发掘工作。在1949年到1959年间,北京市共清理发掘较为重要的古墓葬、古遗址671处,出土文物43621件[①]。其中,1956年5月,经国务院批准开始发掘、到1965年基本完成的明十三陵定陵的发掘工作,是20世纪50年代最重要的考古发掘之一。据北京市文物、园林、房管3个部门的统计,在1949到1958年的10间,国家投资960万元,修缮北京的文物26项。

为了加强文物保护和管理工作,1957年,北京市人民委员会公布了第

---

① 周一兴主编:《当代中国的北京》(上),北京:中国社会科学出版社,1989年,第54页。

一批市级文物保护单位,规定了具体的管理办法,初步奠定了北京文物保护的基础和文物保护的法律地位。1958年秋,北京市又以区县为单位,进行第一次全市范围的文物普查工作。这项工作以海淀区为试点,对全市的文物进行拉网式的步行调查,这是北京市第一次大规模的文物调查工作,为北京市的文物保护奠定了重要的基础。同时,也是对广大市民和群众进行文物政策和方针的宣传。此次文物普查共登记文物8060项,其中古寺庙2666项,其他古建筑616项,古墓葬700项,石碑、石刻3700项、古文化遗址51项,其他129项[①]。1957年10月28日,北京人民委员会公布《北京市第一批古建文物保护单位和保护办法》。文物保护单位有故宫、劳动人民文化宫(旧太庙)、皇史宬、国子监、孔庙、东岳庙、智化寺、雍和宫、钟楼、鼓楼、中山公园(旧社稷坛)、中南海、北海(包括团城)、景山公园、大高玄殿、天坛、圣安寺、天宁寺塔、颐和园、玉泉山、汉城遗址、觉生寺(大钟寺)、十方普渡寺(卧佛寺)、碧云寺、大正觉寺、大慧寺、慈寿寺塔、卢沟桥、振岗塔、延寿寺铜佛、西山八大处、法海寺、冰川擦痕、十三陵、居庸关云台、魏太和造像、潭柘寺、戒台寺、土城等39处。

20世纪50年代末60年代初,北京市高度重视北京的文化保护工作,首都的文物事业有较好的发展,1959年11月,北京市人民委员会发出《关于在生产建设中注意保护文物的通知》,明确要求不论单位还是个人,都不允许擅自破坏古建筑和文物,并向群众作了大量关于国家文物保护政策的宣传工作。此后,北京市发布了一系列关于文物保护工作、文物出口鉴定标准、文物商业的性质和管理体制、考古发掘、博物馆业务等一系列政策和行政文件,成立了文物工作队和文物店等等机构,初步奠定了北京文物保护的规范化管理。北京市按照国务院和有关部委的指示精神,加强了文物保护工作。1959年3月4日,北京市人民委员会发出《关于保护万里长城的通知》。3月5日,昌平区人民委员会发出《关于保护文物、不得私自买卖出土文物的通知》,对文物保护和文物收购、买卖做出了具体的规定。1959年4月2日,延庆人民委员会也发出了《关于保护文物的指示》,5月6日,周口店区人民委员会发出《开展群众性文物宣传保护工作的通知》,10月10日,顺义区人民委员会发出《关于加强文物保护工作的通知》。11月9日,北京市人民委员会发出《关于在生产建设中注意保护文物的通知》。《通知》要求,各级文化部门及文物所在地区和单位,必须认真贯彻国务院

---

① 周一兴主编:《当代中国的北京》(下),北京:中国社会科学出版社,1989年,第293页。

和北京市人民委员会的有关指示和通知,向群众宣传国家的文物保护政策。与此同时,北京的文物部门也开展大规模的文物普查工作,到1959年10月北京市完成17个区县的文物调查复查工作,共调查登记文物8086项。其中寺庙2666项、古建616项、墓葬700项、石刻3774项、革命文物36箱、各文化遗址51项,其他93项。

20世纪60年代初,北京市不仅强调首都文物的历史性、文化性和艺术性,而且把文物保护和文物安全作为一项重要的任务。1960年3月31日,经北京市人民委员会批准,撤销北京市文物调查研究组。文化局决定原来该组负责的文物调查研究、考古发掘、文物征集等工作交由首都博物馆筹备处负责。文物保护管理等行政方面的工作统归市文化局(文物处)负责。文物管理任务和范围由此变得更加明确,更具有专业性,无疑有利于北京文物保护事业的发展。在文物考古、文物调查研究方面,1960年11月,北京市文物工作队成立,负责的文物调查研究、考古发掘、文物征集等等工作又划归北京市文物工作队承担。1960年3月22日,中共北京市委批发市文化局、市公安局党组《关于加强文物保护工作,确保文物绝对安全的意见》。中共北京市委指出,首都是全国文物的集中地,所保存的文物是我国几千年来文化艺术的结晶和我国革命历史的宝贵遗产,确保这些文物的安全是一项重要的政治任务。1960年3月28日,北京市人民委员会第32次行政会议做出"关于国家建设单位从地下挖出的金银财物一般应收归国有"的决定。7月14日,北京市人民委员会转发《国务院批转文化部关于三、五年内各地暂勿主动发掘帝王陵墓报告的通知》。国务院的附语提出,目前考古发掘应以配合各项建设工程为中心任务,凡不属于配合建设规划或工程范围内的帝王陵墓及其他发掘工作暂缓进行。10月26日,北京市文化局发出《关于改进本市到外地采购古书和文物工作的办法》。

在社会主义建设时期,国家制定和发布了一系列有关文物保护和管理的政策文件,如《函请加强配合水利积肥运动,做好文物保护工作的通知》、《关于文物出口鉴定标准的几点意见的通知》(附《文物出口鉴定参考标准》)、《关于改变文物商业的性质和管理体制的方案的通知》,尤其是1960年11月17日,国务院105次会议通过了《文物保护管理暂行条例》和批准了《第一批全国重点文物保护单位名单》。1961年3月4日,国务院公布了《文物保护管理暂行条例》,该《条例》共18条,对文物保护提出了一系列的规定和要求,成为了新中国成立后第一个最为全面的文物保护法规,同时还公布了第一批共180处全国重点文物保护单位名单。全国文物保护单位分为6种类型：革命遗址及革命纪念建筑物；石窟寺；古建筑及历史纪念建筑物；石刻及其他；古遗迹；古墓葬。其中北京地区的故宫、颐和园、北京大学红楼、卢沟桥、天安门、人民英雄纪念碑、房山云居寺及石经、真觉寺金刚宝座（五塔寺塔）、居庸关云台、万里长城——八达岭、天坛、北海及团城、智化寺、国子监、雍和宫、周口店猿人遗址、十三陵等18处被列为第一批全国重点文物保护单位名单，为全国之首。

全国性的文物保护法规、措施，对于全国和首都的文物保护都发挥了极为重要的作用。1961年，国务院先后又发出了关于文物保护工作的三个文件：《关于进一步加强文物保护工作的指示》、《关于公布第一批全国重点文物保护单位名单的通知》、《关于发布文物保护管理暂行条例的通知》。这些具有法律法规性质的文件，为全国和北京的文物保护工作提供了极为重要的依据，为文物事业的发展奠定法规性的基础。1962年7月15日，文化部发出《关于不属于配合建设工程的考古发掘问题的通知》。9月11日，文化部发出《关于博物馆、图书馆可以根据本身业务需要直接收购文物、图书的通知》。10月13日，文化部发出《关于加强博物馆、文物机构一级藏品的保管、编目工作的几点意见》。1961年9月25日，北京市文化局转发文化部《关于贯彻国务院指示和文物保护管理暂行条例的参考意见》。1962年3月20日，十三陵区保护委员会制定《十三陵风景区文物、林木保护管理的若干规定》。1963年6月3日，北京市文化局转发文化部《坚决防止陈列（展览）文物失盗事件的通知》，并提出了具体的要求和措施。9月23日，北京市文化局发出《关于树立全国重点文物保护单位标志的通知》。1965年2月16日，北京市文化局转发文化部《古遗址、古墓葬调查、发掘暂行管理办法》。这些文件对于北京市文物的保护和管理发挥积极有效的作用。

在首都的新城市建设中保护北京的文物，对于保护北京的古都风貌发挥了重要的作用，具有特定时期的法律法规性质的文件以及采取的保护措施，在尽可能的情况下保护了北京重要的文物古迹和文化资源。与此同时，在国家的国民经济相当紧张的情况下，政府从财政中拿出部分经费用于文物建筑维修。例如，1949年6月，华北人民政府拨款20万元修缮鲁迅故居——宫门口西三条21号。9月，中央人民政府拨款修缮故宫博物院。据北京市文化、园林、宗教3个政府组成部门的初步统计，新中国成立初前10年，北京市用于古建筑维修的经费约为960万元。故宫、天坛、国子监、白云观等26处文物古迹得到了初步的维修。除对文物古迹进行维修外，北京市文物部门组织了文物征集工作。自1949年至1959年10年间,文物部门共向市民收购各类图书、资料75500余册,其中包括宋、元版《资治通鉴》、《五代史记》等一批古旧版图书文物珍品;接收社会各界人士捐献的文物及其他资料21158件,其中有110件属于馆藏一级文物,这一工作有效地保护了一些重要的文物。

新中国成立后,北京的文物发掘工作也获得了可喜的成就。1949年至1951年,贾兰坡教授主持带领古人类学家对北京周口店遗址进行了首次发掘,出土北京猿人5颗牙齿、1块臂骨、1块小腿骨、石器和骨角器。1956年,经北京市和中央人民政府批准的明十三陵定陵的考古发掘、房山云居寺南塔塔基石经的出土,都是著名的考古发掘。1961年,昌平雪山村雪山新石器遗址的发掘,1962年,房山琉璃河董家林村商周遗址的发掘,等等,都体现了北京文物工作的实绩。1963年7月15日,北京市出土文物700余件在北海公园展出,这是解放后北京地区出土的8万件文物的一部分。

在改造和利用北京旧有的博物馆的同时,北京兴建了一批新型博物馆。第一个五年计划期间,首都北京建立了中央革命博物馆筹备处、中央自然博物馆筹备处、天文馆筹备处,开放了鲁迅故居和徐悲鸿纪念馆等。1953年开始筹建首都历史与建设博物馆。1956年,国家发出"向科学进军"的号召,提出必须加强图书馆、档案馆、博物馆的工作。全国第一次博物馆工作会议这一年在北京召开,会议就博物馆事业发展中的一系列基本问题展开讨论,明确了社会主义博物馆的基本职能和主要任务,提出博物馆是文物标本的收藏机构、研究机构和宣传机构,要为广大人民服务、为科学研究服务,确立了博物馆的社会主义发展方向。1959年国庆十周年前后,一批大型国家级博物馆,如中国历史博物馆、中国革命博物馆、中国人民革命军事博物馆、中国美术馆、全国农业展览馆、民族文化宫等馆舍相继建成并逐步对外开放。在此期间,北京自然博物馆、中国地质博物馆、定陵博物馆、周口店北京猿人展览馆等也先后建成开放。北京地区博物馆事业的建设集中体现了中国50年代文博事业发展的水平,不仅在全国博物馆建设方面起到了率先垂范的作用,而且也是充分体现北京作为全国文化中心的重要内容。到1965年,北京已拥有博物馆15座,其中绝大部分是在新中国建立起来的。这对于收藏和保护国家的和北京的文化遗产起到了非常重要的作用。

新中国成立后,北京市进行新的城市建设的同时,也意味着对旧城的改造,甚至同时意味着对旧的城市格局的解构,城市建设中新的建筑和格局的形成,同时也意味着一些旧的建筑和格局的逐步丧失。城市的历史文化传统就在这样一种二律背反中延续或者发生重大的变化。

对于旧北京城来说,北京的城墙和城门既是旧城重要的物质性标志物,也是旧城文化的重要象征。对于是否保留旧北京城市的城墙问题存在着非常不同的意见,这些不同的意见现在看来,不仅体现了如何在历史悠久的城市中建设新城市的问题,而且也体现了非常不同的城市文化态度和城市文化的价值取向。早在1949年北平和平解放之时,梁思成就组织编制了《全国重要文物简目》,《简目》中提出的第一项文物就是"北平城全部"。1949年4月18日,北平市建设局拟定了修复城墙的办法,并向市人民政府做了汇报。仅仅一个星期就得到了叶剑英市长和徐冰副市长的批准,北平市建设局旋即命令工程队开始修复城墙。基于当时国家的国民经济状况和北京市作为国家首都发展的需要,把北京城全部作为文物保护起来是不现实的。虽然如何保护北京城墙的问题一直存在着争论,但事实上城市建设的需要却必然会倾向于建设而不是保留。

1957年10月,北京市人民委员会发出《关于北京市第一批古建文物保护单位和保护办法》的通知,提出北京市第一批重点古建文物保护单位共39处,北京的城墙不在古建文物保护的名单之列。1958年9月,根据中共中央和毛泽东的意见,北京市制定的《北京城市建设总体规划初步方案》提出了改造北京旧城区的10年规划。在报送中央的《北京市总体规划说明》中,对于如何改造北京旧城区提出了更紧迫、也更具体的要求。《总体规划说明》明确提出,要对北京旧城"进行根本性的改造","坚决打破旧城市对我们的限制和束缚",要求五年内完成主要干道两侧的基本改建,并向纵深发展,成片改造,10年完成;"城墙、坛墙一律拆掉","展宽前三门护城河,拆掉城墙,充分绿化,在滨河路北侧修建高楼"等等。《说明》对于是否保护北京城市的问题做出了实际上最终的决定。由此,从1949年到1958年持续了将近9年的北京城墙存废问题的争论有了最后的答案,并且逐步得到了实施。北京外城城墙由于早已残破,20世纪50年代便逐渐被拆除,作为旧北京城城墙主体的内墙虽然没有被立即拆除,但由于不在古建文物保护名单之列,没有采取保护措施也被逐渐毁坏。1965年的大备战运动决定修建环形地下铁路,加上"文化大革命"的极左思潮的影响和人为的破坏,老北京的城墙、城楼、城门几乎被全部拆掉。

前面提到的那些以文件、通知形式存在的文物保护法律法规,只是在极为有限的范围内对北京城市的文化保护发挥了作用,完整的古城建筑文化风貌却不可避免地在历史的政治风云和社会变迁中变成了可怜的碎片。

四、首都教育的建设与发展

新中国成立后17年的首都教育事业,遵循党中央提出的新民主主义时期和社会主义建设时期的教育方针和政策,适应大规模社会经济建设的需要,培养首都和国家需要的人才,在各个方面取得了重大成就,经过新中国成立后10多年的建设和发展,基本奠定了北京作为全国教育文化中心的地位。

1949年9月,第一届中国人民政协会议一次会议通过的《共同纲领》,明确规定中华人民共和国的教育是新民主主义教育,提出人民政府应有计划、有步骤地改革旧的教育制度、教育内容和教学法,《共同纲要》对于自然科学在工业、农业和国防建设中的作用作了规定,并要求用科学的历史观研究和阐释历史、经济、政治、文化和国际事务。1949年12月,中央教育部在北京召开第一次全国教育工作会议。根据《共同纲领》的精神,会议研究并确定了新的教育工作总方针,明确了改造旧教育的方针、步骤和发展新教育的方向。全国教育工作会议的主要内容是:一、中华人民共和国的教育是新民主主义的教育,其主要任务是提高人民文化水平,培养国家的建设人才,肃清封建的、买办的、法西斯的思想,发展为人民服务的思想。二、教育工作的方针是普及与提高的正确结合,在相当长的时期内应当以普及为主,教育要为工农服务,学校要为工农子女和工农青年开门。三、必须坚决、正确地执行争取、团结、改造知识分子的政策。四、改造旧教育,必须通过各级教育的不断改革,积累比较成熟的经验之后才能进行比较全面的改革。五、在可能的条件下,设法改善各级教育工作者的物质和政治待遇。此外,会议拟定创办中国人民大学实施计划、工农速成中学实施方案,决定集中一批有经验的干部、教师编写中小学教材等等。这次教育工作会议为建设新教育和改造旧教育规定了基本的方针和政策。

1950年6月,毛泽东在《为争取国家财政经济状况的基本好转而斗争》的报告中,做出文化教育方面的指示,在文化教育方面要"有步骤地谨慎地进行旧有学校教育事业和旧有文化事业的改革工作,争取一切爱国知识分子为人民服务。在这个问题上拖延时间不愿改革的思想是不对的,过于性急,企图用粗暴方法进行改革的思想也是不对的。"1950年6月1日,中央人民政府教育部召开第一次全国高等教育会议,会议讨论了改造高等教育的方针、中国高等教育建设的方向。会议认为,中国高等教育应该以理论与实际相一致的方法,培养具有高度文化水平的、掌握现代科学技术和成就的、全心全意为人民服务的、高级的国家人才。在内容、制度和方法等方面,中国的高等教育要密切配合国家的经济、政治、国防和文化的建设需要。高等教育必须进行系统的基本的科学理论知识的教育,必须进行科学研究,不断提高教师和学生的水平,以便掌握现代科学和技术的最新成就。会议一致通过《高等学校暂行规程》、《专科学校暂行规程》、《管理私立学校暂行办法》、《关于高等学校领导关系的决定》、《关于实施高等学校课程改革的决定》等五项草案。毛泽东、周恩来亲临大会,周恩来就"新民主主义教育方针"、"理论与实际一致"、"团结与改革"三个问题作了具体明确的指示。

全国教育工作会议和全国高等教育会议的召开以及确立的教育方针,对于推进新中国的教育事业发挥了巨大的作用。新民主主义教育方针,既是新中国成立后全国的教育指导方针,也是北京教育事业建设和发展的指导方针。北京作为新中国的首都,各级各类学校的办学方式和教育方式非常不同,也非常复杂。要发展首都和全国的新民主主义和社会主义的教育事业,一方面要改造旧的教育制度、教学内容和教学方法,另一方面必须全面贯彻落实新的教育制度、教育内容和教育方法。

北京的教育事业是党中央、国务院和北京市委、市政府的领导下,在接管、改造和兴办新型学校的建立中不断发展起来的,经过新中国成立后十多年的建设与发展,首都北京的高等教育和基础教育都得到了前所未有的发展,基本奠定了首都高等院校的基本结构和学科格局。

在高等教育方面,通过接管、改造、院系调整和高等院校的新建,首都的高等院校得到了迅速的发展。对于首都北京的教育事业,中央和北京市委都高度重视,北京对于旧的教育的改造、新教育制度的建设,对于全国教育事业的发展具有示范性的作用。早在北平解放前夕,毛泽东等中共领导人就高度重视北平公、私立各类学校的保护、改造和利用工作。

北平解放时,公立高等学校占高等学校总数60%,私立高等学校占高等学校总数40%。除个别因办理不善予以取缔或者接管外,中央政府一般采取保护维持、加强领导、逐步改造的方针,尽量发挥其正面作用,人民政府向私立学校负责人宣布上述方针,要求他们遵守人民政府的政策法令,实行新民主主义教育。1949年3月14日,北平市军管会文管会召开大学教育座谈会,讨论北平各国立大学的学制与私立大学的存废问题。出席会议的有文化接管委员会主任钱俊瑞以及马叙伦、茅盾、周扬、吴晗、田汉、周建人等文化和教育界著名人士40多人,研究和讨论如何改造和利用北京已有高等教育的问题。

为了适应国家经济建设的需要,在接管、改造和利用原有高校之后,国家提出了高等院校院系调整的构想。1951年5月18日,政务院批准了教育部长马叙伦的报告,确定适当地、有步骤地充实和调整原有高等学校的院系。根据前苏联的大学教育模式,取消大学中的学院,调整出工、农、医、师范、政法、财经等学科,或新建专门学院,或合并到已有的同类学院中去。院系调整的工作从华北、华东两大区开始,首先调整或增加工学院系,减少文科院系。1951年11月,教育部召开全国工学院院长会议,会上提出对全国工学院进行院系调整的具体方案,对北京地区高校的处理是:北京大学工学院、燕京大学工科各系并入清华大学,清华大学改为多科性的工业高等学校,校名不变;清华大学文、理、法三个学院及燕京大学的文、理、法各系并入北京大学,北京大学改为综合性大学,撤销燕京大学。

1952年5月,《关于全国高等学校1952年的调整设置方案》颁布,其任务是根据国家的需要培养各种专门的高级技术人才。1952年9月,北京地区高等院校院系调整基本结束,开始实行全国高等院校统一招收新生和分配录取制度。为适应国家社会经济建设的迫切需要,落实中央人民政府政务院关于《关于改革学制的决定》,全国高等学校大规模的院系调整工作基本完成。这次院系调整的总方针为:以培养工业建设干部和教师为重点,发展专门学院和专科学校,整顿和加强综合性大学,逐步地创办函授大学和夜大学,将工农速成中学有计划地改属各高等学校,作为预备班,以便大量吸收工农成分的学生进入高等学校学习。专门学院和专科学校又分为多科性和单科性两种。综合性大学的任务主要是培养科学研究人才和中等、高等学校的师资。经过这次调整后,我国高等教育即可以和国家的建设密切结合,改变过去教育和实际脱节及院校重复的现象。根据这调整设置方案,北京原有的一些高等学院完成了院系调整。私立大学与原来的公立大学融合到一起,组成新的大学,如北京的辅仁大学的科系大部分并入北京师范大学;其他科系则被并入北京大学和北京政法学院,校址归入北京师范大学。燕京大学文学院、理学院并入北京大学;政治、经济、社会学系并入北京政法学院,教育系并入北京师范大学,校址归入北京大学。全国范围的院系调整结束后,所有私立大学被合并到公立大学,私立大学在中国大陆的发展于20世纪50年代结束了。

在1952年院系调整的基础上,改造和扩建了已有的高等院校,新建了一大批院校,并在党的教育方针指导下,努力把它们建设成为了社会主义的大学,发展了社会主义的教育事业。在短短的几年中,首都的教育事业取得了重大的成就。北平解放前夕,北京的高等院校只有13所,而上海有36所、广东15所、四川25所。解放后,人民政府接管了国民党时期的高等院校。1952年,北京的地区的高等院校已达25所。据1954年2月16日《人民日报》报道,在北平解放后的5年中,首都的教育事业发生了巨大的变化,北京地区的数十所新型的大学和学院已经建立。北京市已有专科以上的院校25所,在校学生达38000多人,超过了北京解放初期在校学生人数的3倍多。从1950年到1953年中,各院校培养了各种干部约11000人,其中工科毕业生就占35%。1949年以前北京地区的11所高等学校,学生只有10000人左右。只有1所专科性的独立学校,即北京铁道管理学院,有43年历史的清华大学培养的主要是机械装配、运转和修配的人才。1952年院系调整后,北京地区各高等学校已按照科系性质和任务的不同,分别调整和扩大为多科性的工业大学、综合大学和新型的工、农、医、师范、财经、政法和艺术等专科学院。为重工业建设和国防建设服务的清华大学、北京航空学院、北京工业学院、北京钢铁工业学院、北京矿业学院、北京地质学院、北京石油工业学院和北京铁道学院等院校设置了培养各种人才的约50个专业,共拥有学生19000多人。调整后的清华大学已经改变成为一所培养工业建设人材的多科性的工业大学,设有7个系和22个专业。为了培养能独立进行工作并具有思想性和高度技术水平的专家,各工科院校都逐步采用了前苏联工业大学的教学制度。这些学校不仅制定了教学计划,而且明确规定了各专业的培养目标。北京大学在院系调整后也得到了巩固和加强,重点为国家培养大批的科学研究人材和高等学校的师资。

中共中央领导人高度重视和关怀北京地区高等教育事业的建设和发展。周恩来曾明确指示,在京中央各部门暂缓建设办公大楼,把国家有限的基础建设投资更多地用于建设北京的新大学,培养首都和国家建设需要的人才。1953年1月,政务院文教委员会召开大区文委主任会议,会议根据党和国家过渡时期总路线精神,提出"整顿巩固、重点发展、提高质量、稳步前进"的文教工作方针。1955年7月,一届全国人大二次会议通过《中华人民共和国发展国民经济的第一个五年计划》,其中提出教育事业五年建设的计划和工作重点。1956年9月,中国共产党第八次全国代表大会召开,刘少奇、周恩来在会上作报告,指出文教事业在整个社会主义建设事业中占有重要地位。要根据"掌握重点、照顾其他"及需要与可能相结合的方针,进行全面教育规划。在新中国成立后的7年中,北京地区的高等院校已经发展到31所,在校学生多达76000多人,专职教师多达11000多人,据全国各省市高等院校之首。从1950年到1965年,在北京地区新成立的大学有中国人民大学(1950)、中央民族大学(1952)、北京钢铁工业学院(1952)、北京航空学院(1952)、北京地质学院(1952)、北京政法学院(1952)、北京大学医学院后改称北京医学院(1952)、中央体育学院(1953)、北京邮电学院(1955)、北京外交学院(1955)、北京师范学院(1955)、中国人民解放军政治学院(1956)、北京中医学院(1956)、中央工艺美术学院(1956)、北京电影学院(1956)、中国科技大学(1958)、北京建筑工业学院(1958)、北京化工学院(1958)、中国医科大学(1959)、北京广播学院(1959)、北京纺织工业学院(1959)、北京工业大学(1960)、北京广播电视大学(1960)、中国人民解放军艺术学院(1960)、北京戏剧专科学校(1964)、中国音乐学院(1964)、北京第二外国语学院(1964)、北京国际关系学院(1965)。

与全国的高等院校发展一样,北京地区高等学校的发展基本遵循了建国以来党和国家"以培养工业建设人才和师资为重点,发展专门学院,整顿和加强综合性大学"的方针,极大地增强了理工科学院的建设与发展,建立了一批人才培养方向明确的专门高等院校。在新中国成立后10多年的建设和发展中,北京地区基本建立了以理工科发展为重点、其他专业院校兼顾的高等教育格局。

为了培养高素质的社会发展和经济建设人才,国家高度重视我国的重点大学的建设与发展,在新中国成立后的10多年中,曾多次确立全国性的重点大学。在国家确立的重点大学中,北京地区的重点高校居于全国之首位。1954年12月5日,高等教育部决定,中国人民大学、北京大学、清华大学、北京农业大学、北京医学院和哈尔滨工业大学6所学校为全国重点大学,在6所全国重点高校中北京地区的高校就有5所。1959年5月17日,中共中央指定了16所高等院校为全国重点大学。其中北京地区有9所:北京大学、中国人民大学、中国科学技术大学、清华大学、北京工业学院、北京航空学院、北京农业大学、北京医学院、北京师范大学。1960年10月22日中共中央发布《关于增加全国重点高等学校的决定》。《决定》指出,由于多年来高等学校大量增加,中央原定 20 所重点高等学校的数量感到太少,为了更有力地促进全国高等教育事业和支援新建高等学校的工作,决定再增加一批重点高等院校。全国重点大学从 20 所增加到 64 所,北京地区从 10 所增加到 26 所。北京地区性增加的 16 所学校是:石油学院、地质学院、钢铁学院、邮电学院、矿业学院、铁道学院、化工学院、农业机械学院、中医学院、音乐学院、外国语言学院、国际关系学院、政法学院、外贸学院、体育学院和林学院。

1961 年 4 月 26 日,中共中央、国务院批转教育部党组《关于审定全国重点高等学校发展规模和专业设置的报告》。《报告》规定了重点高等院校的发展规模,北京地区的清华大学拟定为 12000 人,北京大学拟定为 11500 人。《报告》还提出了调整专业的原则:明确学校的重点发展方向,合理安排,保证重点;各专业的业务范围应适当放宽;国防尖端专业的设置,必须全国一盘棋。一个学校的专业数不宜过多,每个专业的学生人数不宜过少。1961 年 5 月 25 日,中共中央批准教育部的报告,决定北京高等院校由原来的 90 多所调整为 51 所,中等专业学校由原来的 130 所调整为 80 所。新中国成立后,北京地区的高等院校建设和发展,以及重点高等院校的确立,有力地推动了首都乃至全国高等教育事业的发展。

对于北京地区的基础教育,北京市也同样采取了谨慎稳定的改造和利用的方针政策。1949 年 2 月 15、17 日,北平军管会教育接管部中小学组军代表柳湜分别召开市立、私立学校校长会议,宣布新民主主义教育方针,传达中共北平市委和北平军事管制委员会关于中小学"暂时维持原状,按时开学,有步骤地进行接管与改造"的方针。1949 年 4 月 25 日,中国人民解放军发布的报告中强调:"保护一切公私学校、医院、文化教育机关、体育场所和其他一切公益事业。凡在这些机关供职的人员,均望照常供职,人民解放军一律保护,不受侵犯。"1951 年 7 月,北京市初步总结了两年来小学教育的发展情况,其中指出要在发展中执行公私兼顾的政策。在北平解放后不到 3 年的时间里,北京的中小学教育就有了巨大的发展,北平解放前夕,北京的学龄儿童的失学率高达 53%,到了 1951 年,北京城市基本解决了失学儿童入学的问题。在入学问题的基础上,北京市还高度重视中小学的教育质量。彭真曾经提出,北京应该是"首都",而不是"尾都",他要求北京的中小学教育应该走在全国的前列。

1952 年 8 月 2 日,教育部召开了全国中小学教育行政会议。1952 年 8 月,北京市教育局出台了关于接办北京市私立中小学校的决定。决定指出，由于国家情况限制，过去人民政府尚不可能全部改为国家公办，仅能采取积极领导和经费补助的方针。由于国家经济已有了根本的好转，广大群众有迫切的要求，为进一步贯彻向工农子女开门的方针，减轻学生家长的经济负担，更好地提高教学质量，决定北京市的私立普通中小学校于本年内全部接办改为公立。1952年8月20日，中央教育部党组做出了关于中小学教育行政会议的报告，向党中央汇报了关于有步骤地全部接办私立中小学问题的初步意见。遵照中央精神，9月1日，教育部发布关于接办私立中小学的指示。为了进一步巩固与发展人民教育事业，以适应今后国家建设需要，1952年9月10日，教育部发出《关于接办私立中小学的指示》，提出将全国私立中学全部由政府接办，改为公立。1952年9月，北京市教育局开始接办本市私立中小学，到10月底接办了全部私立普通中学38所，教职工2128人，学生31140人和部分私立小学60所。1952年11月，教育部又发布了关于接办私立中等学校和小学的计划，规定了接办私立中等学校和小学的方针、原则及步骤。1956年，此项工作全部结束。

根据教育部规定的方针、原则，1952年9月10日，北京市教育局接管东城界内的崇实、新知、育德、崇慈、大同、育英、贝满、汇文、慕贞、竞存、孔德等全部私立中学。9月23日至10月底，市教育局接办私立中学38所，私立小学77所。到1952年，宣武区完成私立中学的接管，将4所私立中学合并，调整为两所。同年，市立第十五中学成立。到1953年10月，北京市接办了全部私立中学。1956年，完成对私立小学的接管。1956年8月2日，教育部批准北京市人委遵照"根据情况，整顿处理，分批接办"的原则，全部接办私立小学。

北京市不仅用新的教育方针接办和改造旧有的中小学和不断发展新的适合新教育方针的中小学教育，而且高度重视北京市中小学教育质量的提高。1954年6月23日，经过中共北京市委的讨论，做出了《关于提高北京市中小学生教育质量的决定》（简称《五四决定》）。决定提出，必须使教育质量的工作成为学校中广大师生共同努力奋斗的目标；要贯彻全面发展的方针，使学生切实做到"身体好、学习好、工作好"；提高教育质量的关键，在于领导和广大师生深入钻研教学业务，正确、系统地改进教学工作；应对教师的教学工作进行系统考核，根据学生学习成绩的优劣和进步速度的快慢评定教师的工作成绩；并决定设立专门的教育部门，以加强中国共产党对教育工作的领导。1954年6月，北京市第四届第四次各界人民代表会议通过了《关于提高北京市中学和小学质量问题的决议》，提出要加强党对教育工作的领导,改进中小学教育,提高教育质量。《决议》号召全市人民、中小学教育工作者、学生家长和全体学生,为实现提高教育质量的任务而努力。1954年6月28日,《人民日报》刊登了《五四决定的内容》。北京市和各区县教育部门组织数百名优秀教师和专家,利用暑假编写了约640万字的成套中小学学科"授课计划纲要"和"教学参考资料",国家教育部把这作为重要成果向全国推荐,在全国的中小学教育教材建设中发挥了领军作用。与此同时,教学管理也走上了新台阶。北京市实行了全市统一考试,制定了严格招生录取工作的制度,制定了中小学生成绩考核和操行成绩评定暂行办法。在各方面的努力下,北京市的中小学教育得到了迅速的发展和提高。1959年8月,中共北京市委召开中小学教育工作会议。会议以提高教育质量为中心议题,纠正革命教育中的缺点和错误。1960年1月,中共北京市委发出《关于进一步提高中小学教育质量的通知》。要求安排好干部、教师和学生的工作、学习、劳动和休息,不断提高教学质量。为了突出中学教育的示范作用,1962年12月,北京市教育局决定二中、四中、五中、师大一附中、师大女附中等12所中学为市重点中学。北京市的基础教育在新中国成立后得到了迅速的发展,教学质量得到了极大的提高,为首都基础教育的建设和发展奠定了极为重要的基础。

对于新中国成立后的首都和全国的教育事业来说,改革旧的文化教育事业,建设新的文化教育事业是一项复杂而重要的任务。这个任务不仅体现在接管了一批旧的学校和建设了一大批新型的学校,更重要的是,在这个过程中真正建立起符合新中国经济建设、社会建设和文化建设需要的教育。1949年,中央人民政府教育部在北京召开的第一次全国教育工作会议明确了全国教育工作的总方针,改革旧教育的要求、步骤和发展教育的方向。根据《共同纲领》的要求,新中国的教育必须发展为人民服务的思想,建立民族的、科学的、大众的文化教育,必须在中国共产党的领导下,以马克思列宁主义、毛泽东思想为指导,以老解放区的教育经验为基础,吸收旧教育有用的经验,借助苏联的教育经验,建设新民主主义的教育。为了实现教育思想上的革命性转变,解放初期的人民政府宣布废除了国民党设立的"党义"、"公民"、"军训"、"童子军"等课程和教材,开设了"新民主主义论"、"社会发展史"等马克思列宁主义、毛泽东思想新课程,加强教育领域的马克思主义改造和教育。

北京市非常重视在建设和发展首都教育中加强思想文化建设。1949年7月15日至8月15日,北平市教育局和市教师联合会举办教师暑期学习会,共有 5800 多人参加。为了加强党在首都教育领域的领导作用和发挥党员的先锋模范作用,10 月 22 日,中共北京市委组织部提出《关于在大学教授中发展党员的意见》。《意见》提出,重视在大学教授中发展党员是"完成党的中心任务之必需",并提出了开展这项任务的方针和做法。北京市还积极组织首都高校的师生参加实际的社会实践,据 1950 年 2 月 13 日《人民日报》报道,首都有 800 名教授、学生参加了郊区的土地改革,热忱帮助农民翻身,并在运动中受到了教育,思想认识得到了普遍的提高。与此同时,北京市也高度重视中小学的思想教育问题。9 月 2 日,北京市教育委员会提出《关于当前北京市中小学生教育方针和教育思想的几个问题》的总结报告,提出要努力贯彻新民主主义的教育方针和加强中小学的思想文化教育。

对于教育领域的思想文化建设来说,一方面是进行教学课程和教学内容上的改造与建设,另一方面是对从事教育事业的知识分子的思想文化改造与建设。教学课程和教学内容上的改造和建设,目的是为了培养要用理论与实际一致的教育方法,培养具有高度文化水平、掌握现代科学与技术的成就,全心全意为人民服务的高级建设人才。1950 年 8 月,中央人民政府政务院发出《关于实施高等学校课程改革的决定》,提出了使高等学校的课程达到理论与实践相结合的目标,要求一方面要克服"为学术而学术"的空洞的教条主义偏向,力求课程与国家建设的实际相结合;另一方面,要防止忽视理论学习的狭隘的实用主义或经验主义偏向。

对于新中国成立之初的教育事业来说,由于缺乏建设社会主义教育事业的经验,前苏联的社会主义教育模式成了学习的样板,中共中央发出指示,要求学习前苏联教育的先进经验。首都高校乃至全国的高校以及其他各级各类学校都学习前苏联的教育理论和教育经验,有组织地翻译前苏联的各科教学计划、教学大纲、教材和各种教育文献资料,聘请了前苏联专家进行各方面的教育指导。1952 年下半年开始的高等学校院系调整也基本上是在照搬前苏联模式进行的。这实际上不仅是教育格局和课程设置的改革和建设,而且也是教育领域的思想文化方面的改造与建设,是改造旧教育、发展新教育的一种重大的历史性举措。在改造旧教育建设新教育的过程中,高校也开始设立马列主义、毛泽东思想课程。1952 年 10 月,教育部发出了《关于全国高等学校马克思列宁主义、毛泽东思想课程的指示》,规定高等学校应设立的政治课程。人民政府还要求在高等院校试行政治工作制度,设立政治辅导处,加强高校的政治思想工作。

对教育领域知识分子的思想文化改造和建设,就是要用马克思、列宁主义和毛泽东思想为指导。1951年秋,人民政府开始有组织有计划地在全国开展了一个学习和改造思想的运动。这次思想改造学习运动,是由北京大学校长马寅初首先在北大师生中发起的。马寅初说,学习的目标,"就是希望经过思想改造来推进学校的改造。学习的方法,是听报告,学文件,展开批评与自我批评,使我们能够以马列主义和毛泽东思想来武装自己。"①北京大学是首都最重要的高校之一,也是历史最悠久的高校之一。北京大学的学习和改造思想的做法,对于首都其他高校乃至全国高校都具有典范作用。北京大学的这一学习和思想改造的行动得到了中央人民政府和周恩来的支持,并决定把这一运动推广到京津地区的所有高校,取得经验后推广到全国。1951年9月29日,周恩来向首都高等院校教师做了《关于知识分子的改造问题》的报告,知识分子思想改造运动正式开始。报告共七部分:立场问题、态度问题、为谁服务问题、思想问题、知识问题、民主问题、批评与自我批评。周恩来在报告中谈了知识分子如何确立革命的立场、观点和方法等问题,并号召教师们认真开展批评和自我批评,努力使自己成为文化战线上的革命战士。

1951年9月下旬,北京、天津20所高等院校教师3000余人展开了以改造思想、改革高等教育为目的的学习运动。11月30日,中共中央发出《关于在学校中进行思想改造和组织清理工作的指示》,要求在所有大中小学学校教职员和高中以上学生中普遍进行初步思想改造的工作,并在这个基础上,在大中小学教职员工和专科以上的学生中,组织中层老师的交清历史的运动。继北京、天津之后,全国各地大中小学的教师和高中以上学生相继开展了思想改造运动。北京市对这一思想改造运动非常重视,12月1日,中共北京市委宣传部长邓拓向全市中小学教员作报告,着重讲了思想改造的必要性、自觉性,强调思想改造必须是一个自觉的运动。

为了加强对首都高校的领导,1953年2月4日,中共北京市委成立高等学校委员会。10月23日,中共北京市委宣传部、中共北京市高校委员会制订《关于北京市高等学校学生学习"中国现代革命史"的计划》。12月30日,中共北京市委组织部召开高等学校党的组织委员座谈会,范儒生在会上指出,我们要培养出能够掌握科学技术、具有高度政治觉悟、忠实于党、忠实于人民、热心社会主义建设的人才,就需要大大加强学校的政治工作

---

① 马寅初:《北京大学教员的政治学习运动》,《人民日报》,1951年10月23日。

和党的工作。发展党员是学校党组织的政治任务。1954年12月,中共北京市委高等学校委员会发出《关于在首都各高等学校开展学术批评和讨论的通知》。《通知》指出,这是一件经常的、细致的学术工作,不是突击式的政治运动,应当在科学研究的基础上进行,各校要结合科学研究工作制定开展学术批评和讨论的具体计划。1956年1月,中共北京市委召开知识分子问题会议,讨论了中共中央《关于知识分子问题的指示草案》和蒋南翔所作的《市委关于知识分子工作的报告》。市委要求着手充分发挥知识分子的作用,大力培养新的专家,加强党对知识分子和科学、文化、技术的领导问题,会议期间邀请了一些党外科学家讨论如何使我国科学、文化、技术怎样才能达到国际水平的问题。1956年12月,北京市高等学校委员会召开扩大会议,着重研究和讨论改进高等学校领导作风,加强对学生工作的领导和推进党委领导下的分工负责等问题。会议认为,各院校领导干部必须进一步深入学习"八大"文件,深入实际,改进领导。同时还提出,要加强对学生的国际主义教育、阶级教育以及革命传统教育和时事政策的教育。

　　1957年2月,毛泽东在《关于正确处理人民内部矛盾的问题》中,针对教育工作存在的问题,提出了"我们的教育方针,应该使受教育者在德育、智育、体育几方面都得到发展,成为有社会主义觉悟的有文化的劳动者"。针对教育中忽视思想政治教育的倾向,他强调要加强学校的思想政治工作,学习时事政治。加强思想政治教育,德、智、体全面发展,既是为了改变前苏联教育模式存在的局限,也是当时发展社会主义教育的目标,首都和全国各地的学校都按照毛泽东的指示进行教育改革。但是,随后进行的被严重扩大化的反右派斗争,却给教育事业带来了极其不良影响。1957年7月14日,中共北京市委向中央提出《关于处理高等学校中党内、团内右派分子的意见》。1957年9月20日,中共北京市委就北京市高等学校整风和反右派斗争情况以及今后的工作部署向中央报告。报告指出,北京市32所高等学校中,有11.3万人参加了整风和反右派斗争,被划为右派分子的4874人,占学校总人数的4.3%。关于今后的工作部署,市委提出,在学校中改进工作应以改进教学工作、提高教学质量为中心,要进行社会主义思想教育,批判资产阶级思想,树立无产阶级思想,发动群众,系统地展开社会主义的大辩论。10月13日,《光明日报》编辑部邀请北京市高等院校和科研机构负责人、教授、专家座谈"红"与"专"的关系问题。该报陆续发表了翦伯赞、朱光潜、白寿彝、梁思成等人在座谈会上的发言,他们联系自身的经历说明了"先专后红"的思想是错误的。他们都是著名的学者和教授,在发言中对自己的资产阶级唯心主义思想作了检讨,他们要求青年要做到"又红又专"。这场整风运动不仅在高校和学术界普遍展开,从1957年10月,北京市的100多所中学也陆续开始了大规模的整风运动。

1958年4月,中共中央召开教育工作会议,会议讨论了教育方针,对教条主义、右倾保守思想、脱离生产和脱离实际以及忽视政治的错误进行了批判,随后又发动了"教育革命"。从当年4月开始,首都和全国针对北京大学校长马寅初的《新人口论》,展开了为期两年的批判。北京大学采取大字报、辩论会等方式,对马寅初的《新人口论》及其整个学术思想和政治观点说成是"新马尔萨斯人口论"。8月14日,北京师范大学邀请北京、天津有关高等院校和科研机关的教师、研究人员举行座谈会,批判心理学教学中的"资产阶级方向",这是一次波及全国的"心理学批判运动",把心理学说当作"伪科学"进行批判。8月30日,《人民日报》发表题为《学术批判是深刻的自我革命》的社论,提出高等学校的领导者要大胆地发动群众,帮助资产阶级学者们进行学术批评。北京地区高校中的一些老教师、老教授和老专家在此次学术批判运动中受到了批判,许多严肃认真的学术研究被当作资产阶级的、唯心主义甚至是反动的思想。

1958年7月2日,北京市12万多名高等学校、中等专业学校学生举行红专跃进广播大会。共青团中央第一书记胡耀邦在会上讲话,指出跃进的关键是坚决地贯彻教育为政治服务、教育与生产劳动相结合的教育方针,贯彻理论与实践联系、学习与独创结合的学习方针。9月19日,中共中央、国务院发出《关于教育工作的指示》,提出了明确的教育方针。《指示》提出,中国共产党的教育方针是,教育为无产阶级的政治服务,教育与生产劳动相结合。此后,国家正式确立了教育必须为无产阶级政治服务,必须同生产劳动相结合,使受教育者在德育、智育、体育几方面都得到发展,成为有社会主义觉悟有文化的劳动者的教育方针。中共北京市委召开教育工作会议,讨论贯彻执行中央关于教育为无产阶级政治服务,教育与生产劳动相结合的具体办法。1960年1月,中共北京市委大学科学部召开各校党委常委以上的干部会议,提出在整风运动的基础上进行社会主义教育,迎接北京市和全国的文教群英会。会议还提出总结教育工作经验,科研工作为工业向高、大、精、尖发展服务等。1960年6月,全国教育与文化、卫生、体育、新闻方面社会主义建设先进单位和先进工作者代表大会在北京开幕,大会提出要高速度地发展文教事业,普及和提高全民教育的任务,把文化革命推向高潮。北京大学、清华大学等先进集体和清华大学教授张子高等先进工作者在会上受到奖励。

1961年1月14日至18日,中共八届九中全会在北京举行。会议通过对国民经济实行"调整、巩固、充实、提高"的八字方针。从1961年到1963年,全国教育领域也贯彻"八字方针",开始对教育事业进行调整。教育部按照中共中央和国务院的指示,草拟了《教育部直属高等学校暂行工作条例(草案)》(简称"高教六十条")和《全日制中学暂行工作条例(草案)》、《全日制小学暂行工作条例(草案)》(简称"中学五十条"、"小学四十条"),总结了建国以来教育工作正反两个方面的经验。中共中央指出,高等学校必须以教学为主,努力提高教学质量;生产劳动、科学研究、社会活动的时间应该安排得当,以利教学;正确执行党的知识分子政策,团结一切可以团结的知识分子,为社会主义高等教育服务;正确执行"百花齐放、百家争鸣"的方针,提高学术水平;改进党的领导方法和领导作风,加强思想政治工作。这些指示对于首都和全国的教育事业的发展发挥了极为重要的作用,推进了首都和全国教育文化的发展。北京市根据中央的要求,对各级各类学校进行了调整,北京地区的高等院校从1960年的67所调整为51所,中等专业学校从1960年的90所调整为80所,技工学校由1960年的63所调整为14所。

不过,1962年8月,毛泽东在北戴河中央工作会议和八届十中全会上先后两次作了关于阶级、形势、矛盾和党内团结问题的讲话。八届十中全会完全接受了毛泽东对社会主义时期阶级和阶级斗争的分析,并做出了"千万不要忘记阶级斗争"的号召,在这个"以阶级斗争为纲"的理论指导下,全国城乡普遍开展了社会主义教育运动。"以阶级斗争为纲"的理论同样深刻了影响了首都和全国的教育事业。1964年开始的文艺界整风运动扩大到哲学、经济学、历史学、教育学等各个学术领域。哲学界批判了中共中央党校杨献珍的"合二而一"论,认为杨献珍的"合二而一"论是与毛泽东的"一分为二"论相对立的,并把这看作是当前哲学战线上的新的激烈斗争,是一场坚持唯物辩证法与反对唯物辩证法、无产阶级世界观与资产阶级世界观的斗争。经济学界批判了中国科学院经济研究所孙冶方的经济思想;历史学家批判了著名历史学家翦伯赞、吴晗等人的所谓"非阶级观点"和"让步政策"论。

从1963年开始了所谓的"四清"运动,1963年10月9日,中共北京市委发出《关于组织高等文科教师参加社会主义阶级教育和'四清'运动的通知》。11月30日,共青团北京市委召开扩大会议,决定进一步加强对青年的阶级教育,对青年进行"四史"(家史、村史、厂史、校史)教育。1964年2月13日,毛泽东在人民大会堂召开的教育工作座谈会上谈了教育改革问题。毛泽东说:"教育的方针、路线是正确的,但是方法不对。我看教育要改革,现在这样还不行。""学制可以缩短。""课程多,压得太重是很摧残人的。学制、课程、教学方式、考试方法都要改。""现在的考试方法是用对付敌人的办法,实行突然突击,题目出得很古怪,使学生难以捉摸,这种方法是摧残青年,我很不赞成,要完全改变。"此后,教育部在北京召开全国教育厅、局长会议,传达学习了毛泽东关于教育工作的谈话,检查了普通教育工作的错误和缺点。

1964年3月17日,中共北京市委批发北京大学、北京师范大学党委《关于组织师生参加农村社会主义教育运动的通知》,指出组织高校师生参加郊区的社会主义教育运动,对知识分子的思想改造大有好处。1964年11月,中宣部开始在北京大学进行社会主义教育运动试点,中共北京市委派工作队到北京市第六中学开展社会主义教育运动试点。1965年7月3日,毛泽东看了《北京师范学院一个班学生生活过度紧张,健康状况下降》的材料后,写信给中宣部长陆定一,建议从学生的一切活动总量中砍掉三分之一。7月14日,中共北京市委印发了毛泽东的批示,并发出《关于切实注意劳逸结合的通知》。7月30日,中共北京市委向中央报告了在学校中讨论贯彻毛主席批示的情况。8月8日,彭真在北京工人体育场向首都高校应届毕业生和其他学生及中央、北京市部分机关干部8.5万人,就当前形势、知识分子的方向和道路、培养革命接班人等问题作报告。10月25日,教育部在北京召开全国城市半工半读教育会议,提出了半工半读"五年试验、十年推广"的方针。

新中国成立后的首都教育事业始终遵循党中央的教育方针和毛泽东的指示,在改造旧的教育制度和教育思想中发展首都的教育事业,在发展新的教育事业中建设北京的教育事业,新中国成立后17年首都北京的教育事业同全国的教育事业一样,经历了复杂而曲折的历程,取得了巨大的成就,也存在着失误。尤其是受1957年反右派运动严重扩大化和1958年的大跃进等"左"的指导思想的影响,出现了严重违背教育规律的做法。政治思想改造运动对于普及教育领域的马克思列宁主义和毛泽东思想来说,对社会主义新中国的教育来说是完全必要的,然而,过于频繁的政治运动和把马克思主义教条化的做法,必然会严重挫伤作为知识分子的教师的积极性,极左的政治批判运动甚至阻碍和破坏了正常的教育教学和科学研究工作。但总体上说，新中国成立后 17 年的首都教育取得了伟大的成就，到 1965 年，北京地区的高等院校发展到 58 所，半工半读的学校 125 所，普通中学 567 所，小学 5888 所。北京地区的教育建设和发展，为首都和全国的社会经济文化建设培养了大批的人才，也为北京作为全国的文化教育中心奠定了深厚的基础。

五、北京文艺事业的建设

新中国成立后 17 年的北京文学艺术，是在党中央的领导下和毛泽东文艺思想的指导下建设和发展起来的，在 17 年中，北京市的领导和首都的文学艺术家遵循党的政治路线和文艺方针，积极繁荣首都的文艺事业。其间经历了复杂而曲折的发展变化历程，同时也取得了令人瞩目的成就，为建设首都的社会主义文艺事业做了应有的贡献。

自从北平和平解放后，中国人民解放军军管会文化接管委员会相继接管了北平的文学艺术组织，首都北京的文艺事业就发生了新的转型，就开始了用新的政治、文化意识教育和改造旧有的文学艺术意识。1949 年 3 月 22 日，华北解放区和国民党统治区的作家、艺术家在北平解放后第一次聚会，两路大军开始商讨召开全国文艺工作者大会的筹备工作。7 月 2 日至 19 日，中华全国文学艺术工作者代表大会在北平召开，来自解放区和国统区的 800 多位代表出席了会议。对于新中国的文学艺术建设和发展来说，这是一次意义重大的会议。中央领导给予了高度重视，毛泽东亲临大会，朱德代表党中央和解放军总部向大会表示祝贺，周恩来作了政治报告。会议为新中国成立后的文学艺术建设与发展指出了明确的政治方向和艺术要求，周恩来在向与会者文学家、艺术家所做的《政治报告》中指出，此次大会是 1927 年大革命失败后被分割在国统区和革命根据地的两支文艺工作者队伍的会师，并且强调指出："这次会议的团结是在新民主主义旗帜之下、在毛主席新文艺方向之下的大团结、大会师。"郭沫若作了《为建设新中国的人民文艺而奋斗》的总报告，他强调文艺工作者要为新民主主义新中国服务，建设新民主主义的新文艺。周扬在题为《新的人民的文艺》的报告中说："毛主席的《文艺座谈会讲话》规定了新中国的文艺的方向，解放区文艺工作者自觉地坚决地实践了这个方向，并以自己的全部经验证明了这个方向的完全正确，深信除此之外再没有第二个方向了，如果有，那就是错误的方向。"①这充分说明了新中国的文学艺术的政治性质和文化性质,要求用新民主主义的思想、毛泽东的文艺思想指导和发展新中国的文学艺术事业,要求文学艺术领域在意识形态问题上的一元化和一致性。

中共北平市委高度重视北京市文艺工作的发展方向,1949年6月13日,中共北平市委、市总工会筹委会联合召开工厂文艺工作者座谈会。彭真到会发表讲话指出,北平市的文艺工作者要以工人阶级作为主要服务对象,文艺工作者必须加强马克思主义理论的学习,必须与工人阶级打成一片。全国文代会召开后,北京市更加重视贯彻毛泽东的文艺思想,要求文艺工作者牢牢把握和贯彻文艺为人民服务的方针。8月8日,北平市举办第一期戏曲界讲习班,欧阳予倩、田汉、杨绍宣、阿甲、马少波等人讲课,讲习班着重对艺人进行政治思想教育,明确文艺为工农兵服务的方向,讨论有关旧戏改革等问题。1949年11月11日,北京市大众文艺创作研究会成立,全国文联副主席周扬、北京市委宣传部副部长李乐光到会讲话,要求团结北京市的新旧文艺工作者,在反帝反封建反官僚资本主义的、为人民服务的总方针指导下,学习、研究、创作和开展北京市的文艺运动。1950年1月,通俗文艺月刊《说说唱唱》创刊,郭沫若、茅盾、周扬等人为刊物题词,要求刊物办出新时代的风格(郭沫若),要把他办成"民族的大众的科学的说说唱唱"(茅盾),要在"在群众中生根开花"(周扬)。

1950年5月28日,北京市文学艺术工作者代表大会在劳动人民文化宫(太庙大殿)降重开幕,中共北京市委书记彭真到会致辞,300多位文学艺术工作者代表出席此次大会,成立了"北京市文学艺术工作者联合会"。"北京市文学艺术工作者联合会"会聚了一大批来自于解放区、国统区和归国的知名文学艺术家,如著名作家老舍、赵树理、沈从文、张恨水、端木蕻良、马烽、沙鸥、康濯、田间等,著名教授、学者俞平伯、杨振声、罗常培、林庚、李广田、朱光潜、吴组缃、钟敬文、吴晓铃、魏建功等,著名戏剧家曹禺、田汉、欧阳予倩、焦菊隐、洪深、金山、田方等,著名的京昆老前辈王瑶卿、白凤鸣、韩世昌,享誉海内外的"四大名旦"梅兰芳、尚小云、程砚秋、荀慧生,以及戏曲名家马连良、杨宝森、萧长华、裘盛戎、李和曾、李少春、袁世海、高玉倩、喜彩莲、小白玉霜、新凤霞等等。在这次北京市文代会上,老舍做了题为《团结起来创作民族文艺》的开幕词。政务院副总理、全国文联主席郭

---

① 《中国新文艺大系——1949—1966年理论史料集》,北京:中国文联出版公司,1994年,第93—94页。

沫若,副主席茅盾、周扬先后讲话。中共北京市委书记彭真到会致辞,他祝贺一年来北京的文艺工作在"发展新的改造旧的"上所取得的成绩,并对今后北京文艺工作的方向提出了三点要求:文艺工作者应与工人建立更密切关系,从工人活动中提取题材,反映和服务工人;无论政治工作、经济工作或文艺工作,都要围绕《共同纲领》这个总的方向;在文艺创作上要有正确的态度,只要符合最大多数人民最大利益的就是对的。吴晗作了题为《解放前的北京市新文艺运动》的报告,李伯钊作了题为《北京市文艺普及工作问题》的报告。著名文学家、音乐家和艺术家翁独健、郑振铎、丁玲、田汉、徐悲鸿等在开幕式上发表了讲话。

北京市第一次文学艺术工作代表大会的召开和北京市文艺工作者联合会的成立,团结了首都的文学艺术工作者,确立了北京市文艺为政治服务、为人民服务的发展方向,进行了大量的文艺实践活动,创办了《北京文艺》等杂志,举办了一系列的文艺讲座、文艺表演、艺术展览和文艺培训,有力地推动了北京市和首都文学艺术的繁荣和发展。

文学艺术是一种审美的意识形态,文学艺术作品具有形式风格上的多样性和思想文化内涵的多维性。新中国成立之初,如何用新民主主义文化思想和毛泽东文艺思想改造旧文艺和建设新文艺,是思想文化领域的重大课题。在建设和发展新中国文艺的同时,批判旧的文艺思想也自然成为了建国初期的新文化、新文艺建设的重要而紧迫的任务。从1951年到1955年,中国发动了一系列从文艺领域开始的思想批判运动。1950年,孙瑜导演、赵丹主演的历史故事片电影《武训传》公演,影片讲述的是清朝末年山东省堂邑县一个叫武训的人行乞兴学的故事。在公演后的四个月时间里,北京、天津、上海三个城市的报刊发表了歌颂该电影和武训本人的评论文章40余篇,号召人们学习"武训精神"。当然,对这部影片也存在一些不同的意见,有一些批评性的看法,但并未超出正常的学术批评范围。1951年5月16日,《人民日报》发表了杨耳撰写的题为《试谈陶行知先生表扬〈武训精神〉有无积极作用》,公开了对电影《武训传》的批评,文章反对对武训的歌颂和赞扬态度。5月20日,《人民日报》发表毛泽东撰写的社论《应当重视电影〈武训传〉的讨论》,他指出:"电影《武训传》的出现,特别是对于武训和电影《武训传》的歌颂如此之多,说明了我国文化界的思想混乱达到了何等的程度!"并且提出应当展开关于电影《武训传》及其他相关武训的著作和论文的讨论,以彻底澄清这个问题上的思想混乱,由此,发动了对电影《武训传》的政治性批判运动,这是新中国成立后思想文化战线上的第一次批判运动。本来属于文艺批判和学术争论的东西演变成为了一场政治性的批判运动。《武训传》作为一部电影,是一种艺术的创作,而作为一种艺术则很难用单纯的所谓调查材料予以核实。一些批判文章把文艺的问题上升到政治的问题,指责电影《武训传》是对新中国的挑战,是对人民的攻击。甚至像郭沫若这样的文学家和历史学家也联系武训批判做了自我检讨。周扬在《人民日报》上发表了题为《反人民、反历史的思想和反现实主义的艺术——电影〈武训转〉批判》的文章,文章认为电影《武训传》在思想上是"反人民、反历史的",在艺术上是"反现实主义的"。这实际上从思想内容和艺术形式上对《武训传》进行了彻底的否定。文章得出结论说:"电影《武训传》诬蔑了中国人民历史的道路,宣传了资产阶级的反动思想,用改良主义来代替革命,用个人奋斗来代替群众斗争,用卑躬屈膝的投降主义来代替革命的英雄主义。电影中武训的形象是丑恶的、虚伪的,在他身上反映了我国封建社会的黑暗和卑鄙,歌颂他就是歌颂黑暗和卑鄙,就是反人民的,反爱国主义的。"① 这种高度政治化的批判和定论,成为了全国《武训传》批判的范式和指导。

5月23日,北京市文化教育界开始批判电影《武训传》,检讨文化艺术存在的封建主义思想和资产阶级思想。1951年9月,中共中央在中宣部《关于文艺干部整风学习中向中央的报告》的批示中提出,要在各地文学艺术界中开展一个有准备有目的的整风学习运动,使文艺工作向着正确的方向发展。11月18日,北京市文联主办的首都书画界双周学习会召开会议,国画家40余人到会。老舍传达了全国政协一届三次会议精神,特别强调了知识分子思想改造的重要性,纠正那种"只知画画,不问政治"的观点,一些作品所以失败,主要原因就在于不关心政治。11月24日,为了响应全国政协一届三次会议关于改造思想的号召,首都文艺界召开整风学习动员大会,胡乔木、周扬、丁玲分别作了题为《文艺工作者为什么要改造思想》、《整顿文艺思想,改进领导工作》、《为提高我们刊物的思想性、战斗性而斗争》的重要讲话。北京市文联主席老舍以《认真检查自己的思想》为题发言,表示要认真地学习,热诚地学习。北京市文联副主席李伯钊以《北京市文艺思想领导工作的检讨》为题作了自我批评。11月30日,根据中共中央通知和中共北京市委要求,在北京市文艺机关团体进行组织清理工作,清查文

---

① 《中国新文艺大系——1949—1966年理论史料集》,北京:中国文联出版公司,1994年,第263页。

艺队伍内部的反革命分子,在北京市文艺界展开整风运动。

1952年1月1日,毛泽东同志发表《元旦祝词》:号召要"大张旗鼓地、雷厉风行地开展一个大规模的反对贪污、反对浪费、反对官僚主义的斗争。"随后,全国各地开展了"三反"、"五反"运动,这次运动也同样波及到了首都和全国的文艺领域,北京市文联、文艺处根据中共北京市委指示成立了领导小组,开展了历时6个月的运动。1952年5月,全国文联为纪念毛泽东《在延安文艺座谈会上的讲话》发表10周年举行座谈会,会议强调了要加强文艺工作者的思想改造,批判和清除资产阶级思想的影响,克服文艺创作上的公式化、概念化倾向,加强文艺作品的思想性和艺术性;以及文学艺术的民族化和大众化问题。在京著名文学家和艺术家郭沫若、周扬、洪深、丁玲、陈沂、冯雪峰、赵树理、李伯钊和梅兰芳等在座谈会上发言,并且一致认为,文学艺术工作者要改造思想,必须遵照毛主席的指示,到工农兵群众中去,积极参加群众的斗争。7月5日,北京市委宣传部发出《1952年下半年北京文化艺术工作计划》,要求组织文学艺术工作者和团体、剧院、戏曲班社,全力为工农兵服务,把文学艺术普及到工农兵中去;要创作以反映工农劳动人民现实生活为题材的作品;开始建设文化艺术事业,满足工农劳动人民的需要;加强文艺干部和文艺群众的政治、理论和业务的学习,进一步贯彻毛主席的文艺思想。

新中国成立后第二次全国性的文艺思想批判运动是对俞平伯《红楼梦》研究的批判,这场批判运动不仅是文学艺术范围的运动,同时也是思想文化建设方面的批判运动。1952年,俞平伯把他1922年完成的《红楼梦辨》改名为《红楼梦研究》出版,该书出版后赢得了广大读者的喜爱,在社会上和学术界产生了强烈的反响。1954年9、10月间,李希凡、蓝翎两位青年先后在山东大学举办的《文史哲》和《光明日报》发表了《关于〈红楼梦简论〉及其他》、《评〈红楼梦研究〉》两篇文章,对俞平伯的红学观点和研究方法进行了批评,并认为"现实向《红楼梦》的研究者提出了严肃而富有战斗性的任务"。《文艺报》编者按说,这两个开始研究中国古典文学的青年"试着从科学的观点对俞平伯先生在《红楼梦简论》一文中的观点进行了批评",在这里把两位青年的观点称之为"科学的",这同时便意味着俞平伯的观点的不科学性。9月,北京市文化、北京市文联组织干部学习第18期《文艺报》转载并加按语的文章《关于〈红楼梦简论〉及其他》。10月16日,毛泽东给中共中央政治局和其他同志写了《关于〈红楼梦〉研究问题的信》,向全党提出对胡适资产阶级唯心主义进行批判的任务。李希凡、蓝翎在《光明日报》发表文章,指名批评俞平伯在《红楼梦》研究中的问题,受到毛泽东的重视和支持。10月24日,中国作协古典文学部召开了关于《红楼梦》研究的讨论会,古典文学部部长郑振铎主持会议,在京的著名作家、文学史家和文艺理论家茅盾、周扬、冯雪峰、邵荃麟、阿英、张天翼等60多人出席会议。俞平伯、王佩章、冯至、舒芜、钟敬文、王昆仑、老舍、吴恩裕、黄药眠、范宁、郑振铎、聂绀弩、启功、杨晦、浦江清、何其芳、蓝翎、周扬等先后在会上发言。他们一致认为,在古典文学研究领域中要用马克思列宁主义的立场、观点和方法,批判资产阶级唯心主义的立场、观点和方法是一场严重的斗争。10月31日至12月8日,中国文联和中国作协主席团连续召开了8次联席扩大会议,对俞平伯的"唯心主义观点"进行批判。1954年11月8日,《光明日报》记者就关于文化学术界开展反资产阶级错误思想的斗争采访了中国科学院院长郭沫若。郭沫若说,由俞平伯研究《红楼梦》的错误观点所引起的讨论,是当前文化学术界的一个重大事件,应该把这看作是马克思列宁主义思想与资产阶级唯心论思想的斗争,并提出无论在历史学、哲学、经济学、建筑艺术、语言学、教育学乃至自然科学的各部门,都应该开展这样的思想斗争。1989年胡绳在庆祝俞平伯先生从事学术活动六十五周年上的讲话指出,1954年的那种做法"不符合党对学术艺术所应采取的双百方针",既在精神上伤害了俞平伯先生,也不利于学术和艺术的发展,俞平伯对《红楼梦》的研究具有开拓性的意义。①

1955年1月20日,中共中央宣传部向中共中央提出报告,要求在批判俞平伯和胡适的同时,对胡风的文艺思想进行公开批判。在此之前的1954年7月,胡风向中共中央政治局送了一份长篇报告,就文艺问题陈述了自己的意见。中宣部的报告认为,胡风给中央的报告是"很有系统地宣传他的资产阶级的唯心论的",是"反党反人民的文艺思想。他的活动是宗派主义小集团活动"。报告请求对胡风小集团中"可能隐藏的坏分子""加以注意和考察"。1955年1月26日,中共中央批转了这个报告。2月5日和7日,中国作协主席团召开扩大会议,决定对胡风的资产阶级唯心主义文艺思想展开全面彻底的批判。5月13日,《人民日报》开始刊登"关于胡风反革命集团的材料",毛泽东写了编者按语,断言胡风等人是"一个暗藏在革命阵营的反革命派别","是以推翻中华人民共和国和恢复帝国主义国民党

---

① 见胡绳:《在庆祝俞平伯新生从事学术活动六十五周年会上的讲话》,《文学评论》,1989年第2期。

的统治为任务的"。5月18日,经全国人大常委会批准,胡风被捕入狱。从此,全国展开了揭露、批判、清查"胡风反革命集团"运动。在这场运动中,有2100余人受到牵连,其中92人被捕,62人被隔离审查,造成了一起重大的冤假错案。从1955年1—7月,北京市文学艺术界与全国一样,开展了对胡风及"胡风反革命集团"的批判与斗争。根据中共北京市委的指示,北京市文化局、北京市文联建立了肃反运动5人领导小组。5月份,以"胡风集团反革命分子"的罪名,撤销了王亚平文联秘书的职务,并将其逮捕入狱;以"历史反革命分子"的罪名,逮捕了文联办公室的秘书姜梦漪;以"王亚平小集团"的罪名,搜查了文联研究部部长施白芜、创作部部长端木蕻良、画家汪刃锋和编辑考诚的住宅及办公室,并对他们进行了将近一年的审查批判。1980年和1988年中共中央办公厅发出通知,为胡风错案及其受害者彻底平反,恢复名誉。

1956年4月28日,毛泽东在中共中央政治局扩大会议上提出"百花齐放,百家争鸣"的文艺方针。他说,讲学术,这种学术可以,那种学术也可以,不要拿一种学术压倒一切,"百花齐放、百家争鸣"应该成为我们的方针。5月2日,毛泽东在最高国务会议上正式宣布了这个方针,并作了解释。中国共产党主张在文艺上百花齐放,在学术上百家争鸣,艺术问题上百花齐放,学术问题上百家争鸣。在中华人民共和国宪法范围内,各种学术思想,正确的、错误的让他们去说,不去干涉他们。5月26日,中共中央宣传部长陆定一专门作了题为《百花齐放、百家争鸣》的讲话,他说,中共中央现在提出"百花齐放、百家争鸣"的方针,就是要在文艺科学工作方面把一切积极的因素调动起来,繁荣中国的文学艺术,为使我国的科学工作赶上世界先进水平而努力。"百花齐放,百家争鸣"的方针极大地鼓舞了首都和全国的文化艺术工作者,文学艺术家们积极探索文学艺术的新风格、新手法,表现社会主义生活的新内容和精神,勇于探讨文学艺术的新思想和新特征,对文学艺术的思维问题、创作方法问题、艺术真实和生活真实的问题进行了深入的探讨。"百花齐放,百家争鸣"的方针活跃了文学艺术的创作,推动了文学艺术的发展。

从1957年开始,中国社会政治形势发生了变化。4月27日,中共中央发布《关于整风运动的指示》。中央要求在全党重新进行一次普遍的、深入的反对官僚主义、宗派主义和主观主义的整风运动,提高全党的马克思主义思想水平,改进作风。5月8日,中共北京市委召开扩大会议,讨论贯彻中央整风运动的指示,提出本市开展整风运动的计划。16日,市委发出《关于整风运动的通知》。1957年6月8日《人民日报》发表社论《这是为什么?》,此后,即在全国范围内展开了一场大规模的反右派斗争。7月《北京文艺》发表题为《北京市文艺界要积极投入反右派的斗争》的社论,在第7—10期大篇幅地运用漫画、讽刺诗、文章等形式,揭露和批判了一些人的言行。1957年9月20日至10月9日,中国共产党第八届中央委员会第三次全体会议(扩大)召开。会议主要是总结整风反右派的经验,解决经济问题,特别是农业生产问题。毛泽东指出无产阶级和资产阶级的矛盾、社会主义道路和资本主义道路的矛盾,是当前我国社会的主要矛盾。会议肯定了中央和毛泽东关于对中国政治形势的估计和政治思想战线上进行社会主义革命的意见,决定要把整风运动推向全国,扩大为全民整风运动。在这场"反右派"的政治运动中,文学艺术领域也受到了严重的影响和冲击,著名作家艾青、丁玲、秦兆阳、吴祖光、王蒙、刘绍棠、李国文、从维熙、钟惦棐、邵燕祥等等都因其"鸣放"言论或作品被划成了"右派",著名作家丁玲和著名文艺理论家冯雪峰等人后来甚至被定为"丁玲、陈企霞、冯雪峰反党集团"。在这种政治形势下,"百花齐放、百家争鸣"实际上成为了一种表面形式,丧失了实质性的内容和含义。正如陆定一在1986年的会议中所说的:"反右派之后,'百花齐放,百家争鸣'的方针,形式上没有被废除,但实际上停止执行了。"[①]"百花齐放,百家争鸣"无疑是正确的方针,但是,在具体的文学艺术的领导和管理中,却没有得到很好地贯彻落实,张光年在晚年的一篇文章中写道:"无论如何,'百花齐放,百家争鸣'的方针及其有关论述,是毛泽东思想的重要组成部分,是毛主席遗留下来的一份宝贵的理论遗产。遗憾的是,他在1956、1957年提出这个方针以后,从来不曾实行过。"[②]

为了响应大跃进的号召,全国文学艺术界也掀起了一股冒进和浮夸的风气。一方面是大批"修正主义"的文化和文艺思想,一方面是大搞所谓革命现实主义与革命浪漫主义相结合的群众文化运动。1958年3月3日,北京市文联与文化部、中国戏剧家协会、中国音乐家协会联合召开戏剧音乐创作座谈会,讨论创作大跃进问题,提出"创作大跃进"的口号。文化部副部长钱俊瑞作动员报告,剧协主席田汉讲话,老舍代表北京市的戏剧界发

[①] 陆定一:《"百花齐放,百家争鸣"历史回顾——纪念"双百"方针三十周年》,《新华月报》,1986年5月号。

[②] 张光年:《在颐年堂听毛主席谈双百方针》,《百年潮》,1999年第4期。

言指出,艺术事业的百年大计应该是百年看十年,十年看今年,今年看今天。无论名分大小,演员不分老少男女,各剧团要说干就干,能干什么就干什么,实现文艺工作的大跃进。5月,北京市文化局和北京市文联党总支委员会组织全体党员学习中共中央八届二次会议文件,贯彻"鼓足干劲,力争上游,多快好省地建设社会主义"总路线精神,号召文学艺术家们多快好省地建设社会主义新文艺。11月3日,中共北京市委召开文化工作会议,号召全党、全民办文化,开展群众业余文化活动。17日,市委发出《关于开展群众文艺创作运动的指示》,要求争取产生一批具有共产主义思想和优秀艺术形式的文艺作品。为了适应北京市文学艺术事业发展的需要,1959年,北京市文联决定增设文学、戏剧、美术、音乐几个工作组,并增办《北京戏剧》《北京歌声》《群众文化》3个刊物,发表了大量的反映工农兵的作品或工农兵创作的文学艺术作品。为了培养工农兵艺术家,发展工农兵文艺,4月12日至5月10日,市文联、市文化局、市总工会举办了"工农兵美术展览",共展出包括国画、油画、水彩画、招贴画、漫画、连环画、诗画、剪纸等在内的作品300件,其中工人作品171件、农民作品76件、士兵作品53件,并召开了工农兵美术作品座谈会。5月3日,周恩来总理邀请文艺界的部分人大代表和政协委员,以及北京的一部分文艺界人士,在紫光阁召开座谈会,讲了《关于文化艺术工作两条腿走路的问题》,共讲了10个问题:既要鼓足干劲,又要心情舒畅;既要力争完成,又要留有余地;既要有思想性,又要有艺术性;既要浪漫主义,又要现实主义;既要马列主义,又要与实际相结合;既要有基本训练,又要有文艺修养;既要政治挂帅,又要讲物质福利;既要重视劳动锻炼,又要保护身体健康;既要敢想敢说敢做,又要有科学的分析和根据;既要有独特的风格,又要兼容并包。10月5日,北京市文联、北京市文化局主办的"北京市美术展览会"在故宫午门雁翅楼开幕,共展出中国画、油画、版画、水彩画、漫画、雕塑及工艺美术作品400余件,以作为首都美术界向国庆十周年的献礼。应当说,文艺领域的这种大跃进,对于普及首都人民的文艺知识和提高大众的文艺欣赏能力发挥了重要的作用,然而,这种急功近利的作法,却并未创作出真正具有思想深度和美学水平的作品,大多只注重文学艺术作品的政治内容,而较少甚至没有考虑到艺术作品的表现形式,更难谈得上艺术手法和艺术风格的创新。

1960年7月22日至8月13日,中国文学艺术工作者第三次代表大会在北京举行。陆定一到会祝词,他指出,文艺属于意识形态的范畴,是社会的上层建筑之一。我国文学艺术工作者的任务就是用文艺的武器,极大地提高全国人民的社会主义和共产主义的思想觉悟,提高全国人民共产主义的道德品质,他再次阐述了党的百花齐放、百家争鸣的方针,"我们今后一定要继续执行百花齐放、百家争鸣的政策"。周扬作了题为《社会主义的文学艺术道路》的报告,他在报告中阐述了文艺为工农兵服务和为社会主义服务的文艺方向问题、百花齐放百家争鸣的文艺创作和学术批评的政策问题,提出了"革命的现实主义和革命的浪漫主义相结合"的艺术方法,并且在报告中驳斥了"资产阶级人性论",提出要批判文艺领域的修正主义思想,"继续开展对修正主义思想的斗争,仍是我国文艺界当前的一个重要任务"。周扬还谈到了文学艺术遗产的批判继承和创新问题。[①] 由于意识到了反右扩大化对文学艺术产生了过左的影响,"双百方针"在这次文代会中得到了重申。1961年6月19日,周恩来在全国文艺工作座谈会和全国故事片创作会议上的讲话中,批评了文艺工作中的一些"左"倾思想,一些套框子、抓辫子、挖根子、戴帽子、打棍子的做法,强调要发扬艺术民主,尊重文艺规律,要造成一股民主的风气,一种又有集中又有民主、又有纪律又有自由、又有统一意志又有心情舒畅、生动活泼的政治局面。8月,中共中央宣传部下发《文艺八条》,主要内容是:进一步贯彻"百花齐放、百家争鸣"的方针;努力提高文学艺术创作的质量;批判地继承民族的文化遗产和吸收外国的优秀文化;正确地开展文艺批评;保证创作时间,注意劳逸结合;培养优秀人才,鼓励优秀创作,加强团结,继续改造;改进领导方法和领导作风。《文艺八条》发出后,受到了广大文艺工作者的热烈拥护,也成为了各地改进和发展文艺工作的依据。1962年2月,周恩来在中南海紫光阁对在京的话剧、歌剧、儿童剧作家讲话,他就文艺创作和文艺发展中的破除迷信解放思想、党如何领导戏剧电影工作、文艺如何表现时代精神、如何塑造典型人物、如何描写人民内部矛盾、怎样处理生活的真实、历史的真实和艺术的真理的关系等等做了系统的阐述。第三次全国文代会的召开以及党和国家领导人关于文艺的指示,为此时期中国文艺的发展起到了一定的积极作用。

此一期间,北京市遵循党的"双百方针"和"二为"的方针,发展首都的文艺事业。1961年1月,吴晗的剧本《海瑞罢官》在《北京文艺》上发表,并在本月首次演出,产生了广泛而良好的影响。从3月19日开始,邓拓以马

---

① 参见《中国新文艺大系——1949—1966年理论史料集》,北京:中国文联出版公司,1994年,第137—161页。

南邨为笔名,开始在《北京晚报》撰写《燕山夜话》,到 1962 年 8 月,共发表 152 篇。从 1961 年到 1964 年 7 月,邓拓、吴晗和廖沫沙开始以吴南星的笔名为中共北京市委理论刊物《前线》的《三家村札记》专栏撰写文章,历时近三年,共发表了 60 多篇文章。这些文章大部分以说古论今、谈天说地的形式,谈论思想修养、艺术欣赏等问题,其中一些篇章也批评了当时社会生活中的不良现象,对时弊有所讽喻。这些文章具有较深刻的思想内涵,也具有一定的艺术水平,深受广大读者的欢迎。北京市文学艺术界在挖掘传统的文艺剧目的同时,也积极组织反映现实生活的文学艺术创作。1961 年 3 月,北京市委文化部布置下属各剧团挖掘传统题目,到 6 月 1 日,共挖掘公演的京剧、昆曲、河北梆子传统剧目 52 个,传统曲艺段子 42 个,并积极组织观摩和座谈会。北京市组织学习和贯彻中宣部颁布的《文艺八条》。12 月,《北京文艺》编辑部根据"文艺八条"的指示精神,制定了《关于改进〈北京文艺〉工作的意见》,强调要克服对为政治服务的狭隘理解,要积极组织反映现实题材的、历史题材的、重大题材的、日常生活题材的作品,欢迎歌颂的、批判的、讽刺的各种好文章。1962 年 2 月,中共北京市委文化部副部长韦明在布置纪念毛主席《在延安文艺座谈会上的讲话》发表 20 周年活动计划中,强调要全面地宣传毛泽东思想,既要反对修正主义,也要防止教条主义。《北京文艺》组织了一批纪念文章,北京市文联与全国文联联合主办了 7 场报告会。12 月 11 日,中共北京市委宣传部召开本市部分作家、剧作家、画家座谈会,动员大家深入社会生活,反映现实斗争。

1962 年,毛泽东在北戴河中央工作会议和八届十中全会上先后两次作了关于阶级、形势、矛盾和党内团结问题的讲话。在"以阶级斗争为纲"的理论指导下,全国城乡普遍开展了社会主义教育运动,对一些文学艺术作品、学术观点、文化界代表人物进行了错误的批判和过头的政治性批判,导致了阶级斗争的扩大化。7 月,中共中央北戴河会议批判了小说《刘志丹》,9 月 24 日召开的八届四中全会也对这部小说进行了批判。在上面两次会议上,康生上纲上线地从政治上对该小说进行批判,认为小说有严重的政治问题。毛泽东在八届十中全会上说,利用小说反党是一大发明。1963 年 2 月 5 日,中共北京市委宣传部对 1963 年北京市文化艺术工作任务做出布置。要求进一步贯彻"八字方针"和"双百方针",全面地执行中共中央批转的《关于当前文学艺术工作若干问题的意见》、《关于改进和加强剧目工作的报告》和中共八届十中全会精神,做好加强文艺作品和上演剧目的教育作用等五个方面的工作。1963 年 2 月 22 日至 27 日,北京市文学艺术工作者第三次代表大会在民族文化宫礼堂召开,来自本市文学、戏剧、电影、美术、音乐、舞蹈、曲艺、木偶、杂技、民间艺术等方面的专业团体和业余文艺工作者的代表,以及特邀代表共600余人出席了大会,老舍代表市文联第二届理事会作了题为《更好地发挥文学艺术的战斗作用》的报告。大会决定将"北京市文学艺术工作者联合会"更名为"北京市文学艺术界联合会"。3月,中共北京市委宣传部召集作家、剧作家开会,落实深入生活下厂下乡计划,中国美协北京分会根据会议精神,组织40多位画家深入生活,1958年到1963年的六年中,从事美术创作的人员在本市举办的美术展览会上展出的作品,据不完全统计共有1706件,其中反映现实斗争的作品有622件,占总数的36.4%,其他题材的作品1084件,占总数的63.6%。

1963年9月,毛泽东对文艺界进行了严厉的批评。9月28日,他在中央工作会议上说,反修也要包括意识形态方面的问题,他批评文化部是"帝王将相部"、"才子佳人部"、"外国死人部"。1963年12月12日,毛泽东把中宣部编印的《文艺情况汇报》第116号刊载的《柯庆施同志抓曲艺工作》,批给北京市委的彭真和刘仁,并做了这样的批语:"各种艺术形式——戏剧、曲艺、音乐、美术、舞蹈、诗和文学艺术等等,问题不少,人数很多,社会主义改造至今收效甚微。许多部门至今还是'死人'统治着。不能低估电影、新诗、民歌、美术、小说的成绩,但其中的问题也不少。至于戏剧部门,问题就更大了。社会经济基础已经改变了,为这个基础服务的上层建筑之一的艺术部门,至今还是大问题。还需要从调查研究着手,认真地抓起来。"同时还作了这样的批示:"许多共产党人热心提倡封建主义和资本主义的艺术,却不热心提倡社会主义的艺术,其非咄咄怪事。"当晚,彭真召集中共北京市委书记和有关常委交换了意见。21日,中共北京市委召开常委会,对北京市的文艺工作进行讨论。26日,邓拓召集会议,向全市文艺界的主要党员干部进行传达,讨论当前的文艺工作问题。

1964年1月17日,中共北京市委写出了给毛泽东、中共中央并华北局的《中共北京市委关于讨论和贯彻毛主席对文艺问题批示的报告》。报告认为,解放十四年来,在党的领导下,北京市的文艺工作取得了很大的成绩,培养了一批革命的文艺队伍。同时提出,北京市的文艺工作也还存在着许多问题,有不少错误和缺点。北京市力争在三五年左右基本上改变北京市文艺工作与社会主义经济基础不相适应的落后状况。要用社会主义的标准要求文艺工作,在文艺战线上高举革命的大旗,把社会主义革命进行到底。坚决贯彻文艺为工农兵服务、为社会主义服务和百花齐放、百家争鸣、推陈出新的方针,在文艺战线上深入社会主义革命;繁荣创作,大抓现代戏;调整文艺政策,充实文艺队伍,进一步发展社会主义新文艺;加强党的领导,学习毛主席的著作,深入生活,进一步和工农兵相结合,提高文艺工作者的社会主义觉悟,建立一支又红又专的革命文艺队伍。深入调查研究,进一步制定和加强北京市文艺工作的长远规划,建立一支强大的无产阶级的革命文艺队伍,使首都的工艺工作者站在社会主义革命的最前线,为阶级斗争、生产斗争、科学实验、为社会主义革命和建设贡献力量。1964年2月4日,中共北京市委写出了呈送毛泽东、中共中央并华北局的《中共北京市委关于贯彻毛主席对文艺问题批示情况的报告》。《报告》说,目前首都和北京市属的各文艺团体的风气已经有了大的改变,"写社会主义"、"演现代戏"成为了北京文艺界响亮的革命行动口号。1964年5月27日,中共北京市委写出了呈送毛泽东、中共中央并华北局的《中共北京市委关于贯彻毛主席对文艺问题批示情况的第二次报告》,汇报了1964年2月以来的文艺工作主抓的三件事:一是戏曲演现代戏,特别是京剧演现代戏。在三个月的时间里,现代戏演出的场数占总演出场数的73.8%,观众人次占总观众人次的85%。许多思想性强和艺术性高的现代戏,如《千万不要忘记》、《朝阳沟》、《芦荡火种》、《巧遇记》、《龙江颂》、《激流勇进》、《一家人》、《丰收之后》等等。二是继续组织文艺工作者深入工农兵生活进行创作。北京市创作出了反映现实生活的剧本,如反映山村青年建设山区美好生活的《山村姐妹》、描写青年女支书与阶级敌人斗争的《芮苗英》、反映人民大会堂建设工程的《北京的朝霞》等等。三是文艺界的思想革命,高举毛泽东思想红旗,高举文艺革命红旗,把文艺战线上的社会主义革命进行到底,通过文艺战线上的社会主义革命重新教育人,重新组织革命的文艺队伍。从各方面加强文艺单位的思想政治工作,保证党的方针政策的贯彻执行。

中共北京市委1964年年初在写给毛泽东的报告中说,北京市的文艺工作在党的领导下取得了很大的成绩。然而,是年6月27日,毛泽东在文艺界整风报告的批语中指出:"这些协会和他们所掌握的刊物的大多数(据说有几个好的),十五年来,基本上(不是一切人)不执行党的政策,做官当老爷,不去接近工农兵,不去反映社会主义的革命和建设。最近几年,竟然跌到了修正主义的边缘。如不认真改造,势必在将来的某一天,要变成像匈牙利裴多菲俱乐部那样的团体。"这个批示表面看来是针对各种文艺协会和文艺刊物的,实际上却是对十五年来新中国文艺的主导方向的否定性判断。7月8日,中共北京市委召集市属文化艺术单位党员负责干部和城近郊区区委书记会议,传达了这一批示。北京市委8月5日至15日召开文艺工作会议,讨论了毛泽东6月27日关于文艺问题的重要指示,按照毛泽东的指示精神检查了北京市的文艺工作。中共北京市委指出,文艺革命是社会主义革命的一个重要部分。当前文艺战线上的根本问题就是两条道路、两条路线的斗争。文艺阵地无产阶级不去占领,资产阶级就要去占领。各级党的组织和宣传、文艺部门必须十分重视这个工作,认真加以领导,以便在思想意识领域里有计划有步骤地消灭资产阶级思想和封建主义思想,彻底挖掉修正主义的根子,使社会主义文艺更好地为工农兵服务,为社会主义服务。李琪在《北京市文艺工作会议上的报告》说,北京市的文艺工作要通过检查提高认识,争取少犯错误,按照党中央和毛主席的文艺方针更好地贯彻落实北京的文艺工作。他着重谈了两条道路和两条路线的斗争、"二为"和"二百"方针、政治和艺术、现代戏与历史戏、创作思想和创作方法、文艺队伍估计和思想改造、领导问题、工作安排等八个方面的问题。他说,这次会议实际上是一次文艺整风会。文艺整风是文艺战线上的社会主义教育运动的一个阶段,即检查文艺方针、文艺思想、进行人的思想革命化的阶段。

1964年7月1日,《人民日报》转载《红旗》杂志1963年第12期发表的社论《文化战线上的一个大革命》。社论说,京剧改革是一件大事情,它不仅是一个文化革命,而且是一个社会革命。帝国主义和地主、资产阶级不仅使用暴力,而且企图用"糖衣炮弹",用修正主义潜移默化地使社会主义蜕变为资本主义。为达到这个目的,他们总是千方百计地同无产阶级争夺思想阵地,从思想上为反革命复辟做准备条件,开辟道路。在这场严重的阶级斗争中,文艺领域成为重要的争夺领域。从这个月开始,文艺界掀起了一场大批判的浪潮,一大批小说、电影、戏剧、美术、音乐作品被否定,一大批文艺界代表人物和领导干部被批判。文艺界的大批判很快地扩展到其他领域。11月,针对"中间人物论",《人民日报》、《光明日报》等发表了一系列批判文章,认为写"中间人物"的观点是要在文艺创作上与革命英雄人物争地盘的资产阶级文学主张,是使社会主义文艺蜕化变质的理论等等。

与北京市委遵照毛泽东的批示精神对北京市的文艺工作进行检查的同时,北京市文艺界开始了文艺界的批判和整风,1964年2月8日至22日,中国美协北京分会筹委会举办内部画展,展出了1961年和1962年部分

"坏"作品,即所谓的"黑画",供领导审阅。2月28日至29日,田蓝两次召集文联作家开会,他强调,文艺创作要首先反映北京,反映人民内部斗争和阶级斗争相结合,要增强阶级斗争的意识。6月,中国作协北京分会筹委会召开"四史"(家史、村史、厂史、公社史)作者座谈会,交流"四史"的编写经验和遇到的问题。6月,北京市文化局、文联机关以及所属33个单位开展"思想革命运动",要求建立一个革命化、战斗化的社会主义文艺队伍。8月5日至15日,北京市委召开文艺工作会议,按照毛泽东6月27日关于文艺问题的指示精神,检查本市15年来,特别是1958年以来的文艺工作。市委宣传部长李琪作总结报告。9月3日,市委在批发李琪的总结报告的批示中指出:当前文艺战线上的根本问题是两条道路、两条路线的斗争,文艺阵地无产阶级不去占领,资产阶级就要去占领。各级党的组织和宣传、文艺部门必须十分重视这一工作,认真加以领导。10月6日,北京市文联党组、市文化局党组召开联席会议,讨论文联、文化局的文艺整风计划。《北京文艺》发表了题为《作文艺战线上的彻底革命派》的社论以及题为《被美化的极端个人主义者的真面目》文章,批判电影《早春二月》。10月10日,北京市文联、市文化局召开文艺整风运动大会,李琪作动员报告,赵鼎新代表文化局党组、田蓝代表文联党组在大会上作了检查,张梦庚、张季纯作了个人检查。在历时近5个月的文艺整风运动中,北京市文艺界的张季纯、王衍盈、商白苇等受到了错误的批判。1964年3月31日,文化部在北京进行1963年以来优秀话剧创作及演出授奖大会。北京市农村文化工作队刘厚明创作的《箭杆河边》获多幕剧奖,北京人民艺术剧院的《红色宣传员》获演出奖。1964年6月5日至7月31日,京剧现代戏观摩演出大会在北京举行,9个省、市、自治区的29个剧团、2000多人参加了此次演出大会,演出了《芦荡火种》、《红灯记》、《奇袭白虎团》、《节振国》、《红色娘子军》、《六号门》、《智取威虎山》、《杜鹃山》、《洪湖赤卫队》、《红岩》、《朝阳沟》、《李双双》、《箭杆河边》等37个剧目。周恩来亲自领导这次大会并发表了重要讲话,阐述了党的文艺方针以及关于对立统一、戏的革命、人的革命和加强党的领导等等问题。北京京剧团演出了《芦荡火种》,北京京剧二团演出了《洪湖赤卫队》,北京实验京剧团演出了《箭杆河边》。

1965年11月10日,上海《文汇报》发表姚文元题为《评新编历史剧〈海瑞罢官〉》。11月29日,《解放军报》在转载姚文元《评新编历史剧〈海瑞罢官〉》一文的编者按语中说,《海瑞罢官》是"一株大毒草"。文艺的批评、学术的批评完全被政治意识形态的批判所取代,并且演变为一场全国性的政治运动。

新中国成立后17年的北京文学艺术事业,与全国的文艺事业一样,经历了复杂、多变和曲折的发展历程。党中央确立的文艺政策和方针以及中央领导人关于繁荣文学艺术的指示,尤其是"百花齐放,推陈出新"和"百花齐放,百家争鸣"的方针,为全国和首都的文化艺术事业的发展发挥了极为重要的作用。北京的文学艺术事业,在党中央和北京市委的领导下和文学艺术工作者的努力下取得了重大的成就。北京作为中华人民共和国的首都,拥有得天独厚的条件,在17年中,相继在北京建立了一大批全国性的文学艺术机构、组织,如中国青年艺术剧院(1949)、北平电影制片厂(1949)、中华全国文学艺术工作者协会(1949)、中华全国美术工作者协会(1949)、全国舞蹈工作者协会(1949)、中华全国音乐工作者协会(1949)、中华全国电影艺术工作者协会(1949)、中国戏曲实验学校(1950)、中华杂技团成立(1950)(1953年3月,更名为中国杂技团)、中国戏曲研究院(1951)、解放军电影制片厂(1952,后更名为八一电影制片厂)、中央民族歌舞团(1952)、中央歌舞团(1952)、中央新闻纪录电影制片厂(1953)、中国京剧院(1955)、中国评剧院(1955)、中国儿童艺术剧院(1956)、中央实验话剧团(1956)、中央乐团(1956)、北京中国画院(1957)、中国曲艺工作者协会(1958)、中央民族乐团(1960)、东方歌舞团(1962)等等。北京市成立了北京市文学艺术工作者联合会以及下属的各门类艺术分会,相继成立了北京人民艺术剧院、北京京剧团、北京京剧二团、北京实验剧团、北方昆剧艺术团、河北梆子剧团、北京曲艺队、北京群众艺术馆等等。1965年1月,经文化部决定,原北京中国画院更名为北京画院,设国画、油画、版画、雕塑等门类,成为综合性的美术创作单位。在新中国成立后的17年中,一大批全国优秀的文学艺术工作者云集北京,一系列重大的文学艺术活动和会议在北京举行,从而使北京的文学艺术具有了首都的视野,一大批文学艺术作品具有全国性的水准。当然,由于频繁的政治批判运动以及过左的文艺思想,北京的文学艺术事业也与全国一样也受到了极大的影响,甚至严重冲击。文学艺术领域的批判运动、整风运动和思想教育运动,无疑在文学艺术界普及了文艺工作者的马克思主义水平,但是,其中存在的把文学艺术极端政治化的一些做法,也严重地忽视了文学艺术的创作和发展规律,阻碍了文学艺术的发展和繁荣。

1964年初,中共北京市委在《中共北京市委关于讨论和贯彻毛主席对文艺问题批示的报告》中说,解放十四年来,北京市的文艺工作还存在许多问题和缺点。《报告》同时认为,在党的领导下,北京市的文艺工作取得了很大的成绩,培养了一批革命的文艺队伍。① 应当说,这个评价是符合新中国成立后北京文艺事业发展的实际的。新中国成立后10多年的北京文学艺术事业遵循着党中央和毛泽东的文艺路线,在发展首都的文学艺术事业和社会主义文化事业上取得了前所未有的成就,为北京作为全国的文学艺术之都奠定了重要的基础,基本奠定了北京作为全国文学艺术中心的地位。

六、北京其他文化事业的发展

北京的其他文化事业在北平解放和新中国成立后的17年中得到快速发展,北京地区的新闻出版事业依托首都的政治中心和文化中心优势,迅速成了为全国的重要新闻出版中心。同样,北京的体育事业在党中央和北京市委的领导下也取得了前所未有的成就。

北平解放和新中国成立后,中共中央非常重视新闻事业的发展,中国新闻事业进入了新的历史时期,人民政府接管了原国民党党政军各系统所办的报纸、电台和通讯社,并在解放后的大中城市创办了中国共产党的机关报以及群众团体的报纸,在全国范围内建立了共产党领导下的新闻事业。北京作为中华人民共和国的首都,新闻事业的建设和发展更是走在全国的前面。

北平解放前夕,北京共有《华北日报》、《平民日报》、《道报》、《新民报》以及英文版《时事日报》等24家报纸,《中建》、《北方杂志》等期刊24家。1949年1月,北平和平解放,北平市军事管制委员会文化接管委员会接管《华北日报》,2月2日,中共北平市委机关报《人民日报》(北平版)出版发行。2月21日,北平市军管会文化接管委员会接管国民党以及政府、军队主办的报纸——《新生报》、《长城日报》、《北平时报》、《中国晚报》、《道报》等等。3月10日,北平市军管会发布《北平市报纸杂志通信社登记暂行办法》。3月15日,中共中央华北局机关报《人民日报》移北平出版。《人民日报》(北平版)更名为《北平解放报》,仍为中共北平市委机关报,邓拓任社长。8月1日,合并于《人民日报》。在接管北平市旧新闻报纸的同时,

---

① 参见王芸主编:《北京档案史料》,2004年第3期,北京:新华出版社,2004年,第226页。

新的报刊和通信社在北平陆续成立。6月16日,中国民主同盟机关报《光明日报》在北平创刊。7月15日,中华全国总工会机关报《工人日报》在北平创刊。1949年9月至11月,《文艺报》、《人民文学》、《新华月报》等相继创刊,1950年,《人民画报》、《时事手册》、《大众电影》、《新观察》等杂志创刊,《世界知识》由上海迁往北京出版发行。1951年,《解放军文艺》、《解放军画报》、《连环画报》等在北京问世。1951年4月27日,《中国青年报》在北京创刊。1951年11月5日,《中国少年报》在北京创刊。1956年1月1日,《解放军报》在北京创刊。1958年6月1日,中共中央主办的《红旗》杂志在北京创刊。

除了在北京创刊的中央报刊和全国性杂志外,北京市的一些重要的报刊杂志也相继创刊。1952年10月1日中共北京市委机关报《北京日报》创刊,范瑾任社长。毛泽东为该报题写了报头。1955年7月1日《北京青年报》创刊。1958年2月9日《北京农民报》创刊,3月15日《北京晚报》创刊。1958年,中共北京市委主办的《前线》杂志创刊,彭真主持撰写了题为《站在革命和建设的最前线》的发刊词。

在接管、取缔或者成立新的新闻报刊媒体的同时,全国的新闻事业积极贯彻党的新闻政策和方针,加强新闻事业的政治思想教育和统一化集中化的管理,把首都和全国的新闻事业建设为为党政服务、为人民服务、为生产建设服务的新闻事业。1950年4月19日,中共中央做出《关于在报纸刊物上展开批评和自我批评的决定》,阐明了在中国共产党领导全国政权的情况下,报纸展开批评和自我批评的重大意义和基本原则。1950年,中央人民政府新闻总署召开了新闻工作会议,发布《关于改进报纸工作的决定》,强调报纸必须适应全国逐步转入以生产建设为中心任务的情况,宣传生产工作和财政经济管理工作的经验和教训。为了贯彻落实党的新闻事业的方针政策,搞好北京市的新闻工作,早在1949年,北京市就成立了全国新闻工作者协会北平分会,邓拓任主任,廖沫沙为副主任。1951年10月18日,中共北京市委宣传部在《关于审查和整理报刊的简报》中说,本市共有报刊53种,公开发行的报刊存在的主要问题是政治质量不高,作用不大;内部刊物的问题是数量多而且乱,无组织无计划的现象比较严重。为此,决定成立报刊审查整理委员会,由市委宣传部副部长廖沫沙负责解决这些问题。经过政治教育、理论学习和加强管理,北京市的报刊杂志和新闻事业得到健康的发展。1954年7月17日,中共中央做出《关于改进报纸工作的决议》,《决议》对进入社会主义建设时期后,报纸如何加强党性和思想性、密切与实际和群众的关系、正确展开批评和自我批评、加强理论宣传、改进经济宣传、加强评论工作、改进新闻报道等问题做出论述和指示。

广播电视方面也有了新的发展,虽然新中国成立后北京地区的广播台、电视台很少,但是,它们却具有广泛的、全国性的辐射力和号召力。1949年,北平新华广播台开始播音,新华通讯社北平分社成立。1950年4月10日,中国对外广播电台——北京广播电台正式建台。1952年,中国新闻社在北京成立。1958年5月1日,中央电视台建成,初名为北京电视台。1978年5月6日改名为"中央电视台"。北京广播电台和北京电视台的建设和播放,为宣传党中央的方针政策,加强思想政治思想教育,报道新中国的生产建设成就做出了重大的贡献。

出版事业是一种思想性、学术性的文化生产,中共中央高度重视首都出版事业的发展。1949年1月,北平和平解放,中共中央决定成立出版委员会。2月,华北局宣传部受中共中央委托成立华北出版委员会,负责筹划出版事业集中统一的工作。3月,出版委员会按照中共中央关于"出版工作需要统一集中,但是要在分散经营的基础上,在有利和可能的条件下,有计划有步骤的走向集中"的指示,开始筹划出版工作的统一问题。首先从政策文件和干部读物的出版做起,其次抓好几类教科书的出版工作,在出版物的发行方面,首先统一北平、天津两地的书店。1949年2月10日,北平新华书店开始营业,受到广大读者的欢迎。4月24日,新中国第一个国营大型印刷厂即北平新华印刷厂进行开工典礼。10月3日,中共中央宣传部在北京召开全国新华书店第一届出版工作会议,来自全国的115位代表参加了会议。毛泽东为此次会议作了"认真作好出版工作"的题词,朱德作了"加强领导,力求进步"的题词,他在讲话中指出,现在的出版工作要从过去的为革命和军事服务,为人民的政治斗争服务,转向为生产建设事业服务,要有勇气和信心地迎接文化建设高潮。《人民日报》先后发表评论和社论,指出这次会议是我国文化战线上的重大事件之一,标志着全国出版事业适应新情况开始走向全国范围的统一,为迎接我国人民新的文化高潮提供了重要的保证,有利于实现《共同纲要》提出的"发展人民出版事业,并注重出版利益于人民的通俗书报"的任务。会议为新中国的出版事业明确了任务,提出了工作方法,指明了方向。1949年11月1日中央人民政府出版总署成立。1950年7月,在北京、天津出版工作会议上,出版总署署长胡愈之作了题为《论新民主主义的国营出版、印刷、发行事业》的报告。9月,第一届全国出版工作会议召开,做出了《关于发展人民出版事业的基本方针的决议》,规定:"为人民大众的利益服务是人民出版事业的基本方针。"胡愈之作了题为《论人民出版事业及其发展方向》的报告。他着重提出和阐述了出版工作实施统一领导、统一管理、消灭无政府状态等问题。12月28日,政务院总理周恩来签署发布了《中央人民政府政务院关于改进和发展全国出版事业的指示》,确立了出版事业为人民服务的基本方针。《指示》指出,书籍、杂志的出版、发行、印刷是与国家建设事业、人民文化生活至关重要的政治工作。1952年12月28日,邮电部和出版总署联合发出《关于改进出版物发行工作的联合决定》,决定从1953年1月1日起,实行出版物的计划发行制度,报纸、杂志由邮电总局总发行,图书由新华书店总发行。

首都北京的出版事业在新中国成立后得到了迅速的发展,到1965年,北京地区的出版社由原来解放之初有限的几家发展到48家。1949年2月6日,北平市军管会文化接管委员会先后接管国民党办的正中书局、独立出版社、中国文化服务社及其所属的印刷厂。1949年12月,中国国际书店成立,统一经营书刊进口贸易及进口书刊的国内发行。1950年12月,以编辑出版中小学教育为主的专业出版社人民教育出版社成立,同月,人民出版社成立,这是国家政治书籍出版社,也是全国性的多学科社会科学书籍出版社。1951年2月,新华书店总店成立。1951年3月,编辑出版古今中外文学书籍的国家专业出版社人民文学出版社成立。9月,全国性的出版美术读物的专业出版社人民美术出版社成立。1952年11月1日,中国书店在北京成立。1957年,世界知识出版社成立。这是一出版介绍中国对外方针政策、普及国际知识图书为主的综合性出版社。1953年1月15日,民族出版社在北京成立。

北京地区这些国家级的、全国性的出版社,在新中国成立后17年中,出版了大量具有政治性、思想性、学术性、科学性和艺术性的图书,对于新中国出版事业的发展、思想政治和科学文化的建设,发挥了极为重要的作用。马克思列宁主义和毛泽东思想的代表人物的著作相继出版发行,以人民出版社为例,1956年出版了《马克思恩格斯全集》第1卷,到1965年出到21卷(全集出版于"文革"期间中断,1985年全部出齐);1960年出版了《列宁选集》第1—4卷;1953年人民出版社出版了《斯大林全集》第1—2卷,全集13卷于1958年出齐;1951年人民出版社出版了《毛泽东选集》第1卷,1960年1—4卷全部出齐。同时还出版了《毛泽东著作选读》(甲种本、乙种本)、刘少奇《论共产党员的修养》、《论党》,周恩来《关于知识分子的报告》等等。一批著名社会科学学者和科学技术学者的著作在首都的出版社出版,例如《中国思想通史》(侯外庐主编)、《中国共产党三十年》(胡乔木)、《政治经济学》(薛暮桥)、《中国通史简编》(范文澜)、《数论引导》和《堆垒素数论》(华罗庚)、《弹性圆薄板大挠度问题》(钱伟长)、《工程控制论》(钱学森)等等。一大批文学作品出版问世。1958年《鲁迅全集》10卷本由人民文学出版社出版,人民文学出版社出版了《林海雪原》、《青春之歌》、《家》、《春》、《秋》等等,中国青年出版社出版了"三红一创"(《红旗谱》、《红岩》、《红日》和《创业史》)以及《播火记》、《烽烟图》、《烈火金刚》、《在烈火中永生》、《李自成》等等。解放军文艺出版社出版的《高玉宝》等等。同时,一些优秀的外国文学作品如《牛虻》、《钢铁是怎样炼成的》、《静静的顿河》、《青年近卫军》等等也被翻译出版。这些著作在出版后的几十年中一直是人们学习、阅读和研究的经典,它们不仅体现了一个时代的政治、思想、文化和审美观念的选择,而且也体现了一个时代政治、思想、文化和审美观念的取向,以及新中国成立后政治、思想、文化的建设。

1956年9月15日,北京出版社成立,这是一家在原公私合营的北京大众出版社的基础上建立的综合性出版社。主要出版政治理论学习读物、科学文化基础知识读物、北京地方资料、文学艺术作品、中小学教材和教学参考书。在北京出版社成立后的10年中,共出版书籍1200余种,印行4900多万册。郭沫若、老舍、曹禺等著名作家的文学作品和评论集曾在该出版社出版,同时也出版了一些青年作家的作品,培养了一些优秀的青年作家。1963年7月北京出版社成立《自然科学小丛书》和《历史小丛书》编委会,由茅以升、吴晗分任主编。此外还出版了《语文小丛书》、《北京史地丛书》、《北京古籍丛书》等等普及读物和关于北京地域文化知识的书籍,以及记载北京地方历史文化的北京地方志,反映首都发展新面貌的大型画册《北京》,先后出版108集的《京剧汇编》,体现了新中国成立后北京市属出版机构的实绩和成就,为改革开放后北京市出版事业的发展奠定了重要的基础。

解放后,北京的体育事业得到了迅速的发展,取得了重要的成就。1949年10月22—24日,北京市第一届人民体育大会在先农坛体育场举行。此次大会是为庆祝新中国诞生,促进人民身体健康,保卫祖国,增加生产,培养集体主义精神而举办的。10月,中华全国体育总会成立。1950年4月9日,中华全国体育总会北京市分会举行成立大会。1951年1月,北京市体育分会、青年团市委制定的"体育锻炼标准"在北京第四中学、清华大学等校试行。1952年6月20—24日,中华全国体育总会在北京成立,朱德为名誉主席。毛泽东为该会成立题词:"发展体育运动,增强人民体质。"11月15日,中华人民共和国体育运动委员会成立,贺龙任主任。党中央对体育运动的高度重视和关怀,极大地推动了新中国以及首都北京的体育文化事业的快速健康发展。

1953年9月1日,北京市体育运动委员会成立,作为政府的职能部门负责管理、推动、协调北京市的各项体育工作,柴泽民任主任,夏翔和李文澜任副主任。北京市的体育运动开始有了常规化的组织和领导。1956年,北京开始组建优秀运动队,正式开始了北京的竞技体育工作,并且组建了足球、篮球、排球和乒乓球四个项目的优秀运动队,它们既代表北京参加全国性的比赛,有时也代表国家队完成国际比赛任务。与此同时,北京高校业余运动队也同步发展。优秀运动队与业余运动队共同承担起20世纪50年代至60年代北京市的体育比赛任务。1959年6月25日至28日,北京体育工作会议召开。会议号召开展多种多样的群众性体育活动,积极准备参加全国运动会。9月13日至10月3日,中华人民共和国第一届全国运动会在北京举行。北京市8000多名学生表演了大型团体操《全民同庆》。北京市运动员获得39个第一名、39个第二名、33个第三名,团体总分位于全国第二名。周恩来、贺龙向新中国成立10年来打破世界纪录和获得冠军的运动员颁发了"体育运动荣誉奖章"。1965年9月11至28日,第二届全国运动会在北京举行。毛泽东、刘少奇、周恩来、朱德、邓小平等出席开幕式,检阅运动员队伍,并观看了1.6万人表演的大型团体操《革命赞歌》。在本次运动会上有24人10次打破9项世界纪录。北京运动员获得30个冠军、21个亚军和22个第三名,团体总分居全国第三,涌现了庄则栋、马占元、梁仕强等一大批优秀运动员。

新中国成立后,北京市的群众体育进入大发展时期,职工运动会、农民体育、老年人活动及伤残人体育得到蓬勃开展。1949年10月,北京市举办了第一届北京人民体育运动会,有20多个工厂和企事业单位的职工参加,这是北京历史上第一次由职工参加的全市性体育运动会。1950年,京郊农民历史上首次参加北京市第二届人民体育运动会的田径和拔河比赛。1952年10月25日至26日,为响应毛泽东"发展体育运动,增强人民体质"的号召,北京市举办了首届工人运动大会,共设39个比赛项目,参加的运动员达2360名。1953年6月,北京市机关工作人员举行运动会,2400多人参加了广播操表演。1954年1月8日,中共中央发出《关于加强工人体育工作的指示》。1955年,北京举办第一届全国工人体育大会,北京职工业余运动队和运动员积极参加了综合性或单项的全国比赛,并取得了优异的成绩。1958年,北京郊区各县陆续建立了体育运动委员会,配备了专职的农村体育工作干部,遵循因时、因地、因人制宜的方针,积极开展群众体育。

在首都体育事业的蓬勃发展中,北京的体育场馆建设也进入了新的历史时期。解放前夕,北京只有一座稍微像样的体育场馆,即先农坛体育场。为了发展首都的体育事业,1955年10月21日,北京体育馆落成。全馆由比赛馆、练习馆、游泳馆组成,比赛馆设有6000多个观众席位。这是中华人民共和国成立后建成的第一座大型综合体育馆。1959年8月31日,北京工人体育场建成,占地35公顷,建筑面积8万多平方米。中心运动场看台能容纳8万多名观众,周围设有17个球类场地,以及游泳池、馆等其他体育运动设施。1961年2月20日,北京工人体育馆建成,建筑面积共38000平方米,容纳观众15000人,可以进行乒乓球、篮球、排球、体操、摔跤等多项体育竞赛。1968年,首都体育馆落成,20世纪70年代在这里举办了多次国际性的比赛,如中美乒乓球赛、中日排球赛等等,这些国际性的比赛不仅是一种体育竞赛,同时也是具有政治文化意义的赛事。中央和北京市对首都体育事业的高度重视,为首都的体育事业和北京市体育事业的建设和发展打下了重要的基础,尤其是在国民经济相当困难的时期,建设了高水平高质量的体育文化场所,为首都的体育事业奠定了坚实的物质基础。

第二章 "文革"时期的北京文化状况

1966年5月至1976年10月的"文化大革命",是一场历时十年之久,并给新中国的社会、政治、经济、文化各个领域带来严重挫折和损失的运动。北京作为新中国的首都、政治中心和文化中心,各个领域在这场浩劫性的运动中遭到了首当其冲的损失。北京的整个文化事业同样也遭到了严重而巨大的冲击,城市文化建设几乎停顿,城市文化保护几近崩溃,首都的教育事业步入低谷,文学艺术事业濒临绝境。在文化极端政治化和阶级斗争化、政治和阶级斗争文化化的整体历史语境中,"文化大革命"给北京的各个文化领域带来了严重的灾难。

一、"文化大革命"与文化生态的破坏

"文化大革命"序幕的拉开,开始于一场超出学术范围的对新编历史剧《海瑞罢官》的政治化批判。文艺和学术并非完全与政治意识形态无关,但这场批判却被少数别有用心的人完全从政治而不是从美学、从阶级斗争而不是从文艺、从意识形态而不是从学术的角度,对该历史剧进行完全政治化的批评,严重地偏离了正常的学术批评,破坏了文化生态的平衡,文化被严重地政治化了。

早在1959年4月,毛泽东在党中央召开的上海会议期间,向领导干部提出了学习海瑞讲真话的精神,目的是为了着手纠正"大跃进"和"人民公社"运动存在的错误。北京市副市长、明史专家吴晗根据毛泽东关于学习海瑞讲真话的意见,在1959年6月和9月,相继在《人民日报》上发表了两篇有关海瑞的文章。1960年底写成京剧剧本《海瑞罢官》,由北京京剧团于

1961年在北京首次演出。这个戏主要描写海瑞刚直不阿、不畏强暴所屈、不为失败所吓倒、失败了再干的意志和精神。根据吴晗当时的创作意图，这个历史剧表现的是封建统治阶级的内部斗争，左派海瑞和以徐阶为首的右派官僚地主集团的斗争。海瑞是封建统治阶级的忠臣，但他比较有远见，比较接近人民，为了本阶级的长远利益主张办一些对当时人民有利的事情，限制乡官的非法剥削，触犯了本阶级右派的利益，因此展开了激烈的斗争。海瑞在这场斗争中丢了官，但他并不屈服。因为他为人民做了好事，人民都拥护他和歌颂他。吴晗认为，海瑞的地位在历史上是应该肯定的，他的一些好的品德也是值得今天的人们学习的。

　　1962年开始，由于党内在对"大跃进"的错误，以及对纠正错误克服困难所采取的调整措施等问题上的认识分歧有所发展。江青和康生向毛泽东提出《海瑞罢官》有问题，要批判。1965年初，经过江青、张春桥、姚文元精心策划，由姚文元炮制批判《海瑞罢官》的文章。1965年11月10日，经毛泽东认可，《文汇报》公开刊载姚文元的《评新编历史剧〈海瑞罢官〉》，文章捕风捉影地把《海瑞罢官》剧中的"退田"、"平冤狱"等情节与1961年的所谓"单干风"、"翻案风"联系起来，得出结论说"《海瑞罢官》就是阶级斗争的一种形式反映"。就这样，一部历史剧成为了"阶级斗争"的反映形式。姚的文章发表后，在思想理论界引起了很大的震动，有人对姚的文章无中生有、无限上纲的做法提出了反驳。中央书记处和北京市委领导对此采取谨慎的态度，北京各报在十多天内没有转载这篇文章，毛泽东对此非常不满，更加认为北京市委是"针插不进、水泼不进"，搞"独立王国"。1965年12月12日，毛泽东在杭州同陈伯达等谈话时说：《海瑞罢官》的"要害问题是'罢官'"，这一定性使对《海瑞罢官》的批判带上了更严重的政治色彩，学术文化实际上被政治化了。

　　1966年2月3日，彭真召集"文化革命五人小组"会议，参加会议的有彭真、陆定一、康生、吴冷西，以及许立群、胡绳、姚溱、王力、范若愚、刘仁、郑天翔。会后起草了《文化革命五人小组关于当前学术讨论的汇报提纲》（即《二月提纲》），力图对已经开展起来的批判加以约束，《提纲》提出学术争论的问题很复杂，有些问题需要较长时间的讨论；要坚持实事求是、真理面前人人平等的原则，要以理服人，不要像学阀那样武断和以势压人；要认真刻苦地学习毛泽东思想和进行学术研究，掌握大量材料，进行科学分析，才能把学术推向前进。应当说，这个《提纲》对学术问题采取了相当审慎的态度。2月10日，《提纲》由党中央批发到全党。与此同时，江青与林彪勾结,于1966年由江青出面以在上海召开部队文艺工作者座谈会的名义,整理了一个《纪要》,《纪要》的代表性论点是:建国以来文艺界被一条"与毛主席思想相对立的反党反社会主义的黑线专了我们的政,这条黑线就是资产阶级的文艺思想、现代修正主义的文艺思想和所谓三十年代文艺的结合,'写真实'论、'现实主义的广阔道路'论、反'题材决定'论、'中间人物'论、反'火药味'论、'时代精神汇合'论,等等。这些论点,大抵都是毛主席《在延安文艺座谈会上的讲话》中批判过的"。《纪要》经毛泽东修改后,也由中共中央批发给全党。

《二月提纲》审慎的学术态度与《纪要》锋芒毕露的政治态度,形成鲜明的对比,从文艺和学术方针上,《二月提纲》和《纪要》体现了这一时期党中央在文艺批判问题上的两个根本不同的立场。1966年3月末,毛泽东两次找康生谈话,批判了《二月提纲》和彭真等人,并提到邓拓、吴晗、廖沫沙的"三家村札记"和邓拓的《燕山夜话》。在此压力下,《北京日报》被迫在4月16日开始对这两个栏目的文章以及作者进行批判。1966年5月8日,《解放军报》发表了由江青主持写作化名为"高炬"的文章《向反党反社会主义的黑线开火》,同日,《光明日报》发表关锋化名为"何明"的文章《擦亮眼睛,辨别真假》。《解放军报》和《光明日报》还联合发表了预先炮制的《三家村札记》和《燕山夜话》的材料摘编,并给每段摘编材料加上编者按,给《北京日报》、《前线》、《北京晚报》扣上了反党反社会主义工具的帽子。5月10日,《解放日报》和《文汇报》刊发姚文元的《评"三家村"——〈燕山夜话〉〈三家村札记〉的反动本质》,诬蔑邓拓、吴晗、廖沫沙的写作活动是"经过精心策划的、有目的、有组织的一场反党反社会主义的大进攻",要上纠"指使"、"支持"和"吹捧"者,挖出"最深的根子",下扫"三家村"在新闻、教育、文艺、学术界的"赞赏者和追随者"。这实际上是针对北京市文化领域展开的全面政治化的批判。《红旗》杂志1967年第9期发表了题为《两个根本对立的文件》的社论,社论说1966年2月是不平常的2月,是无产阶级与资产阶级激烈斗争的2月。"在我们党内出现了两个根本对立的文件,一是彭真的《汇报提纲》,一是《林彪同志委托江青同志召开的部队文艺工作座谈会纪要》。"[①]说什么《汇报提纲》是彭真反革命修正主义集团,在党内最大的走资本主义道路当权派的支持下"在北京炮制出去的","是反对马克思列宁主义、毛泽东思想的反革命纲领,是反对无产阶级专政复

---

① 《两个根本对立的文件》,《红旗》,1967年第9期。

辟资本主义的纲领,是彻头彻尾的修正主义纲领"。而《纪要》则是"同《汇报提纲》针锋相对的,是巩固无产阶级专政、粉碎资本主义复辟的重要文件,是高举毛泽东思想伟大红旗的马克思列宁主义的文件","两个文件是代表两个阶级的两面旗帜"。《海瑞罢官》和"三家村"是以文艺为突破口,以"三面红旗"和1962年以来党内意见分歧为政治内容,针对北京市委和中央一线领导人,作为全局性的问题而提出来的。这一批判成为了一场政治运动和阶级斗争的导火线,揭开了"文化大革命"的序幕。

1966年5月,中共中央政治局扩大会议和同年8月中共八届十一中全会的召开,是"文化大革命"全面发动的标志。1966年5月,中央政治局扩大会议通过的《中共中央通知》(即《五·一六通知》),批判了由彭真主持拟定的《二月提纲》,立即停止执行《文化革命五人小组关于当前学术讨论的汇报提纲》,全党遵照毛泽东的指示,高举无产阶级文化革命的大旗,彻底揭露那批反党反社会主义的所谓"学术权威"的资产阶级反动立场,彻底批判学术界、教育界、新闻界、文艺界、出版界的资产阶级反动思想。"高举无产阶级文化大革命的大旗",彻底揭露和批判"混进党里、政府里、军队里和文化领域等各界的资产阶级代表人物",揪出"睡在我们身旁的赫鲁晓夫"。会议把从1965年11月以来陆续遭到批判的罗瑞卿、杨尚昆、彭真、陆定一打成反革命集团,停止和撤销了他们的领导职务,会议还撤销了文化革命五人小组,设立了由陈伯达、康生、江青等组成、拥有很大权力的中央文化革命小组,从政治上和组织上完成了全面发动"文化大革命"的准备工作。在康生的授意支持下,北京大学聂元梓等7人贴出了污蔑攻击北京大学党委和北京市委的大字报。经毛泽东批准,中央人民广播电台在6月1日晚向全国广播。1966年6月2日,《人民日报》全文转载并发表了评论员文章,号召群众起来造反。6月1日,《人民日报》发表《横扫一切牛鬼蛇神》的社论,号召把"资产阶级'专家'、'学者'、'权威'、'祖师爷'打得落花流水,使他们威风扫地"。首都许多学校纷纷仿效,冲击领导,揪斗干部,秩序发生混乱。6月3日,《人民日报》公布中共中央改组北京市委的决定,同日,决定改组中共北京大学党委、撤销党委书记陆平、副书记彭佩云的一切职务,撤销《北京日报》、《北京晚报》编委会,撤销范瑾的社长职务,撤销《前线》杂志编委会。1966年6月上旬,北京市各单位开始相继成立文化革命委员会,负责领导本单位的"文化大革命"运动。1966年7月1日,《红旗》杂志第九期发表题为《彻底批判前北京市委一些主要负责人的修正主义路线》的社论。社论列举了北京市委"抗拒无产阶级文化大革命"、"反对城乡社会主义教育运动"、"变无产阶级专政为资产阶级专政"等十大罪状。1966年11月28日,首都文艺界无产阶级文化大革命大会在人民大会堂举行。江青在会上诬陷"旧北京市委"、"旧中宣部"、"旧文化部"互相勾结,犯了滔天罪行。到1966年,以彭真和刘仁为首的中共北京市委被彻底改组和解散,市属各级党政部门陷入瘫痪,文化事业陷入混乱。

1966年8月1日至12日,中共八届十一中全会召开,8月5日,毛泽东写了《炮打司令部——我的一张大字报》,不点名地批判刘少奇和邓小平是党内的"资产阶级司令部"。全会通过了《中国共产党中央委员会关于无产阶级文化大革命的决定》(即"十六条"),为在全国自下而上地展开"文化大革命"作了全面部署。《十六条》规定:"在当前,我们的目的是斗垮走资本主义的当权派,批判资产阶级的反动学术'权威',批判资产阶级和一切剥削阶级的意识形态";这次运动的重点,"是整党内那些走资本主义道路的当权派",把领导权夺回到无产阶级革命派手中。运动依靠的对象是在"文化大革命"中起来造反的"勇敢的闯将","他们的革命大方向始终是正确的"。运动的方针是让"群众自己教育自己","自己解放自己"。运动的形式是大字报、大辩论、大鸣、大放、大批判。强调要"敢字当头","要充分运用大字报、大辩论这些形式,进行大鸣大放"。提出"不要怕出乱子","不能那样雅致,那样文质彬彬,那样温良恭俭让"。领导运动的权力机关是"文化革命小组、文化革命委员会、文化革命代表大会"。《决定》说:"资产阶级虽然已经被推翻,但是,他们企图用剥削阶级的旧思想、旧文化、旧风俗、旧习惯,来腐蚀群众,征服人心,力求达到他们复辟的目的。无产阶级恰恰相反,必须迎头痛击资产阶级在意识形态领域里的一切挑战。用无产阶级的新思想、新文化、新风俗、新习惯,来改变整个社会的精神面貌。在当前,我们的目的是斗垮走资本主义道路的当权派,批判资产阶级的反动学术'权威',批判资产阶级和一切剥削阶级的意识形态,改革教育,改革文艺,改革一切不适应社会主义经济基础的上层建筑,以利于巩固和发展社会主义制度。"[1]1966年8月10日,毛泽东到中共中央接待站会见首都群众。他说:"你们要关心国家大事,要把无产阶级文化大革命进行到底!"此后毛泽东又8次接见全国师生和红卫兵,共接见约1100多万人次。

1967年4月20日,北京市革命委员会成立(简称市革委会),举行庆祝

---

① 《中国共产党中央委员会关于无产阶级文化大革命的决定》,《人民日报》,1966年6月2日。

大会。谢富治任主任委员,吴德、郑维山、傅崇碧、聂元梓为副主任委员。同日,市革委会发出通告,宣布中共北京市委、市人委的党、政、财、文各项大权,从即日起归北京市革委会。1967年11月6日,由陈伯达、姚文元主持起草并经毛泽东修改发表在《人民日报》、《红旗》杂志、《解放军报》的文章《沿着十月革命开辟的道路前进》,首次把毛泽东发动文化大革命的论点概括为所谓"无产阶级专政下继续革命的理论"。这一理论的核心就是,在无产阶级取得政权并建立了社会主义制度之后,仍然需要进行一个阶级推翻另一个阶级的政治大革命。1968年1月1日,《人民日报》、《红旗》杂志、《解放军报》联合发表题为《迎接无产阶级文化大革命的全面胜利》的元旦社论。社论说,1968年要继续深入革命大批判,促进和巩固革命的大联合和革命的"三结合",深入开展"斗批改",要改革教育、改革文艺、改革机关工作和行政管理工作、改革一切不适应社会主义经济基础的上层建筑;要"打倒资产阶级、小资产阶级派性"以及整顿党的组织等。

在"文化大革命"中,北京市各文化领域都遭受到了极为严重的破坏。一大批文化界、思想界、学术界的人士遭到了批斗,甚至惨遭迫害,大搞所谓的阶级队伍清理。从1967年11开始,北京市革委会在文化系统进行了所谓的清理坏人、树立无产阶级文艺队伍的群众运动。1968年2月13日,北京市革委会在《北京市文化系统贯彻执行江青同志重要指示情况报告》中说:"北京市文化界成分极其复杂,情况十分严重,资产阶级专了我们的政。敌人不但有一套班子,而且周围还有一大批人。"1968年11月18日,北京市革委会在《关于清理阶级队伍情况的报告中》中说,截至11月13日,全市揪出的各类阶级敌人已达80100人。其中:叛徒3297人、特务4761人、死不改悔的走资派3207人、现行反革命分子9993人、反动学术权威203人、反动资本家2319人、新挖出的五类分子14435人、没有改造好的五类分子27565人、其他坏分子14320人。北京的教育、文化艺术、城市建设等等机构或者被控制在革委会的手里,或者处于无政府状态,或者干脆被取消。1968年10月8日,北京市革委会下发《通知》,把市高教局、市文联、市电视大学、市计委、市科协、市机电设备成套局、市建委、市委环境卫生局、市园林局等9个单位撤销。

"文化大革命"期间,在所谓的"无产阶级专政下继续革命"的理论指导下,在所谓的"打倒走资本主义道路的当权派"、"打倒资产阶级反动权威"、"打倒一切牛鬼蛇神"、"要大破一切剥削阶级的旧思想、旧文化、旧风俗、旧习惯,要改革一切不适应社会主义经济建设的上层建筑","要大立无产阶级的新思想、新文化、新风俗、新习惯"等一系极左的、错误的思想左右下，"文化大革命"成为了大革文化命。首都北京的文化生态和全国一样，遭到了严重的破坏，文化革命并没有带来文化的发展和繁荣，反而严重地破坏和阻碍了首都北京的文化建设。

二、城市建设与文物保护事业的停滞

"文化大革命"期间，北京城市总体规划被停止执行，北京的城市文化建设处于停滞状态。由于在极左思潮主导下文化生态被严重破坏，首都的文化保护事业处于混乱状态，怀疑一切打倒一切的极端思想和行为使文物不但得不到保护，而且遭受了建国以来最严重的破坏。

20世纪60年代初在调整与整顿方针的指导下，北京城市发展的总体定位和文化发展定位开始逐步走上正轨，但由于"文化大革命"的爆发被迫停止了。1963年3月，中共中央批转《李富春同志关于北京城市建设工作的报告》，做出要切实做到有计划地多快好省地进行首都建设的指示。1965年，国民经济的调整任务基本完成。国务院副总理李富春向中央作了《关于北京城市建设工作的报告》，再一次明确北京为全国的政治、文化、经济管理中心的城市性质，同时还对发挥北京作为全国政治中心的城市职能和怎样为中央服务等问题提出了许多建议。李富春的《报告》总结了新中国成立后北京城市建设的经验，重新调整和确立北京的城市性质和功能定位。但遗憾的是，李富春的报告尚未得到认真贯彻，"文化大革命"便已开始。

1967年1月4日，国家建委通知北京城市建设总体规划暂停进行，各项规划被迫停止执行，各规划单位被迫取消，要求进一步贯彻落实"干打垒"精神。1968年10月，北京城市规划管理局被撤销，在此后的几年时间里，整个北京的城市建设处于无规划的状态之中，城市建设一度陷入混乱，违章占地和违章建筑的现象极为严重，大量的古建筑被拆毁，大量文物被破坏，大量的古迹遭到损坏。在周恩来的批评和监督下，1971年6月，万里主持了北京市革委会召开的北京城市建设和城市管理工作会议。会议提出要重新编制首都城市建设总体规划的设想，并成立了万里等参加的北京市城市规划领导小组。7月13日，北京市革委会颁布《关于加强城市建设管理工作的几个规定和办法的通知》，《通知》提出，首都的城市建设必须按照统一的规划进行;在京的一切新建、扩建、改建、翻建的建筑工程和市政设施,由市规划部门统一规划,并核发施工许可证后方可施工;一切擅自占用的土地和违章建筑,要分情况严肃处理。1972年11月,北京市建设局撤销,恢复北京市建筑工程局、市规划局和市政局,恢复了北京市规划管理局。1973年7月6日,中共北京市委决定撤销市委城建组和计划组,成立北京市计划委员会和北京市基本建设委员会。1973年10月8日,提出了《北京地区总体规划方案》和《北京市区总体规划方案》,并草拟了《关于北京城市建设总体规划中几个问题的请示》报告,上报市委。这个规划方案实际上是在1958年的城市规划方案和总结13年北京城市建设的基础上修订的。但是,这个方案上报以后被搁置起来,并未予以讨论。

1973年提出的《北京市建设总体规划方案》,把北京城市的建设和发展定位为具有现代工业、现代农业、现代科学文化和现代城市设施的清洁的社会主义首都。这个定位在1974年5月30日北京市纪委向中共北京市委提出的《关于编制十年规划工作情况的报告》得到了进一步的强调,《报告》说,十年规划的任务和目标,就是要把首都建设成为一个具有现代工业、现代农业、现代科学文化和现代城市设施的清洁的城市。在1973年的《规划方案》和1974年的《报告》中,关于北京城市建设和发展的定位,都突出强调了现代工业、农业、现代科学文化和城市设施的建设,尤其把现代工业作为定位的首要因素。总体上,1973年提出的《总体规划方案》延续了原来把北京建设成为工业城市的发展定位,强调"先生产、后生活"的城市建设思路。由此,城市的生活和服务功能有所忽视。该规划方案初步勾勒出北京城市的二环、三环、四环、五环基本环形建构的雏形。但是,由于多变而动荡的社会政治形势的干扰,北京城市的规划方案并没有得到落实。"在整个'文革'期间,北京的城市建设完全是在无规划状态下盲目进行的。结果北京城市四处大办工厂,园林绿地见缝插楼,河湖水面污泥衍集,轻重工业比例严重失调。此时的北京城市虽在职能上仍是全国的政治文化中心,但在城市环境上已成为一个严重污染的重工业城市。"①

在城市文化的建设和发展问题上,1973年的《总体规划方案》和1974年的《报告》只是强调了"现代科学文化"。应当说,对于作为一个历史文化名城的北京来说,这里所说的"现代科学文化"所涉及的方面和涵盖的内容是比较狭窄的,而对于如何延续城市的文化传统和保护城市的文化资源等

---

① 徐向东:《建国后北京城市建设方针的演变》,《北京党史研究》,1996年第2期。

问题,则几乎没有在总体方案和城市定位中得到体现。

在"文化大革命"期间,首都北京的文化保护事业与全国一样,传统的历史文化遭到了彻底的怀疑、批判和否定,大量的历史文化古迹和文物遭到了极其严重的破坏。文化保护的相关法规被迫停止执行,文化保护工作被迫停止。虽然,在不同的时间,针对不同的问题,出台过一些关于文物保护的相关文件和通知,但是,由于没有法制化和法规化的文化保护政策,缺乏整体上的文化保护措施和行动,文化保护工作并没有真正的落实。针对"文化大革命"开始后大规模大范围的文物破坏行为,1967 年 5 月 4 日,中共中央发布了《关于在无产阶级文化大革命中保护文物、图书的几点意见》,对北京的文物和图书保护起到了一定的指导作用。1967 年 2 月 13 日,北京市文化局、北京市文物工作队、中国书店、北京文物商店 4 家单位抽调干部组成了"北京市古书文物清理小组",搜寻、查找、整理、保护 1966 年以来被"红卫兵"从 11.4 万多户家庭查抄的物资中的古书、文物和硬木家具等有价值的文物,"清理小组"抢救了一大批具有珍贵价值的古籍善本图书和文物。1968 年 11 月,在北京市古书文物清理小组基础上成立北京市文物管理处革命委员会,实施文物保护、考古发掘、查抄文物的继续整理、保管、落实清退政策等等工作。1969 年 11 月 17 日,北京市革命委员会发出《关于无产阶级文化大革命中红卫兵查抄财物处理的补充通知》。11 月 24 日,北京革命委员会为保护战备施工中发现的古墓葬和文物,特发通知,要求对干部群众进行爱护文物的宣传教育工作。1970 年 1 月 20 日,北京市革命委员会发出《关于处理红卫兵查抄财物中有关文物图书问题的通知》。1970 年 11 月 24 日,北京市革委会发出通知,要求对在战备和兴修水利工程中发现的古墓葬或出土文物以及命令保护的古建筑物的保护提出了一些要求。1971 年 5 月 8 日,北京市革命委员会召开会议,讨论了《北京市旧工艺品调查情况的报告》,对文物出口的问题做出了相关规定。1974 年 8 月 8 日,国务院发出《关于加强文物保护工作的通知》。《通知》要求必须妥善保护革命纪念建筑物,保持原有建筑和周围环境的面貌,采取严肃的科学态度征集革命文物,并提出对那些反映错误路线的文物资料,也要进行必要的征集和研究,可以起反面教员的作用。1975 年,北京市外贸局、北京市第一商业局、第二商业局、中国人民银行北京分行、北京市文化局共同发出《关于贯彻执行国务院批转外贸部、商业部、国家文物局"关于加强文物商业管理和贯彻执行文物保护政策的意见"的通知》,提出要加强文物商业管理,有利于文物保护,有利于组织一般文物商品的出口换汇,本市的文物收购统一由市文物商店负责。8月22日,国家文物局向各省、市、自治区文化局、博物馆、文管会发出《关于认真保护出土文物的通知》。1976年2月18日,国家出版局、国家文物局向各省、市、自治区文化局(文管会)、出版局发出《关于古旧书籍出口鉴定问题的通知》,对古旧书籍的年限做了界定,对古旧书籍出口做了相关要求。

  国家和北京市在"文化大革命"期间发布的关于文化保护的文件、通知以及采取的相关措施,对北京的文物保护和抢救产生了一定的积极作用。例如,在打倒"封、资、修"的口号和旗帜下,各种形式的文物都被当做所谓的"四旧",大量的文物被炸毁,私人的收藏被查抄。然而,北京市有关部门仍然做了尽可能做的工作。据不完全统计,北京市"清理小组"抢救了一大批具有价值的古籍善本图书和文物。此次行动共清理涉及8000多户家庭的文物5385000余件,字画185300件,图书资料2357000余册(捆),古木器5000余件,抢救即将被毁的图书314吨,金属文物85吨(包括佛教文物、古钱币等等)。① 在"破四旧"的浪潮中,广大文物工作者在被红卫兵推倒的寺观庙堂废墟中清理出了包括雕像在内的许多文物,将它们转移到广化寺、智化寺、大钟寺、北海天王殿、文物管理处收藏。又如1973年,文物工作者从废品堆里拣选出了释迦牟尼8岁时的等身像上半身(下半身在西藏小昭寺)铜造佛像。此期间,文化发掘和考古工作也取得了一些进展。1966年5月,周口店龙骨山又出土一具北京猿人头盖骨,其形态特征较以往发现的北京猿人头盖骨更为进步。1972年4月10日,北京文物局管理处与中国科学院考古队组成的元大都考古发掘队,开始在后英房元代居住遗址动工发掘。该遗址东西长46米,南北宽29米,总面积1330平方米,出土文物有宋紫金石长方砚、铜器、瓷器及古钱币等。1972年10月20日,北京市文物工作人等单位开始对房山县琉璃河公社董家林、刘李店村的商周遗址进行重点试掘,发现了一批重要的文物。1974年北京丰台大葆台西汉诸侯王墓的发掘,1975年昌平白浮西周中期木椁墓的发掘等等,都可以说是动乱年代中北京市考古发掘所做的积极而重要的工作。

  对于一个历史悠久、文物资源丰富的城市文化保护来说,这些文件、通知和措施虽然发挥了一定的作用,取得了一定的效果,然而,对北京历史文化事业的整体保护而言,无疑是杯水车薪。1966年8月23日,《人民日报》

---

① 北京市文物事业管理局编:《1949—1978年北京文物博物馆事业纪事(上)》,内部发行,1994年。

发表了题为《"红卫兵"猛烈冲击资产阶级的风俗习惯》的报道文章,文章说,首都"红卫兵"纷纷走上街头,到处张贴革命传单和大字报,到处集会演说,向一切旧思想、旧文化、旧风俗、旧习惯发动猛烈冲击。一些带有封建主义、资本主义和修正主义思想色彩的商店字号已经更换为具有革命意义的名称,倡议迅速改掉那些毫无政治意义的学校名称。红卫兵们认为北京是社会主义中国的首都,是无产阶级革命的中心,大街上不能有所谓帝国主义、封建主义和资本主义的臭名字,倡议把"长安街"改为"东方红大路",把"东郊民巷"改为"反帝路",把"西交民巷"改为"反修路",把"光华路"改为"援越路"。在红卫兵的鼓动下,王府井百货大楼改名为"北京市百货商店","东安市场"改为"东风市场","协和医院"改为"反帝医院","同仁医院"改为"工农兵医院"。

"全聚德"烤鸭店的革命职工在红卫兵的鼓动下砸掉了挂了70多年的"全聚德"三个字,换上了新招牌"北京烤鸭店","亨得利钟表店"改为"首都钟表店","徐顺昌服装店"改名为"东风服装店",并欢呼"东风压倒西风"。"蓝天服装店"改名为"卫东服装店",有些服装店还贴上了充满革命意味的对联:"革命服装大做特做快做,奇装异服大灭特灭快灭",横批是"兴无灭资"。"荣宝斋"的玻璃窗挂上了中央美术学院附中"红卫兵"送去的大字报。大字报说:"荣宝斋是个黑店,……一句话,就是不为社会主义服务,不为工农兵服务。反党反社会主义反毛泽东思想的黑帮头子邓拓就是你们的大老板,老主顾!黑画家'驴贩子'黄胄也是你们的后台,你们这里已经成了黑帮画派的交易所了。我们就是要把荣宝斋打个身败名裂!!"

荣大为在《北京文物事业五十年》中从七个方面概括了"文化大革命"期间北京的文物事业状况。① 第一,无政府主义思潮风靡北京。原北京市市委、市政府被撤销和被改组,文化大革命的发动,在组织上无政府主义泛滥,在文化上出现了历史虚无主义。关心北京文化和文物保护的市委领导邓拓、吴晗被打成黑帮,从此开始了10年的文物厄运。第二,红卫兵狂扫所谓的"四旧","四人帮"从中取利,文物瑰宝在劫难逃。1966年8月19日,北京开始"破四旧"运动,号召红卫兵行动起来,彻底破除几千年来一切剥削阶级所造成的毒害人民的"旧思想、旧文化、旧风俗、旧习惯",创造和形成崭新的无产阶级的"新思想、新文化、新风俗、新习惯","横扫一切牛鬼蛇神"。8月,"红卫兵"冲击寺院、古迹,捣毁神像、文物,焚烧字画;"勒令"

---

① 参见荣大为:《北京文物事业五十年》,《北京文博》,2001年第1期。

政协、民主党派解散;"通令"宗教职业者还俗;要私房主将房屋交公。同月,北京市的区县图书馆(室)全部被迫关闭,全体干部下放劳动。部分图书馆被占,大量图书被毁坏和遗失。1966年8月下旬至9月中旬北京市有11.4万多户被抄家或被迫交出财物。有记载收购收存的文物、字画、硬木家具等有330.51万件,大批珍贵文物被毁。1966年10月8日,中共北京市委发出《关于红卫兵大破四旧取得辉煌成果的情况汇报》,其后,在北京展览馆举行破四旧战果展览。1967年1月26日,北海团城承光殿内玉佛阁门锁被砸,玉佛头顶及袈裟泥金镶嵌的红绿宝石被凿损取走10余处,玉佛手指也被砸毁。从1966年8月23日红卫兵在北京孔庙烧毁戏装毁灭文物开始,在不到一个月的时间里,被抄走图书235万册,文物、字画、古旧家具等近400万件。许多文物的持有者不得不自毁文物逃避迫害。许多人即便如此也被扣上各种"帽子"或折磨致死,或赶出北京。而林彪、康生、陈伯达"四人帮"之流乘机大肆劫掠国家文物,整个"文革"期间,他们利用各种卑劣手段巧取豪夺,盗劫文物5378件,图书、字画47275件。其中,林彪劫得北宋初《放牧图》、苏轼《松石图》等文物珍品;陈伯达劫得宋拓《道因碑》、《汉石经》等稀有文物;江青劫得明版《三保太监下西洋》等珍贵图书文物;康生数年间劫得宋拓《嘉平石经》、黄庭坚作《腊梅三咏》、《金瓶梅》善本等及大批珍贵图书、拓片、绘画、书法文物和名贵印章,仅古砚就多达500余方。第三,北京的文物古迹成批被毁或面临存亡的威胁。"文化大革命"十年给北京的文物古迹造成了巨大灾难。据初步估计,当时文物古迹(不可移动文物)的损失率约为10%左右,从原登记的8060处锐减至7309处(不完全统计)。全市有三处市级文物保护单位(圣安寺、清河汉城、延寿寺铜佛)毁于一旦。难以计数的坛庙、寺观从地图上抹掉,许多古建筑物、大量宗教艺术珍品被毁坏。如颐和园智慧海、西黄寺清净化域塔上的佛像雕塑珍品全部被砸掉;明十三陵定陵墓主万历皇帝及其后妃的遗骸被造反派弃于郊野,不知去向;北京最为著名的古刹隆福寺由于库房的扩建被拆毁,大批楠木建筑构件散落民间。由于备战需要深挖洞的土方严重地破坏了天坛的文化环境,万里长城北京段被拆除约有108华里。第四,北京的地下文物失去了安全保障。在面对地下文物惨遭破坏的情况下,北京市的文物工作者由于没有稳定有利的法律法规可依,只能进行象征性"管理",甚至只能跟在推土机后面拾捡出土文物、陶瓷、砖瓦残片。第五,文物古建筑维修被迫中断。1972年3月28日,周恩来在外交部、国务院宗教事务局《关于修复广济寺佛教庙宇,供外事活动使用的补充请示报告》上批示,同意修复广济寺,重新修缮西城白塔寺,专供游览。但是,对于大规模的文物破坏、毁坏来说,北京市文物的维修工作几乎完全停止。鉴于当时的政治、思想和经济原因,北京市的文物建筑及历史纪念建筑,或者成为"四旧"包袱,或被破坏性利用。第六,首都的博物馆事业遭受巨大损失。不仅大量的馆藏文物被当做"四旧"遭到红卫兵的威胁,而且大批文物管理人员被下放劳动改造,博物馆事业处于无人管理的无序状态。此外,在当时军事管制的条件下,文物工作者,尤其是老文物工作者和戴有"地"、"富"、"反"、"坏"、"右"、"牛鬼蛇神"、"黑帮分子"、"国民党残渣余孽"、"美蒋苏修特务"帽子的知识分子,在精神上和肉体上都遭受到了严重的迫害甚至摧残,尽管对北京的文化保护事业尽了可能的责任,但是,他们的努力在巨大的政治攻击和疯狂的破坏行为面前,显得苍白无力。

由于总体规划的阙如和城市发展定位上的偏差,北京城市文化建设没有得到实质上的进展,北京虽然仍然是全国的文化中心,然而,此时的文化已成为单一性的政治意识形态文化。至于北京的历史文化资源和遗产,则在总体规划的阙如和文化定位的缺失以及"革命化"的政治运动中,遭受了更为严重的损失和破坏。由于"文化大革命"期间,文化保护的机构被废除,文化保护法律法规的缺失,更由于激进化的所谓"破四旧"的"四新"文化运动,北京的历史文化传统被批判和否定,北京的古都文化风貌被破坏,北京的文物事业被迫停止,首都北京的城市文化建设和文物保护事业处于无政府状态之中,北京的城市文化建设和历史文化遗产蒙受了巨大而严重的损失。

三、"文化大革命"期间北京的教育状况

在"文化大革命"时期,首都北京的教育事业像其他文化事业一样受到了严重的冲击。20世纪50年代后期的教育"必须为无产阶级服务"和教育"必须与生产劳动相结合"的"两为"教育方针,在极左政治和教育政策的主导下,"文化大革命"中的中国教育理论和实践上演变成了为教育"为阶级斗争服务"和教育"为生产劳动服务"。对新中国成立后17年教育事业成就的错误判断,导致了对整个新中国教育事业的大批判,林彪、"四人帮"出于丑恶的政治目的对教育事业的破坏导致了灾难性的后果。北京作为新中国的教育中心,"文化大革命"期间的北京教育事业,更是在这种教育的

极端政治化和阶级斗争化中成为了社会动荡时期的"重灾区"。

1966年3月17至20日,中共中央召开政治局常委会议。毛泽东在会上说,现在学术界和教育界是资产阶级知识分子掌握实权。社会主义革命越深入,他们就越抵抗,就越暴露出他们的反党反社会主义的面目,提出要对资产阶级的学术权威进行彻底的批判,并点名批判吴晗、翦伯赞等人。3月25日,中共北京市委召开文化教育单位领导人会议,介绍北京大学文科各系认真贯彻"双百"方针,尊重历史,实事求是地研究海瑞的经验。4月17日,高等教育部委员会召开北京、天津地区14所高等院校负责人座谈会,会议在批判吴晗和辩论《海瑞罢官》、"清官"问题的基础上,部署进一步开展学术批判。5月7日,毛泽东在写给林彪的一封信(这封信统称为《五·七指示》)中指出,全国"各行各业都要办成亦工亦农、亦文亦武的革命大学校",同时指出:"学制要缩短,教育要革命,资产阶级知识分子统治我们学校的现象,再也不能继续下去了。"《五·七指示》不仅为教育的实践方式做出了指示,而且就当时的教育体制问题、教育方向问题、教育的性质问题都作了新的政治判断。

这个新的政治判断给全国和首都的教育带来了更大的混乱。1966年5月25日,北京大学哲学系聂元梓等贴出《宋硕、陆平、彭珮云在文化革命中究竟干些什么》的大字报,攻击中共北京市委和北京大学党委搞修正主义,他们叫嚣要"消灭一切牛鬼蛇神"。5月29日,清华大学附属中学的几十名学生在圆明园遗址集会,决定要像苏联卫国战争时期的青年近卫军那样组织起来,并取名为"红卫兵"。6月1日,北京大学的第一张大字报向全国广播之后,清华大学附属中学的学生立即响应,在校内贴出了一系列署名"红卫兵"的大字报,特别是《论无产阶级的革命造反精神万岁》和《再论无产阶级的革命造反精神万岁》等大字报,使学校秩序大乱,受到了中央派出的工作组的批评和制止。但毛泽东以异乎寻常的方式支持了红卫兵:他先是直接给清华大学附中红卫兵写信"表示热烈支持",接着先后8次共接见全国师生和红卫兵1100多万。从此,红卫兵运动迅速席卷全国。6月3日,中共北京市委派以张承先为首的工作组到北京大学领导"文化大革命"运动,撤销党委书记陆平、副书记彭珮云的一切职务,北京大学党委被改组。6月5日,《人民日报》在《做无产阶级革命派,还是做资产阶级保皇派》的社论中,称赞北京大学的"无产阶级派推翻了以陆平为首的资产阶级保皇派的统治",此后,群众中的不同意见形成了政治对立的两派。由此,教育的问题转变成为了阶级斗争的问题。

"学制要缩短,教育要革命"的口号,直接导致了教育体制的改变和招生工作的剧烈变化。1966年6月6日,北京女中高三(四)班学生写信给党中央和毛泽东,要求废除旧的升学制度,建议"高中毕业生直接到工农兵中去和工农兵相结合"。11日,北京四中高三(五)班学生及全校师生响应她们的倡议,给毛泽东写信,赞成"立即废除高等学校入学考试制度"。这一主要来自中学学生的倡议,很快引起了中央的重视。6月13日,中共中央、国务院发出《关于改革高等学校招生考试办法的通知》。《通知》对中国的教育制度和方向作了政治性的判断,认为中国的高等学校招生考试办法"基本上没有跳出资产阶级考试制度的框框,不利于贯彻执行党中央和毛主席提出的教育方针,不利于更多地吸收工农兵革命青年进入高等学校,这种考试制度必须彻底改革"。中共中央和国务院决定,1966年高等学校招收新生工作推迟半年进行,原本尚属基本正常的高等院校招生工作由此被打破。6月18日,《人民日报》发表了《关于改革高等学校招生考试办法的通知》,并发表题为《彻底搞好文化大革命,彻底改革教育制度》的社论,说"我们将从这里着手,对整个旧的教育制度实行彻底的革命",改革招生考试制度是"彻底搞掉资产阶级教育路线的一个突破口"。

1966年8月8日,党的八届十一中全会通过《关于无产阶级文化大革命的决定》(简称十六条)。《决定》提出:"改革旧的教育制度,改革旧的教学方针和方法,是无产阶级文化大革命的一个极其重要的任务。在这场文化大革命中,必须彻底改变资产阶级知识分子统治我们学校的现象。"这一提法在"文化大革命"中一直为学校进行"斗、批、改"所奉行。7月24日,中共中央、国务院又发出《关于改革高等学校招生工作的通知》,高等院校招生考试取消,采取推荐与选拔相结合的办法。7月29日,中共北京市委召开大专院校和中等学校"文化大革命"积极分子大会,宣布大中学校放假半年闹革命,全市大中学校进入了"停课闹革命"的混乱无序状态。8月19日,红卫兵在北京中山公园音乐堂召开四中、六中、八中的批斗"黑帮"大会,将教育系统部分市、区、校领导干部和团市委负责人押到台上,罚跪、殴打,此后武斗之风几乎遍及北京各级各类学校。9月6日,"首都大专院校红卫兵造反司令部"成立,1967年2月22日,"首都大专院校红卫兵代表大会"(简称"红代会")成立。7月18日,《人民日报》发表题为《打倒修正主义教育路线的总后台》的文章,全面否定建国后17年的教育工作。文章认为,建国后17年的教育是"封建主义、资本主义、修正主义教育的一套破烂";指责高校、中学、小学工作条例是大搞"智育第一"、"技术至上";重点学校"无非是为复辟资本主义准备一批用起来得心应手的精神贵族"。建国以来的教育工作中推行的是一条"反革命修正主义路线","党内最大的走资本主义道路的当权派就是推行修正主义教育路线的总后台"。从1966年开始,由于"文化大革命"的干扰和破坏,各省、市、自治区未能办理招生工作,从而导致全国高等学校停止按计划招生达6年之久,全国的中小学陷入无政府状态。1968年8月24日,北京市革委会、北京卫戍区对本市59所大学派进军宣队1.03万人,工宣队1.7万人。北京的高等院校,除9所艺术院校外,全部有了工宣队和军宣队,每校至少100多人。10月8日,北京市革委会的《通知》将市高教局、市文联等9个单位撤销。高等院校招生工作的停滞和高教局的撤销,使中学毕业生无法升造,中学的教育教学无法正常进行。12月22日,《人民日报》刊登《我们也有两只手,不在城里吃闲饭》的报道。编者按语引用了毛泽东的指示:"知识青年到农村去,接受贫下中农的再教育,很有必要。"12月26日,北京市革委会召开动员全市知识青年上山下乡大会,号召知识青年到农村去,接受贫下中农再教育。

在号召大批所谓知识青年上山下乡接受贫下中农再教育的同时,教育领域也成为了"斗、批、改"的重点。1969年1月29日,中共中央、中央文革批转驻清华大学工人、解放军宣传队《关于坚决执行对知识分子"再教育"、"给出路"的政策的报告》。《报告》把大多数教师说成是"世界观基本上是资产阶级的",要进行"再教育"。著名学者刘仙洲、梁思成、钱伟长等100余名教授成为"资产阶级学术权威",对他们要"批"字当头,给予处理;一些教职工被打成"反革命分子"。该校6000多名教职员工中,被审查的有1228人,被定为"敌我矛盾"的178人。在所谓的"清理阶级队伍"的头两个月里,有10多人被迫害致死。3月29日,《人民日报》发表驻复旦大学工人、解放军宣传队的《我们主张彻底革命》的文章,大谈所谓的"教育革命",把"文化大革命"前的高等学校称为"旧大学",提出要彻底批判旧综合性大学的一整套学制、体制、课程、教材、教学方针和方法,培养普通劳动者,要废除高考和统一分配制度等。《人民日报》借此开辟专栏,以《社会主义大学应当如何》为题展开讨论。这场讨论一直延续到1976年7月,专栏共出78期,内容几乎涉及高等学校工作的所有方面,这次所谓"教育革命"讨论,给我国的高等教育的正常秩序带来了极大的破坏性影响,严重地扰乱了我国高等教育的工作秩序,实际上"教育革命"变成了革教育的命。

1970年7月21日,《红旗》杂志第八期发表署名驻清华大学工人、解放军宣传队,题为《为创办社会主义理工科大学而奋斗》的文章。文章提出革命大批判是创办社会主义大学的战略任务,是教育革命的一门主课;要对原有教师坚持边改造、边使用,建立三结合的教师队伍;实行"开门办学";培养学员"必须坚持以阶级斗争为主课"等。8月15日,北京市革委会发出关于进一步广泛、深入地学习《为创办社会主义理工大学而奋斗》和《上海理工大学教育革命座谈会纪要》的通知,要求全市大、中、小学认真组织这一学习运动,狠批反革命修正主义教育路线和旧的教育体系,向各种资产阶级旧习惯势力作斗争,把无产阶级教育革命进行到底。10月15日,国务院电报通知各地,1970年高等学校招生工作,按北京大学、清华大学《请示报告》提出的意见进行,是年,全国部分高等学校试点招收了工农兵学员41870人。在停止招生和停课4年之后,北京部分高等学校开始招生复课。事实证明,这样一种招生方式和教育模式,虽在某种程度上提高了工农兵学员的知识水平,但是并未收到良好的效果。1972年5月8日,国务院科教组转发了北京市革委会科教组《关于高等学校试办补习班的报告》,报告说,北京市11所高等学校招收的工农兵学员的文化程度参差不齐,初中以上文化程度的只占20%,初中程度的占60%,相当于小学文化程度的占20%。由此,北京市要求学校为这部分学员补习半年左右的文化基础知识。

1971年1月21日,国务院教科组邀请全国计划会议的各省、市、自治区和中央22个有关部门负责人座谈全国高等学校调整问题。根据会议讨论的意见,国家计委、国务院教科组汇总了29个省、市、自治区的调整方案,并于月底提出了《关于高等院校调整问题的报告》。各地对现有高等院校的调整意见是:工科院校一般予以保留;农科、医科、师范院校多数拟保留,少数拟改为中等专业学校或合并;综合大学一般拟先保留下来;政法、财经、民族院校拟多撤销一些。修改后的上述调整方案,经4月召开的全国教育工作会议讨论确定:全国原有的417所高等学校,保留309所,合并43所,撤销45所。调整方案由迟群主持起草,经张春桥、姚文元定稿,炮制出《全国教育工作会议纪要》附件报送中共中央。《纪要》称:"解放后17年,毛主席的无产阶级教育路线基本没有得到贯彻执行,教育制度、教育方针和方法几乎全是旧的一套","资产阶级专了无产阶级的政";原有教师队伍中的大多数"世界观基本上是资产阶级的"。《纪要》确定:(1)实现无产阶级教育革命,必须由工人阶级领导,工人宣传队要长期领导学校;(2)坚持《五·七指示》的道路,原有的大多数教师到工农兵中接受再教育;(3)要批判资产阶级;(4)教改问题主要是教员问题;(5)选拔工农兵上大学、管大学、改造大学,工农兵学员是教育革命的生力军;(6)教材要彻底改革。

1971年8月31日,经毛泽东批示"同意",中共中央批转《纪要》,同意提出的调整方案,并转发全国。11月15日,北京市革委会在批发《关于北京市教育工作会议情况的报告》时说,《纪要》的分析和估计,完全符合北京市的情况,并予以执行。在这次调整中,北京地区的58所高校中,中国人民大学、中国医科大学、北京政法学院、北京对外经贸大学等学校被撤销,北京农业大学等15所高校被迁往外地,有7所高校被合并。到1972年,北京地区的高等学校只剩下18所,仅比解放前夕的北京高校多5所,在校学生只有2万余人,比"文化大革命"前的1965年减少了80%。这个数字是令人触目惊心的。虽然在此期间也恢复和成立了几所院校,如1972年10月国务院批准恢复北京语言学院,1973年3月国务院科教组发出通知批准恢复一批高等院校,北京财贸学院、北京广播学院和北京师范学院等学校恢复,1974年4月,北京市革委会决定成立北京经济学院。然而,由于高等院校的被大量缩减和教育事业的被荒废,建国后建立起来的作为全国教育中心的北京教育,不但没有得到建设和发展,而且遭受了严重的损失和倒退。

"四人帮"精心炮制的《全国教育工作会议纪要》,不仅肆意歪曲和否定了解放后的17年教育成就,对新中国成立后的教育方针、教育性质、教育方法和教育制度进行了彻底的否定,并且把在"文化大革命"中本已灾难深重的中国教育导向了崩溃的境地。教育完全政治化、阶级斗争化的做法,在所谓的《纪要》发表之后变得更为极端化。1973年9月22日,《人民日报》在《社会主义大学应当如何办》的通栏标题下,发表了题为《文化考查中的两条路线斗争》的文章。文章说:"在群众评论、推荐的基础上,进行适当的文化考查是需要的","但录取的标准必须坚持政治挂帅,把政治条件摆在首位",要坚决反对"分数挂帅"、"智育第一"。1972年10月6日,北京大学副校长、著名物理学家周培源按照7月4日周恩来"把北大的理科办好,把基础理论提高"的嘱咐,撰写了题为《对综合大学理科教育革命的一些看法》的文章,并发表在《光明日报》上。文章针对当时大专院校的教育状况指出,应充分认识到科学实验和自然科学理论的重大意义。理科的任务既要培养当前生产所需的具有自然科学理论训练的工作人员,又要培养国家今后发展生产、发展科学的理论工作人才。那种"以工代理"、"理向工靠"、"理工不分"的看法,实际上是取消理科的做法,这是十分有害的。工与理、应用与理论都必须受到应有的重视,不能偏废。但是,文章发表后,张春桥、姚文元立即组织批判,并派人秘密调查文章的"出笼背景",指使《文汇报》盗用一些教员和工农兵学员的名义,连续发表了《马克思主义是最基础的理论》、《打什么基础理论》等文章,对周培源的文章进行不指名的批判,挑起了是否要加强基础理论教育的争论。他们只承认一种基础理论,即他们所理解的所谓马克思主义理论,也就是阶级斗争的理论,并用这种理论把其他的所有理论都看成是资产阶级的理论。因此,在教育领域,他们不断地变换手法和样式,对教育领域的所谓资产阶级开火。1973年10月,国务院科教组派人进驻清华大学教研组和一些"重点单位",打击"资产阶级复辟任务",扫除"复辟势力的阶级基础"。这场运动一直进行了3个月,也称"3个月运动"。在这个运动中,被立案审查和重点批判的教职工64人,被点名批判的有400多人。在此期间,《教育革命通讯》还发表了署名秦怀文的文章《巩固和发展无产阶级文化大革命的成果》和《再论巩固和发展无产阶级文化大革命的成果》,认为教育界"出现了一股翻案风",知识分子队伍中暴露了一小撮右派,提出要"毫不留情地揭露批判"。1973年12月30日,国务院科教组和北京市革委会科教组根据毛泽东关于要出题目考教授的谈话,采取突然袭击的办法,对北京地区17所高等学校的631名教授、副教授突然进行数、理、化考试。许多教授以拒绝参加考试、交白卷、在考卷上写反对意见的方式进行抵制。事后,国务院科教组还通过召开座谈会、发简报,在《教育革命通讯》上发表题为《考教授有感》的署名文章等办法,竭力扩大"考教授"的政治影响。在此之前,虽然辽宁有关部门曾对大学教授进行过一次考试,但是,在北京部分高校"考教授"之后,上海、天津等地也先后仿效北京的做法,组织"考教授",激起了高校教师的强烈不满,严重地影响了高等教育的秩序。

在高等院校中进行的所谓批判"资产阶级"运动,也严重地影响了中小学的教育。1973年12月12日,《北京日报》发表《一个小学生的来信和日记摘抄》并加了长篇编者按语。"小学生"是北京海淀区中关村第一小学五年级学生黄帅。《日记摘抄》是《北京日报》按照"师道尊严"批判的需要摘抄的。按语说:"这个十二岁的小学生以反潮流的革命精神,提出了教育革命中的一个大问题,就是在教育战线上,修正主义的流毒还远没有肃清,旧的传统观念还是很顽强的。""我们千万不能忘记教育战线上两条路线、两种思想斗争的长期性和复杂性。"编者按语提出"要警惕修正主义的回潮","要当教育革命的促进派"。根据姚文元的指示,《人民日报》12月28日转载此文并加了编者按,编者按说"黄帅敢于向修正主义教育路线的流毒开火,生动地反映出毛泽东思想哺育的新一代的革命精神面貌","在批林整风运动中,我们要注意抓现实的两个阶级、两条路线、两种思想的斗争"。同时,《人民日报》还作了《中关村第一小学教育革命形势大好》的报道。此后,全国各地广为传播《人民日报》的编者按等材料,不仅北京市中小学掀起了批"师道尊严"、"反击修正主义回潮"的浪潮,也掀起了全国性的批判"师道尊严",批判"修正主义教育路线回潮"的浪潮,许多地方树立了黄帅式的反潮流人物。1974年9月29日,国务院科教组、财政部联合发出关于开门办学的通知,各地大中小学普遍搞"开门办学",彻底打乱了学校的教学计划,破坏了学校的正常秩序。"文化大革命"期间,成人教育几近荒废,各类业余学校、工农师范学校、广播电视大学、夜大学本已初具规模的成人教育等全部停办。北京的基础教育遭受了严重的破坏,许多中小学教师和干部遭到迫害甚至死于非命,大批学校被撤销、被占用、被拆除,由于"停课闹革命"和"上山下乡"运动,以及高等院校招生考试制度的废除,北京的高级中学停止招生达五年之久。

1975年5月至10月,教育部部长周荣鑫根据毛泽东、周恩来和邓小平等中央领导同志的指示精神,开始积极整顿教育工作,力争使教育战线上的混乱局面有所扭转。9月15日,邓小平在一次谈话中说:"我们的文化教育也要整顿。"10月27日,邓小平说:"现在相当多的学校学生不读书,这也不符合毛泽东思想。"他坚定地支持和领导了当时的教育整顿工作,全国的教育事业有了一些明显的转机。1975年12月,北京市革委会批转市教育局《关于城市地区中学从1976年起实行五年一贯制的请示报告》。《报告》说,北京市从1974年春季在城市地区开始普及高中,城市中学实行五年一贯制,即不再分高中和初中两个阶段,基础教育得到一定的复苏。但是,由于"四人帮"的干扰和破坏,以及极左政治和教育路线的影响,首都和全国的教育事业一样,只有到"文化大革命"结束后才得到真正的恢复和走上健康发展的轨道。

四、"文化大革命"时期的北京文学艺术

"文化大革命"十年导致了全国文学艺术领域的黯淡和灾难,首都北京的文学艺术领域更不能幸免于难。文艺与政治的关系一旦不能得到恰当

而宽容的理解，文艺就极为容易上升为政治的问题。新中国成立后，文学艺术的问题在很大程度上就是一个审美政治学的问题。从政治意识形态角度对文艺进行过左的批判就相当明显。文艺作为一种意识形态在特殊的政治历史条件下很容易被转化为一种政治意识形态。如果说，在新中国成立后的 17 年中，文艺的政治意识形态虽有过左的倾向，也导致了一些错误或过激的批判运动的话，那么，在"文化大革命"期间，文艺就完全成了一种政治意识形态，甚至成为一种阶级斗争的工具，成为了少数阴谋分子为了摄取政治权力而利用的工具。文学艺术的生态被彻底破坏了，从而导致了文艺领域的灾难性后果。

早在文革前的 1964 年，文艺就开始了整风运动，这个所谓的整风运动被康生等人阴谋利用。电影《逆风千里》在全国上映之后，康生便对这部影片大加批判，宣判了该部影片的死刑。1964 年 7 月 29 日，影片《逆风千里》、《北国江南》、《早春二月》、《舞台姐妹》等被批判为"大毒草"。8 月 29 日，中宣部发出《关于公开放映和批判〈北国江南〉和〈早春二月〉的通知》。此后，《逆风千里》、《兵临城下》、《红河激浪》等影片也被连带而出，《人民日报》等全国各大报纸用了整整一版文字，对《逆风千里》逐条逐段地展开批驳。对这些电影艺术作品的批判并非来自美学的批评，而是来自所谓"利用电影反党"的无限上纲上线的政治批判。1965 年 11 月，姚文元在上海《文汇报》上发表了《评新编历史剧〈海瑞罢官〉》一文，批评吴晗 1960 年发表的历史剧《海瑞罢官》，把文艺的问题导入政治路线上，并把批判的矛头或现或隐地指向北京市委和中央重要领导人。这种文艺极端政治化的做法迅速蔓延到文艺界、史学界和哲学界等人文社会科学领域，对《海瑞罢官》的批判成为了发动"文化大革命"的导火线。江青、姚文元等人也借此登上了政治的舞台，进而疯狂地破坏和专横地宰制中国的文艺领域。在这种政治形势下，1965 年 12 月《北京文艺》转载姚文，并加了一下比较温和的编者按："姚文元同志的《评新编历史剧〈海瑞罢官〉》一文，十一月十日在《文汇报》发表后，引起了各方面的重视。我们决定就《海瑞罢官》及其有关文艺方面的问题展开讨论，希望读者踊跃参加，通过辩论，弄清是非，提高思想。"1965 年 12 月 10 日，中国剧协北京分会筹委会召开《海瑞罢官》座谈会，座谈会的与会者提出了不同的看法，并在 1966 年 1 月的《北京文艺》开辟专栏开展关于剧本《海瑞罢官》的讨论。1966 年 2 月，江青假借毛泽东的指示，责令北京市文化局宣布撤销北方昆剧院。3 月，市文化局决定撤销该院。

1966年2月，由彭真等人组成的"文化革命五人小组"以一种审慎的态度拟定的《文化革命五人小组关于当前学术讨论的汇报提纲》（即《二月提纲》），却被林彪和江青密谋炮制的《林彪同志委托江青同志召开的部队文艺工作座谈会纪要》所否定。《纪要》首次提出"文艺界在建国以来被一条与毛主席思想相对立的反党反社会主义的黑线专了我们的政，这条黑线就是资产阶级的文艺思想、现代修正主义思想和所谓三十年代文艺的结合"。明确提出："只有无产阶级的社会主义革命，才是最后消灭一切剥削阶级的革命，因此，决不能把任何一个资产阶级革命家的思想，当成我们无产阶级思想运动、文艺运动的指导思想"。《纪要》否定了1949年新中国成立以来文艺工作的成就和主流，也否定了20世纪30年代的中国共产党领导的左翼文艺革命工作的成就，同时在《纪要》要破除迷信的名单中还有中外古典文学、十月革命后出现的一批比较优秀的前苏联革命文艺作品。即使是建国以来出现的优秀小说、电影、戏剧等，几乎都被诬蔑为"大毒草"而遭到批判，尤其是与刘少奇、彭德怀等老一辈无产阶级革命家的活动有关的历史题材的作品，如影片《燎原》、《怒潮》、《红河激浪》、《洪湖赤卫队》，长篇小说《保卫延安》、《刘志丹》、《小城春秋》等，都被诬蔑为替"叛徒"、"走资派"歌功颂德、树碑立传的作品而遭到无情的批判和鞭挞。在"文化大革命"中，不仅艺术作品的内容和表现形式遭到了否定和批判，作者也遭受到了无情的批斗，而且牵强附会、无中生有地牵连了许多人，甚至指向党和国家的一些重要领导人。林彪、"四人帮"通过文艺的极端政治化和阶级斗争、路线斗争化，为他们彻底否定《二月提纲》，打倒彭真、陆定一、周扬和一大批文学艺术界的干部、作家、艺术家和演员提供了舆论工具和理论武器。

1966年3月，毛泽东点名批评了邓拓、吴晗、廖沫沙的"三家村札记"和邓拓的《燕山夜话》。《北京日报》被迫批判"三家村"。姚文元等人炮制了一批诬蔑和攻击"三家村"的批判文章。对"三家村"的批判成为文革的直接突破口，最终导致了北京市委的崩溃、改组及其随后一系列的政治变动。与此同时，全国各地也掀起了各种形式的揪"三家村"、"四家店"的浪潮。1966年5月，中央政治局扩大会议召开，通过了《中国共产党中央委员会通知》(《五一六通知》)这个十年"文化大革命"的纲领性文件。《通知》说，牛鬼蛇神"多年来塞满了我们的报纸、广播、刊物、书籍、教科书、讲演、文艺作品、电影、戏剧、曲艺、美术、音乐、舞蹈等等"，而《二月提纲》的作者们却从不提倡接受无产阶级的领导。因此，"必须彻底批判学术界、教育界、文艺界、出版界的资产阶级反动思想，夺取在这些领域的领导权"。由此，北京市文联的重要刊物遭到了批判。1966年5月20日,《人民日报》发表署名郑公盾的文章《〈北京文艺〉在为谁服务》及北大5位同学的文章,把《北京文艺》说成是"三家村"的"黑分店"。随着"中央文化革命小组"的成立,6月27日,北京市文联也成立了"文革筹委会",负责文联的所谓领导工作。1967年6月1日,北京市革委会在发出的《关于"今后演出有困难,现在基本生活又没有生活来源的"自负盈亏文艺团体另行安排生活出路的几点意见》中指出,这些文艺团体应由区、县政府尽快安排,主要到农村落户或者到工厂中劳动。自8月起,国家将不再补助。8月中旬,根据"工人阶级必须领导一切"的指示精神,北京市革委会派工人、解放军毛泽东思想宣传队进驻市文化局、市文联。1967年10月8日,市文联接到市革委会正式通知,市文联宣布为撤销单位。1968年12月,市文联被当作"旧市委"的"三家村黑分店"被砸烂,北京文联干部全部集中到马神庙市行政干校大院内进行以清理阶级队伍为主要内容的学习。1968年2月4日,北京市革委会在《北京市文化系统贯彻执行江青同志重要指示情况报告》中说,北京市文化界资产阶级专了政,存在着许多敌人。1969年2月10日,市革委会决定,"首都工人、解放军驻北京市直属文化系统毛泽东思想宣传队指挥部"正式成立,统一领导全市文化工作。北京市的文化机构和文学艺术机构处于瘫痪和混乱之中。

中共八届十一中全会于1966年8月8日通过了《中国共产党中央委员会关于无产阶级文化大革命的决定》,号召广大工农兵、革命的知识分子和革命的干部用所谓的无产阶级的新思想、新文化、新风俗、新习惯扫除了资产阶级的旧思想、旧文化、旧习惯、旧风俗,改变整个社会的精神面貌。"文化大革命"发动后,文艺政治化和阶级化的倾向变得更加极端,文艺的问题直接成为了政治的问题、路线的问题、阶级的问题。1967年3月,《红旗》杂志第五期发表戚本禹《爱国主义还是卖国主义——评反动影片〈清宫秘史〉》一文,公开给刘少奇扣上了"党内最大的走资本主义道路的当权派"的帽子,说"围绕反动电影《清宫秘史》而展开的这一场严重的斗争,决不仅仅是一部电影的问题"。1967年11月12日,《人民日报》发表题为《〈保卫延安〉——利用小说反党的活标本》的文章,从此开始了对《保卫延安》的全国规模的批判。一些批判文章说,《保卫延安》贬低诽谤毛泽东主席,为彭德怀立传,反对毛主席的无产阶级军事路线,鼓吹彭德怀的资产阶级军事路线。与此同时,对作家杜鹏程进行残酷迫害,大批无辜者受到牵连,造成了文艺领域中的又一次大冤案。

北京市的文学艺术领域遭到极为惨重的破坏，除了北京市的文化组织机构被撤销、大批干部下放劳动改造之外，一大批文艺工作者经受了严重的批判甚至非人的折磨。1966年8月23日，一批红卫兵以所谓"破四旧"名义，闯进机关大院，扬言要烧毁北京市文化局系统剧团所存的传统戏装，并勒令北京市文化局把揪出的"黑帮"送去陪烧。当天下午，他们开始揪人，市文化局、市文联被揪出29人。其中属于北京市文联的艺术家有：老舍、田蓝、金紫光、张季纯、端木蕻良、骆宾基、江风7人，他们被用卡车送到孔庙，围着烧戏装的火堆，受到红卫兵的皮带抽打，受尽凌辱。1966年8月24日午夜，老舍死于德胜门豁口外太平湖的后湖，成为"文革"灾难中的第一位殉难的中国作家。在"文化大革命中"被相继迫害致死的还有，文艺理论家叶以群、翻译家傅雷、京剧表演艺术家马连良、文艺活动家刘芝明、剧作家海默、电影导演蔡楚生、作家杨朔、导演孙维世、作家陈翔鹤、导演郑君里、作家赵树理、肖也牧、诗人闻捷、文艺理论家邵荃麟、文艺评论家侯金镜、巴人、作家魏金枝、周洁夫、导演焦菊隐、诗人孟超等等。

　　1971年9月27日，北京市革委会在一份《关于北京市文艺创作情况的报告》中说，今春以来北京市重新组织文艺创作队伍，现在已有专业文学、戏剧和文艺评论人员50余人，美术创作人员20余人。本年度主要是抓思想和政治路线方面的教育，对文学艺术创作人员举办"批修整风"学习班。从这份《报告》中可以看出，作为全国文化中心的首都北京的文艺队伍是何等的凋零，北京的文学艺术事业是何等的荒芜，诺大的北京市其专业文艺工作者竟然只有区区几十号人。在文学创作领域，除了大量的工农兵创作的所谓文学作品外，北京最有影响最当红的作家就是浩然。在北京大多数作家或"落难"或"停笔"之时，他却"一枝独放"。在"文革"期间，他的大多数作品是按照当时的文艺政治要求进行创作的，尤其是所谓的"三突出"的创作口号提出之后，他塑造了一系列表现"高、大、全"精神的人物形象，而《金光大道》这部分别出版于1972年和1974年的作品，其主人公的名字就是"高大泉"。在视觉艺术领域，一方面，对所谓的"黑画"进行彻底的批判，一方面则创作了大量的工农兵画作。1974年2月15日，国务院文化组在中国美术馆举办批"黑画"展览，宗其香的"三虎图"、黄永玉的"猫头鹰"等许多作品受到了批判。3月16日，中共北京市委召开了1.3万人参加的"北京市工农兵批林批孔、反击文艺黑线回潮大会"，重点批判晋剧《三上桃峰》和所谓的"黑画"、"坏画"。1972年5月23日至7月23日，北京市美术摄影展览办公室为纪念毛主席《在延安文艺座谈会上的讲话》发表30周年,组织了"北京市工农兵美术、摄影展览"举行,展出美术作品330件,摄影作品180件。1974年2月13日至4月5日,北京市美术摄影展览办公室主办了"北京市美术、摄影展览",展出反映"批林批孔"、"工业学大庆"、"农业学大寨"、"社会主义新生事物"为内容以及歌颂毛主席革命路线伟大胜利的美术作品320件,摄影作品175件。这些作品大多出自工农兵之手,公式化的创作,概念化的主题,深深地打下了这一时期艺术创作的时代烙印。

在"文化大革命"中,"百花凋谢"、"一花独放"的局面尤其体现在戏剧电影艺术上。在文艺思想上贯彻的是林彪、江青等人炮制的所谓无产阶级文艺路线,树立的是江青肯定和扶持的"革命样板戏"。1966年2月,林彪、江青炮制出《纪要》,开始大肆宣扬和鼓吹"革命样板戏"。1966年11月28日,北京京剧一团《沙家浜》剧组、中国京剧院《红灯记》剧组、北京舞蹈学校《红色娘子军》剧组等4个文艺团体列入解放军建制。1967年5—6月,在纪念毛泽东《在延安文艺座谈会上的讲话》发表25周年期间,现代京剧《红灯记》、《沙家浜》、《智取威虎山》、《海港》、《奇袭白虎团》、芭蕾舞《白毛女》、《红色娘子军》、交响乐《沙家浜》8个"革命样板戏"在北京汇演,历时37天。5月31日,《人民日报》全文发表京剧《智取威虎山》剧本,并发表社论《革命文艺的优秀样板》。《文艺革命》发表《江青同志对京剧〈红灯记〉的指示》。7月19日,《人民日报》发表首都批判资产阶级权威联络委员会文章《京剧舞台上的一场大搏斗——彻底清算党内最大走资派伙同彭真、周扬破坏京剧革命的罪行》。1967年6月18日,《人民日报》发表文章,号召"把革命样板戏推向全国去"。《红旗》杂志1967年第6期发表题为《欢呼京剧革命的伟大胜利》的社论,在批判所谓以周扬、齐燕铭、夏衍、林默涵为代表的文艺界反革命修正主义路线的同时,大肆鼓吹革命样板戏的"丰盛成果",把《智取威虎山》、《海港》、《红灯记》、《沙家浜》、《奇袭白虎团》等京剧样板戏赞美为"不仅是京剧的优秀样板,而且是无产阶级文艺的优秀样板,也是无产阶级文化大革命各个阵地上的'斗批改'的优秀样板"。10月20日,红卫兵《戏剧战报》记者发表《跟着江青同志,大闹京剧革命》的文章。1969年9月30日,《红旗》杂志第10期发表文章,提出"学习革命样板戏,保卫革命样板戏"的口号。

1970年9月,北京电影制片厂率先推出了全国第一部样板戏电影《智取威虎山》。1970—1972年,北京电影制片厂、上海制片厂、八一电影制片厂摄制了八大现代革命样板戏。八个样板戏是指京剧《红灯记》、《智取威虎山》、《奇袭白虎团》、《海港》、《沙家浜》和舞剧《红色娘子军》、《白毛女》及交响乐《沙家浜》。此后,在20世纪70年代初在江青的指令下编演了京剧《龙江颂》、《红色娘子军》、《平原作战》、《杜鹃山》、《磐石湾》及钢琴伴唱《红灯记》、舞剧《沂蒙颂》、《草原儿女》、交响乐《智取威虎山》等作品。1974年1月,《红旗》杂志发表署名为初澜的文章《中国革命历史的壮丽画卷——谈革命样板戏的成就和意义》,后又在《红旗》杂志第7期发表题为《京剧革命十年》的文章,吹捧"过去的十年,可以说是无产阶级文艺的创业期"。江青借助于样板戏迅速登上政治舞台,并且被吹捧为"京剧革命的旗手"。

在"文化大革命"中,"样板戏"被定为文艺的至尊,在创作上出现了一种严重的概念化和公式化的倾向。1968年5月23日,于会泳在《文汇报》发表题为《让文艺舞台永远成为宣传毛泽东思想的阵地》的文章,首次提出所谓的"三突出"的创作口号。"我们根据江青同志的指示精神,归纳为'三突出',作为塑造人物的重要原则,即:在所有人物中突出正面人物来;在正面人物中突出主要英雄人物来;在主要人物中突出最主要的中心人物来。"1969年,姚文元在一篇文章中把"三突出"尊为"无产阶级文艺创作必须遵循的一条原则"。1972年,"四人帮"在一个文件中进一步把"三突出"奉为"无产阶级文艺创作的根本原则"。这个"三突出"原则成为了判断所有文艺的政治标准、创作原则和美学标准,在其影响下产生了一大批假、大、空的作品。当然,"样板戏"也并非毫无可取之处,它们在剧本创作、音乐创作、舞台设计、甚至革命思想主题的构思上也有一些可取之处,它们凝聚了一大批艺术家的心血和智慧,而非"旗手"一人之功。正如著名文艺理论家阿甲在谈到《红灯记》的创作时所说:"《红灯记》在表现现代题材的内容时,无论在唱腔、表演、音乐设计、道白等各个方面,都注意到了既保持京腔特有的程式,又突破了旧的程式,使之表现现代人的思想、性格。这些经验是值得总结的。"①

但是,不可否认,由于"样板戏"的独尊地位和公式化的创作方法,严重地造成了百花凋零而"一枝独放"的文艺状况,导致了"八亿人民八台戏"的荒凉境地。尽管"样板戏"被称为"宣传毛泽东思想的阵地",其创作方法被作为"无产阶级文艺创作的根本原则"。但由于它的唯我独尊地位导致了

---

① 黄华英:《恢复历史的真相——阿甲谈京剧〈红灯记〉创作经过》,《人民日报》,1987年12月29日。

中国文艺的单调、乏味、空洞，连毛泽东也对此有所不满。1975年7月14日，毛泽东作了关于文艺问题的书面讲话，强调了文艺政策。毛泽东在讲话中指出，党的文艺政策应该调整一下，一年、两年、三年，逐步扩大文艺节目。在此之前，毛泽东同邓小平谈话时也指出，样板戏太少，而且稍稍有点差错就挨批，百花齐放都没有了。7月25日，毛泽东对电影《创业》作者反映"四人帮"给电影安了四大罪名的来信写了批语："此片无大错，建议通过发行。不要求全责备，而且罪名有十条之多，太过分了，不利调整党的文艺政策"。根据毛泽东的指示，中共中央批准《人民文学》、《诗刊》等杂志恢复出版。一些禁演的影片也恢复上演，同时还出版了鲁迅的著作和少数文艺作品，这多少给极度荒凉的中国文艺带来了少许的新气息。

然而，在把文艺作为政治和阶级斗争工具的年代里，对文艺的评判就不可能走出极端政治化的巢臼。20世纪50年代对《红楼梦》研究的批判，20世纪60年代对历史剧《海瑞罢官》的批判，最终都成为了政治的批判，后者直接成为了灾难性的"文化大革命"的序幕。1975年下半年又开始了"评《水浒》运动"。这同样是从文艺切入政治或者把文艺直接政治化的批判运动。9月4日，《人民日报》发表题为《开展对〈水浒〉的评论》的社论，文中公布了毛泽东认为"《水浒》这部书，好就好在投降。做反面教材，使人民都知道投降派"等的评述。社论说，评《水浒》"是我国政治思想路线上的又一场重大斗争"。《红旗》杂志1975年第9期发表题为《重视对〈水浒传〉的评论》，文章说，要用马列主义毛泽东思想充分开展对《水浒》的批判，用阶级分析的观点看各种问题，这不仅对古典文学研究，对整个文艺评论和文艺工作，而且对现在乃至将来贯彻无产阶级的革命路线，反对资本主义道路，巩固无产阶级等等都具有重大的意义。此后，在全国报刊上掀起了一场评《水浒》的运动。

从1975年开始，北京地区的一些全国性文学艺术刊物相继复刊或者创刊，然而，在意识形态上仍然延续政治化和阶级斗争化的主调。除了《人民文学》、《诗刊》等文学刊物在1975年复刊外，1976年，新创办的《人民戏剧》、《人民电影》、《人民音乐》、《舞蹈》、《美术》等全国性艺术刊物也陆续与读者见面。这些刊物在创刊号上转载了毛泽东在元旦发表的词二首：《水调歌头·重上井冈山》和《念奴娇·鸟儿问答》。1976年1月1日，《人民日报》、《解放军报》和《红旗》杂志发表元旦社论《世上无难事，只要肯登攀》，公布了毛泽东对邓小平提出的"以三项指示为纲"的批评："安定团结不是不要阶级斗争，阶级斗争是个纲，其余都是目。"3月3日，中共中央发出《关于学习〈毛主席指示〉的通知》,转发了毛泽东关于"批邓、反击右倾翻案风"的多次讲话,掀起了所谓"深入批邓、反击右倾翻案风"的政治运动。首都和全国的文艺界也不例外。5月23日,为纪念毛泽东《在延安文艺座谈会上的讲话》发表34年,文化部和北京市革委联合举办"首都工农兵反击右倾翻案风,歌颂无产阶级文化大革命歌咏大会"。同时,新复刊和新创刊的刊物都转载了《红旗》杂志上发表的署名初澜的文章《坚持文艺革命,反击右倾翻案风》。《美术》创刊号上发表了题为《要把无产阶级文化大革命进行到底》的油画,描绘了毛泽东主席在天安门接见红卫兵的"伟大历史事件"。《人民戏剧》、《人民电影》、《舞蹈》的创刊号上分别刊载了革命现代京剧《红云冈》、《审椅子》,京剧舞蹈《战海浪》,革命交响乐《智取威虎山》选场,革命现代舞《沂蒙颂》,电影《春苗》、《决裂》等作品的文学剧本和乐谱剧照。

　　"文化大革命"中,不但没有贯彻"百花齐放,百家争鸣"的文艺方针,而且由于林彪、"四人帮"推行的否定一切、打倒一切的极左政治思潮的干扰和破坏,首都北京的文学艺术事业像全国一样,像其他文化领域一样跌入了低谷,呈现出一片萧疏荒凉的景象。

　　1976年9月9日,中共中央主席、中共中央军委主席、政协全国委员会名誉主席毛泽东在北京逝世。10月6日中共中央政治局采取果断措施,对江青、张春桥、王洪文、姚文元实行隔离审查,粉碎了江青反革命集团。10月14日,中共中央公布粉碎"四人帮"的消息。10月15日,中共北京市委、市革委会做出《坚决拥护党中央关于果断处理"四人帮"篡党夺权问题的决定》,首都人民举行盛大游行,热切庆祝粉碎王(洪文)、张(春桥)、江(青)、姚(文元)反党集团。1977年8月12日至18日,中共共产党第十一次全国代表会议在北京召开,宣告"文化大革命"结束。

第三章　改革开放与北京文化建设

1977年8月12日至18日,在北京召开的中国共产党第十一次代表会议宣告了"文化大革命结束"。1978年5月开始的关于真理标准问题的大讨论,促进和推动了全国性的马克思主义思想解放运动。邓小平再次阐述了实事求是的观点,指出了拨乱反正、解放思想的重大任务。1978年12月,中国共产党第十一届三中全会高度评价了实践是检验真理的唯一标准的讨论,决定把全党工作的重点和全国人民的注意力转移到社会主义现代化建设上来,确立了解放思想、开动脑筋、实事求是、团结一致向前看的指导方针。"文化大革命"的宣告结束,意味着一个新的政治、社会、经济和文化时代的开始和转型,也标志着中国政治、社会、经济和文化的新发展。在新的指导方针下,在拨乱反正、改革开放的伟大历史进程中,首都北京的文化有如其他政治、社会、经济领域一样,逐步进入了社会主义现代化建设和发展阶段。在改革开放的历史进程中,北京的城市文化定位和发展、文化保护事业、精神文明建设、教育文化事业、文学艺术以及其他文化事业发生了新的变化,取得了新的历史性成就。

一、城市规划建设与城市文化定位

党的十一届三中全会做出把工作重点转移到社会主义现代化建设中的战略决策,为首都的现代化建设指明了方向。1978年12月25日,《人民日报》发表社论《把全党工作的着重点转移到现代化建设上来》。社论指出党的十一届三中全会确定的工作重点的转移,是党在新的历史时期做出的重大决策,现代化的建设需要大力提高生产力,要求多方面改变同生产力发展不相适应的"管理方式、活动方式和思想方式"。这"本身就是一场广泛、深刻的革命"。

1979年1月，中共北京市委召开工作会议，传达贯彻中共十一届三中全会精神，明确把全市工作重点转移到社会主义现代化建设上来。2月24日，北京市革委会转发首都城市建设领导小组《关于北京城市建设的意见》，提出在加快城市建设、注意严格控制市区规模的同时，提出加快旧城改造，实行统一计划、统一投资、统一施工、统一分配、统一管理。1979年4月，中共中央工作会议决定对整个国民经济实行"调整、改革、整顿、提高"的方针。中央对首都北京的城市性质、定位、功能和布局等高度重视，1980年4月，中共中央书记处听取有关部门关于首都建设问题的汇报，对首都建设方针提出四项指示：一要把北京建设成为中国、全世界社会秩序、社会治安、社会风气和道德风尚最好的城市；二要把北京建成全国环境最清洁、最卫生、最优美的第一流的城市；三要把北京建成全国科学、文化、技术最发达、教育程度最高的第一流的城市；四要使北京经济上不断繁荣，人民生活方便、安定，要着重发展旅游事业、服务行业、食品工业、高精尖的轻型工业和电子工业。

1980年8月，北京市委向中央作了《关于贯彻执行中央书记处对于北京市工作方针四项指示的汇报提纲》。《提纲》指出，北京是我国的政治中心与国际交往中心，第一次明确提出北京的性质之一是国际交往中心。《提纲》还两次提出"北京市的工作必须把为中央服务好，为外事服务好放在首要地位"。中央的《四项指示》和北京市委的《提纲》更加明确了首都的发展方向，不仅用三个"最"对北京的城市面貌提出了要求，而且明确要求把北京的科学、文化、技术、教育建设成为了全国最高且一流的城市。因此，在提出了城市面貌、产业发展和人民生活方面的高要求外，同时突出强调了北京作为全国文化中心和国际交往中心的重要性。1981年2月，中共北京市委举行工作会议，强调要肃清"左"的影响，端正指导思想，坚决落实中央书记处关于首都建设方针的"四项指示"，逐步把首都建设转移到中央四项指示的轨道上来。中央对北京首都建设方针提出的"四项指示"，基本统一了对北京城市发展方向的认识，更加明确了首都城市的性质和定位，北京城市的规划建设由此进入了一个新的历史时期。1981年11月，北京市政府成立了市长焦若愚为主任的北京城市规划委员会，以加强北京城市规划建设工作的领导。

为了总结新中国成立以来的北京城市规划发展的经验和教训，更好地建设首都城市,更加明确首都城市的性质和功能,1982年3月,北京市城市规划委员会制定了《北京城市建设总体规划方案(草案)》,经中共北京市委常委会和市人大常委会审议通过,1982年12月22日正式上报国务院。《方案》把首都城市发展的基本目标确定为:进一步加强和完善全国政治中心和文化中心的功能,建设全方位对外开放的国际城市,成为文化教育和科学技术最发达、社会风尚和民主法制建设最好的城市;建立以高新技术为先导,第三产业发达,产业结构合理,高效益、高素质的适合首都特点的经济。到2010年,北京的社会发展和经济、科技的综合实力,达到并在某些方面超过中等发达国家首都城市水平,人口、产业和城镇体系布局基本得到合理调整,城市设施现代化水平有很大提高,城市环境清洁优美,历史传统风貌得到进一步的保护和发扬,为在21世纪中叶把北京建设成为具有第一流水平的现代化国际城市奠定基础。在这个基本目标中,明确了北京作为全国政治中心和文化中心的功能,国际交往中心的功能,并且强调要把北京建设成为"对外开放的国际城市",并且在文化教育、科学技术、社会风尚和民主法制建设最好的城市,明确了北京作为全国的首善之区的作用。

首都城市性质功能和发展目标的新认识和重新定位,不仅意味着北京作为全国政治中心和文化中心的地位的凸显,而且也意味着首都产业结构和经济发展方式的转变。在首都经济建设上,新的《总体规划方案》提出要发展"适合首都特点的经济",北京城乡经济的繁荣和发展,要服从和服务于北京作为全国的政治中心和文化中心的要求。这说明北京作为全国政治中心和文化中心所具有的首要地位。在首都经济建设中,要建立社会主义市场经济体制和运行机构,形成多层次、全方位对外开放格局和适应国际经济运行的能力,为建设具有现代化水平的、运转灵活的市场体系提供发展空间。提出要集中发展微电子、计算机、通信、新材料、生物工程等高新技术产业。要大力发展第三产业,建立服务首都、面向全国和世界的、功能齐全、布局合理、服务一流的第三产业体系。并且提出了建立新的市场体系的规划设想,以适应进一步扩大国际、国内经济活动的需要,建设具有国际水平的商务中心区和现代化的商业服务设施,逐步形成发达的"消费资料市场"、"生产资料市场"、"房地产市场"、"金融市场"、"技术文化市场"、"信息服务市场和劳务市场"。新的《总体规划方案》不仅不再提"现代重工业基地",而且对首都工业发展作了新的规划。提出工业要按照技术密集程度高、产品附加值高和能耗少、水耗少、排污少、运量少、占地少的原则进行调整,广泛利用高新技术改造传统产业,加快技术结构和产品结构的调整改造,形成适合首都特点的工业结构。提出要大力发展高新技术产业,重点发展电子、汽车工业,积极发展机械、轻工、食品、印刷等行业,冶金、化工和建材工业要严格控制发展规模,积极治理污染,在控制总能耗、物耗、水耗和污染物排放标准、排放总量的前提下求发展。要充分利用首都的科技、人才优势,促进和加强与津、冀地区的经济技术协作,为区域经济的繁荣发展做出贡献。此次总体规划不仅体现了对北京产业结构和经济发展的新认识,而且更加突出了北京作为全国政治中心和文化中心的功能和定位。

在新的《城市总体规划》中,首都的社会发展也与文化、文化的建设具有了更加密切的关系,提出在满足首都人民的物质需要的同时,要满足人民的物质文化需要。在新的历史时期,北京的社会发展不仅要与首都的地位、首都改革开放的形势相适应,与经济建设相协调,而且要不断提高人口素质,改善生活质量,满足人民日益增长的物质和文化生活需要。在科学技术上,提出要进一步发展首都的科技优势,深化北京的科技体制改革,并且提出把科技攻关以及新技术的研究、开发和产业化放到突出的位置。加强公益文化事业的建设和文化的普及工作。加强自然科学的基础理论研究和哲学社会科学的理论研究,使科学技术水平和社会科学研究处于全国的领先地位,力争一些科技领域接近或达到国际先进水平。在首都教育事业方面,提出要切实加强教育工作,深化教育改革,提高教育质量,为首都和全国现代化建设培养各种人才。积极鼓励社会办学,充分发挥首都作为全国高等教育基地的作用,加快地方高等院校调整与建设的步伐,为全国培养、输送高级人才。加强基础教育建设和发展,大力发展职业教育和成人教育,提高全民教育水平。在文学艺术方面,提出要进一步发展文化、体育事业,繁荣社会主义文艺,弘扬民族优秀文化,扩大国际文化交流,积极发展广播、电视、新闻、出版事业和公共文化体系的建设,开展多层次、多形式的群众性文化活动,搞好社会主义精神文明建设。这充分说明,在20世纪80年代初的北京城市总体规划中,北京作为文化中心的性质功能定位比新中国成立以来的任何时候都更加明确。

此次的《北京城市建设总体规划方案》明确了北京作为"国家级历史文化名城"的定位,提出北京是国家级历史文化名城,北京的城市建设要反映出中华民族的历史文化、革命传统和社会主义中国首都的独特风貌。在《总体规划》的"历史文化名城的保护与发展"中提出,北京历史文化名城的保护是以保护北京地区珍贵的文物古迹、革命纪念建筑物、历史地段、风景名胜及其环境为重点，达到保持和发展古城的格局和风貌特色，继承和发扬优秀历史文化传统的目的。对于新的城市建设，要体现时代精神、民族传统、地方特色。根据不同情况提出不同要求，使新旧建筑、新的建设与周围环境互相协调，融为一体，形成当代中国首都的独特风貌。要求妥善处理历史文化名城保护与现代化建设的关系，城市现代化建设、经济社会发展，以及市区特别是旧城的调整改造，要与历史文化名城的保护相结合，使北京的发展和建设，不仅符合现代生活和工作的需求，而且能够保持其历史文化特色。要从整体上考虑历史文化名城的保护，特别是要从城市格局和宏观环境上保护历史文化名城，各级文物保护单位是历史文化名城保护的重要内容。对公布的文物保护单位，尤其是国家级和市级文物保护单位，包括万里长城、故宫、周口店北京猿人遗址等"世界文化遗产"，必须加强科学保护，合理利用。进一步加强对地面和地下文物古迹的调查、发掘与鉴定，公布新的保护单位，继续划定文物保护单位的保护范围及其周围的建设控制地带。总体规划提出的文化保护的要求，对于历史文化名城的保护和建设发挥了极为重要的作用。如此全面系统的保护原则和要求，是以前的城市规划中所没有的。同时，《总体规划方案》还针对北京作为历史文化名城的文化资源，提出要把北京建设成第一流的国际旅游城市。这也是新的历史条件下对北京历史文化资源的新认识，把北京建设成为"第一流的国际旅游城市"也是北京有规划以来的第一次提法。

  1983年7月14日，中共中央、国务院原则同意《北京城市建设总体规划方案》，并做了十条重要的批复。批复指出这个《方案》是符合实际的，贯彻了中共中央书记处对首都建设方针的指示精神。在城市性质上，指出北京是我们伟大社会主义祖国的首都，是全国的政治中心和文化中心。北京的城市建设和各项事业的发展都必须服从和充分体现这一城市性质的要求。要为党中央、国务院领导全国工作和开展国际交往，为全市人民的工作和生活创造日益良好的条件。在社会主义物质文明和精神文明建设中，要为全国城市做出榜样。在城市规划建设上，要切实加强对首都规划建设的领导，遵循具有法律性质的城市建设总体规划，认真抓好规划的实施，严格按照规划办事，把首都建设好、管理好。要抓紧制定城市规划、城市建设和管理的各项法规，建立法规体系，做到各项工作都有法可依，把首都建设成为社会主义高度文明的现代化城市。在经济发展上，首先重视发展高精尖的、技术密集型的工业，迅速发展食品加工工业、电子工业和适合首都特点的其他轻工业,以满足人民生活的需要。北京作为历史文化名城,北京的规划和建设要反映中华民族的历史文化、革命传统和社会主义国家首都的独特风貌,加强革命史迹、历史文物、古建筑、古建筑遗址的保护工作。在城市改造中,既要提高旧城区各项基础设施的现代化水平,又要继承和发扬北京作为历史文化城市的传统。大力加强城市基础设施的建设,继续兴建住宅和文化、生活服务设施。大力加强城市的环境建设,认真搞好环境保护,不断提高城市的建筑艺术水平,体现民族文化的传统特色,把北京建设成为清洁、优美、生态健全的文明城市。

中共中央、国务院对《北京城市建设总体规划方案》的批复,使北京市更加明确了首都城市的性质、功能和发展定位。1983年7月30日,中共北京市委、市政府发出通知,指出城市建设总体规划既经批准,就具有法律的性质,要求北京市党、政、军、群各单位共同努力,为把首都建设成为社会主义高度文明的现代化城市而奋斗。为了切实有效地落实北京城市建设总体规划和指导北京的城市建设,中共中央、国务院决定成立首都规划建设委员会,负责审定实施北京城市建设总体规划的近期和年度计划,组织制定城市建设和管理法规,协调解决各方面的关系。1983年11月12日,首都规划建设委员会成立并召开首次会议。万里在讲话中要求中共中央、国务院、中央军委所属各部门要模范地执行北京城市建设总体规划,服从委员会的领导。首都规划建设委员会由北京市人民政府、国家计委、城乡建设环境保护部、财政部、国务院办公厅、中央军委办公厅、解放军总后勤部、中直机关事务管理局、国家机关事务管理局等单位的负责人组成,北京市市长任主任。1984年1月5日,国务院颁布《城市规划条例》,指出城市规划的任务是,根据国家城市发展和建设的方针、经济技术政策,国民经济和社会发展长远计划,区域规划,以及城市所在地区的自然条件、历史情况、现状特点和建设条件,布置城镇体系,合理地确定城市在规划期内经济和社会发展的目标,确定城市的性质、规模和布局,统一规划、合理利用城市的土地,规划部署城市经济、文化、公共事业及战备等各项建设,保证城市有序地、协调的发展,这对北京的城市规划建设发挥了重要的指导作用。

1984年1月,中共北京市委、市政府发出通知,要求全市宣传、学习中共中央、国务院《关于〈北京城市建设总体规划方案〉的批复》和《北京城市建设总体规划方案》,积极开展关于首都性质认识的学习工作,大力宣传"为中央服务,为国际国内交往服务,为人民生活服务"的城市建设方针。1984年2月,北京市政府制定的《北京市城市建设规划管理暂行条例》公布施行。1986年10月,经中央批准,成立首都规划建设委员会办公室,它既是首都规划建设委员会的日常办事机构,又是北京市政府管理全市城市规划和设计的工作机构;建成规划办公室,该办公室成立后,撤销原北京市城市规划委员会建制。1989年12月,七届全国人大常委会第十一次会议通过并公布《中华人民共和国城市规划法》。1990年2月,北京市城市管理工作会议举行,会议按照"维护稳定、确保亚运"的方针,研究部署了对38个亚运会场馆周围及100条重点大街两侧违章建筑的整治方案。1990年4月,北京市政府第八次常务会议做出加速危旧房改造的决定,提出要把工作重心从开发新区转移到开发与危改并重上来,危旧房改造要与保护古都风貌相结合,再一次提出现代化城市建设与文化保护相结合的问题。1991年1月,北京市制订"八五"计划纲要及十年规划时,明确提出,北京城市建设"要围绕着首都是全国政治中心和文化中心这一城市功能,搞好城市发展与布局"。1992年12月,中共北京市召开第七次党代表大会,指出"首都要充分体现政治、文化、国际交往中心的性质,更好地为中央、为全国、为全市人民服务"。北京城市的性质、定位和功能更加明确,文化中心的位置更加突出。

《北京城市建设总体规划方案》,中共中央、国务院的"十条批复"以及一系列相关法律法规的颁布和实施,有力地指导、保障和推动了北京的城市建设和文化发展。1983年公布的《北京城市建设总体方案(草案)》以及国务院的"批复",不同于20世纪50年代和70年代的总体规划的显著特点就是,不再提"经济中心"和"现代化工业基地",从而进一步明确了北京作为全国的政治中心和文化中心的性质,强调了北京国际交往中心、历史文化名城以及旅游城市等等性质,高度重视科学、文化、教育、高新技术在首都城市发展中的重要地位和作用,"此批复是对首都城市性质更高阶段的认识,目的在于处理好首都政治、文化中心与经济发展的关系,使北京开始逐步调整产业结构,控制重工业与新建项目,保护古都的风貌"。这也是一次"把单纯物质经济规划与社会文化规划结合起来,而且把长远目标和当前建设"有机结合的模式。① 20世纪80年代初的北京城市建设总体规划,对首都的城市文化建设和历史文化名城的保护发挥了总体上的指导作用,新的总体规划同时意味着城市文化发展的新规划和新发展。文化在总体规划和定位中的突出,标志着北京作为全国文化中心和文化发展的重要

---

① 徐向东:《建国后北京城市建设方针的演变》,《北京党史研究》,1996年第2期。

地位;从单纯的物质经济规划向物质经济规划与社会文化规划相结合的转变,标志着北京城市文化建设、文化发展和文化保护在首都整体发展中的地位和作用的提升。

二、文物保护与历史文化名城建设

北京的文化保护工作和文化保护事业,在党的十一届三中全会之后取得了重大的进展。随着党和国家工作中心的转移,首都北京的文物保护事业与全国一样,在理论认识和实践行动中开展了拨乱反正的工作,在法制法规、文物保护、管理体制等方面开始走向正常化、日益规范化的轨道,北京文物事业的各个方面都取得了显著的成效。尤其是北京被确定为国家历史名城之后,北京市委、市政府以及各级相关部门,结合北京市的实际情况,开展了富有成效的保护工作,并初步探索了文物事业的改革问题,提出了为"保护历史文化名城而奋斗"、保持古都风貌的目标。

1977年10月,我国开始实施文物出境鉴定制度,国家文物事业管理局颁发《对外国人、华侨、港澳同胞携带邮寄文物出口鉴定、管理办法》。1979年7月,全国人大将违反文物法规、破坏国家保护的珍贵文物等行为列入《中华人民共和国刑法》,加大了对文物犯罪的惩处力度,文物保护有了法律的保护。1980年5月,国务院发出《关于加强历史文物保护工作的通知》,提出了加强文物保护管理工作的具体措施。这是改革开放以后国务院发出的第一个关于文物保护工作的重要文件。5月,中共中央书记处第23次会议研究讨论了文物工作,要求文物部门"以责任在身、当仁不让的精神做好工作"。1980年6月召开了全国文物工作会议,研究和讨论了法制建设、考古发掘、博物馆建设、文物出口、对外交流、组织建设等,规划了发展文物事业的宏伟蓝图。针对文物频繁遭破坏和文物保护工作面临的严峻形势,1981年1月国务院批转国家文物事业管理局《关于加强文物工作的请示报告》,就文物保护、市场管理、经费投入、人才培养、管理体制和发展博物馆事业等提出了具体意见和措施,规划了发展文物事业的宏伟蓝图。从1981年开始,国家在全国范围内开展文物普查、复查工作。1982年,国务院相继公布了第一批国家历史文化名城24座和第二批全国重点文物保护单位62处,国家历史文化名城和全国重点文物保护单位公布制度逐步完善。1982年11月,第五届全国人大常委会第25次会议在总结新中国成立以来文物工作经验的基础上,通过了《中华人民共和国文物保护法》。这是我国文化领域第一部由国家最高立法机构颁布的法律,我国的文物保护工作第一次有了法律形式的界定。1982年12月,为适应改革开放和社会发展的新需要,"国家保护名胜古迹、珍贵文物和其他重要历史文化遗产"被列入《中国人民共和国宪法》。这些全国性的法律法规的制定和颁布,对于改革开放之后的中国文化保护事业和北京的文物保护、历史文化名城建设起了重要的指导作用和法律制度的保障作用。

"文化大革命"期间,北京的文物保护事业处于无政府状态,文物古迹受到了严重的破坏。改革开放后,北京的文物保护事业和文化保护工作变得更为紧迫,北京市进行了积极有效的工作。1979年8月,北京市革委会公布了北京市第二批重点文物保护单位名单,有毛主席纪念堂、双清别墅、鲁迅故居、毛主席故居、李大钊故居、陶然亭、慈悲庵、长辛店"二七"革命遗址、焦庄户地道战遗址、古观象台、牛街清真寺、恭王府及花园、圆明园遗址、西黄寺、南堂、东南城角角楼、正阳门与箭楼、琉璃河商周遗址、万佛堂、孔水洞、窑店土城、银山宝塔、燃灯塔、法源寺、大觉寺、先农坛、良乡塔、团城、演武厅、德胜门箭楼、万寿寺、白云观、孚王府(九爷府)、历代帝王庙、景泰陵、文天祥祠33处。1980年2月,北京门头沟区修复建于1946年、但在"文化大革命"中遭受破坏的"斋堂革命烈士纪念碑",碑文记载了宛平县476名为抗击日本侵略者而牺牲的革命烈士的姓名和职务。1980年5月,北京市政府在延庆县西拨子公社召开紧急现场会议,号召爱护长城,保护长城,坚决刹住破坏长城的歪风。1980年8月,中国建筑学会在北京举行纪念圆明园罹劫120周年学术讨论会,会议发出"保护、整修及利用圆明园遗址倡议"。1980年9月,牛街清真寺修缮工程全部竣工。11月北京市文物事业管理局召开工作会议,决定设立市文物古迹保护管理委员会,重要文物保护单位设文物保护所,各区、县设专门的文物管理所,切实加强文物保护和管理工作。

进入20世纪80年代后,北京市文物事业管理局总结了新时期5年来文物保护的工作经验,研究了文物保护中存在的问题,组织有关人员起草了《北京市文物保护管理办法》。《管理办法》早于《中华人民共和国文物保护法》发布整整一年,使北京成为较早建立地方性专项文物保护法规的省市。北京市文化保护的地方性法规与国家的相关法律法规一道,有力地推动了北京文化保护事业的健康发展。1981年6月,北京市召开了第一次文物工作会议,这是新中国成立以来第一次以市政府的名义召开的文物工作会议。会议集中讨论如何落实中央关于北京工作的"四项指示"和全国文物工作的会议精神。会议阐明了文物保护的历史意义和现实意义,提出保护文物是一种历史责任,要彻底批判无政府主义和历史虚无主义,要高度重视北京市的文物保护工作。在文物保护的认识上、管理体制和措施上、在文博事业建设上,在考古发掘上,都要有新的意识和新的进展。不断提高市民对保护祖国优秀文化遗产的认识,健全文物保护管理体制,完善管理措施,有重点、有计划进行考古发掘,积极发展北京市博物馆事业,加强文物市场的规范和管理。与此同时,北京市文物古迹保护委员会成立了以侯仁之先生为主任委员,由史地、城建、规划、宗教、园林、文物、古建、考古等 30 余位专家、学者组成的文物古迹保护委员会,作为市政府文物保护方面的专家咨询组织。北京市在全国率先成立省级文物保护机构,并相应地成立了各区县文物管理部门。由此,北京市的文物保护在思想认识、法律法规、组织机构和保护措施等方面都得到了逐步的提高和完善。在完善各种法律法规的同时,北京市对重要的历史文物古迹进行修缮工作。1981 年 10 月,北京最大的喇嘛寺院雍和宫经修缮并正式开放;1981 年 10 月,位于北京市海淀区温泉的辛亥滦州起义革命先烈纪念塔整修后也正式开放。1982 年 1 月,国务院批准国家首批重点风景名胜区 44 个,其中北京的八达岭—十三陵区名列其中。1982 年,国务院相继公布了第一批国家历史文化名城 24 座和第二批全国重点文物保护单位 62 处,北京被列为国家历史文化名城。1982 年 2 月,北京市的北京城东南角楼、宋庆龄故居、恭王府及花园、古观象台、皇史宬等五处被列为第二批全国重点文物保护单位。1982 年 11 月,国务院又批准郭沫若在北京的故居为全国重点文物保护单位。

  1982 年 3 月北京市城市规划委员会制定的《北京城市建设总体规划方案(草案)》,1983 年 7 月中共中央、国务院对《北京城市建设总体规划方案》的十条重要批复,都充分肯定和强调了北京作为历史文化名城的性质和定位。北京的文物保护和文化保护工作第一次明确地列入了北京城市建设的总体规划之中。中央的批复中明确提出,在城市建设中要妥善保护珍贵的革命、历史文物、古建筑和具有重要意义的古建筑遗址,并且强调,文物古迹的保护,要与周边环境的保护结合起来,保护北京历史名城的独特风貌。《北京城市建设总体规划方案》强调了城市建设与文物保护的辩证关系,提出必须妥善处理历史文化名城保护与现代化建设的关系,城市的现代化建设、经济社会发展、市区特别是旧城的调整改造,要与历史文化名城的保护相结合,北京的城市发展和建设,不但要符合现代生活和工作的需求,而且要保持其历史文化特色,要继续在旧城区和广大郊区增划各级历史文化保护区,在进行城市改建时,对历史文化保护区以外分散的好四合院,要尽量保留和合理利用。《总体规划方案》从10个方面对北京的历史文化保护提出了较为具体的要求,提出要从整体上考虑历史文化名城的保护,尤其要从城市格局和宏观环境上保护历史文化名城;要保护和发展传统城市的中轴线;注意保持明、清北京城"凸"字形城廓平面;形成象征城墙旧址的绿化带;保护与北京城市沿革密切相关的河湖水系;旧城改造要基本保持原有的棋盘式道路网骨架和街巷、胡同格局;注意吸取传统民居和城市色彩的特点;保持皇城内青灰色民居烘托红墙、黄瓦的宫殿建筑群的传统色调;以故宫、皇城为中心,分层次控制建筑高度;保护城市重要景观线;保护街道对景;保护古树名木,增加绿地,发扬古城以绿树衬托建筑和城市的传统特色等等。这意味着北京市的城市文化保护具有了整体的、宏观的视野,充分意识到了北京作为历史文化名城在整体城市格局和整体文化格局中的重要性和必要性。

1983年10月,为了落实国家关于文物保护的法律法规,贯彻新的《城市总体规划方案》和中央批复的指示精神,北京市召开了第二次文物工作会议。会议在全国首次提出了文物"是前人创造的物质文明和精神文明的珍宝","是中华民族历史无可替代的实物见证","是培养人们的爱国感情,团结全国各族人民的伟大凝聚力"和文物是"历史的产物,它是不能再生的,这是它不同于其他物质文明的一个重要特点"等观点。会议认识到了文物保护在首都物质文化建设、精神文明建设、历史文化传承中的重大历史价值和现实意义。1983年,经市人民政府同意,北京市公安局、北京市文物事业管理局联合发布了《北京市古建筑消防管理规定》,1984年,北京市政府公布了《北京市城市建设规划管理暂行办法》,法规对于确保文物及其景观的完整性发挥了重要作用。1984年4月和10月,中宣传部与文化部在北京先后召开全国文物工作会议和文物工作座谈会,研究贯彻《文物保护法》,探讨文物保护和文物利用,开创文物博物馆事业新局面等问题。1984年7月,中共中央召开书记处会议,研究和讨论文物保护和博物馆事业的建设、加强文物保护和利用、促进社会主义精神文明建设等等问题。

理论认识的提高和深化,相关法律法规的完善,带来了文物保护工作的实际进展。从1982年至1984年,北京市文物事业管理局主持各区、县文物管理部门进行了历时3年的第二次文物大普查工作。1985年1月普查工作结束,共调查、登记文物7309项,与1958年第一次普查相比,新普查

4772 项,其中重要的发现 715 处。与此同时,北京市确定国子监街、南锣鼓巷、西四北、什刹海、陟山门街、牛街、琉璃厂、大栅栏、景山前街、景山后街、景山东西街、南北长街、南北池子、东交民巷等 25 处为第一批市级历史文化保护区,并逐个划定范围,具体确定了其保护和整治目标。从 1984 年开始,北京市文化保护部门分批开展了对北京地区的国家级和市级文物单位的保护范围、建设控制地带的划定工作,对传统城市空间的保护采取了控高措施,而且要求文物保护区内新建筑在形式和色彩上,应与该区的原有风貌协调一致。1984 年 2 月,北京市政府公布市第三批重点文物保护单位名单,被列为市级重点保护名单的有革命纪念建筑物李大钊烈士陵园、"三·一八"烈士纪念碑和康有为、茅盾、老舍、梅兰芳、程砚秋、齐白石等名人故居共 111 项。从此,北京市的文物保护工作步入了国家级历史文化名城保护的轨道,从文物古迹单位的保护开始走向了片区的保护,整体意识增强了,系统措施增大了。同时,古文物和古建筑的修复工作也陆续开展。1984 年 3 月,道教全真派祖庭——北京白云观经过大修正式开放。1983 年 8 月,闻名中外的圆明园举行了整修工程奠基仪式,对于这个整修工程,中共中央、国务院已批准的北京市城市建设总体规划方案中,明确提出了圆明园遗址的整修问题。新成立的圆明园遗址整修委员会制定了五年规划,对圆明园遗址进行保护和维修。1985 年 5 月,全国政协和北京市政协的文物保护联合调查组对卢沟桥进行考察,建议立即停止把这座重要的文物当公路桥使用,禁止大载重车辆通过;应进行大修和恢复古桥面貌。1985 年 6 月,圆明园遗址公园福海景区建成,并向游人开放。8 月 30 日,始建于明、重新于清的北京通教寺再度修复开放。

1985 年,被中国学术界称为"文化年",全国掀起了一股文化热潮。如何对待外来文化与如何批判继承传统文化的问题成为了中国学术思想界的热点。文物作为重要的历史文化遗产,不仅是一种历史的见证,而且也是传统文化教育的重要组成部分。1985 年 1 月,中国政府加入《保护世界自然和文化遗产公约》,标志着中国的文化遗产保护工作开始与国际接轨。1987 年,北京地区的长城、故宫、周口店"北京人"遗址被列入世界文化遗产名录。1985 年 11 月,中共中央再次召开书记处会议,研究如何加强文物保护和加快博物馆建设等问题,会议还着重讨论了在文物的保护和利用中促进社会主义精神文明建设问题。在不断总结实践经验和深入的理论探讨基础上,1987 年 11 月,国务院发出《关于进一步加强文物工作的通知》。《通知》在全面总结新中国成立以来取得的文物事业成就基础上,明确了当前文物事业所存在的主要问题,提出了"加强保护,改善管理,搞好改革,充分发挥文物的作用,继承和发扬民族优秀的文化传统,为社会主义服务,为人民服务,为建设具有中国特色的社会主义做出贡献"的工作任务和方针。这实际上进一步明确了作为文化传统的文物所具有的重要作用和地位,文化保护事业成为了有中国特色社会主义文化建设和发展的重要组成部分。1985年中央书记处召开关于文物保护工作会议之后,北京市对文物保护工作提出了更重要的任务。

1986年1月,北京市第三次文物工作会议召开,会议的主题是"为保护历史文化名城而奋斗"。这次会议从保护历史遗产的宏观视野,从历史文化名城的整体观念,从历史文化保护的战略高度,对北京城市的历史文化保护提出了更高的要求,进一步深化了理论认识,进一步明确了任务要求,把保护北京历史文化名城作为全民的任务写入了会议文件。北京文物保护工作的重新进行定位,从根本上转变了传统的文物保护观念,有效地解决了文物部门单兵作战、政府各部门动作失调、文物保护意识淡薄、缺乏高层次的文物管理手段等一系列阻碍文物事业发展的关键性问题。这次文物工作会议的召开,开始了文物部门与规划、消防、公安、工商、海关相互配合、联合行动共同保护文物的做法,不仅北京文物保护取得了显著的成效,而且成为了全国文物保护依法行政的典型。会议紧密结合北京市文物工作的实际情况,明确提出了北京文物工作"科学保护,合理利用"的指导方针,比较准确地把握了文物保护和利用的内在联系和辨证关系。北京文物古建筑的安全使用率、文物开放率逐年攀升,为文物开放所投入的古建筑维修经费也得到了不同程度的解决,文物事业迎来了开始适应人民文化生活、社会发展、在利用中求保护的新时期[①]。会议提出的"点、线、面保护相结合"、"科学保护、合理利用"、"为保护历史文化名城而奋斗"和实现古都风貌保护的战略思想,充分体现了北京市历史文物保护和历史文化名城建设的新意识和新目标,不仅标志着北京市文物保护工作的转变,而且意味着北京作为历史文化名城的文化保护工作的重要转型,把文物保护和文化名城建设作为首都社会主义现代化建设和文明建设的重要组成部分。

1986年,国务院确定将文物古迹比较集中,或较完整地保存某一历史时期的传统风貌与民族地方特色的街区、建筑群、小镇、村落,划定为历史

---

① 参见宋晓龙:《北京名城保护:20世纪80年代的主要进程和认识转型》,《北京规划建设》,2006年第5期。

文化保护区加以保护。1986年,北京市人民政府发布的《关于限制在城区内分散插建楼房的几项规定》,同年,经北京市人民政府同意并以人民政府名义发布了北京市文物事业管理局和北京市园林局制定的《北京市利用文物保护单位拍摄电影、电视管理暂行办法》和《北京市古树名木保护管理暂行办法》。1986年4月,首都建筑艺术委员会召开讨论会,与会者一致认为,在城市改造和建设过程中,北京的不少古都风貌已遭破坏,甚至一些严重的破坏,维护文化古城风貌成为了刻不容缓的工作和任务,会议要求在今后的市政建设中,既要保护古都风貌,又要建设现代化的北京,城市建设应当把民族风格与现代艺术结合起来。会议在新的历史时期提出了保护民族风格和城市建设艺术化的文化美学问题。随着北京城市现代化的建设与发展,要求北京市文化保护工作更加细致和到位。1987年,北京市政府批转市文物事业管理局、市规划局《北京市文物保护单位保护范围及建设控制地带管理规定》,及其辅助文件,北京市政府批转市规划局、市文物事业管理局《关于(第一批、第二批、第三批)划定(60项、120项、7项)文物保护单位的保护范围及建设控制地带的报告》,《北京市文物保护管理办法》、《北京市城市建设规划管理暂行办法》的相关条款得到了进一步的明确和具体化,文物保护和古城风貌保护有了更具体、更细致的法律规范,初步缓解了文物保护和城市建设之间的矛盾。1987年6月,北京市文物事业管理局起草了《北京市文物保护管理条例》,并获北京市人大的批准。新法根据国家立法规范,明确了立法依据和解释权,明确了文物管理的内容,加强了文物立法的内容,文物保护工作变得更加规范化和秩序化。1988年1月,第三批全国重点文物保护单位公布,北京市的孔庙、崇礼住宅、法海寺、琉璃河遗址、牛街、礼拜寺、社稷坛、太庙、天宁寺塔、银山塔林、圆明园遗址、正阳门等12处被列为第三批全国重点文物保护单位。1987年12月,首都学术界在全国政协礼堂举行"纪念元大都建城720周年学术讨论会",通过了《妥善保护元大都现存文物古迹倡议书》。

为了适应北京文物保护工作新形势的需要,增强文物保护立法的力度,北京相继出台了一系列针对全市或文物保护单位或经营管理的法规、条例和通知。1989年相继发布了一些法规性的文件,如《北京市文物保护单位巡视检查报告制度暂行规定》、《北京市文物建筑修缮工程管理办法》,同年,北京市政府发布了《北京市实施文物保护管理条例罚款处罚办法》作为新法补充,进一步完善了《罚款处罚办法》。发布了《北京市周口店北京猿人遗址保护管理办法》,《管理办法》对周口店北京猿人遗址的发掘、保护、出土文物、环境实施等等提出了具体的措施,并要求市、区城市规划、环境保护、公安、矿产、林业、工商等行政机关和当地有关部门配合文物管理部门做了保护工作。《北京市周口店北京猿人遗址保护管理办法》在全国首次实施了对文物保护单位的单项立法。

1989年,根据国务院关于"加强保护,改善管理,搞好改革、充分发挥文物作用"和北京市政府提出的"科学保护、合理利用"的方针,北京市文物事业管理局对北京地区的35项国家级重点文物保护单位的保护现状、环境状况、管理使用状况、建筑物完损程度进行了专项调查,发现了其中存在的一些问题,并提出了保护措施,并从文物科学保护工作的要求出发,提出了若干建议。例如要明确文物保护单位的范围,对国家级重点文物保护单位的合理使用要慎重,必须尊重文物保护单位原有的风貌环境和使用功能,要完整地体现文物的历史价值、科学价值和艺术价值。在不断完善法律法规和进行专项调查的同时,北京市加强了文化区域和重点文化单位的保护工作。在深入调查研究的基础上,北京市文物事业管理局做出了《北京市地上文物保护利用五年规划(草案)》,对189项市级以上文物保护单位和791项区(县)级文物保护单位做了分级保护、分类利用的规划。1989年10月,首都建筑艺术委员会、首都规划建设委员会办公室审查通过了什刹海历史文化风景区总体规划。风景区以北京城市建设总体规划方案确定的什刹海周围146.7公顷绿地(其中34公顷水面)为管辖区,规划控制范围为402公顷。这个规划坚持保护、整治、开发和管理相结合的原则,综合考虑功能分区规划、文化古迹保护、旅游开发规则与近期建设规划,规划对于北京历史文化街区的保护、改造和建设提供了重要的实践探索和实际经验。12月,北京市政府常务会议根据部分人大代表、政协委员和专家的意见,做出"治理(十三陵)神路环境,保护神路文物"的决定。1989年,完成了沿河城与敌台、醇亲王墓(齐王坟)、孚郡王墓(九王坟)、万里长城八达岭、十三陵、居庸关云台、银山塔林等第三批文物保护单位范围和建筑控制地带的划定。1989年,北京市文物事业管理局、市规划局、市规划院报请市政府确定京师大学堂建筑遗存、白浮泉遗址——九龙池、都龙王庙、大慈延福宫建筑遗存、定慧寺、承恩寺、红螺寺、三官阁过街楼、东城区西堂子胡同25—37号四合院、东堂亚斯礼堂、原燕京大学未名湖、清华大学早期建筑、北京大学地质馆旧址、盛新中学与佑贞女中旧址、潞河中学原教学楼、南苑兵营司令部旧址、北京饭店初期建筑、十方诸佛宝塔、古崖居遗址、番字石刻等20项为第四批市级文物保护单位,1990年2月正式公布。至此,北京市的市级文化保护单位多达209个。

1990年,城市历史文化保护与城市现代化发展之间的关系备受关注。8月中旬,在北京召开了"历史城市保护与现代化发展"国际学术研讨会。来自13个国家、地区和有关国际组织的30名教授、学者和中国6个城市的有关人士参加此次研讨会,会议就如何辩证处理城市历史传统与现代化发展的关系进行了广泛的讨论和交流。为了恢复历史文化名城的古都风貌,北京市的文物保护工作尽可能地把保护、修复和利用工作结合起来。1989年,北海公园庆霄楼整修一新、天坛斋宫恢复原貌、颐和园佛香阁大修后重新开放、圆明园万花阵遗址恢复原貌。1990年1月,整修好的正阳门箭楼正式向社会开放的同时,北京市针对天坛公园的历史遗留问题和文物保护的需要,决定组织人力、运力,并广泛动员社会各方面力量,搬掉天坛公园内于60年代"深挖洞"时堆积起来的土山,恢复古园神韵,由此天坛公园不仅焕然一新,而且古貌古韵重现。同年9月,具有江南水乡风情的颐和园苏州街古建筑群重建工作完工,正式向社会开放。金中都城遗址也修复竣工。同年12月,先农坛太岁殿修缮竣工,北京市政府决定将其作为北京古建博物馆开发。为了保护北京的古都风貌,北京市政府第26次常务会议批准了北京市第一批25片历史文化保护区名单,北京传统风貌的保护列入城市规划的重要内容。按照这些街区的位置和功能,历史文化保护街区划分为两大类:第一类历史文化保护街区在原皇城内,这是对古都风貌最有影响的街区,即:南池子大街、北池子大街、景山前街、景山东街、景山后街、景山西街、东华门大街、西华门大街、陟山门街、国子监街、南锣鼓巷四合院平房保护区,西四北一条至八条四合院平房保护区等十四个街区。第二类是较多地具有历史价值的建筑和浓郁的古都民风民俗特色的街区,即:什刹海地区、地安门内大街、琉璃厂东街、琉璃厂西街、大栅栏街、牛街、五四大街、文津街、东交民巷、阜成门内大街等四个街区。同时,制定了《北京市历史文化保护区规划管理暂行规定》,《规定》的出台,对于历史文化保护区的管理和维护发挥了极为重要的作用。

1991年1月,北京市召开了第四次文物工作会议。此次会议以坚持深化改革,确定近、远期工作目标,开创文物工作新局面作为主题,全面总结了自"文化大革命"结束以来,特别是北京市第一次文物工作会议以来的经验,提出了文物保护的新任务和新要求。会议充分肯定了近十年来北京市文物保护所取得的新进展和新经验,也充分注意到了存在的问题。会议认为,在近十年来的文物事业中,北京市的文物保护工作端正了文物工作的思想，转变了文物工作的观念，初步建立了有效运转的文物管理体系，加强了文物保护、管理、利用的法制化建设，有效地促进了北京市文物事业的发展，发挥了文物保护在首都社会主义物质文明和精神文明建设中的作用。会议对北京市未来的文物保护工作进行了讨论，提出要进一步加强文物保护的基础工作；不断完善文物管理制度和文物保护法规；进一步搞好文博事业规划，保护北京历史文化名城风貌；加强文博队伍建设与事业宣传工作；继续探索文物保护的路子，深化文物保护和管理体制的改革，把文物保护与利用工作提高到一个突出的位置。在社会主义四个现代化建设和改革开放新时期，北京市更加重视文物工作的建设和创新，会议提出了具有指导意义的五个理论问题，把正确处理文物工作与城市建设的关系、文物的科学保护与合理利用的关系、文物的社会效益与经济效益的关系、发展文物事业依靠国家投资与社会集资的关系、文物工作的集中管理与调动各方面积极性的关系作为首都文物事业的指导思想，此外，会议还着重阐述了文物保护工作的改革问题，如对地上文物的分级保护和分类利用、文物管理与文物市场、管理体制建设与增强活力促进发展、文物投资与文物效益等问题，都属于文物事业所面对的新问题。经北京市人民政府批准，北京市文物事业管理局出台了《关于我市文物工作改革的若干意见》，为北京市文物工作和文物事业的建设和发展提出了新的思路，也为此后首都文物事业的发展奠定了重要基础。

三、首都社会主义精神文明建设

社会主义精神文明是在新的历史时期提出的关于社会主义文明建设的新概念，是在总结新中国成立以来社会文化建设的经验教训，面对新的历史时期社会主义文明建设需要提出来的一项持久性的任务。1978年，中共十一届三中全会召开，决定把党和全国的工作重心转移到现代化建设中来，社会主义物质文明和精神文明的建设是社会主义现代化建设的两个重要的、基本的内容。十一届三中全会以后，全面深入地开展了实事求是、拨乱反正的工作，对新中国以来的文化建设，尤其是对"文化大革命"进行了深刻的全面的反思，揭露了十年动乱中存在的许多野蛮的、丑恶的、不文明的现象，以及导致全国性社会、政治、经济、文化动乱的诸多原因。为了适应新时期社会主义现代化建设的需要，党中央适时地提出了"社会主义精神文明"的新概念。社会主义社会必须高度重视精神文化的建设,精神文明是社会主义社会的重要的特征,是社会文化建设的重要构成部分,把社会主义精神文明与社会主义的经济现代化和政治民主化并提,充分体现了社会主义精神文明在社会主义文化现代化建设中所具有的重要地位和作用。首都的社会主义精神文明,就是在党中央提出的重视两个文明建设的方针指导下开展和进行的。在改革开放的历史进程中,北京的精神文明建设在首都社会主义文化建设中发挥了重要的作用,为营造首善之区的城市文明形象做出了积极贡献。

1979年9月,党的十一届四中全会通过的叶剑英代表中共中央、全国人大常委会和国务院在庆祝中华人民共和国成立三十周年大会上的讲话中,首次提出社会主义精神文明的科学概念,明确提出在建设高度的物质文明的同时,要提高全民族的教育科学文化水平和健康水平,树立崇高的革命理想和革命道德风尚,发展丰富多彩的文化生活,建设高度的社会主义精神文明,这一概念的提出和内涵的表述,初步勾画了党和国家关于社会主义精神文明建设理论的基本内容。1980年12月,中央工作会议指出,没有精神文明,没有共产主义思想,没有共产主义道德,怎么能建设社会主义?十一届六中全会通过《关于新中国成立以来党的若干问题的决议》,在总结历史经验教训的基础上,进一步确定和强调社会主义必须要有高度的精神文明。1981年2月,在全国广泛开展的"五讲四美"文明礼貌活动,对推动社会主义精神文明的建设起了重大的作用。在全国人大五届四次会议上,部分人大代表提出了应把每年3月作为"全民文明礼貌月"的倡议。中宣部据此向中共中央提出报告,1982年2月,中共中央办公厅根据中央书记处的指示,转发了中央宣传部《关于深入开展"五讲四美"活动的报告》,《报告》规定每年3月为"全民文明礼貌月"。1982年3月成为全国第一个"全民文明礼貌月"。1981年2月,中国人民解放军总政治部根据中共中央关于建设社会主义精神文明的号召和军队的特点,在《关于加强部队青年工作的指示》中提出了"四有、三讲、两不怕"的口号。"四有"是指"有理想"、"有道德"、"有知识"、"有体力"。1982年,在彭真撰写的《关于中华人民共和国宪法修改草案的说明》中,提出"在建设高度物质文明的同时,建设高度的精神文明,是一项长期的任务"。其主要内容一是进行思想道德教育,二是发展教育、科学、文化事业。精神文明建设的目的就是要使全国各族人民、男女老少都成为有理想、有道德、守纪律、有文化的人。1983年1月,总政治部根据党的十二大文件中关于社会主义精神文明建设的有关提法,将"四有"的内容调整为"有理想、有道德、有文化、有纪律"。"四有"提法得到了邓小平的多次肯定,他指出:"搞社会主义精神文明,主要是使我们的各民族人民都成为有理想、讲道德、有文化、守纪律的人民。""四有"的正式提出,成为了新的历史时期党和政府青年工作的指导原则和社会主义精神文明建设的目的的具有概括性的表述。

北京作为全国政治文化中心,首善之区的社会主义精神文明建设尤其重要,在全国城乡精神文明建设中具有率先垂范的作用。北京市贯彻落实中央的精神,积极开展各种精神文明活动。1980年4月,共青团北京市委、市教育局、市文化局、市文联发出《关于开展北京市少年儿童"红五月"歌咏活动和举行中学生文艺演出的联合通知》,决定从本年起恢复每年一次的"红五月"歌咏活动,并在每年暑假举行中学生文艺汇演。这是改革开放以来第一次通过文艺的形式在青少年中开展的全市范围的教育活动。1981年2月,全国总工会、共青团中央、全国妇联、中国文联、中央爱国卫生委员会等9单位联合发出《关于开展文明礼貌活动的通知》,在全国开展以"五讲"(讲文明、讲礼貌、讲卫生、讲秩序、讲道德)、"四美"(心灵美、语言美、行为美、环境美)为主要内容的文明礼貌活动。北京市在同年4月召开了第三次青少年教育工作会议。会议提出要抓好对青少年的形势教育和热爱社会主义、热爱党、热爱祖国、热爱首都的教育;深入开展"五讲四美"文明礼貌活动。会上还向191个青少年教育工作先进单位和先进工作者颁发了奖状,有力地推动了首都精神文明的建设。1981年5月,北京市委召开了"五讲四美"文明礼貌活动经验交流会,并号召全市人民进一步动员起来,迅速掀起"五讲四美"活动的高潮。

1982年2月,中共北京市委召开"建设社会主义精神文明,深入开展'五讲四美'活动"工作会议。会议决定,在今后一个时期里,北京市要把社会主义精神文明建设作为第一位的工作来抓。要一手抓物质文明建设,一手抓精神文明建设,使两个方面都取得比较满意的新成就。这说明北京市开始把首都精神文明的建设提高到城市文明建设首要位置。会后,北京市普遍开展"全民文明礼貌月"活动。北京市委、市政府号召要着重抓好三件事:搞好环境卫生,解决一个"脏"字;整顿公共秩序,解决一个"乱"字;提高服务质量,解决一个"差"字。通过精神文明活动,首都的城市环境、社会秩序和服务质量取得了显著成效。4月8日,在人民大会堂举行了首都"全民文明礼貌月"总结表彰大会。在这次大会上,北京市总工会、团市委、市妇联共同发出制定《首都人民文明公约》的倡议。8月17日,《首都人民文明公约》发表,北京市总工会、团市委、市妇联联合发出通知,希望全市干部群众自觉执行《首都人民文明公约》。北京作为全国教育最集中和最发达的城市之一,尊师重教、热爱院校是一项重要的精神文明活动,同年7月15日,中共北京市委、市政府发出通报,要求在全市人民群众中树立起"人人爱护学校,人人尊敬老师,人人遵守社会秩序"的新风尚。

1982年9月,中国共产党第十二次全国代表大会在北京召开。会议的一个非常重要的内容就是,从建设有中国特色社会主义的战略高度,提出建设高度的社会主义精神文明的任务,确定了党在这个问题上的基本理论观点和行动方针。会议第一次比较系统而科学地阐述了社会主义精神文明的有关问题。会议明确指出,社会主义精神文明是社会主义的重要特征,是社会主义优越性的重要表现,没有这种精神文明,就不可能建设社会主义。社会主义精神文明建设大体可分为文化建设和思想建设两个方面。十二大报告把我们党对于社会主义精神文明建设的意义和作用的认识提高到新的理论高度和政治高度。胡耀邦在《努力建设高度的社会主义精神文明》的讲话中,从社会主义建设和发展战略方针的高度指出了社会主义精神文明建设的重要性。他指出:"我们在建设高度物质文明的同时,一定要努力建设高度的社会主义精神文明,这是建设社会主义的一个战略方针问题。社会主义的历史经验和我国当前的现实情况告诉我们,是否坚持这样的方针,将关系到社会主义的兴衰和成败。"1982年12月,全国人大五届五次会议通过修改的《中华人民共和国宪法》,充实了有关社会主义精神文明建设的条款。精神文明建设第一次写进《宪法》是这次修改《宪法》的一个重要进展,这充分说明党和国家对精神文明建设的高度重视,建设高度的社会主义精神文明在国家根本大法中得到确认和保障。

1984年1月,中央"五讲四美三热爱"活动委员会召开第二次全体会议,在《关于1984年"五讲四美三热爱"活动的意见》中,提出要在巩固发展"五讲四美三热爱"活动成果的基础上,普遍、扎实地开展建设城乡各种文明单位的活动。这是一项具有普遍性意义的精神文明建设活动,标志着群众性的社会主义精神文明创建活动开始步入经常化和制度化的发展阶段,在深度上和广度上有了重大的进展。1984年6月,《人民日报》发表了题为《让文明单位之花竞相开放》的社论,对建设文明单位活动给予高度评价,指出抓住了建设文明单位这个环节,建设精神文明、转变社会风气的工作就落到了基层。建设文明单位活动在全国各地广泛展开,成为了深受广大群众普遍欢迎的精神文明建设的活动形式,有力地推动了社会主义精神文明建设任务的进一步落实。随着建设文明单位实践的深入发展,对"文明单位"的表述也进一步明确、统一起来。即"文明单位"是指:认真贯彻两个文明一起抓的方针,积极进行各方面的综合治理,两个文明建设水平都有明显提高,环境面貌、道德面貌和精神状态都有明显改善的先进单位。1985年3月,全国科学技术工作会议在北京举行。邓小平在会上强调了建设两个文明的重要性,他指出,我们在建设具有中国特色的社会主义时,一定要坚持发扬物质文明和精神文明,坚持"五讲四美三热爱",教育全国人民做到有理想、有道德、有文化、有纪律。邓小平从有中国特色社会主义的理论高度和现代化建设的需要,充分肯定两个文明一起抓,培养社会主义现代化建设的"四有"新人的重要性和战略性。

1982年11月,中共北京市委举行第五次代表大会,在提出的新的历史时期的任务中强调,要以共产主义思想为核心,加强社会主义精神文明建设。1983年4月,北京市"五讲四美三热爱"活动委员会成立。5月,中共北京市委、市政府做出《关于在全市开展军民共建社会主义精神文明的决定》。11月,中共北京市委发出《关于在全市普遍开展一次国际主义教育活动的通知》,要求各级党委把这一教育作为贯彻落实党中央、国务院关于首都城市建设总体规划的重要批复,在全市人民中进一步宣传贯彻党的对外政策和对外开放方针,加强社会主义精神文明建设,把转变社会风气的一件大事切实抓好。1984年,北京市在开展"五讲四美三热爱"的活动中,首先提出了"做文明市民,创文明单位,建文明城市"的口号,创建文明单位活动成为了"五讲四美三热爱"的中心环节。中央直属机关、中央国家机关、人民解放军、武警驻京部队、北京市各个系统以及18个区县都积极参加了创文明单位的活动,并取得了明显的成绩,涌现了一大批文明市民和文明单位。1984年4月8日,首都"五讲四美三热爱"活动表彰大会在人民大会堂举行,表彰了88个文明单位标兵和987个文明单位。为了巩固发展首都精神文明建设的成果,进一步推动和深化首都的精神文明建设,1984年5月,北京市委、市政府发出《关于开展"五讲四美三热爱"活动争取首都社会风气根本转变的实施要点》。主要要求和措施为:全党动手,以党风的好转推动民风的好转;加强思想教育工作,提高群众的爱国主义、共产主义觉悟和思想道德水平;继续严厉打击严重刑事犯罪活动,搞好综合治理,争取实现社会治安根本好转;加强法制教育,制定、完善各种法规和管理制度,进一步整顿好社会秩序;加强环境建设,提高城市绿化、美化、净化水平;积极兴建文体设施,大力开展健康有益的文体活动,丰富群众文化生活,增强抵制精神污染的能力；大力开展军民共建和多种形式的共建、自建文明单位的活动等。《实施要点》对首都社会主义精神文明的建设提出了全局性的部署、系统性的要求和目标性的任务。1985年2月，中共北京市委和解放军总政治部联合召开首都军民共建精神文明座谈会，向全市军民发出军民共建精神文明的"倡议书"。1985年3月，北京市积极贯彻邓小平的讲话精神，"五讲四美三热爱"活动委员会及时召开首都党政军群众领导干部大会，号召全市人民人人争做有理想、有道德、有文化、有纪律的文明市民。4月26日，北京市"五讲四美三热爱"活动委员会在人民大会堂召开首都文明单位代表大会，会上表彰了3579个市级文明单位，398个文明单位标兵和33条文明卫生、文明服务街。1986年1月，北京市"五讲四美三热爱"活动委员会举行扩大会议，再次号召扎扎实实地把首都的精神文明建设抓好，推动党风和社会风气的根本好转。

1986年9月，中共十二届六中全会在北京举行。全会通过了《中共中央关于社会主义精神文明建设指导方针的决议》。《决议》指出，我国社会主义现代化建设的总体布局是，以经济建设为中心，坚定不移地进行经济体制改革，坚定不移地进行政治体制改革，坚定不移地加强精神文明建设，并使这几个方面互相配合，互相促进，全党必须从这个总体布局的高度，正确认识社会主义精神文明建设的战略地位。《决议》阐述了社会主义现代化建设时期物质文明建设与精神文明建设的辩证关系，物质文明为精神文明的发展提供物质条件和实践经验，而精神文明又为物质文明的发展提供精神动力和智力支持。社会主义精神文明的根本任务是，适应社会主义现代化建设的需要，培养有理想、有道德、有文化、有纪律的社会主义公民，提高整个中华民族的思想道德素质和科学文化素质。精神文明建设是中国文明复兴的重要内容和课题，中国文明的复兴既要创造高度发达的物质文明，而且要创造以马克思主义为指导的、批判继承历史文化传统而又充分体现时代精神的、立足本国而又面向世界的社会主义精神文明。《决议》指出，要用建设有中国特色的社会主义，把我国建设成为高度文明、高度民主的社会主义国家的共同理想，动员和团结全国各族人民，树立和发扬社会主义的道德风尚，加强社会主义民主法制和纪律的教育，普及和提高教育科学文化。这个《决议》是中国共产党在新的社会主义现代化建设时期，提出的第一个关于加强社会主义精神文明建设的专门决议。《决议》根据马克思主义原则同中国社会主义现代化建设实际相结合的原理，创造性地、全面系统地阐述了社会主义精神文明建设的战略地位、根本任务和指导方针,也是党在新的历史时期为加强我国社会主义精神文明建设的第一个纲领性文件。

1986年10月,中共北京市委第五届九次全体(扩大)会议召开。会议要求全市认真学习《中共中央关于社会主义精神文明建设指导方针的决议》,制定加强精神文明建设的规划和措施,把首都的精神文明建设好。12月,市委、市政府发布《关于"七五"期间加强社会主义精神文明建设的若干措施》,对第七个五年计划期间首都精神文明建设提出了新的部署和要求。在《中共中央关于社会主义精神文明建设指导方针的决议》的精神指导下,首都北京的社会主义精神文明建设进入了一个新阶段。北京市成立了北京市服务工作领导小组,下设办公室与"五讲四美三热爱"活动委员会办公室合署办公。1987年2月,北京市"五讲四美三热爱"活动委员会更名为首都党政军民学共建文明城市协调委员会,标志北京的精神精神文明建设跨越北京作为一个城市的范畴和概念,具有了更高的首都精神文明建设的范畴,对于首善之区的建设具有更重要的推动作用。在首都精神文明的建设中,北京市也高度重视文化市场的管理和精神文明建设工作。1987年5月,中共北京市办公厅批发市宣传部《关于整顿书刊市场的情况报告》。《报告》说,从1985年开始到今年,对北京市的图书市场先后进行了5次整顿,共清查不健康小报76种,500多万份;各种不合法出版的期刊120万份;非法出版的图书125种46万余册。1988年,北京市成立了首都军警民共建工作指导小组,分别作为委员会的办事机构,使创建活动的工作内涵不断扩大,相继在商业服务业、公共交通、医疗卫生、市政公用和旅游服务等窗口行业,开展了多种形式多种主题的文明创建活动,同时在北京全市开展了文明建设先进区(县、局、总公司)创建和创优美环境、优良秩序、优质服务的"三优"竞赛活动。

为切实加强首都精神文明建设,迎接建国四十周年和第11届亚运会,中共北京市委、市政府决定1989—1990两年的精神文明建设紧紧围绕迎国庆、迎亚运开展,确定了首都精神文明建设的四项主要任务。1989年3月,北京市成立了首都精神文明建设综合治理领导小组,建立了办公室,同时分设宣传教育组、服务保障组、环境整治组、安全秩序组等,相关部门作为成员单位按照职能分别负责文明城市创建工作;制定了《关于今明两年加强首都精神文明建设迎接国庆四十周年和亚运会的实施方案》,以统一规划、全面动员、多方协调、健全法制等切实有效的措施,推动首都社会主义精神文明的建设,力争在两年内全体市民社会公德和文明礼貌水平明显提高，社会风气好转，市容环境清洁、整齐、美观，社会治安和社会秩序稳定，服务质量明显改观。2月12日和8月16日，首都精神文明建设综合治理领导小组分别在工人体育馆和月坛体育馆召开了动员大会。会议强调，在抓好社会主义物质文明建设的同时，要抓好社会主义精神文明的建设。同年4月，首都党政军民学共建文明城市协调委员会决定，命名中央电视台、文化部故宫博物院等1000个单位为1988年度市级文明建设先进单位，命名中共中央农村政策研究室医务室、总参谋部办公厅管理处团工委等112个集体为1988年度市级文明建设先进集体。在迎亚运的城市文明建设和环境整治中，重点治理了100条主要街道、10个重点地区和10处主要城乡结合部，北京市城乡的面貌有了很大的改观，为第十一届亚运会的举办提供了良好的环境。为了表彰在首都精神文明建设中做出突出贡献的个人，1990年4月，首都精神文明建设综合治理领导小组决定设立首都精神文化建设奖章，以表彰在首都精神文明建设中做出突出贡献的先进个人。为了首都精神文明建设，净化社会文化环境，1991年1月，北京市召开了"扫黄"工作动员大会，传达全国"扫黄"工作会议精神，部署在全市集中"扫黄"工作，要求把"扫黄"与健全和加强文化市场经常性管理工作相结合。随着首都精神文化建设的深入开展，精神文明建设的相关制度和规则也不断健全。1991年，首都精神文明建设领导小组分别修改和印发了试行的《文明单位标准》和《文明单位管理办法》，从而使首都文明单位的建设更加制度化和规范化。

四、改革开放与北京的社会科学研究

北京集中了全国许多最优秀的哲学社会科学研究机构，北京有众多的综合性大学和文科院校从事哲学社会科学的研究，北京是全国哲学社会科学研究最发达的城市。新中国成立后，首都北京与全中国一样，社会科学的研究以马列主义毛泽东思想为指导，为中国的社会科学建设做出了新的贡献。党的十一届三中全会的召开和社会科学领域的拨乱反正工作的开展，使北京的社会科学研究进入了新的历史阶段。1977年5月，中国社会科学院成立，这一全国性的、最高的社会科学研究机构的成立，标志着党和国家对社会科学事业的高度重视。随后，全国的地方性社会科学机构也相继成立。1978年8月，中共北京市委决定成立北京市社会科学研究所

（1986年更名为北京市社会科学院），下设文学、历史、哲学和经济四个研究室，北京市开始有了专门的社会科学研究机构。1983年7月，北京社会科学学会联合会成立。北京社会科学学会联合会的成立，对于整合首都的社会科学研究力量，开展社会科学研究的合作，发挥了极为重要的作用。1983年9月，北京市哲学社会科学规划领导小组成立，北京市社会科学事业进入了有计划和规划发展的阶段。

党的十一届三中全会后，北京市哲学社会科学工作者积极参加拨乱反正的工作，积极参加真理标准问题的讨论，勇敢地冲破社会科学领域的禁锢，本着实事求是、解放思想的精神，对社会科学的各个领域进行了深入研究和探讨，为新时期北京市社会科学的发展奠定了重要的基础。北京市社会科学研究机构、组织机构和规划机构的成立，加速了北京市社会科学事业的建设，推动了首都北京的学术研究和文化发展。1979年4月，在中共北京市委宣传部的领导下，北京市成立了哲学社会科学学会联合会筹备处，开始恢复哲学、经济和历史三个学会的活动。1979年10月，中国社会科学院、教育部、中共北京市委宣传部联合举办庆祝中华人民共和国30周年北京地区社会科学界学术研讨会，就建设和发展中国的社会科学问题进行了广泛的交流和探讨，加强了首都社会科学界的联系。1980年5月，北京市社会科学学会联合会筹委会成立，并筹备建立了一批新的学会、协会和研究会，以促进北京市社会科学界的联系和交流。1983年7月，北京市社会科学学会联合会（简称市社科联）成立会议举行，会议一致通过《北京市社会科学学会联合会章程》。1983年初，北京市相关部门认真学习贯彻1982年11月中共中央批转的《全国哲学社会科学规划座谈会纪要》，北京市开始筹备成立市社科规划领导小组的工作，推动北京市社会科学规划工作的建设和发展。

为了适应北京市社会主义现代化建设的需要，为北京城市发展提供理论的支持，北京市社会科学界积极投入到北京城市发展的研究之中。1979年4月，中央工作会议提出的"调整、改革、整顿、提高"的方针，初步提出了城市经济体制改革的设想。1979年至1983年进行了扩大企业自主权，实行经济责任制和新财政体制的试点工作。1983年1月，中共北京市委号召进一步肃清"左"的思想影响，加快北京改革的步伐。1984年中共十二届三中全会通过了《关于经济体制改革的决定》，北京市积极学习和贯彻《决定》的指示精神。1984年6月，北京市社科联、北京市社科研究所、北京市委党校、北京市经济学会与《学习与研究》杂志社联合召开北京市城市体制改革理论研讨会。这次会议是在对北京一些区县的市政管理、商业、工业体制改革和农村商品流通等方面的情况进行了深入系统的调查和研究报告的基础上召开的。8月,在北京市委宣传部的领导下,上述单位联合召开第二次"北京市城市经济体制改革理论研讨会"第二次会议。共收到论文31篇,分别就全国和北京市新中国成立35年来的伟大成就和基本经验,改革和建设有中国特色的社会主义等问题,进行深入的探讨,为北京城市体制改革和经济社会发展建言献策。11月29日至12月4日,上述单位又联合召开了有170多人参加的北京市第三次城市经济体制改革理论研讨会,围绕学习和贯彻《中共中央关于经济体制改革的决定》的精神,分为综合(理论)、企管、商经、城建、财政金融、哲学、科学社会主义和社会学8个专题组进行专题研讨,研究和探讨北京城市经济改革中出现的新理论课题和实践课题。北京市委副书记徐惟诚等人参加会议,并对会议给予了高度的评价。11月至12月,由北京市社科联组织哲学、科学社会主义、经济学等学会,举行学习贯彻《中共中央关于经济体制改革的决定》的讨论会,从理论上和实践上探讨经济体制改革的问题。

  北京市社会科学有规划的建设和发展开始于1983年。北京市哲学社科规划领导小组的成立是重要的标志。1983年9月,北京市哲学社会科学规划座谈会召开。会议主要讨论和研究了哲学社会科学在社会主义建设中的地位和作用,进一步明确了北京市社会科学研究的方向和任务,逐步组织一支以研究"北京问题为主"的理论工作者和实际工作者相结合的研究队伍,讨论北京市哲学社会科学研究的规划和措施。这是新中国成立以来,北京市召开的首次社科规划会议,标志着北京市社会科学事业的新起点。会议强调,北京市的社会科学要从理论和实践上探讨建设有中国特色社会主义面对的新问题。具体到北京市社会科学研究的方向和任务,北京市社会科学的研究要坚持马列主义、毛泽东思想的基本原理,理论与实际相结合,为首都的社会主义物质文明和精神文明建设服务。徐惟诚在讲话中强调,北京市社会科学研究单位、党校和市属高等院校要把研究北京放在首位,中央所属的在京大专院校也应把研究北京放在重要地位。5月1日,规划领导小组制定出《北京市社会科学研究"六五"规划和"七五"设想纲要(草案初稿)》。5月21日,北京市委宣传部将《关于成立北京市哲学社会科学规划领导小组以及今后工作的意见》报市委市政府领导。5月30日,北京市委主要领导对《关于成立北京市哲学社会科学规划领导小组及今后工作的意见》做出"同意"的批示,并指示着手进行规划工作。9月,北京市哲学社会科学规划座谈会召开,政府有关部门、大专院校、研究机关、学术团体的社科工作者150余人出席会议。会议主要讨论了北京市哲学社会科学研究的方向和任务,以及《"六五"规划和"七五"设想纲要(草案)》。

北京市哲学社会科学"六五"规划拟定12大类共108项课题,规划课题的指导思想以落实中央书记处关于北京市建设方针的四项指示为方向,围绕北京市城市建设的各项发展战略进行综合的总体研究和纵深与微观的重点课题研究。一、从建设具有中国特色的社会主义首都、中央书记处关于北京市建设方针四项指示、现代化建设的指标体系和目的、贯彻北京市建设方针的战略步骤和战略措施、本世纪末北京市的建设、发展预测和21世纪中叶的展望、北京和周围地区的经济社会联系以及世界各主要国家首都建设和发展趋势的研究等方面,研究北京市的建设方针和未来的展望。二、从城市建设总体规划的综合性基础、城市建设的总体规划与经济社会文化协调发展、北京地区的环境变迁与当前的城市规划、北京市水源、能源和交通运输三大命脉的战略问题、新市区的统一开发与旧城改造问题、首都城市基础设施的规划建设和管理、自然环境与城市环境的保护和建设、卫星城的建设与政策问题、郊区城镇的中心作用和城乡协调化问题、城市建设规划实施的战略措施、合理使用土地和开征地税的研究、历史文化古迹和科学文化设施建设、城市建设的体制改革研究等方面,对北京市城市建设规划进行总体研究。三、从城市学、社会主义城市管理学、城市生态学、城市管理体制改革、街道基层建设和管理、行政管理效率、经济与工商管理、企业素质和现代化科学管理、物资流通的现代化管理、现代化交通建设与管理、管理的现代信息系统建设等方面,对北京城市的现代化科学管理进行研究。四、从自然资源和社会资源与经济社会结构、北京经济翻番问题、北京特点的经济与调整现有经济结构、工业发展方向和战略、副食品基地的建设和农业发展战略、发展旅游业、饮食业与特种工艺品生产、第三产业、山区综合开发与建设、北京市水面资源、工业产品的国内市场、对外经济交流与商品出口战略、市场预测问题、经济发展战略模型等16个方面,研究北京市的经济发展战略问题。五、从改革与有中国特色的社会主义现代化建设、农村经济专业化和社会化进程、企业经济责任制、企业技术改造、商业体制改革、企业政治思想工作、个体经济发展、工资改革、财力与财政体制改革、技术引进和利用外资、北京老字号的经营等19个方面,对北京市的经济改革和经济问题进行研究。六、从市区社会结构、城乡社会、世纪末人口预测和人口远景规划、劳动就业、婚姻家庭、住宅问题、老年人问题、民族问题、宗教问题等 13 个方面,对北京市的社会问题进行研究。七、从基层政权建设与群众社会自治、企业民主管理、犯罪原因与犯罪预防、社会治安综合治理、各种地方法规制定等 8 方面,对北京市的社会主义民主与法制建设进行研究。八、从首都社会主义精神文明建设的地位和作用、文化建设的目标和总体设想、人才现状和人才规划、教育事业的发展规划和战略措施、教育改革和发展、思想道德建设、文学创作、地域文学和北京特色艺术等 30 个方面,对北京市教育、科学、文化事业发展和社会主义精神文明建设进行研究。九、从人道主义、存在主义、行为科学、现代派文艺创作思想、意识流和朦胧诗的研究、现代西方思潮对我国青年的影响等 6 个方面,对我国有影响的现代西方各种社会思潮进行研究。十、从马克思主义认识论、信息论和控制论与系统论、现代西方哲学及其发展趋向、社会主义时期"左"倾错误的认识根源和历史教训、社会主义建设中的辩证法研究、当前改革中的认识论和方法论问题、新时期的领导方法和工作方法等 8 个方面,对认识论、方法论和思想方法、工作方法的研究进行研究。十一、从毛泽东思想发展、社会主义社会发展的阶段和特点、社会主义制度优越性、社会主义经济建设规律、社会主义条件下的商品经济和价值规律、社会主义时期正确处理人民内部矛盾的研究等 8 个方面,对若干重大理论问题进行研究。十二、从北京简史、通史、现代革命史、近百年北京经济社会发展史、环境变迁史、城市建设史、新中国北京市中小学教育发展史等方面,加强北京史和北京志的研究和编纂。

此次北京市社科规划的显著特点是,紧密围绕北京城市建设和经济建设展开各方面的研究。1982 年,北京市编制了《北京城市建设总体规划》,1983 年,中共中央和国务院对北京城市建设总体规划做出了重要的批示。在"六五"期间的北京社科规划课题中,围绕北京城市建设的总体规划、城市建设和城市经济发展问题设置了大量的课题,加强对北京城市各方面建设和发展的研究。结合两个文明建设的需要,设置了科学、文化教育、文学艺术相关方面的课题。同时,"六五"社科规划较为突出了地域性的北京历史和专史的课题研究。另外,课题规划结合当时中国面临的重大理论问题设置一定课题,初步涉及了社会主义经济体制和市场经济某些方面。在哲学文化思潮方面,主要探讨的是马克思主义认识论和当时比较时兴的"三论"(即信息论和控制论与系统论),以及当时在中国比较流行的人道主义、存在主义、行为科学以及现代派文艺思潮。这些西方哲学文化思潮的研究,从某些侧面反映了当时中国学术界关于人道主义的理论讨论和思想解放运动的学术探讨。尽管"六五"社科规划存在着学科分类上的模糊性、课题设置上的缺乏系统性,但却基本形成此后北京社科规划的基本模式,其中最重要的特点就是,注重地方性问题的研究,关注北京市的城市、社会、经济、文化的建设和发展,努力构建有北京特色的社会科学研究。

北京市委、市政府高度重视北京市的社科规划工作和哲学社会科学事业的发展,在1983年北京市委转发《规划座谈会纪要》的批示、1985年社科规划领导小组会议以及市委、市政府领导的多次谈话和批示中,反复强调哲学社会科学研究工作的重要性,要求全面贯彻执行党的基本路线,理论联系实际,深入研究建设有中国特色社会主义的重大理论和实际问题,探讨首都社会主义现代化建设和改革开放中的现实问题,为首都两个文明建设服务,为市委、市政府及有关部门提供决策参考。1985年3月,北京市哲学社会科学规划领导小组召开会议,回报总结了"六五"规划项目的实施和实施情况,确定了编制北京市社会科学研究"七五"规划的原则。1985年5月,正式开始安排北京市哲学社会科学"七五"规划。规划的指导思想要求继续贯彻落实中央的"四项指标"和"批复"为主要目标,促进首都各条战线的改革,建设具有中国特色的高度文明、高度民主的社会主义现代化首都服务。会议把社会科学研究规划作为北京市整个科技、经济、社会发展规划的重要组成部分,要求充分反映北京的特点和适应北京科技、经济、社会发展战略的需要。"七五"社会规划的重点项目要以解决北京市战略性宏观问题的应用研究为主,对首都经济体制改革和上层建筑改革,以及两个文明建设中提出的重大问题,进行系统的、有层次的研究,从理论上提出解决实际问题的科学依据,在实际上提出解决问题的意见和办法。规划研究项目的确定,除市委和市政府领导提出的课题外,都经过有关专家和主管部门领导共同筛选和论证,基本保证了科研项目符合首都在"七五"期间改革与建设的需要。"七五"期间的社科规划课题大多数都具有较强的现实针对性,大部分课题都是针对我国当前的理论和现实需要,尤其是针对北京市的经济建设、政治建设和思想文化建设而设立的。"七五"期间,北京市共实施规划研究项目102项,其中基础理论研究18项,应用理论和重大对策研究74项,北京史志研究8项,其他项目2项。与"六五"规划相比,"七五"规划在项目设计上更加合理,在课题设置上更加科学。

北京市"七五"期间的社科规划和研究工作,继续坚持理论联系实际的研究导向,重视适应北京城市社会、经济、文化建设需要的应用理论和对策研究。在北京市"七五"立项研究的规划项目中,应用理论和重大对策研究占72.5%,延续了"六五"规划以来以研究北京问题为主的基本思路。"七五"规划在注重北京市各方面的理论问题和现实问题的研究的同时,强调了基础理论的研究。对于那些在北京市有较好研究基础且能在全国产生影响的基础理论课题,也在规划中给予了重视,一定程度上改变了"六五"规划中存在的忽视基础理论研究的倾向。其中一些项目从学科建设的实际需要出发,开拓新的研究领域,积极探索学科建设。北京市的社科规划不仅推动了北京社会科学研究的深入发展,产生了一批有影响的学术成果,为首都的城市发展、学术研究和文化建设提供了理论支持和对策参考,而且建立了一支具有研究能力和水平的研究队伍,培养了北京市社会科学研究的队伍。"七五"期间的社会规划和项目研究,有意识地吸纳北京市年轻的理论工作者主持和参加北京市的哲学社会科学规划课题。通过规划项目的研究,北京市社会科学领域组织了一批有实力的年轻队伍,为北京的社会科学研究奠定了一定的人才基础。通过哲学社会科学两个"五年"规划,北京市积累了哲学社会科学规划管理工作的经验,北京市的社科规划项目设计、管理工作初步走上了规范化的轨道,有力地推动了北京市社会科学研究有计划、有规划的发展。

中国的改革开放为北京市的哲学社会科学事业带来了新的活力,萌发了新的生机。"百花齐放、百家争鸣"方针的贯彻执行,不仅推动了北京市社会科学的理论研究和实践研究,而且极大地活跃了北京市与首都学术界以及全国社会科学界的联系和交流。20世纪80年代中期至90年代初,北京市委宣传部、北京市社科联、北京市社会科学院等单位,主持或联合举办各种研讨会,对当前的理论和实践热点问题进行了一系列的研讨。随着社会主义初级阶段理论和有中国特色社会主义理论的提出,以及中央关于经济体制改革决定的出台,社会科学界面临着新的需要探讨的理论和实际问题。1987年4月,北京市社科联、《红旗》杂志社《内部文稿》编辑部和《学习与研究》杂志社联合召开"关于社会主义初级阶段理论讨论会"。就社会主义初级阶段的内容、特征、主要矛盾、同其他发展阶段的区别与联系等问题进行了探讨。6月,北京市委宣传部、市社科联、市社会科学院、《学习与研究》编辑部联合召开"社会主义初级阶段理论讨论会",来自高等院校、科研单位、党校、实际工作部门的理论工作者近60余人参加了会议。会议主要围绕社会主义初级阶段的方法问题、社会主义初级阶段的划分和初级阶段的主要矛盾、初级阶段的基本特征等问题展开了充分的讨论。这两次研讨会取得了丰硕的成果,在理论界得到了较高的评价,产生了较好的影响。1991年1月,北京市委宣传部、市社科联、市委讲师团联合召开"民主社会主义问题学术讨论会",来自首都和20多个省、市、自治区的80余位专家、学者及从事理论教育、理论宣传工作的同志参加了讨论会。会议就当前国家民主社会主义思潮、国际社会主义的形势以及科学社会主义等问题进行了讨论。6月,北京市委宣传部、市社科联、市委讲师团、《学习与研究》杂志共同召开"社会主义教育中疑点、难点问题研讨会"。来自首都各科研单位和高校的30余位学者,就社会主义理论学习和社会主义思想教育中干部、群众遇到和提出的若干深层疑点、难点问题展开充分的讨论。这些探讨会的召开,对加强社会主义初级阶段理论和有中国特色社会主义的认识和研究发挥了重要的作用。

  党的十一届三中全会做出了工作重心转移的重大决定,1984年,中共中央做出了关于经济体制改革的决定。首都经济的发展问题成为了首都社科界关注的问题。1985年8月,北京市社科联、市委财贸部、市第三产业办公室等单位联合召开了"北京市第三产业理论讨论会",来自中央和国家机关、科研单位、大专院校的专家学者80余人参加了研讨会。会议围绕北京市发展第三产业的意义、战略地位、指导思想、战略重点、战略措施、政策及管理体制等问题进行了热烈、深入的讨论。1986年7月,北京市委宣传部、北京市社科联召开"社会主义商品经济理论研讨会",来自北京大学、中国人民大学、北京经济学院、中国社会科学院、中共中央党校等有关部门的经济学家20余人参加了会议。会议集中讨论社会主义商品经济存在的原因、计划经济与商品经济、计划调节与市场调节、如何发展社会主义商品经济等问题。1988年7月,北京市委宣传部、市体改办、市社科院、市社科联、市科技协会联合召开"北京市经济体制改革理论讨论会",来自首都理论界、企业界的100余位同志参加了会议。会议围绕价格改革、承包制、经济体制改革主攻目标等问题进行了讨论。1989年5月,北京市社科联、市社科院、市委党校、北京日报社、《学习与研究》杂志社、市社会科学规划办公室等7个单位,联合召开"农业规模经营理论研讨会",来自中央和北京市各部门的领导、专家以及上海、天津、辽宁、山东、江苏、浙江、贵州等省、市的代表参加了此次会议,就我国和北京市的农业规模化经营的问题进行了研讨。1991年10月,北京市社科联召开了两次"搞好搞活市场研讨会",与会者有来自中国人民大学、北京经济学院、北京商学院的有关专家、学者和商业、物资、物价、工商行政管理局系统的人员。会议就市场与企业存在的问题和解决办法进行了热烈的讨论,并提出了建设性的意见和建议。

随着首都城市现代建设的发展,首都城市发展战略问题和城市生态问题开始引起北京社会科学界的重视。1986年5月,北京市社科联召开"首都发展战略讨论会",参加会议的有经济、社会、哲学、教育、旅游、文物保护、历史等方面的专家学者20多人。与会专家从不同学科、不同角度、不同层面,就首都的全国性功能与地方性管理、城市发展现状与城市发展定位等等问题,对首都城市发展战略问题进行了讨论,并对加强宏观控制提出了四条具体的建议,得到了相关部门的高度重视。1988年3、4月北京市社科联和北京市科协两个学会部就联合组织攻关的课题"北京城市生态环境历史变迁与城市发展战略的生态规划",先后举行了三次研讨会议,有14个学会的50多位专家学者参加了此项课题的研究。课题和研讨会,从地质、气象、生态、历史、环境变迁等多方面,研究和讨论北京城市生态的历史变迁与城市发展战略的问题。

新时期以来,党中央提出在建设社会主义物质文明的同时,建设高度的社会主义精神文明。北京市在加速首都的城市物质文明建设的同时,高度重视首都精神文明的建设。改革开放以后,中国理论界和文化界进入了思想解放和百家争鸣的新的历史时期,各种西方哲学文化思潮被大量地介绍到中国来。为了深入理解和批判吸取西方各种新哲学理论思潮,除了在北京社科"七五"规划中设立专题研究外,北京市还结合科研和教学的需要,举办了"讲习班"。1986年1月,为了帮助高校的哲学教师充实学校思想品德和政治理论课的教学内容,加强对当代的西方哲学思潮的分析和评介,提高教师运用马克思主义基本观点分析、鉴别当代西方哲学主要流派的能力,北京市社科联、市哲学会面向全国各大专院校、军事院校、省地委党校的哲学教员,联合举办历时10天的"当代西方哲学主要流派评介讲习班"。1986年3月,北京市社科联召开"社会主义精神文明建设"理论讨论会,下属的哲学、经济学、伦理学、社会学、教育学、法学等16个学会的140多人参加了研讨会,主要围绕发展社会主义商品经济和加强共产主义教育问题,进行多学科的讨论。1986年10月,北京市社科联举行社会科学工作者座谈会,学习和讨论《中共中央社会主义精神文明建设指导方针的决议》,来自首都高校和科研单位的40多人参加会议,围绕着《决议》的意义和社会主义精神文明建设中的有关问题进行了热烈的讨论。

在举办各种研讨会讨论社会、政治、经济和城市发展问题的同时,北京市社会科学界也开始重视文化建设的问题。1988年10月,北京市社科联和北京市社科院联合召开了"社会主义初级阶段文化建设理论讨论会",会议集中围绕社会主义初级阶段文化的现状、基本特征和建设方面等问题进行了讨论,并且就北京市的文化建设问题提出了可资借鉴的意见和建议。在此期间,北京市召开的比较有影响的学术会议还有:1985年8月北京市社科联、北京市社科所、市委党校联合召开的纪念抗日战争、世界反法西斯战争胜利四十周年座谈会和学术讨论会,1990年5月北京市委宣传部、市社科联共同组织召开"鸦片战争与中国发展道路"理论研讨会。会议就鸦片战争的历史作用及其对近代社会的影响、党的领导和社会主义道路的必然性、爱国主义与社会主义统一性等问题进行讨论。1988年2月,为了加强首都自然科学与社会科学的交流与协作,北京市社科联、市科协联合召开北京市首都自然科学与社会科学界协作座谈会,就自然科学与社会科学间的联盟,以及围绕首都的能源、住宅、交通等重大问题进行协作攻关。在改革开放的历程中,北京市社会科学界紧密结合社会主义现代化建设的需要,特别是首都现代化需要,积极开展各种学术活动,对于加强首都北京的学术交流、研究合作、推动首都社会科学事业的建设和发展,建构首都社会科学研究的队伍,提供了良好的平台。尤其是对于首都社会科学的研究、首都的城市建设和文化建设起到了重要的作用。

北京市委、市政府高度重视北京社会科学队伍的建设、首都社会科学的理论研究和应用对策研究。1988年1月,中共北京市委宣传部召开"加强理论队伍建设,发展首都哲学社会科学理论研究"座谈会,来自首都科研单位和高校的30多位专家学者应邀参加,就首都社会科学理论队伍的建设和首都社会科学理论发展的问题进行了建言献策的讨论。到1989年,北京市社科联所属学会(研究会)共63个,这些学会下属的二级学会168个,区县和行业级分会154个,北京市社科联和所属学会共组织学术研讨会183次,举办各种学术报告会57次。同时,积极推动社会科学的普及工作,培训各种人才。到1989年底,北京市社科规划办共实施规划项目173项,其中重大对策研究82项,应用理论研究56项,基础理论研究18项。史志项目14项,其他研究3项。北京市社会科学院有了较大的发展,从刚成立时的4个研究所发展为9个所,主办《北京社会科学》和《城市问题》两个学术刊物,出版和发表了一批著作和论文。1990年11月,北京市召开了第二次社会科学学会代表会议,来自社科联所属70个学会、协会、研究会的230名代表出席了会议,中共中央政治局委员、中共北京市委书记李锡铭同志作了题为《加强马克思主义理论建设,推进首都社会主义现代化事业》的长篇重要讲话,对北京市的社会科学事业取得的成就给予了高度肯定,并对首都社会科学事业的建设与发展提出了新的更高的要求,此次会议标志着首都北京的社会科学事业,经过改革开放十多年的发展逐步走向成熟,并将在 20 世纪 90 年代迎来首都社会科学事业的新发展。

在 20 世纪 80 年代北京社会科学事业的恢复、建设与发展中,北京的社会科学研究取得了重大的进展,涌现了大批研究人才,产生了一大批研究成果。为激励首都社会科学的建设与发展,北京市市委、市政府对优秀科研成果进行评比和奖励。1985 年,北京市就讨论了进行社科评奖的问题,拟定了社科评奖的相关规则和措施。1986 年进行了首届"北京市哲学社会科学和政策研究优秀成果"(从第二届开始称为"北京市哲学社会科学优秀成果奖")评奖活动,并以北京市委、市政府的名义颁发获奖证书。1986 年 12 月,北京市委、市政府召开首届哲学社会科学和政策研究优秀成果授奖大会,颁发一等奖 50 项、二等奖 176 项、荣誉奖 10 项。李锡铭在会上作题为《繁荣社会科学,加强政策研究》的讲话,号召首都社会科学工作者以马克思列宁主义、毛泽东思想为指导,理论联系实际,繁荣社会科学研究,加强首都社会发展的重大对策和应用理论研究。1991 年 4 月,北京市开始了第二届哲学社会科学优秀成果的评奖活动,从申报的 848 项研究成果中选出 241 项优秀成果,其中特等奖 7 项,一等奖 66 项,二等奖 168 项。1992 年 1 月召开了"北京市第二届哲学社会科学优秀成果颁奖大会"。李锡铭到会并发表讲话。北京市委宣传部长李志坚作了题为"进一步发展繁荣哲学社会科学,更好地为首都两个文明建设服务"的工作报告。这充分说明了北京市委、市政府对首都社会科学事业的高度重视和研究成果的充分肯定,极大地鼓励了首都的社会科学工作者加速社会科学发展,为首都两个文明建设服务的进程。

五、改革开放与首都教育发展

新中国成立后的 17 年中首都北京的教育事业尤其高等教育的发展取得了重大的成就,基本奠定了北京作为全国教育中心的地位。但是,由于"文化大革命"的干扰和破坏,北京的教育事业受到了严重的摧残。"文化大革命"结束后,邓小平领导了中国的拨乱反正、实事求是的思想解放运动。随着高等学校招生工作的恢复、招生制度的改革和党的十一届三中全会的召开,以及教育体制改革的开展,北京的教育事业得到了迅速的恢复。20世纪80年代党和国家对教育事业的高度重视和20世纪80年代中期开始的教育体制的改革,进一步推动了中国教育事业的迅速发展,北京的教育事业在改革开放的历史进程中取得了重大的成就,首都的教育事业呈现出前所未有的生机。

1977年8月8日,邓小平在科学和教育座谈会上作了题为《关于科学和教育工作的几点意见》的讲话。邓小平在讲话中强调,我们国家要赶上世界先进水平,要从科学和教育着手,他讲了六个方面的问题。关于体制和教育质量问题,他提出为提高教学质量要树立良好的风气,提高教师的水平,高等院校要恢复从高中毕业生中直接招生的制度。8月13日至9月25日,第二次全国高等学校招生工作会议在北京召开,会议决定改革招生制度。10月21日,教育部在北京再次召开全国高等学校招生会议。会议确定并经国务院批准,从1977年起,对高等学校实行新的招生制度,即实行德、智、体全面衡量,择优录取的原则;采取自愿报名,统一考试,地方初选,学校录取,省、市、区批准的办法。废除"文化大革命"期间实行的"自愿报名、群众推荐、领导批准、高校复审"的招生办法;规定考生必须高中毕业或具有同等学历,恢复从应届毕业生中招生,修改政审标准,贯彻"主要看本人政治思想表现"的原则;严格考试制度,反对和抵制徇私舞弊、"走后门"等不正之风。1977年11月,教育部和中国科学院联合发出1977年招收研究生具体办法的通知。通知根据本年国务院批转教育部《关于高等学校招收研究生的意见》规定:招收研究生采取本人自愿申请报考,经所在单位介绍,向招生单位办理报名手续,经严格考试,择优录取的办法。中国的高等教育制度逐步恢复和完善。1978年3月,全国科学技术大会在北京召开,邓小平在讲话中着重阐述了科学技术是生产力这个马克思主义的观点,阐述了知识分子是为社会主义服务的劳动者。4月22日至5月17日,在北京召开了历时24天的全国教育工作会议。邓小平在会议期间对教育工作提出了四点意见:第一,提供教育质量,提供科学文化的教学水平,更好地为无产阶级政治服务。第二,要大力加强革命秩序和革命纪律,造就具有社会主义觉悟的一代新人,促进整个社会风气的革命化。第三,教育事业必须和国民经济发展的要求相适应。第四,尊重教师的劳动,提高教学质量。会议还讨论了《1978—1985年全国教育事业规划纲要(草案)》。1978年4月,经中共中央批准,教育部决定1978年高等学校招生新生实行全国统一命题,由各省、市、自治区组织考试,由此开启了新的历史时期中国高考招生制度的新历程。

　　1977年开始的高等院校招生制度的改革,1978年全国科学技术会议和全国教育工作会议的召开,以及阐述的一系列科学教育问题、知识分子问题和教育改革与发展问题,标志着中国的文化教育事业发生了重要的转折,标志着新的历史时期教育复兴的新起点。北京的教育事业也进入了新的历史时期。1977年8月,按照教育部的规定,北京市改革"文化大革命"以来的中等学校招生制度,摒弃只看"政治条件"、不看文化水平的做法,采取统一文化考试,德、智、体全面衡量,择优录取的办法。1977年11月,北京市委召开全市高等学校招生工作会议。1978年6月,北京市委召开大会,传达全国教育工作会议上邓小平的重要讲话和会议精神,并对全市的教育工作作了部署。1978年10月,北京市委决定成立北京市高等教育委员会,北京市的高等教育组织和管理工作逐步走上正轨。1978年12月,北京市决定恢复建立北京市高等教育局。在1977年恢复的高考中,全国有570万应届高中毕业生和社会各界适龄青年报考,共招收新生23.7万人。北京市举行了粉碎"四人帮"后首次高等学校招生的统一文化考试,参加高考的人有15.89万多人,共录取14605人,录取率为9%。半年后的1978年暑期,又进行了第二次统一招生考试。历届知识青年和应届高中毕业生,报名人数达9.4万人,录取17445人。北京地区还有考分在300分以上的1.6万人未能录取,由于这个分数高于全国许多省市的录取分数线,1978年11月,北京市委召开大学扩大招生工作会议,确定首都24所大学分别设立36所分校,决定扩大招生,把达到分数线的16043人全部录取入学,录取率达到36%。这次扩大招生不仅圆了许多高中毕业和社会知识青年的大学梦,而且为北京市的建设培养更多的人才。

　　党的十一届三中全会确立的解放思想、实事求是的思想路线和把工作重心转移到现代化建设中来的战略决策,为新的历史时期中国的教育事业的改革和发展奠定了重要的基础。"文化大革命"中,北京有19所高等院校被撤销停办,15所院校迁往外地,6所院所被合并,到1976年北京仅有高校26所。1977年高考制度恢复后,北京地区的高等学校开展了一系列整顿工作。一批高等学校恢复、迁回和新设;组织机构、领导体制和各级领导班子得到调整;整顿教学、科研工作和后勤保障工作,高等学校各项教育工作也开始走上正常轨道。1977年12月,文化部报请国务院批准,决定撤销"中央五七艺术大学"的建制,恢复中央音乐学院、中央戏剧学院、中央美术学院、北京电影学院、北京舞蹈学校和中央戏曲学校校名,由文化部直接领导,北京地区的艺术类学校得到了恢复和发展。为了加强高等教育的建设和加快社会主义现代化建设需要的人才的培养,1978年2月,经国务院批准,教育部决定恢复和办好全国重点高等院校。第一批为88所,其中在北京的有19所,它们是:北京大学、清华大学、北京师范大学、中央民族学院、北京航空学院、北京工业学院、北京钢铁学院、北方交通大学、北京化工学院、北京邮电学院、北京农业大学、北京农业工程大学、北京林业大学、北京医科大学、北京中医学院、北京外国语学院、对外经济贸易大学、北京体育学院、中央音乐学院。此后,中国人民大学、国际关系学院、中国首都医科大学也被公布为全国重点大学,北京地区共22所全国重点大学。同时,一批新的高等院校也相继在北京成立。1978年,经国务院批准,北京市恢复和增设北京印刷学院、北京冶金机电学院、北京轻工业学院、北京体育师范学院、北京财贸学院、北京商学院等高等院校,1984年,中国人民公安大学和中国人民警官大学在北京成立。北京的高等教育体系和布局逐步健全和完善。

随着党的工作重心的转移,中国高等教育的重心也逐步转移到教育教学和科研工作来,一是加强教育教学和科研工作,二是加强高等教育学位制度的建设,培养高层次的人才。1979年1月,全国高等学校科学研究工作会议召开。会议指出,高等学校应把工作的着重点转移到教学和科学研究上来,全国重点高等学校更应当努力办成教育中心和科学研究中心(即"两个中心")。1977年底,教育部确定了全国的高等院校,北京地区的重点高校遵循教育重心转移的战略方针,加强重点学科建设和重大科学问题的攻关研究。1979年4月,中共中央决定实行国民经济"调整、改革、整顿、提高"的方针,同时把加强教育事业列为国民经济调整计划的重要内容。北京地区的高等教育领域积极落实会议精神。1980年1月,教育部在北京召开全国教育工作会议。会议指出,"文化大革命"前17年并没有一条所谓"刘少奇的修正主义教育路线",也不是资产阶级统治学校。会议讨论了当前教育战线的形势,总结了要尽最大努力为"四化"培养众多人才。1980年2月,北京市委召开高等学校学生思想政治工作会议。会议要求各校党委认真贯彻邓小平关于目前形势和任务的重要讲话精神,切实加强对学生思想政治工作的领导,旗帜鲜明,立场坚定,排除"左"的和"右"的干扰。

1980年2月,第五届全国人大常务委员会第十三次会议通过《中华人民共和国学位条例》,《学位条例》确立了学士、硕士和博士三级学位制度。中国从20世纪50年代开始,就试图建立学位制度,国务院曾多次起草了有关条例和文件,但因受极左思潮的影响和"文化大革命"的干扰,一直未能实行。1976年以后,中央再次决定建立学位制度。教育部和国务院科技干部局联合组织的学位小组,拟定了《中华人民共和国学位条例(草案)》。该条例的制定和颁布标志着我国学位制度的建立,第一次建立了完整的学位制度体系,对促进我国科学专门人才的培养和成长,促进各门学科学术水平的提高和教育、科学事业的发展发挥了重大的作用,为社会主义现代化建设需要培养了大量的人才。根据《关于高等学校招收研究生的意见》,北京地区的高等院校从1978年初开始恢复招收和培养研究生。1981年2月,通过了《国务院学位委员会关于审定学位授予单位的原则和办法》。5月,《中华人民共和国学位条例暂行实施办法》颁布。10月,国务院学位委员会召开第三次会议,讨论通过我国首批博士和硕士学位授予单位名单。11月,经国务院批准,北京地区有33所高校的501个专业有硕士学位授予权。其后又批准18所高校的167个专业有博士学位授予权。1983年5月27日,国务院学位委员会和北京市政府联合召开博士和硕士学位授予大会,18人获博士学位。这是中国历史上第一次依靠自己的力量培养并授予博士和硕士学位。

　　1982年9月,中共十二大召开,会议强调了在今后20年内,一定要牢牢抓住农业、能源和交通、教育和科学这几个根本环节,把它们作为经济发展的战略重点。这次会议把教育作为社会主义现代化建设的战略重点之一,写入党的决议,为教育事业的发展开辟了新的道路。1983年5月,全国高等教育工作会议在武汉召开,确定了加快调整改革的步伐。会议提出,要加速高等教育的发展,努力提高高等教育的质量,抓好重点大学、重点学科的建设,并拟建立定期评定重点大学、重点学科的制度。根据中央关于重点建设几所大学的指示精神,教育部建议将全国的14所高等院校,其中北京地区的北京大学、清华大学等5所北京高校列为国家重点建设项目。1983年9月,北京景山学校集会,传达了邓小平给该校的题词:"教育要面向现代化,面向世界,面向未来。"邓小平的题词从中国社会主义现代化建设和发展的全局对中国教育事业提出的要求,是中国教育改革、建设和发展的重大战略思想,也是新的历史时期中国社会主义教育事业建设和发展的指导方针。在这个战略思想指导下,首都北京的教育事业同全国一起走上了健康快速的发展道路。为了大力培养首都和全国的现代化建设人才,1984年6月,国务院批准全国一些高等院校试办研究生院,其中首都的北京大学、中国人民大学、清华大学、北京航空学院、北京工业学院、北京钢铁学院、北京师范大学、北京农业大学、北京医学院获准试办研究生院。1984年10月,中国科学院理论物理研究所一批专家学者建议在我国设立"博士后"制度,国家有关部门决定首先选20个单位开展博士后试点工作,同时,理论物理研究所招聘了三位从国内外获得学位的博士从事博士后研究工作。至此,北京地区高等教育在学校建设、学位建设、教育体制建设等方面,都取得了迅速的发展。

在拨乱反正、实事求是和改革开放的思想解放运动中,除首都的高等教育事业走上恢复和建设的正常轨道外,北京的其他各级各类教育事业也取得很大的发展。在基础教育方面,1978年1月,经国务院批准,教育部发出了关于办好一批重点中小学的实行方案的通知,决定在全国办好一批重点中小学。教育部办的重点中小学共12所,北京景山学校、北京新华小学被列入其中。1978年2月,北京市革委会决定办好20所重点中学。它们是二中、景山学校、史家胡同小学、四中、新华小学、育民小学、五中、第一实验学校、二十六中、光明小学、八十中、一七二中、海淀路小学、十二中、九中、大峪中学、通县一中、牛栏山一中、密云二中、回龙观小学。同时,北大附中、清华附中、师大附中、师大二附中、师大三附中也被列为重点学校。北京市重点中小学的确定,在很大程度上为北京市基础教育的建设和发展发挥了典范性的作用,提高了教育教学的质量,带动了北京市基础教育事业的发展。1980年12月,中共中央、国务院发出《关于普及小学教育若干问题的决定》,提出在本世纪80年代全国应基本实现普及小学教育的历史任务。1983年,中共中央、国务院发出《关于加强和改革农村学校教育若干问题的通知》,提出了在农村经济迅速发展的新形势下,普及初等教育的任务和应当采取的方针、措施。同年,教育部发出的《关于普及初等教育基本要求的暂行规定》高度重视初等教育在社会主义两个文明建设中的重大作用,《规定》指出,普及初等教育是建设社会主义物质文明和精神文明的重要前提,是培养现代化建设人才的奠基工作,决定在20世纪80年代全国基本实现初等教育的普及。1983年5月,北京市市委召开中小学教育工作会议,集中讨论了中小学教育的地位和作用、提高中小学教育质量的问题,研究和提出了中小学教育的《五年设想》(1983—1987年)。在中等教育方面,北京市采取了调整中等教育结构和发展职业技术教育的措施。1978年11月,北京市教育局下发《关于在全市中等专业学校开展部分文化课、专业基础课协作组活动的通知》,北京市中等专业学校陆续恢复和成立了政治、语文、数学、物理、制图、力学、电子电路等7个教学协作组。1980年4月,教育部在北京召开全国中等专业教育工作会议,总结了新中国成立以后30年来中专教育工作的基本经验,提出了新时期中专教育的任务以及当前必须抓好的几项工作。北京市农业学校等8所北京中专学校,被确定为全国重点中专学校。同年,北京市高教局、北京市编制办转发国家教委、劳动人事部颁发的《全日制普通中等专业学校人员编制标准》。6月,北京市政府召开职业教育工作会议,确定了中等教育结构改革的方针和具体措施,开始压缩普通高中、改办职业高中的工作。1980年,北京市创办首批职业高中52所,分设40个专业,招收新生4981人。到1985年,北京职业高中达到200所,招生1.94万人,连同中专、技校共招生3.92万人,首次超过普通高中招生人数。

为了满足北京市广大社会知识青年提高教育水平的需要,北京市积极发展高等教育自学考试和积极推进民办教育的建设发展。1979年1月,北京市革委会决定成立北京广播电视大学,1980年2月,北京市政府决定成立北京教育行政学院,1980年8月,北京市政府批准成立北京市机械工业局职工大学、北京内燃机学院等13所成人高等学校,同月,制定了《北京市人民政府关于建立高等教育学历考核制度的决定》。1980年10月,北京市政府转发国务院批转教育部《关于大力发展高等学校函授教育和夜大学的意见》,要求北京市工农教育办公室、市高教局会同有关部门和院校,提出本市发展函授教育和夜大学的规划。同月,北京市政府发出《关于建立高等教育自学考试制度的决定》,决定设立北京市高等教育自学考试委员会,《决定》规定,凡自学经考试合格者,发给毕业证书,在使用和待遇上与普通高等院校毕业生相同。这一决定,极大鼓舞了广大社会知识青年,有力地推动了北京市教育自学的发展。1981年1月,国务院批转下发教育部《高等自学考试办法》,并决定在北京、上海、天津三市进行试点。1981年6月,北京举行高等教育自学考试。1983年,北京高等教育自学考试第一批毕业生133人取得了专科毕业证书。1983年4月,北京高校招生工作会议召开,决定对首都大专院校本年度招生工作进行改革:实行定向招生,为农村培养急需的人才;试办短期职业大学;适当调整专业比例,增设新的专业;扩大在职干部培训;试行合同制委托培养人才的办法。1981年为鼓励私人办学和加强对私人办学的管理,北京市政府颁发了《北京市私人办学暂行管理办法》。1982年3月,中华社会大学在北京成立,这是新中国第一所民办大学,标志着新中国民办高等教育的新开端。1984年,北京市政府颁发《北京市社会力量办学实行办法》,对有关社会力量办学的问题做出了明确的规定,推进了北京市社会力量办学的发展。同年,北京海淀走读大学正式招生开学,标志着新时期新的办学模式的成功探索,这是北京市、全国首批创建的国家承认学历、自费走读、不包分配、民办公助、自筹经费、自负盈亏的高等学校。1984年8月,海淀老龄大学开学,这是北京市第一所为离退休老人建立的大学。由此,北京市教育事业的结构和办学方式变得更为完善和丰富,在一定程度上满足了不同层面的教育需求。

1985年是标志中国教育事业改革和发展进入新阶段的一年。5月15日至20日,改革开放后的第一次全国教育工作会议在北京召开。此次会议以邓小平1983年提出的"教育面向现代化、面向世界,面向未来"为指针,确立了"教育必须为社会主义建设服务,社会主义建设必须依靠教育"的根本指导思想。全国教育工作会议的中心议题就是讨论《中共中央关于教育体制改革的决定(草案)》,并研究贯彻执行的步骤和措施。《决议》指出,社会主义现代化建设的宏伟任务,要求我们不但必须放手使用和努力提高现有的人才,而且必须极大地提高全党对教育工作的认识,"面向现代化、面向世界,面向未来,为90年代以至下世纪我国经济和社会的发展,大规模地准备新的能够坚持社会主义方向的各级各类人才","所有这些人才,都应该有理想、有道德、有文化、有纪律、热爱社会主义祖国和社会主义,具有为国家富强和人民富裕而艰苦奋斗的献身精神,都应该追求新知,具有实事求是,独立思考,勇于创造的科学精神。"教育体制改革的根本目的,就是要提高民族素质、多出人才和出好人才。要有步骤地在全国实施九年制义务教育,建立一支数量足够、合格而稳定的师资队伍,提高基础教育水平。要大力调整中等教育结构,大力发展职业技术教育,要采取切实有效的措施,力争职业技术教育的大发展。在高等教育方面,要改革高等学校的招生计划和毕业分配制度,扩大高等学校的办学自主权,力争在20世纪末,建成科类齐全、层次比例合理的体系,总体规模达到与我国经济实力相当的水平。《决议》还强调,在教育改革和发展中,要加强领导,调动各方面的积极因素,保证教育体制改革的顺利进行。5月27日,《中共中央关于教育体制改革的决定》(以下简称《决定》)颁布,标志着社会主义教育事业进入全面改革的新阶段。1986年4月12日,六届全国人大四次会议在北京举行。大会通过了《中华人民共和国义务教育法》,规定国家实行九年制义务教育。《义务教育法》的目的是要大力发展基础教育,促进社会主义物质文化和精神文明的建设,必须贯彻国家的教育方针,努力提高教育质量,使儿童、少年在德、智、体等方面全面发展,为提高全民族的素质,培养有理想、有道德、有文化、有纪律的社会主义建设人才奠定基础。

为了贯彻中共中央关于教育体制改革的决定,1985年7月,北京市委、市政府召开教育工作会议,决定采取10项措施,努力把北京建成全国教育程度最高的城市。在贯彻落实中央关于教育体制改革的过程中,北京市先后采取了一系列的措施,制定了教育体制改革的规划,做出了一些积极的探索。1986年9月,北京市高教局、市计委提出市属普通高等院校"七五"发展规划。规划提出了改革体制,调整结构,打好基础,稳步发展的目标。1987年5月公布了《关于改革高等学校科学技术工作的意见》(简称《意见》),《意见》提出,必须在高等学校中有计划地建设一批符合社会主义现代化建设需要,门类结构比较合理的重点学科。北京市切实落实《意见》精神,加强首都高校的重点学科建设。1989年12月,北京市委、市政府召开教育工作会议,要求进一步深化教育体制改革,大力加强德育,全面提高教育质量,把培养无产阶级革命事业接班人这一根本任务落到实处。1990年6月,北京市委、市政府领导在北京工业大学召开现场办公会,批准了北京工业大学试点改革方案。1991年3月,北京市政府常务会议决定,在市属高校全面推进内部管理体制改革,同时倡导,在京中央部委属高校在争取上级主管部门支持的条件下,积极开展校内管理体制改革。同月,北京市委、市政府在北京师范大学召开改革现场会部署改革工作,内部管理体制改革随后在北京各高校逐步全面推开,并推动了其他各项改革。

在教育体制改革精神的指导下,北京地区的高等教育管理体制进行了较为全面的改革。北京市政府对高校进行了整体布局上的结构性调整,优化了教育布局的结构。例如,原北京师范学院分院、北京联合大学和北京师范学院合并,成立了首都师范大学。北京计算机学院和原北京联合大学经济管理学院并入北京工业大学。北京经济学院和北京财贸学院合并,筹办北京经济贸易大学。北京联合大学的文理学院与文法学院合并为应用文理学院,电子工程学院与自动化工程学院合并为电子自动化工程学院,等等。同时,北京市充分利用首都高校的优势,积极探索校际间的共建联办,例如中国人民大学、北京科技大学、北京理工大学、北京医科大学、北京航空航天大学、北京邮电大学、北方交通大学等高校校际之间进行了内容上和形式上的广泛合作。在高等教育的办学方式上,北京市积极探索多种形式的高等教育办学方式,支持社会力量兴办高等学校。同时支持高校与企业、科学研究单位等的协作办学,不断推进"产、学、研"相结合的办学体制。在高校招生工作和分配制度上,北京市也进行了力度较大的改革,除了计划招生外,还采取了保送生、委托培养、定向培养和自费生等多种形式并存的招生模式。在进行高等教育体制改革的同时,北京高校大力加强重点学科和重点实验室的建设。1987年8月至1989年3月,国家教委组织首次高等院校的重点学科评选工作,全国共有167所高校申报了1184个重点学科点,确定107所高校的416个重点学科点,其中,北京17所高校的138个学科被评为第一批重点学科点,占全国的33%。1989年初,国家教委确定组建57个国家重点实验室和58个国家专业实验室,首都有8所高校共组建18个国家重点实验室,占全国的31%。1989年底,北京全市有高等院校67所、其中北京联合大学下属15所独立办学的学院,还有11所高校在京郊区县中办了11所农村大学分校。全市高校中有在校全日制学生16万人,其中1.85万人为研究生。北京高校的研究生教育已经形成了较完整的体系,是全国最大的高层次人类培养基地,有50所高校培养研究生。其中北京大学、清华大学、中国人民大学、北京师范大学、北京航空航天大学、北京科技大学、北京农业大学、北京医科大学、北京理工大学、协和医科大学等十个学校设有研究生院,占全国研究生院总数的30%。

在改革开放中,北京市的高等教育事业进一步明确了为社会主义现代化建设服务的办学精神,在办学方向、管理体制、思想教育、教学改革、学术研究、招生和毕业分配等方面进行了一系列的改革和发展的探索,富有成效地推动了首都高等教育事业的发展。进入20世纪90年代,北京市教育改革和发展工作取得了进一步的发展。1991年3月,北京市政府常务会议决定,在市属高等院校全面开展学校内部管理体制改革。主要内容是:第一,注重综合配套,结合学校的学科建设、科技开发、校办产业,制定包括机关改革、后勤改革、住房改革以及医疗、养老保险等在内的综合改革方案;第二,把管理改革与教育教学改革紧密结合起来,以育人为中心,将教育目标、德育工作、学科建设、队伍建设等纳入到管理考核的体系之中,把教职工的积极性引导到全面提高培养人才质量和办学水平上来;第三,调整结构工资,改善待遇,完善聘任制,加强改革力度;使改革的力度大大加强;健全完善考核制度,强化目标管理的激励机制;进行机构改革,精简人员,提高效率。1991年3月,北京市委、市政府召开全市教育工作会议,对"八五"期间本市教育事业发展的基本思路进行了讨论。1991年3月,北京市委、市政府在北京师范学院召开教育体制改革现场会,指出教育的根本出路在于改革,要通过改革,达到改善待遇、转换机制,打破"三铁"(铁饭碗、铁工资、铁交椅),提高质量的目的。

北京市贯彻落实中共中央关于教育体制改革的决定，不断加强基础教育的改革和建设。1985年11月，北京市改革教育管理体制，实现基础教育分级管理体制。城市地区实行市、区人民政府两级管理。农村地区实行市、县区、乡镇人民政府三级管理。1986年7月，北京市召开了中小学教育工作会议，进一步明确本市实行9年制义务教育的任务，要求宣传和贯彻《中华人民共和国义务教育法》，加强中小学师资队伍的建设。1988年11月，北京市委办公厅、市政府办公厅转发市委教育部、市政府文教办公室、市教育局《关于当前进一步深化中小学改革的几点意见》。《意见》提出要积极稳妥地进行教育改革，中小学教育改革的根本目的是要启动学校内部活力，提高教育教学的质量。1987年10月，北京市的部分中小学开始进行学校内部管理体制的改革试点工作，其主要内容为：校长负责制、教职工聘任制、工资总额包干和校内结构工资制。到1988年年底，学校内部管理体制的改革在全市中小学推广和实行。1989年年底，顺利完成了北京市中小学管理体制的第一步改革任务，初步形成校内激励机制和约束机制；增加了教师的收入，提高了教职员工的工作积极性，提高了学校的管理水平，形成了良好的教育教学秩序，促进了教育教学的改革，大幅度地提高了教育质量。1990年，北京市提出第二步改革任务，按照"巩固、完善、深化、提高"的方针，进一步推进中小学内部管理体制改革，在广度和深度上取得更大的进展。同时，北京市职业教育改革也取得了可喜的进展。1985年，《中共中央关于教育体制改革的决定》提出，职业技术教育是当前中国整个教育事业中的薄弱环节，要大力发展职业技术教育。1986年，北京市以北京卫生学校等六所市属中专学校为试点，开展学校管理制度改革。到1989年，北京市普通高中与各类职业技术学校招生人数的比例，已从1980年的16.5∶1转变为1∶1.3。全市的职业技术学校从1980年的52所、在校学生4400人，发展到183所，5.6万人。全市的中等教育结构发展的重大的转变，使普通教育的结构比例变得更加合理。1990年，以实行校长负责制，教育目标责任制，教师、干部聘任制，工资总额包干和校内结构工资制为主要内容的四项改革在北京市中专学校全面展开。北京市的成人教育事业获得了新的发展，北京成人教育积极贯彻国家教委关于改革发展成人教育的精神，以岗位培训为重点，深化成人教育体制改革，加强宏观管理，提高教育教学质量，到1989年，北京市有46所成人高等学校、94所成人中等专业学校开展专业证书教育。北京市的成人教育事业为首都社会主义物质文化、精神文明建设培养了大批有文化有素质的人才。

六、改革开放与新时期北京文学艺术

"文化大革命"结束后,文学艺术领域迅速地进行了拨乱反正的工作。1978年5月,"文革"中被取消的文联、作协、音协、剧协、影协、舞协、剧协开始正式恢复工作。1979年,文化部党组为原文化部大案错案彻底平反,凡是受到所谓"旧文化部、帝王将相部、才子佳人部、外国死人部"、"文艺黑线"牵连,受到打击、污蔑的人一律彻底平反。1979年10月,中国文学艺术工作者第四次代表大会在北京召开,邓小平在祝词中提出,文学艺术事业是崇高的事业,文艺对于发展高尚的丰富多彩的文化生活和建设高度的社会主义精神文明具有重要的作用。"不论对于满足人民精神生活多方面的需要,对于培养社会主义新人,对于提高整个社会的思想、文化、道德水平,文艺工作者都负有其他部门所不能代替的重要责任。"他还提出文艺工作者在正确的思想指导下,要日益丰富文艺题材和表现手法,要敢于创新,要防止和克服单调刻板、机械划一的公式化概念化倾向。第四次全国文代会的召开,总结了新中国成立以来文艺工作的经验和教训,积极探讨了如何在新的历史时期繁荣我国的文学艺术事业。尤其邓小平的讲话站在新时期社会主义现代化建设和文化建设的高度,充分肯定了文学艺术事业在中国文化建设中的地位和作用,重申了百花齐放、推陈出新、洋为中用、古为今用的方针,要求文艺工作者勇于创新。邓小平的讲话不仅极大鼓舞了广大文艺工作者,而且成为了新的历史时期指导中国文学艺术事业的指针。会议通过了《中国文学艺术工作者第四次代表大会决议》。《决议》号召全国文艺工作者团结起来,同心同德,以最大的努力,繁荣社会主义文艺创作,提高表演艺术水平,以丰富人民群众的文化生活,提高人民的精神境界,培养社会主义新人,鼓舞人民为建设现代化的社会主义祖国而奋斗。1980年北京市文联召开了北京市文学艺术工作者第四次代表大会,贯彻落实邓小平讲话精神和全国第四次文代会精神。北京的文学艺术与中国的文学艺术一样,开始用新的观念意识和美学语言以自身的最大可能性参与着新时期文化和意识形态的思考和话语建构。

在文学方面,北京地区的文学出现了良好的发展环境。1978年,北京市文化局召开落实政策大会,为受林彪、江青反革命集团迫害的曹禺、赵起扬、江风等80人平反昭雪恢复名誉。1979年北京市文联遵照中央55号文件精神,对 1957 年所错划的右派全面复查,全部改正,落实政策。1980 年,中共中央批转《关于"胡风反革命集团"案件的复查报告》,为"胡风问题"受到株连的各界人士予以平反,恢复名誉。11 月,北京市高级人民法院改正 1965 年对胡风的判决,宣告胡风无罪。为了繁荣首都的文学艺术事业,许多文学艺术机构、期刊和团体恢复了运行。同时,北京市政府积极开展与文联作家的互动,积极探讨北京地区文学事业的发展问题。1986 年北京市委宣传部召开文艺创作人员座谈会,会议讨论了文艺创作如何为改革服务的问题。1987 年北京市委宣传部和市作家协会召开党员作家、文艺编辑座谈会,学习讨论坚持四项基本原则,反对资产阶级自由化的有关文件和材料。1988 年北京市文联和北京市委宣传部联合召开北京市文联座谈会,向与会的同志们征求对《中共中央关于进一步繁荣文艺的若干意见》(征求意见稿)的意见。1989 年 1 月,北京市文学艺术界联合会第五次代表大会在北京召开。北京市委书记李锡铭在致词中希望北京文学艺术继续高举爱国主义、社会主义的大旗,弘扬社会主义人道精神,为实现社会主义现代化而奋斗,文艺工作者把个人的艺术追求与改革、开放,建设四个现代化的目标相结合,同民族联想、人民愿望相接合,以老舍为榜样,关心北京、热爱北京、表现北京,创作出更多反映现实本质和揭示生活底蕴的文学艺术作品。

新时期北京的文学创作呈现出前所未有的活跃氛围,北京作家以文学的热情、心灵的悸动和审美的想象投入到当代中国的文学建构潮流之中,创作出了具有广泛社会影响的作品。新时期北京的文学创作,以 1977 年刘心武的《班主任》为开端,十几年间,不同风格、不同主题的文学作品,构成了新时期以来既具有时代主导性又具有多样性的异彩纷呈的文学景观。它们或者通过审美的想象追忆反思着已逝的沧桑岁月,或者以想象的激情唱响着新时代的主旋律,或者以探索的触角探寻着新的文学表现方式。如"知青"小说《这是一片神奇的土地》(梁晓声)、《遥远的清平湾》(史铁生),"伤痕"小说《我是谁》(宗璞),"反思"小说《布礼》(王蒙),"寻根"小说《大淖纪事》(汪曾祺)、《黑骏马》(张承志),"新写实"小说《伏羲伏羲》(刘恒),"现代派小说"《你别无选择》(刘索拉)、《无主题变奏》(徐星),"乡土"小说《蒲柳人家》(刘绍棠),"京味都市"小说《烟壶》(邓友梅)、《橡皮人》(王朔),"历史"小说《少年天子》(凌力),"军事"小说《东方》(魏巍)等多部优秀作品。其中,王蒙、张洁、刘心武、陈建功、张承志、刘恒、王朔、刘震云等人声名鼎盛。诗歌创作方面,主要是老一辈诗人的诗集出版以及新生代诗歌的兴起。老诗人艾青,出版了《归来的歌》、《彩色的诗》等诗集。绿原的《西都拾穗录》、《酸葡萄集》,邵燕祥、牛汉等也有多部诗集问世,颇受好评。之后,"诗情凝聚着对于当代社会灾难的严峻反思和批判"的朦胧诗出现,代表诗人是北岛、顾城、江河等,代表作有《北岛诗选》和《黑眼睛》(顾城)等诗集。80年代中期,诗歌界出现了"诗的喧哗","标举平民化的旗帜","反英雄"、"反意象"的新生代(或称第三代)的诗人出现。北京的食指(郭路生)为新诗潮的巨变做出了新的探索。以北京大学为大本营的"校园诗歌"随后兴起,代表人物是骆一禾和海子。散文创作方面,影响较大的作家有汪曾祺、王蒙、张洁、季羡林、杨绛、张中行等。儿童文学也进入了繁荣期,孙幼军、葛翠琳、郑渊洁的童话,曹文轩、张之路的儿童小说,金波、尹世霖的儿童诗都有较大影响。

北京作家创作的作品产生了重要的影响,许多优秀作品获得了重要的奖励。1981年中国作协设立茅盾文学奖,每四年颁发一次。北京地区获得此奖项的作家作品有,李国文《冬天里的春天》(首届)、张洁《沉重的翅膀》、刘心武《钟鼓楼》(第二届)、凌力《少年天子》、霍达《穆斯林的葬礼》(第三届)。1985年中共北京市委、市政府召开北京市文学艺术工作者表彰大会,《沉重的翅膀》、《北国草》等六部思想、艺术成就突出的文学作品受到奖励。1989年3月4日,中国作协举办的新时期以来全国优秀散文(集)杂文(集)评奖活动揭晓。北京地区作家夏衍的《夏衍杂文随笔集》、廖沫沙的《廖沫沙文集》第二卷、萧乾的《北京城札记》获得荣誉奖,获得散文(集)奖的有杨绛的《干校六记》、姜德明的《现实一片》、严文井的《严文井散文选》、吴泰昌的《艺文轶话》、宗璞的《丁香结》、荒煤的《荒野中的地火》、秦文玉的《绿雪》、刘白羽的《荒草集》;获得杂文(集)奖的由邵燕祥的《忧乐百篇》、牧惠的《湖滨拾萃》、舒展的《辣味集》、陈小川的《各领风骚没几年》和蓝翎的《金台集》。

北京文学与中国新时期文学在经历了"伤痕"、"反思"、"寻根"之后,大致也进入了"改革"和"先锋"时期,新的社会变迁、新的文学资源和新的文学意识,推动着北京文学的新发展。1989年,北京市举办了国情40周年文艺征文评奖活动,这次评奖活动的入选范围为1985年至1989年出版的长篇小说,1988年以来发表的中、短篇小说及其他作品。在某种意义上,此次评奖征文活动可以看做是对80年代后期北京文学创作成果的一次检阅。经各报刊、出版社推荐参加的文学作品(限1985年以来出版的)的340多件作品中,有40篇荣获文学优秀作品奖。长篇小说有浩然的《苍生》、霍达的《穆斯林的葬礼》、刘绍棠的《京门脸子》。中篇小说有毕淑敏的《补天石》、刘震云的《单位》、谌容的《啼笑皆非》。短篇小说有许谋清的《海土》、李惠新的《北丢别克街 625 号》、洛恪的《京都小保姆》、赵舒亚的《英雄辩》。小小说有刘国春的《岁月无声》、李建的《两篇报道》、刘廷海的《最后一盘石碾》。报告文学为陈祖芬的《我们无罪》、张泽石的《我从美军集中营归来》、张卫华和张策的《周志远现象》、纪红民和车美萍的《人类"第一杀手"》、陈模的《电影〈徐秋影案件〉真相》、高立林和张建文的《"血栓"！中国铁路大动脉》。杂文有朱靖宇的《"无欲则刚"说》、刘海起的《"替身"的思考》、姜文岩的《新"进化论"》。散文有于连贵的《钓趣》、吴宗惠的《思忆与追寻》、陈祖芬的《爸爸》、王为政的《归来正是月圆时》。诗歌有陈松叶的《空难及其他》、杨峻青的《黎明,高唱的雄鸡》、宋家玲的《有风景的日子》、冬至的《呼唤明天》、邹静之的《大环》、骆一禾的《屋宇》。儿童文学有星竹的《两粒砂子》、曹文轩的《阿雏》、张之路的《空箱子》、葛冰的《阿丁轶事》、金波的《儿童村》、樊发稼的《兰兰历险记》、李大同的《铃铃铃——电话铃响了》、孙云晓的《孙佳星的故事》。在美术方面,改革开放初期北京地区美术事业积极响应中央政策,为一批老艺术家平反和恢复名誉,为已故老艺术家举办纪念画展和活动,并相继恢复、建立和完善了创作研究机构,复刊了美术刊物,美术创作和美术教育开始走上正常化的轨道。

  在新的历史时期,北京地区的美术事业进入了繁荣阶段。随着文学界"伤痕文学"讨论的开始,北京美术界展出"伤痕美术",陈宜明、刘宇廉、李斌的作品《伤痕》和《枫》在 1978 年、1979 年先后发表。油画方面,1981 年文化部和中国美术家协会召开了青年油画创作座谈会,坚持艺术为人民服务、为社会主义服务的功能,提出艺术作品要能给人以美的享受,陶冶人的情操,丰富人们的生活。一些令人耳目一新的作品出现了,如陈丹青的《西藏组画》、罗中立的《父亲》。一些油画家从现实生活出发,表达忧患意识,如何多苓《春风已经苏醒》、艾轩《诺尔盖的季风》等。一些中年油画家在技巧、创作思想上走向成熟,如靳尚谊的《塔吉克新娘》、《瞿秋白》等形成了新古典主义创作风格。国画方面,老画家进入创作盛期。代表作有李可染的《杜甫》、李苦禅的《盛夏图》等。青年画家们也创作出了不少优秀作品,如杨力舟、王迎春的《黄河》组画,李少文的《九歌》组画等。1982 年中国参加"法国巴黎春季沙龙画展",潘絜兹的《石窟艺术的创造者》等三件国画获金奖。版画、壁画、漫画方面也可谓硕果累累。老版画艺术家古元、彦涵等创作劲头不减,中青年艺术家吴长江、徐冰等在创作中形成了独特的风格。

新时期以来，北京开始建造众多大型公共设施，壁画艺术迎来了它的发展时期，1979年首都机场的壁画群中，优秀作品有《哪吒闹海》（张仃）、《生命的赞歌——泼水节》（袁运生）、《森林之歌》（祝大年）等。1980年燕京饭店创作的壁画群中出现了《智慧之光》（袁运甫）、《九歌》（杜大恺）等重要作品。1981年侯一民等为《人民日报》社新址创作了《百花齐放》，1982年刘秉江、周菱为北京饭店创作了《创造·收获·欢乐》，1984年张仃主持北京地铁壁画工程，设计、制作了西直门地铁站壁画《燕山长城图》和《大江东去图》等。

为了推动美术创作的繁荣发展，展示新时期中国美术发展的进程和实绩，文化部、北京画院、美协北京分会等组织安排了许多展览。一类是反映北京地区美术创作、城市发展的大型展览，如1982年"北京画院建院25周年美术作品展览"，1984年"庆祝建国35周年北京市美术作品展览"，以及1981年开始陆续举办了若干届的"今日北京美展"等。第二类是在北京地区举办的全国性画展。每五年一次的全国美术展览会，是中国规模最大、最具有权威性和学术性的展览。1979年"第五届全国美展"在中国美术馆举办。北京地区的获奖的作品有周思聪的《人民和总理》（一等奖），高虹、何孔德的《军委全会》，乔十光的《泼水节》，石齐《人人都在幸福中》（二等奖），王路的《长江三峡》等四部作品（三等奖）。1980年中国美术家协会在北京举办的"第二届全国青年美术作品展"中，北京青年画家梁长林的《故乡行》、吕小满的《挤奶歌》等四部作品获二等奖，蔡蓉的《流》、萧立的《农妇和牛》等七部作品获三等奖。1984年举办了第六届全国美展，北京承办了雕塑、漆画、壁画展。北京地区作品入选344件，获金奖的有王迎春、杨力舟《太行铁壁》、詹建俊的《潮》、韩书力的《邦锦美朵》，获银奖的有贾又福的《太行丰碑》、吴冠中的《春雪》等共11件。第三类是北京市与其他省市之间的交流画展，以及境外画展的展出。1978年"日本画家东山魁夷画展"和1982年"美国收藏家韩墨藏画五百年名作原件展览"备受关注。1980年北京画院和江苏省国画院举办了书画联展，1982年"北京油画展"和"上海油画展"在两地交换展出，1984年还举办了"北京湖南工笔画联展"等。

20世纪80年代中期以来，随着改革开放的深入发展，西方各种艺术思潮被介绍到中国。1985年前后，一些自发的青年美术社团开始进行形形色色的艺术试验，力图通过艺术创作参与社会变革，呈现出艺术的"现代性"，"八五美术思潮"应运而生，催生了各种新的美术思潮，促进了首都美术事业的多元化发展。1985年中国美术馆举办了"前进中的中国青年美术作品展览",参加展览的有来自海内外的华人艺术家,展览展示了新时期中国美术发展的新趋势、新探索和新观念。在此展览中,北京的胡伟、曹立伟、张磊等20人获奖。随着青年新潮美术不断升温,北京艺术界出现了前卫行为艺术。1988年,徐冰和吕胜中在中国美术馆举办联展,《析世鉴》(徐冰)和《行》(吕胜中)传统和创新并举,作品既具有较强的艺术深度,同时也具有某种文化批判意识。此外,女性的人体艺术问题也是新时期一个讨论的焦点。值得注意的是,随着改革开放的深入,一些原来被当作禁区的艺术题材也影响了人们的讨论和探索,女性人体美术创作问题便是新时期一个敏感的问题,早在1980年,靳尚谊就创作了作品《人体》,引起了美术界乃思想文化界的讨论。1985年,在"前进中的中国青年美术作品展览"上,张群和孟禄丁的《在新时代——亚当和夏娃的启示》以一种新的视角和方法做出了人体艺术创作的新探索,在得到了许多人的认同的同时,也引起了关于人体美的大讨论。1988年,中国美术馆举办的以中央美术学院教师作品为主的"油画人体艺术大展",集中展示了艺术家们对人体艺术表现手法和审美观念的新视角。1989年2月,在中国美术馆举办的"中国现代艺术展",一些"观念艺术"的"行为"和"表演"过激,造就了"八五新潮"的落幕。如高氏兄弟和李群合作的《子夜的弥撒——最后的审判》,张念孵蛋,李山洗脚,肖鲁为完成她和唐宋的《对话》,开枪射击两个仿真电话亭等,引起了社会的震惊。1989年春夏之交发生的政治风波和"反对资产阶级自由化"运动的开展,使艺术中的"西化"思潮进一步受到抑制,前卫艺术陷入低谷。美术界转向反省、沉思状态,出现了一种对传统进行再认识的艺术文化氛围。

　　随着改革开放而来的是中国城市的现代化建设,在城市现代化建设中城市的艺术化和美化问题也开始被提上了议事日程,公共艺术开始出现在城市的环境中。1979年,以反映"一二·九"运动为题材的大型雕塑"北京青年运动史群雕"在北护城河畔建成。1982年,为适应城市雕塑的建设与发展,确定了"城市雕塑"的新概念,成为城市文化建设的重要组成部分。城市雕塑逐渐深入到城市公园、绿地、道路、居住区和大型公共建筑区,成为美化城市环境的公共艺术和审美景观,1984年,北京建设了全国第一个以雕塑为主题的城市雕塑公园——"石景山雕塑公园"。1985年,中国目前最大的四幅壁画在北京地铁落成,这四幅壁画分别是《大江东去》、《燕山长城图》、《中国天文史》和四大发明,丰富和拓展了城市公共艺术的内涵和范围。

在音乐艺术方面,无论在创作、表演、教育还是艺术交流等各方面都取得了全面的发展和重要的成就。在音乐教育方面,1978年中央音乐学院恢复招生。中国音乐学院、在京的解放军艺术学院音乐系、中央民族学院音乐舞蹈系等都陆续恢复办学。80年代以来开始实行管理体制改革和教学改革。音乐教育形成多种办学模式,社会音乐学院、中国函授音乐学院等从事社会音乐高等教育的学校相继在北京创办。音乐创作方面,歌曲、民族器乐曲、钢琴及其他乐器、交响音乐、歌剧音乐、影视音乐都得到蓬勃的发展,硕果累累。歌曲方面,在吸收民间素材的同时,借鉴外国创作经验、技法,创作出具有时代气息的新歌。如1980年《年轻的朋友来相会》被第八次亚洲音乐教材会议选为音乐教材,并在全国优秀群众歌曲评奖中获奖,1985年又获当代青年最喜爱的歌曲一等奖。《唐诗三首(春晓、枫桥夜泊、登鹳雀楼)》一组歌曲则将古诗韵与现代音乐技巧相结合。

对于新时期的音乐艺术来说,值得注意的是,从70年代末开始,随着港台歌曲在大陆的广泛传播,北京地区的词曲作家积极吸取经验进行创作,通俗音乐(流行音乐)出现了初步繁荣。80年代中后期逐渐形成汹涌的大潮,谷建芬、郭峰、徐沛东等作曲家参与,产生了一批有艺术质量的受群众欢迎的通俗歌曲,如《让世界充满爱》、《思念》、《爱的奉献》等,也涌现出了刘欢、崔健等集词曲创作、演唱于一身的歌手。同时,电视剧插曲也是流行音乐的重要组成部分,如《篱笆、女人和狗》的主题歌《篱笆墙的影子》、片尾曲《苦乐年华》、《渴望》的插曲《好人一生平安》等都在全国范围内广为传唱。与此同时,各种全国性的通俗歌曲大赛和音乐演出,也推进了流行音乐的发展。1986年,文化部、广电部等单位主持了"全国青年喜爱的歌"评选活动,《在希望的田野上》、《军港之夜》等25首作品榜上有名。1986年以来,第二、三、四届全国青年歌手大奖赛在京举行,"通俗唱法"作为正式比赛项目出现。1986年"国际和平年"第一届百名歌星演唱会在北京举行。值得一提的是,新时期的十年也是北京摇滚乐蓬勃发展的十年,大量摇滚乐队涌现,如"万李马王"乐队、崔健等人的"七合板"乐队、"黑豹"乐队,"1989乐队"等。

在民族乐器演奏曲方面,1979年"全国器乐创作座谈会"和1983年的"全国第三次音乐作品(民族器乐)评奖",调动了北京地区词曲作家的积极性,新作品不断涌现。如巴乌独奏曲《苗岭欢歌》、弹布尔独奏曲《给母亲的歌》、箜篌独奏曲《高山流水》、二胡协奏曲《不屈的苏武》、打击乐合奏《诗鼓》等。钢琴及管弦乐演奏方面,产生了大量优秀作品,如钢琴独奏《G小调钢琴组曲》、小提琴独奏《太平鼓》、弦乐四重奏《风·雅·颂》（谭盾，1983年在联邦德国德累斯顿国际室内乐作曲比赛中获第二名）、单簧管和弦乐四重奏《易》（陈其钢作品，1986年在法国第二届巴黎国际单簧管节作曲比赛中获第一名）等。交响乐方面，1981年在中国近代音乐史上第一次举办全国性的交响音乐创作评奖活动，使得交响音乐创作逐渐走向成熟。同时产生了一批"新潮派"的青年作曲家，如郭文景的《川崖悬葬——为两架钢琴和交响乐队而作》、瞿小松的《Mong dong》、谭盾的《交响乐队与人声:道极》（1989年在美国巴托克国际作曲比赛中获第一名）等。1987年，为庆祝中国音乐家协会交响乐爱好者学会成立，中央乐团交响乐团、中国广播交响乐团等单位组成800人的大型乐团，在首都体育馆联袂演出。歌剧方面体现了题材广泛、风格多样的特点，如喜歌剧《第一百个新娘》，盼望祖国早日统一的《琴萧月》，及其他的《伤逝》、《原野》等。

改革开放以来，随着国门的打开，北京地区音乐事业的对外交流日益活跃。音乐家、音乐表演团体到国内、外进行表演演出，同时，其他地区的音乐家和乐团也来京访问交流。北京的音乐文化交流呈多元化、多方位态势。国内交流方面，1986年北京市文联、音协北京分会、舞协北京分会组织参加第四届华北音乐舞蹈节"草原花荟"的演出。1987年组团参加第五届华北音乐舞蹈节"离宫之夏"。1988年组织中央音乐学院等学校学生、演员参加第六届华北音乐舞蹈节"海河之春"。国际上著名的音乐家和乐团如柏林交响乐团、美国波士顿交响乐团、法国里昂交响乐团等也纷纷来京演出，著名的歌唱家帕瓦罗蒂、多明戈等，还有华裔音乐家赵元任、马友友等回国讲学或演出。加强了首都音乐界与国内外的交流，丰富了首都音乐文化生活，推动了音乐艺术的发展。

随着改革开放的深入，北京地区舞蹈事业也迎来了新的发展时期。舞蹈创作由复苏走向繁荣，逐步实现了题材、体裁、形式、风格的多样化。在舞蹈创作、舞蹈演出、舞蹈比赛等方面都有了长足发展。民族舞蹈和部队舞蹈，逐渐形成自己的特色。1978年北京舞蹈学校改制为北京舞蹈学院，成为我国史上第一所高等舞蹈院校。1979年全国艺术教育工作者会议召开，大会就工作重点转移、三十年艺术教育的估价、艺术院校的体制、艺术院校与普及、艺术院校领导等方面的问题展开了讨论。

北京地区的表演团体有北京歌舞团、中国人民武装警察部队政治部文工团、东方歌舞团、中国歌剧舞剧院舞剧团等。新一代舞蹈家的代表人物有贾作光、赵青、陈爱莲、崔美善等。在舞蹈创作方面，北京地区的歌舞团体创作演出不少优秀的舞蹈和舞剧作品,初步实现了题材、体裁的多样化,很多作品在全国舞蹈比赛等大赛中获奖。独舞方面,有中央歌舞团的《猪八戒背媳妇》、中央民族歌舞团的《雀之灵》、北京歌舞团的《海浪》、《诗经三首》(1986年获北京市新剧节目创作奖)、中国人民解放军北京军区战友歌舞团的《囚歌》等。双人舞方面,有中央歌舞团的《塔里木夜曲》(又名《夜曲》)、中央民族歌舞团的《追鱼》、《猎中情》、中国歌剧舞剧院的《患难小友》、北京舞蹈学院的《新婚别》等。三人舞方面,有北京舞蹈学院《林冲怨》、《海歌》等。群舞方面,有中央民族学院艺术系《奔腾》、北京舞蹈学院《黄土黄》、《黄河》,中国人民解放军总政治部歌舞团《海燕》(1986年全军第一届舞蹈比赛一等奖),中国人民解放军艺术学院的《小溪·江河·大海》等。舞剧和乐舞方面,有中央歌剧舞剧院的《剑》、《文成公主》,中央芭蕾舞团有《祝福》、《觅光三部曲》,中央民族学院有《奔腾》、中国人民解放军总政治部歌舞团《海燕》、北京舞蹈学院芭蕾舞团《潮汐》、《盛世行》(1989年北京市新创作剧(节)目创作二等奖,1990年获北京市委和市政府的表彰和奖励,1992年文化部"文华奖"中的"文华新节目奖")、《华夏古韵——历代宫廷乐舞》(1991年北京市新创作剧(节)目调演一等奖)等。同时,民族舞也受到了高度重视,有很大发展,如《苗山火》(1991年在全国少数民族舞蹈单、双、三人舞比赛中获创作一等奖,表演二等奖)等。

为了鼓励和推动北京舞蹈事业的发展,北京市文联、文化局等单位积极组织各种评奖活动,激励舞蹈艺术的创新发展。如1981年举办的"1980年度新创作(改编)获奖剧(节)目发奖大会",13台剧目和25个音乐、舞蹈、曲艺、杂技节目获奖。1982年组织"北京集体舞表演会",1989年举办"1986—1989年度新创作剧(节)目评奖演出",1990年举办"北京市首届农民艺术节"等。1990年"庆祝建国40周年、庆祝北京和平解放40周年文艺作品征集评奖活动"中,26位舞蹈、杂技演员获表演奖。

在戏剧艺术方面,北京地区戏剧事业进入新时期后,首先是公演一批解禁的剧目,戏剧面对电视、电影等新娱乐方式的冲击,认识到创新的必要性,探索内容、形式等新的发展方向,创作出一批优秀作品,在各种大奖赛中获得嘉奖。另外,在体制改革的大潮中,北京地区的戏剧团体开始重组,迎接新的挑战。

"文革"结束后,北京文化局召开落实政策大会,为马连良、李再雯(小白玉霜)、荀慧生等80人平反昭雪,恢复名誉。1981年文化部宣布,建国初期的17出禁戏全部解禁。北京地区上演了张君秋的《望江亭》、赵荣琛的

《荒山泪》以及叶少兰等人的《群英会》等。在话剧方面，随着1978年北京市委宣布为天安门事件平反，反映天安门事件的《于无声处》《有这样一个小院》上演。"文革"结束后，北京戏剧界涌现了一批回归现实主义的戏剧作品，如1978年北京人民艺术剧院上演的《丹心谱》。之后一系列现实主义的杰出剧作相继被搬上舞台，如反映时代风云变幻、人物命运沉浮的《小井胡同》《狗儿爷涅槃》等；反映当代部队生活，表现军人风貌的《火热的心》（海政话剧团）、《龙城虎将》（战友话剧团）等；反映改革开放以来青年现实问题的《金子》（青艺）、《迟开的花》等；其他的作品还有《灰色王国的黎明》《谁是强者》等。1985年《WM（我们）》在北京演出，引起激烈的争议被停演。历史剧方面，有为纪念周恩来诞辰80周年中国儿童艺术剧院上演的《报童》，总政话剧团的《东进！东进！》，中国煤矿文工团的《江南一叶》等。同时，北京地区话剧演出团体上演大量国外古典、现代的戏剧剧目，如青艺上演布莱希特的《伽利略传》、法国茹尔·瓦莱斯的《樱桃时节》等，北京人艺1983年上演瑞士迪伦马特的《贵妇还乡》、德国普列瑟斯的《屠夫》，还在1988年请来查尔斯·赫斯顿为剧院排演《哗变》等。与此同时，随着拨乱反正和改革开放的深入，北京地区的话剧创作不断探索，努力创新，出现了"小剧场"话剧等新形式。北京人艺上演的《洒满月光的荒原》，融合了现实主义、象征主义、印象主义、荒诞手法等多种表现手法，从内容到形式都有创新和探索。高行健的《绝对信号》开启了北京实验话剧"小剧场"话剧的潮流，其他探索性剧作还有《车站》《野人》等。80年代末90年代初，北京小型话剧和话剧小品如《街头》《一缺三》《一字不苟》等，因其短小精悍、幽默轻松而备受欢迎。

北京地区戏剧在全国、地方的竞技活动中都取得了很好的成绩。1982年中国剧协设立"全国优秀剧本奖"（1994年更名为曹禺戏剧奖）。北京地区获奖的作家作品有：1980—1981年话剧《谁是强者》、京剧《正气歌》、评剧《野马》等，1982—1983年话剧《双人浪漫曲》、京剧《驿亭谣》《恩仇恋》等，1984—1985年话剧《红白喜事》、京剧《大明魂》、昆曲《南唐遗事》等，1986—1987年话剧《狗儿爷涅槃》《洒满月光的荒原》等，1988—1989年话剧《天边有一簇圣火》《蜗皇峪》等。此外，由文化部举办的各类评奖活动中，北京地区也有多部作品获奖：1984年现代题材戏曲、话剧、歌剧观摩演出中，话剧《火热的心》《龙城虎将》、京剧《恩仇恋》等，1980年文化部直属院团话剧观摩评比中，《灰色王国的黎明》《铁铁》等，1988年文化部"京剧新剧目汇演"中《香港行》获优秀新剧目奖，1991年文化部直属艺术表演院团"七一"演出评比中话剧《周恩来》、京剧《蝶恋花》等获奖;1989年文化部第一届"文华新剧目大奖",获奖的有京剧《目连救母》、《武则天轶事》等。为庆祝建国40周年,1989年北京戏剧界推出了一批新剧目。其中有中国人民解放军总政治部文工团演出的话剧《中国,1949》,解放军艺术学院演出的话剧《天边有一簇圣火》,中国实验话剧团演出的话剧《都市牛仔》等。北京市属剧团上演的新剧目主要有北京人艺的《新居》、北京京剧院的《北国情》、北京昆曲剧院的《桃花扇》、中国评剧院的《多情的河》和《桃花湾的娘儿们》、北京市儿童艺术剧院的儿童剧《鸟儿飞回了森林》等13个曲目。新作大多题材、风格多样,具有较为丰富的情感内涵和较高的艺术水平,既具有民族的和地域的文化特征,又有所创新。1991年9月,文化部在北京举行首届新剧目"文华奖"颁奖大会,北京人民艺术剧院的《天下第一楼》、北京京剧院二团的《画龙点睛》的编剧何冀平、孙月霞分别获文华剧作奖,《天下第一楼》导演夏淳、顾威获文华导演奖,演员林连昆、唐宗尧获文华表演奖。

在影视方面,无论是广播电台、还是电视、电影方面,北京地区的文艺事业都进入了蓬勃发展的新时期。北京电视台等专项电台、电视频道的设立,电视剧、电影制作单位的成立,为生产出更多优秀影视作品提供了保障。北京的影视事业在坚持"二为"、"双百"方针的同时,顺应改革开放浪潮,积极创新,借鉴西方影视观念,结合本土特点,生产出一批具有中国特色的优秀作品,掀起了80年代中期电影电视的短暂繁荣。

北京地区的广电事业发展良好,制作的许多优秀作品在全国性评奖中取得优异成绩。"飞天奖"是国家广电总局颁发的中国电视剧最高"政府奖",北京地区的获奖作品有中国电视剧制作中心的《凡人小事》(第一届)、《向警予》(第五届)等,北京市电视剧制作中心的《四世同堂》(第六届)、《大角逐序曲》(第八届)等,北京电视艺术中心、北京电视台的《凯旋在子夜》(第七届)、《便衣警察》(第八届)、《李大钊》(第十届)、《渴望》(第十一届)、《编辑部的故事》(第十二届)等。北京地区获"大众电视金鹰奖"的有中国电视剧制作中心的《走进暴风雨》(第二届)、《赤橙黄绿青蓝紫》(第三届)、《寻找回来的世界》(第四届)、《红楼梦》(第五届)等,北京电视艺术中心、北京电视台的《四世同堂》(第四届)、《凯旋在子夜》(第五届)、《便衣警察》(第六届)、《渴望》(第九届)、《编辑部的故事》(第十届)等。另外,1989年全国电影制片厂举办首届优秀电视剧颁奖,北京地区的《鲁冰花》获奖。

在改革开放和思想文化多元解放的背景下,北京地区的电影创作迎来了它的黄金时代。70年代末到80年代初,部分"文革"时期被禁电影复映,如《五朵金花》、《阿尔娜》等。为新中国成立30周年的献礼片在影坛掀起了一轮创作高潮。主题内容多种多样,有揭露"四人帮"罪行的《婚礼》等,有歌颂人民革命斗争的《大河奔流》等,还有其他题材的《瞧这一家子》、《小花》(1980年第一届"文汇电影奖"最佳影片奖)等。同时,北京电影制片厂拍摄的《黑三角》集惊险与娱乐为一身,使得电影娱乐化成为一种市场需求。

进入80年代随着西方电影理论的引进,传统的电影观念受到了质疑和挑战。电影本体意识觉醒,开始从政治一体化中解脱出来,关注本身的审美价值。北京地区的电影顺应新时期电影多元化发展的潮流,题材跨度更为广泛,注重对人性的关注和宽容,表达对现实、历史的批判和对人文理想的追求,创作出一系列优秀影片。在70年代开始电影创作,主张"向历史赎回人质"的第四代导演出现。其中北京地区的有张暖忻、郑洞天、谢飞、黄健中、王好为等,代表作品有《邻居》、《沙鸥》、《我们的田野》、《夕照街》、《如意》等,作品抛弃了之前的"高、大、全"英雄人物,转向现实生活的普通老百姓身上。80年代中期,第五代导演横空出世,他们在文化理念和电影理念上都超越了传统电影,对主流的伦理价值观进行审视,对悠久的古老文化提出质疑,代表人物有胡玫、北京电影学院的陈凯歌、张艺谋、田壮壮等,代表作品有《黄土地》、《孩子王》、《摇滚青年》等。在电影创作方面,故事片题材多样,各个电影制片厂积极拍摄影片,许多由北京地区作家编、写的剧本而拍成的电影获得大奖。如历史题材的《苏禄国王与中国皇帝》(北影),如反映旧社会生活的《泥人常传奇》(北影),如儿童题材的电影《苗苗》(北影,印度第二届国际儿童电影节最佳儿童片奖)、《小刺猬奏鸣曲》(北京儿童电影制片厂,首届中国儿童少年电影"童牛奖"优秀故事片奖、1985年优秀儿童少年故事片特别奖),如在京部队作家创作的军事题材的《索伦河谷的枪声》(八一电影制片厂),如反映北京地区当代题材的《邻居》(北京电影学院青年电影制片厂),如青年题材影片《本命年》(北京青年电影制片厂,第40届柏林国际电影节银熊奖)等。戏曲电影在80年代初出现了短暂的繁荣,代表性作品有北京电影制片厂的《铁弓缘》、《红娘》、《七品芝麻官》等。另外,由文学名著改编的电影剧本获得较好成绩,有北京电影制片厂拍摄的《伤逝》(鲁迅同名小说改编)、《骆驼祥子》(老舍同名小说改编)、《边城》(沈从文同名小说改编,在加拿大第九届蒙特利尔国际电影节获评委会荣誉奖)等。在电影奖项方面,北京地区的作品在各类全国大奖中也有不俗表现。1981年起由中国电影家协会主办的"中国电影金鸡奖",北京地区获奖的影片有《苗苗》(第一届)、《邻居》《许茂和他的女儿们》、《沙鸥》(第二届)、《骆驼祥子》(第三届)、《边城》(第五届)《一瞬与十年》(第七届)、《多梦时节》(第九届)、《情系巴山》(第十届)等。《大众电影》百花奖1980年第三届开始每年一届。北京地区获奖的影片有《小花》(第三届)、《七品芝麻官》(第四届)、《许茂和他的女儿们》(第五届)、《骆驼祥子》(第六届)、《血,总是热的》(第七届)、《代理市长》(第九届)、《本命年》(第十三届)等。北京地区获得"优秀影片奖"或"华表奖"的作品有:《瞧这一家子》(1979)、《小花》、《苗苗》(1980)、《伤逝》(1981)、《骆驼祥子》、《邻居》(1982)、《道是无情却有情》(1983)等。北京地区获奖的有1986—1987年故事片特别奖《苏禄国王与中国皇帝》、《索伦河谷的枪声》等。

改革开放以来,北京的文学艺术事业呈现出主导性与多样化共同发展的态势,也是新中国成立以来文学领域思想活跃、成果丰硕、人才辈出的时期。在新时期北京文学艺术的发展历程中,北京的文学艺术发展从文艺创作、文艺理论、文艺批评等的各个方面,始终在某种程度或某个方面保持着领风气之先的发展态势,繁荣了首都的文学艺术,共同参与并建构着新时期中国文学艺术事业,积极推动着现代化建设时期的中国文化发展。

七、改革开放中的新闻出版与体育事业

"文化大革命"期间,北京的新闻出版事业遭到了严重的破坏,作为文化传播和文化生产重要媒介的新闻出版事业几乎处于停滞状态。"文革"十年中,北京的体育事业同样遭到严重的冲击和破坏。十一届三中全会以来,北京的新闻出版事业和体育事业在改革开放中得到了恢复、建设和发展,与首都的其他文化事业一起进入一个新的历史阶段。

党的十一届三中全会后,北京市着手各个领域的拨乱反正工作。"文化大革命"中首当其冲受到破坏的北京新闻出版事业的单位和受到打击的个人得到了彻底平反。1978年2月,中共北京市委批准市出版办公室改为北京市出版事业管理局。1979年1月,中共北京市委宣传部召开宣传工作会议,北京市委宣布为遭受林彪、江青反革命集团诬陷的原市委宣传部、《北京日报》、《北京晚报》、《前线》杂志、北京人民广播电台、北京出版社、

《支部生活》以及原市委宣传部长杨述、李琪和《北京日报》社社长范瑾等单位和个人彻底平反。与此同时,北京的新闻出版事业也得到迅速的恢复。一些"文革"期间被停办的报纸杂志和出版物重新恢复出版发行,一些新的报纸杂志和出版社相继建立。1979 年 9 月,北京市广播事业局成立(1984 年 2 月更名为北京市广播电视局)。1987 年 7 月,北京市政府决定成立新闻出版局。北京市的新闻出版管理机构的建设和逐步完善,有力地推动了北京新闻出版事业的发展。

随着拨乱反正工作和思想解放运动的展开,北京作为全国的文化中心,中央及各部属的报纸杂志相继复刊和进行了新的调整,以适应新的历史时期的新闻宣传和文化建设的需要,北京地区的各种报刊得到了迅速的发展。1978 年,《工人日报》、《中国青年报》等相继复刊。1980 年 2 月,《北京晚报》复刊。1980 年,《法制日报》和《中国农民报》(1985 年更名为《农民日报》)创刊。1983 年,《经济日报》创刊。1984 年,《中国妇女报》创刊。1986 年,《中国科技报》创刊(1987 年更名为《科技日报》)。与此同时,哲学社会科学、时事政治、文化教育和文学艺术方面的专业杂志也有新的增加。到 1989 年,在北京出版的中央报纸有《人民日报》、《光明日报》、《农民日报》、《中国青年报》、《经济日报》等 151 种。北京市出版的报纸有《北京日报》、《北京晚报》、《北京青年报》、《戏剧电影报》等 19 种。许多报刊开始在国内外产生较大影响和广泛的传播,其中《北京日报》发至朝鲜、日本、苏联、德国、法国、意大利和英国等 13 个国家和地区,对于宣传党的方针政策和把握舆论导向、报道北京市在改革开放中取得的成就发挥了重要作用。到 1989 年,在北京出版的各种期刊共有 1655 种,北京市属单位主办的期刊有 97 种。1989 年 11 月,中共北京市委宣传部、市科委、市新闻出版局召开整顿报刊、出版社工作会议。会议要求市属报刊、出版社坚持四项基本原则,反对资产阶级自由化,让社会主义思想占领出版阵地。1990 年 2 月,北京市新闻出版局根据中央关于整顿、压缩报刊和出版社的精神,决定停办市属的《北京图书信息》、《理论信息报》、《长篇小说》、《戏剧评论》等 13 家报纸、3 家刊物。在 1989 年全国各种评奖活动中,市属期刊《学习与研究》、《支部生活》、《十月》等 7 种被评为优秀期刊,《北京社会科学》、《城市问题》等发表一些获奖或有影响的学术论文,《北京文学》上发表的多篇作品获奖或被转载。改革开放过程中,北京地区不断丰富的新闻报纸和各种专业期刊的建设和繁荣,为宣传党和国家的方针政策、报道北京各领域建设的成就,繁荣社会主义的文化事业,推动首都和全国的社会主义物质文明和精神文明的建设都发挥了重大的作用。

随着中国社会主义建设进入新的历史时期,中国和首都北京的出版事业得到了快速的发展。1977年,国家出版局在北京召开全国出版工作会议。会上批判了林彪、"四人帮"炮制的"黑线专政论",推翻了"两个估计"的错误判断,讨论了出版工作的路线、方针和政策。1978年,国务院批准国家出版局《关于加强和改革出版工作的报告》。同年,国家出版局在庐山召开了全国少儿读物出版工作座谈会,讨论制定《1978—1980年部分重点少儿读物出版规划》,国家出版局联合全国科协组织制定了《1978—1985年全国重点科普图书出版规划》。1979年3月,邓小平在党的理论工作务虚会上的讲话中指出:"思想战线的同志们一定要赶快组织力量,订好计划,在尽可能短的时间里陆续写出并印出一批有新内容、新思想、新语言的有分量的论文、书籍、读本、教科书来,填补这个空白。"1979年12月,在长沙召开了全国出版工作座谈会,各省市出版社开始摆脱"地方化、群众化和通俗化"的束缚,提出可以试行"立足本省、面向全国"的方针,调动了全国出版系统的积极性,繁荣和发展了中国的出版事业。北京出版社提出了"立足北京,面向全国"的基本思路,适应社会和时代的需要,努力创办具有全国水平和北京特色的各种学科、不同层次、多种选题的图书。1980年,国家出版局在北京召开全国出版工作会议,就如何加强和改善党对出版工作的领导,正确处理贯彻社会主义出版方针与按照经济规律办事的关系交换了意见。1982年7月,文化部在北京召开全国图书发行体制改革座谈会,并发出了《关于图书发行体制改革的工作的通知》。全国古籍整理出版规划会议在北京举行,会议讨论制定了《1982—1990年古籍整理出版规划》。同年,地方出版工作会议在哈尔滨召开,会议提出要让出版社从单纯的生产型逐步转变为生产经营型;适当扩大出版单位的自主权,出版单位实行岗位负责制,出版行政部门做到"大的方面管好管住,小的方面放开搞活"。1983年6月,中共中央、国务院做出了《关于加强出版工作的决定》,这是新中国成立以来首次由党中央、国务院直接做出的关于出版工作的重要决定。《决定》阐述了出版工作的指导思想、形势和任务,明确指出,出版事业是党领导的社会主义事业的一个组成部分,必须坚持为人民服务、为社会主义服务的"二为"方针,出版工作在宣传思想、建设科学文化中具有重大作用。1983年,文化部印发《1981—1990年全国出版事业发展规划纲要(草案)》,提出"图书出版要在提高质量的前提下,适当增加品种,保证重点,填补缺门,重视普及,注意提高"。1986年9月,首届北京国际图书博览会在北京展览馆举行。阿根廷、奥地利等35个国家和地区及国际组织的1055家出版社参展。中国政府决定,今后每两年举办一次北京国际图书博览会。北京国际图书博览会的举办,为中国的出版事业加强了交流,开阔了眼界。1988年,中共中央宣传部和国家新闻出版署发布了《关于当前出版改革的若干意见》,这是改革开放后第一个指导出版社改革的文件。《意见》进一步明确了出版社必须加强经营,要积极稳妥地对出版社的领导体制、经营体制、管理体制、认识体制和分配体制进行改革。党的十四大做出了关于经济体制改革的决定,这一决定对于出版社如何建立适应社会主义市场经济体制的改变和适应文化市场的需要等方面的探索起了重要的作用,在经济体制改革的推动下,全国的出版社逐步采取了扩大自主权的改革,在出版选题的策划和确定、出版物的价格和职工的收入分配等方面进行了改革。

在改革开放中,北京出版事业得到了新的发展,在各个方面取得了新的成就。新中国成立后,北京地区成立了许多出版社,成为了全国的出版中心,但是,"文化大革命"期间遭到了严重破坏。"文革"结束后,首都北京的一些出版社,如科学普及出版社、中国电影出版社、纺织工业出版社、北京出版社、世界知识出版社、电子工业出版社、法律出版社、中国统计出版社等得到了恢复,并相继成立了中国大百科全书出版社、新华出版社、中国社会科学出版社、北京大学出版社、求是出版社、中共中央党校出版社等等。"文化大革命"中被迫撤销的北京出版社,于1978年恢复重建。在新的历史时期,北京出版社得到了迅速的发展,不断地扩大规模,调整结构,陆续成立了北京古籍出版社、北京旅游出版社、北京少年儿童出版社、北京十月文艺出版社、北京教育出版社、北京美术摄影出版社。1987年6月,北京市第一家办理自费出版业务的文津出版社成立,实行文责自负、版权自有、费用自理的模式。北京出版社还创办了《十月》、《少年科学画报》、《父母必读》、《长篇小说》和《旅游》等5种期刊。1985年后增加了音像制品,出版的音像制品有京剧、音乐和曲艺录音等50多种。作为北京市属的最大的综合性出版机构,北京出版社确立"立足北京,面向全国"的基本方针,出版了各种门类、各个学科的优秀出版物,为首都北京乃至全国的科学文化研究和普及,以及社会主义文化学术的发展和繁荣做出了应有的贡献。到1989年,经过10年的建设和发展,北京地区的出版社共有236家,其中,中央各部委所属的、部队所属的出版社共222家,北京市属出版社有16家。在新时期的发展中,重新确立了北京作为全国出版中心的地位。1989年,北京市属的出版社在全国地方出版社中图书品种和印数居于全国首位。全年共出版各种图书 1372 种,总印数达 4544.59 万册,总码洋为 9675.02 万元。北京出版社恢复重建以来,在全国图书评价中,获得"中国图书奖"、优秀畅销书奖和各类读物和作品优秀奖的图书 100 多种。其中获全国性的图书奖项的有 34 种,如《改革中党的建设》、《党的基本路线问题解答》获"首届全国党建优秀读物荣誉奖",《北京历史地图集》获"全国优秀图书奖"。其中获得地区型奖项的有 60 种,如《自然科学简史》、《粒子之谜》等获"北方十省市优秀科技图书"一等奖。到 1989 年,北京地区的图书发行销售点多达 2407 个,其中国营书店 216 个,社会办的全民、集体图书销售部门 738 个,个体书店(摊)853 个,农村供销社图书代销点近 600 个。与 10 年前相比,社会办的书店和个体的书店(摊)分别增长了 9.5 倍和 170 倍。北京和全国出版事业的发展带来了北京图书市场的繁荣,多层次、多方面地满足人民文化生活和精神生活的需要。1990 年 2 月,根据中央办公厅和国务院办公厅《关于压缩整顿报刊、出版社的通知》的精神以及国家新闻出版署的统一部署,对北京市属的出版社进行压缩整顿,北京市属的出版社压缩为 14 家。1990 年 1 月,中共北京市委宣传部向市属各书、报、刊、音像制品出版单位发出《关于健全书、报、刊及音像制品送审制度的通知》,加强市属新闻出版单位的管理。在改革开放后的十余年中,首都北京的出版社始终遵循党的新闻出版方针,牢牢把握正确的政治方向,不断改革创新出版体制,发展和繁荣北京的出版事业,建设社会主义文化。

1978 年,中央确立的党的工作中心转移的战略决策,给中国的体育事业带来生机。1978 年 1 月,全国体育工作会议在北京召开,会议提出了坚持党对体育工作的领导,促进青少年德智体的全面发展,坚持普及与提高的原则,积极开展各项体育竞赛,不断提高体育运动的成绩和水平。1979 年,国际奥委会恢复了中国在奥林匹克委员会中的合法席位。随着中国体育事业的恢复和发展,中国体育事业也开始与国际接轨,极大地推动了中国体育事业的发展。与全国一道,北京的体育事业在改革开放中得到迅速的恢复和发展。

进入新的历史时期以来,北京市的体育事业恢复和采取了"从难、从严、从实战出发、大运动量训练"的方式,不断积累经验,探索提高体育竞技水平的方法。与此同时,为了整体提高北京体育事业的水平和运动的竞技能力,大力发展北京的体育事业,北京市的相关体育部门采取了一系列的改革措施。首先,进一步加强了北京传统体育学校的建设,选择一批体育教师和场地等条件好的中小学分别定位为田径、游泳、足球、篮球、棒球、乒乓球等项目的"传统校",同时,在训练和比赛方面给予政策上的倾斜,并开展四年一次的评估检查。这些措施取得了明显的效果,体育教育的质量得到了提高,学生的水平得到了提升,为各级各类的运动队和学校输送了大批人才。其次,不断建立和完善训练体制。1986年以前,北京市仅有优秀运动队和业余体校两个层次,优秀运动队承担着一、二线的训练任务,存在着诸多不适应体育建设的方面。1987年开始进行了改革,陆续建立了市运动学校和区县运动学校,从而构成了层层衔接的"四级训练体制"。这种训练体制针对性强、目标明确、效果显著。再次,把北京的体育纳入普通教育结构。1989年,北京市成立了7所体育运动技术学校,初步实现了体育体系与教育体系的结合,实现了体育教育方面较大的改革。一是把文化教育管理权如学籍管理、教学大纲的制定、教学计划的实施和课程设施交给教育部门。二是运动员工资分为奖学金和奖训金,激励运动员通过努力创造优异的成绩。这种双轨制的改革措施,不但提高了运动员的竞技能力,同时极大地提高了运动员的文化素养。20世纪80年代体育事业的发展中,培养和涌现了如郎平、杨晓君、张林、陈力、聂卫平、谢军、韩雪、晁娜、王睿等一大批优秀运动员。

新时期以来,北京举办了一系列的全国性的体育运动会,北京的运动员们在全国和世界性的体育运动中取得了许多优异的成绩。1979年9月,第三届全国运动会在北京召开。北京代表团进入决赛的运动员有255人,共获得金牌43枚、银牌37枚,有17人5队37次打破23项全国纪录。1982年7月,北京市举行了第六届运动会,有力地推动了北京体育运动的普及和发展。1982年8月,第一届全国大学生运动会在北京举行,2255名大学生运动员参加了田径、竞技体操和乒乓球4个项目的比赛。1983年9月,第五届全运会在上海举行,北京体育代表团进入决赛的运动员有305人,共获得金牌17枚、银牌22枚、铜牌23枚,21人14次打破14项全国纪录。1984年,第二十三届夏季国际奥林匹克运动会在洛杉矶举行。中国运动员许海峰取得了中国历史上第一枚奥运会金牌。中国体育代表团在此次奥运会上共获15枚金牌、8枚银牌和9枚铜牌。1985年9月,北京市举行首届民族体育运动会。同年,还在北京举行了第二届工人运动会,第一届全市残疾人运动会。1986年8月,第七届世界杯体操赛在北京举行。1987年5月,第五届世界羽毛球锦标赛在北京举行。1988年,在北京举办并由北京市承办了第一届全国农民运动会。1980年至1987年,北京的优秀运动队在国际国内重大比赛中,有13人5次打破(超过)4项世界纪录,6人3次平3项世界纪录,12人获得世界冠军。1985年至1987年,有20人获得国际运动健将称号,取得了令人瞩目的成绩,激励了运动员们的积极性,促进了北京体育事业的蓬勃发展。

同时,北京的群众体育事业也得到了较大的发展。1978年10月,北京举办了第一届老年人新长征运动会。在1979年、1980年又举办了第二和第三届。期间,北京市还举办了离休老干部运动会、军队离退休干部运动会、北京市老年人室内康乐运动会等。1981年9月,首届北京国际马拉松邀请赛举行,并决定此后每年将在北京举行一次,并在我国第一次设立"体育发展奖"。1986年10月,北京市农民体育协会成立,并举办了首届北京市农民运动会,有14个区县的958名选手参加了比赛。1989年,北京市各区县积极贯彻《北京市群众体育工作量化指标及评价办法》,要求按照量化管理对各区县群众体育工作机构的设置、建立行业体协、经费、场地设施,以及达到体育锻炼标准的人数、体育人口、输送人才、竞赛活动、领导决策等等做出具体的要求,规定评比的标准。1990年5月,首届"昆明湖杯"龙舟赛在颐和园举行,揭开了北京六大公园迎亚运活动的帷幕,掀起了"人人锻炼迎亚运"的群众性体育活动,从而使北京市的体育运动变得更加丰富。

对首都北京乃至中国的体育事业来说,20世纪80年代一个最重要的标志就是,1984年9月在韩国汉城召开的亚奥理事会上,以无记名投票通过决议:第十一届亚运会于1990年9月在中国首都北京举行。北京市委、市政府高度重视北京体育事业的发展。1986年1月,北京市委、市政府发出《关于进一步发展北京体育运动的决定》,要求重点抓好学校体育、大力加强运动队伍后备力量的培养、加强优秀运动队建设、积极开展群众体育活动、发展社会力量办体育,促进体育社会化。到1989年,全市共有各种体育场地6036个,中小学的体育设施得到了提高和完善。1989年2月,北京市体育工作会议召开,会议提出:"全面加强学校体育,促进体育体系和教育体系的紧密结合,培养适应社会需求的建设人才和体育人才"。为了开好第十一届亚运会,北京加紧加快城市环境整治和首都体育设施的建设,到1989年年底,共有11个亚运会场馆竣工。1990年2月召开的北京市城市管理工作会议提出了"维护稳定、确保亚运"的方针。1990年9月22日至10月7日,第十一届亚洲运动会在北京举行,这是北京也是中国第一次举办大型的国际性体育运动盛会。在这次运动会上,北京体育代表团的运动员共获得金牌30枚、银牌9枚、铜牌5枚,取得了瞩目的优异成绩。

第十一届亚运会的成功举办,成为了首都北京和全国体育发展的一个新起点。1991年2月,邓小平提出"办了亚运会还要办奥运会",这是对中国体育事业发展提出的更高的要求和指示精神。1991年2月,中国奥林匹克委员会在人民大会堂举行全体会议。北京市政府向中国奥林匹克委员会提交了《承办2000年第27届奥林匹克运动会申请书》,全体委员一致同意北京市为我国申请举办第27届奥运会候选城市。1991年4月,经国务院批准,"北京2000年奥林匹克运动会申报委员会"正式成立。1991年12月1日,北京市承办2000年奥林匹克运动会申请书递送仪式举行,正式向国际奥委会提出承办2000年第27届奥林匹克运动会申请。4日,申办委员会在国际奥委会总部向国际奥委会主任萨马兰奇呈交了申请书。由此,首都北京体育事业的发展踏上了新的征程。

八、新时期北京的公共文化体系、文化旅游与文化交流

"文化大革命"期间,北京的文化事业遭到了巨大破坏,公共文化体系建设以及文化旅游、文化交流事业基本处于停滞状态。党的十届三中全会的召开,开创以经济建设为中心的局面,文化事业有了较大的调整、恢复和发展。新时期的北京公共文化、文化旅游、文化交流都经历了一个"百废俱兴"的恢复和发展过程。公共文化体系建设方面,博物馆数量持续增长,行业办馆、地方办馆以及小型馆、专题馆有较大发展;图书馆全面恢复,出现一些新形式的基层图书馆、室;文化馆、站基层网络迅速壮大;文物保护步入轨道;档案馆的利用也开始确立了法律保障。文化旅游方面,传统观光旅游得到恢复和持续的发展,民俗文化旅游于80年代中期兴起,政府于80年代中后期开始的大力推介也有力地推动了文化旅游的发展。在对外文化交流方面,文化交流突出恢复、巩固和扩大对外交往的政治宣传功能,努力重塑中国国际形象,宣传中国特色社会主义文化和现代化建设成就;逐步制定文化交流开放性政策法规,引入制度化和法规化管理;重组原有资源,新设专门的对外文化交流机构,从官方交流、集中管理的运作模式逐步转向官方与民间多样化合作运行;传统文化作为对外文化交流项目的主要内容,成为长期的保留项目。

公共文化服务体系方面,1978年以后,北京的公共文化体系建设伴随着国家大环境的转变,从动乱的创伤中实现了初步的恢复和发展,各项资

金和人力、物力的投入得到了充实和加强。经过这一时期的积累,北京的文化设施投资从"六五"期间的不足亿元,大幅上升到"九五"时期的33亿元,在文化设施的建设上可谓百废俱兴。从预算和经费上我们可以充分看到北京市委、市政府对文化事业的重视:1980年北京的文化事业预算拨款为1146万元,1985年已增加到2333万元,1990年则为4592万元。而从文化事业费的预算内支出来看,北京市同样有着大幅度的增长:1980年为1146万元,1985年为1965万元,1991年增加到4101万元。在这样的政策背景和资金扶持下,公共文化设施的建设有了长足进步。据统计,1978年北京的文化馆、文化站各为3个,而1979年则都暴增到28个;公共图书馆也从1977年的11个增加到18个,此后又有所增长,在20世纪80年代后长期稳定在22—23个左右;博物馆、纪念馆则从1978的15座发展到1991年的50余座。

首先从博物馆情况来看,博物馆数量持续增长,行业办馆、地方办馆以及小型馆、专题馆都有较大发展。1949年新中国成立初只有历史博物馆和故宫博物院2座。1966年至1976年的"十年动乱"期间,和全国一样,北京地区的博物馆事业也遭到一场浩劫。各博物馆的领导机构和业务工作普遍受到冲击,陷于瘫痪状态,许多专业人员下放劳动改造。到1978年,北京仅有各类不同规模的博物馆、纪念馆15座。"文革"结束后,1982年的中共"十二大"政治报告中明确指出发展博物馆事业的重要意义。市委、市政府也逐步消除"十年动乱"给博物馆界造成的破坏,北京的博物馆事业也开始呈现出欣欣向荣的复苏景象。到1979年其数量即已发展为38座。1985年北京地区已有各类博物馆、纪念馆和具有博物馆性质的文物单位62座。除了开馆的数量大大增加外,藏品数量、建筑面积以及使用效能也得到了充分提高。1990年各博物馆建筑面积已达86.9万平方米,藏品160.5万件;一年来共举办各种陈列、展览240余个,观众达2900余万人次。1992年仅市、区县所属博物馆(国家级的除外)全年就举办展览140个,接待观众900万人次,其中不少用于爱国主义教育、青少年教育等。

从办馆主体看,80年代以来办馆主体逐渐多样化,行业办馆、地方办馆等趋势得到加强,涌现了一批具有行业特色、地方特色的博物馆。行业性的例如中国医史博物馆、中国航空学会北京航空馆、中国钱币博物馆;地方性的如门头沟区博物馆、通州区博物馆、昌平博物馆等。从规模来看,中、小型的博物馆发展比较迅速,如仅有1000余平方米的平谷县上宅文化陈列馆。从内容和主题看,综合性和历史性的博物馆之外的各种专门性的博物馆以及纪念馆、名人故居等也有较大增长,比如大钟寺古钟博物馆、焦户庄地道战遗址博物馆、长辛店"二七"纪念馆、茅盾和宋庆龄同志等人的故居等。在管理体制上,深化市场机制的改革。市属的一部分博物馆于1989年开始施行馆长聘任制和经营承包责任制。博物馆的活动方式也逐渐突破单一的收藏、展览等功能,开展文化庙会、"金石书画节"等多种文化活动,使博物馆向更具综合性的文化平台开始迈出了步子。甚至还有一些如东城区的智化寺开辟了为私人藏品举办展览的活动,不仅促进了博物馆内容的丰富和多样,也蕴藏着以后私人办馆的萌芽。从开馆数量上看,1978年之后每年都有新馆向社会开放,博物馆数量逐年增长。1979年有慈悲庵博物馆;1980年有香山双清别墅纪念馆等3处;1981年有首都博物馆;1982年有宋庆龄同志故居、雷锋资料展览馆等4处;1983年有北京大葆台西汉墓博物馆、李大钊烈士陵园陈列馆、徐悲鸿纪念馆(新馆);1984年有门头沟区博物馆、曹雪芹纪念馆、北京市文天祥祠文物保管所;1985年有大钟寺古钟博物馆、平西人民抗日斗争纪念馆、中国现代文学馆、茅盾故居等6处;1986年有梅兰芳纪念馆等3处;1987年有中国人民抗日战争纪念馆、北京长辛店"二七"纪念馆、北京石刻艺术博物馆等7处;1988年有北京市昌平博物馆、郭守敬纪念馆、郭沫若纪念馆等6处;1989年有平谷上宅文化陈列馆、中国第四纪冰川遗迹陈列馆、中国航空博物馆;1990年有山戎文化陈列馆、中国体育博物馆、冀热察挺进军司令部旧址陈列馆、坦克博物馆(1998年更名前为人民装甲兵陈列馆)等10处;1991年的密云博物馆、炎黄艺术馆(民办公助)等4处;1992年的中国钱币博物馆、通州区博物馆、团城演武厅管理处等6处。

"文化大革命"结束后,党和国家也开始加强图书馆建设,出台了一系列政策法规。1978年,教育部颁发《关于加强高等学校图书资料工作的意见》;同年11月,国家文物局颁发《省、市、自治区图书馆工作条例(试行草案)》。1978年和1983年的全国人大会上国务院所作的《政府工作报告》中,先后提出要"发展各种类型的图书馆,组成为科学研究和为广大群众服务的图书馆网","要大力加强图书馆的建设"。"六五"计划中也提出:"目前尚无公共图书馆的省、县,要逐步地建立起来,在大中城市要建立儿童图书馆。"1980年5月,中共中央书记处第二十三次会议讨论了文物工作和图书馆工作,决定在文化部设立图书馆事业管理局,通过了《图书馆工作汇报提纲》,强调要发展图书馆事业,改善图书馆条件。1987年8月,中宣部、文化部等联合下发了《关于加强和改进图书馆工作的报告》,要求加快图书馆事业的发展,使图书馆工作和社会主义现代化建设事业更加紧密地结合起来,对图书馆工作进行改革。这种背景下,全国县以上公共图书馆经过恢复,从 1978 年的 1256 所达到 1980 年的 1732 所,1984 年又增至 2217 所,至 1989 年年底已达 2512 所,这些图书馆共拥有藏书 28368 万多册,全年服务读者 11900 万人次,借阅书刊 18066 万册次。在硬件建设上也有长足进步,1986 年北京的公共图书馆共有 72599 平方米,4574 个阅览座席,1987 年增加到 20.6 万平方米,7473 个阅览座席。这一时期高校图书馆也有了很大发展。1966 年北京有高校图书馆 55 个,到 1993 年年底增加到 67 个;1966 年 55 个图书馆的馆舍面积为 20 万平方米,到 1993 年年底 67 个图书馆的馆舍面积已达 498027 平方米。

北京的图书馆中,国家图书馆占的比重是很大的。横向来看,国图的规模和服务质量远远超过了其他市级、区县级图书馆。比如 1990 年北京的公共图书馆总藏书 2205.4 万册,而国图就占了 1598.1 万册,其余的为其他 22 个图书馆所分有;总计 249981 平方米的建筑面积中,国图占了 186402 平方米;总计 1044.2 万册次的借阅册次中,国图占了 654.6 万册次。这一时期,除国图外的各市级、区县级公共图书馆同样有很大发展。从总藏量来看,1979 年和 1980 年为 483 万册和 548 万册、件,而 1985—1991 年间逐年分别为 560、502、532、564、585、607、632 万册、件。从流通人次来看,1979 年为 126 万人次,1985 年至 1991 年间各年分别为 142、136、127、147、160、180、226 万人次。总收入则从 1986 年的 16 万元逐年增加,此后各年分别为 20、83、92、97、122 万元,1991 年增长到约为 1986 年的 8 倍。而它们的总支出的增长幅度同样也很大,1979 年和 1980 年为 142 万元和 130 万元,1985 年至 1991 年各年为 284、398、448、502、642、733、775 万元,1991 年比 1979 年增了 4 倍多。

在形式上,开始出现一些适应新形势、新需求的新型图书馆。1984 年北京建成了第一个独立的区级少年儿童图书馆——石景山区少年儿童图书馆。家庭图书室也崭露头角,1983 年大兴县农民星鸿翔创办了第一户家庭图书室,至 1988 年大兴已发展家庭图书室 14 家。它们多为农民或退休职工用自己的住房自费购买图书开展图书借阅,有的不收费,有的收费很低。其他一些区县也陆续有农民自己办的家庭图书室诞生。1990 年,由旅美华侨、美国民间组织和北京市图书馆学会筹建的顺义县扬镇爱华图书馆开放。

除博物馆、图书馆外,文化馆、文物单位、档案馆等公共文化事业也有很大的恢复和发展。经过拨乱反正和调整,文化馆、站的基层网络迅速壮大。1981年起北京各区县文化馆进行改建、新建,到1993年有16个馆全部建成新馆舍,总面积是"文革"前的5倍。1982年,全国人大五届五次会议上,把"六五"期间要基本上达到"乡乡有文化站"的目标,列入了国家的社会发展计划。1984年国务院办公厅转发文化部《关于当前农村文化站问题的请示》的通知,再次明确文化站的性质、任务、隶属关系。文化站的经费来源也有了较多增加,在70年代末,市里为乡文化站每年投入600元、街道文化站每年900元;进入80年代中期后,经费转至区县,每站增加到1000元至3000元。经恢复调整,1978年北京的87个文化站到1980年增加到142个,1985—1991则稳定在300多个。这些文化站中大部分是民办站,比如1985年的369个文化站中有民办文化站330个。除了文化馆、站外,文化中心、文化俱乐部(室)、文化户等文化设施也有较大发展。到1989年全市有农村集镇文化中心20个,各区县文化俱乐部(室)1244个,文化户344个①。各级文化馆、站在群众文化活动中起到了重要的组织、培训和提供资源等作用。1978年区县文化馆组织文艺活动516次,1983年达到1015次;到1990年22个文化馆举办展览145个,举办报告讲座185次,组织文艺活动1406次,举办各种业余训练班665班,培训结业人数29822人。

十一届三中全会以后,北京市的档案工作以及市档案局、档案馆、其他各级档案机构也得以恢复。1980年5月中共中央书记处做出关于开放历史档案的批示。1988年1月1日《中华人民共和国档案法》正式实施,它明确了任何公民都有查阅开放的档案的权利。从1978年到1995年年底,全市到各级档案馆查阅档案的利用者超过21万人次;利用档案88.2万卷次。比如1990年利用档案达111472卷件次,利用人次达25078人次。此外,档案馆自身的设施建设上取得的成绩也是可喜的。"六五"至"七五"期间,全市新建成的区县档案馆12个,"八五"期间北京市共投资约3800万元,新建了总建筑面积为18926平方米的东城、朝阳等的6个区县档案馆。1987年全市各区县档案馆建筑面积仅为10695平方米,馆藏案卷86.13万;而1988年则在建筑面积上约翻了一番,达到21472平方米,馆藏案卷则突破百万达到115.98万卷件。1989年,各档案馆总建筑面积又大幅增长了约50%,达到31280平方米,馆藏案卷也增长了近40%,达到156.28万卷件。

---

① 北京市统计局编:《北京社会经济统计年鉴(1990)》,北京:中国统计出版社,1990年,第147页。

1989年和1990年,北京的档案馆馆藏的全宗档案分别达1225、1332个,案卷档案分别达156.3万卷和167.4万卷,零散文件长度达122米,照片档案达21343和33505张,音像影片资料也达1936到2238盒[1]。1990年,建筑面积达到33491平方米,利用档案资料的人次也从前几年的一万三四千大幅增加到2.51万,馆藏案卷数则从1989年的156.28万进一步增加到167.37万。

新时期北京的文化旅游开始恢复和兴起。改革开放之前,北京的旅游事业主要由外事部门等相关政府机关负责管理,主要任务是政治和外事接待、"民间外交",贯彻以政治接待为主、盈利为辅的方针。1956年,北京华侨服务社(北京中国旅行社前身)成立,1958年中国国际旅行社北京分社成立,这些旅行机构规模都不大,接待量也很有限。"文革"期间,北京的旅游事业更是陷入停顿,平均每年接待仅400人左右。随着"文革"的结束和体制改革的进行,旅游事业也逐渐有了复苏。1978年北京市成立了旅行游览事业管理局,1983年改称为北京市旅游局。1979年9月,全国旅游工作会议提出旅游工作要从"政治接待型"转变为"经济经营型"。这种转型的初步结果是旅游从"接待"转变为"开发建设"与"接待"并举,各种入境旅游、国内旅游开始恢复和发展。据统计,"七五"计划时期北京市累计旅游收入为110.5亿元人民币,比"六五"期间增长4倍。从各个年份来看,1978年至1984年,各年入境旅游者人数逐年迅速上升,分别为18.7万、25.2万、28.6万、39.4万、45.7万、50.9万和65.7万人次。

对一些传统的观光旅游资源比如文物古迹、历史名胜的保护和开发也有相当成效。1980年北京市列入重点保护的名胜古迹77处,已正式开放和自然开放的32处,列入第一批全国重点文物保护单位的名胜古迹18处。[2] 而1982年北京市列入重点保护的名胜古迹79处,已正式开放和自然开放的40处[3]。1981年11月,《北京市文物保护管理办法》正式发布实施,比《中华人民共和国文物保护法》早了一年。1982年,国务院《关于保护我国历史文化名城的请示的通知》中,"历史文化名城"的概念被正式提出,在第一批24个历史文化名城中,北京列为首位。同年,《北京城市建设

---

[1] 北京市统计局编:《北京社会经济统计年鉴(1991)》,北京:中国统计出版社,1991年,第557页。
[2] 北京市统计局编:《北京市统计年鉴(1980)》(内部资料),1981年,第184页。
[3] 北京市统计局编:《北京市统计年鉴(1982)》(内部资料),1983年,第292页。

总体规划方案》提出要保护历史文化名城、文物古迹和革命文物。1991年年底,北京有各级文物保护单位1200多处,其中国家级文保单位35项,市级文保单位174项,多数已对外开放。1999年《北京旧城历史文化保护区保护和控制范围规划》公布实施,重新认定了旧城内第一批25个历史文化保护区的范围。《北京旧城25片历史文化保护区保护规划》于2002年通过批准,它将25片历史文化保护区分为15个单元并编制了详细的保护规划。

1984年以前的文化旅游模式有限,机制单一,主要依靠一些文物古迹、名胜的参观游览,缺乏其他多样化的文化旅游项目。这种单一性在此后若干年都一直保持着一定的惯性,阻碍了北京文化旅游和旅游经济的发展。80年代后期一份关于游客对北京旅游资源的需求比例的调研显示,游人最感兴趣的几个项目是八达岭、皇家建筑、动物园、古典园林等,即一小部分传统意义上的重点游览区[①],此时尚无民俗旅游、工业遗迹旅游等概念,庙会、灯会等文化旅游项目也尚未兴起。据初步统计,80年代后期北京开放的各类游览点200多处,其中大部分为公园、文物古迹和博物馆,分别为45处、89处、40处,除去20多处非文化旅游资源的郊野风景点之外,传统的参观类资源之外的文化旅游资源则寥寥无几,旅游内容和形式显得非常单一。从游客的游览对象来看,"六五"期间,北京市各文物古迹、风景名胜共接待外宾1120万人次,其中故宫、天坛、八达岭长城、定陵地下宫殿、颐和园、北海公园、动物园7个点就接待了996.58万人次,占总数的89%。

80年代中期以后,北京市的文化旅游开始朝着愈来愈多样化、差异化的方向发展,在资源门类、经营方式、规划整合上都不断朝着新的台阶迈进。首先是80年代中期兴起的城市民俗文化旅游,对名胜古迹的观光游,既构成了一定冲击,也带来了新思路,起到了重要的补充作用。80年代末期出现的大范围、多渠道的政府性文化推介活动,在介于政府行为和市场行为的交叉地带间,为文化旅游的发展起到了重要的宣传促进作用。1985年,国家旅游局的《关于当前旅游体制改革的几个问题的报告》,提出旅游管理体制实行"政企分开,统一领导,分级管理,分散经营,统一对外"的原则,体制上的深化改革给旅游界带来了更多的活力。1985年至1990年间筹办亚运会的工作给旅游事业产生了一定的促进作用。同时,一些政府部

[①] 首都社会经济发展研究所编:《北京旅游发展战略》,北京:北京燕山出版社,1989年,第113页。

门和旅游业界人士开始意识到文化旅游资源在内容和形式上的单一。因此,北京市以区县等各级政府为主体,开始开发和打造一些新的文化旅游资源,为传统文化观光旅游的发展注入新的动力。

1984年起,龙潭庙会开始举办。1985年,东城区在地坛公园举办了春节文化庙会,其中包括木偶、宫灯、相声、皮影、评书、象棋等150多项传统民俗活动,产生了很大的社会影响,此后成为了庙会资源的一个著名品牌。1990年亚运会时特地举办了夏季地坛庙会,广受国外游客欢迎。此后,龙潭庙会、白云观庙会、东岳庙庙会以及厂甸文化庙会等连续多年举办。到1989年,东城区的地坛庙会游客达126万人次;崇文区的龙潭庙会游客达80万人次;而西城区的白云观庙会游客达15万人次[①]。20世纪80年代中后期,灯会方面燕山元宵节灯会和延庆龙庆峡冰灯艺术节等开始举办,如龙庆峡冰灯艺术节自1987年开始每年举办。1989年的第三届龙庆峡冰灯艺术节门票收入16万,接待中外游客30万人次;北海公园荷花艺术展和冰灯展,参观人次分别达180万人次和14万人次;八大处重阳游山会接待游人35万人次,综合收入24万元。这些各种形式的区域性庙会和灯会打造了文化战线上一道新的民俗风景。地坛庙会、白云观庙会和龙潭庙会为代表的春节庙会以及紫竹院元宵灯会、燕京啤酒节、龙庆峡冰灯节等成为了比较知名的文化旅游项目。如1987年第一届白云观民俗迎春会举办,至2000年连续举办14届,累计接待游人360万人次。1995年北京大观园红楼庙会开始举办,成为京城春节期间的四大庙会之一。庙会、灯会的大批出现,实际上是对单一的名胜古迹观光游的自我调整。在1985—1987年期间这种调整主要是对非物质型形态的文化资源的强调。80年代中期开始运营的"大观园"投资160万元,经过10年经营,门票收入过亿元,总资产达到2亿元。1986年由市旅游局、园林局、文物局等单位主持开展的北京风景名胜评选活动中评选出来的新北京十六景是:天安门广场、故宫、八达岭长城、北海、颐和园、香山、十渡、周口店"北京猿人"遗址、龙庆峡、大钟寺、白龙潭、十三陵、卢沟桥、慕田峪长城、大观园。其中,以"红楼"文化为特色的大观园的入选昭示着传统的名胜古迹的"硬"观光游览已开始逐渐转向软文化旅游。90年代初宣武区成功运作了"天桥乐茶园",使一些濒于消失的地方剧种和传统曲艺重新获得了用武之地。这些都体现了城市民

---

① 北京市统计局编:《北京社会经济统计年鉴(1990)》,北京:中国统计出版社,1990年,第147页。

俗在旅游市场中开始取得自己的地位。

新时期以来实行的改革开放政策为北京的对外文化交流开创了新的局面。新中国成立后,由于世界各大国实力消长变化,两极格局形成,刚刚摆脱受压迫地位的中国为维护世界和平、反抗霸权政治而努力,与亚非拉各国结成友好同盟,在政治、经济、文化各个领域密切合作。这一时期的中国与亚洲、非洲、拉丁美洲的文化艺术之间的交流空前加强,北京是社会主义的在世界取得胜利的重要旗帜之一。"文革"期间,对外文化交流被当成"国际意识形态内的阶级斗争"遭到了极大的干扰和破坏。1971年,联合国恢复中国的合法席位,一批国家开始与中国建立或改善外交关系,对外文化交流才有所改观。在新中国成立以来直至改革开放之前,北京的对外文化交流,由于国际国内的客观原因,发展得并不顺利,导致中国与世界的彼此隔膜。一方面国际上对中国的误解,所谓的"中国威胁论"时隐时现,或者对中国持冷漠轻视的态度,另一方面中国对世界有许多无知之处。随着新时期的到来,随着经济的改革开放,中国社会的各项事业取得飞速发展,对外文化交流也由凋敝阶段快速进入恢复并持续高速发展的阶段。

1978—1992年,是北京市对外文化交流重新开始起步到飞跃的剧变阶段。1978年,党的十一届三中全会召开,提出了拨乱反正的政策和"改革开放"的方针,彻底清算对外文化思想战线的极"左"思想影响,重新定位并高度重视对外文化交流工作的意义和作用。在短短十几年间,北京市的对外文化交流得到迅速恢复和不断增长。北京市出访国外及港澳台地区和接待国外及港澳台地区的交流项目,从1978年的3批92人次,增长为1992年的140项1962人次,这一阶段的优秀成绩为其后腾飞和更高的超越打下了坚实的基础。

从功能和主题上看,新时期的文化交流突出恢复、巩固和扩大对外交往的政治宣传功能,重塑中国国际形象,宣传中国特色社会主义文化和现代化建设成就。历史上,北京是世界了解中国文化不可或缺的窗口,进入新时期后,北京更是中国向世界发出友好、建交愿望的重要通道。"文革"结束后,国家确立巩固、恢复、扩大对外交往,为改革开放营建良好的外部环境的总体目标,北京与国外及港澳台地区的文化交流活动也主要是围绕这一目标展开,在交往国家和地区的选择,在交流时间、项目的计划和设计上,与中国的外事活动紧密配合。文化外交往往成为政治外交的"先行官",通过文化交流,吸引外国对中国的关注和兴趣,加深对中国的了解,重塑中国的国际形象,向世界展示中国改革开放的发展进程与成就。根据整体外交的要求,中国对外交流协会采取"友好城市"的形式,以城市为单位深入地与其他国家进行政治、经济、文化交流,在巩固、恢复和扩大对外交往的政治功能上,展示了北京为其他城市无法比拟的代表性和影响力。以日本为例,日本在中国的外交关系中具有重要的战略意义,日本文化与中国文化有着深厚复杂的联系,改革开放后,中日外交关系进入新的阶段,在这一阶段北京与日本东京结为友好城市,进行频繁的文化交流。从1981年到1991年的10年间,北京、东京互派各类对口代表团近150个,两市下属各区也相继进行了各种形式的交流活动,在文化、经济、教育、体育、医疗卫生、科学技术、市政管理、城市建设等方面,北京与东京进行了广泛而富有成果的交流,进一步加强了两国人民的友好往来,通过友好城市间频繁而细致的文化交流,很好地促进了中日友好事业的发展。

在制度建设上,逐步制定文化交流开放性政策法规,引入制度化和法规化管理。对外文化交流是改革开放的应有之义,新时期到来,中国不断加强与国际的联系,建立外交关系,同时与多个国家签署文化合作协定,1979年至1992年,我国先后与120个国家建立外交关系,与其中多数国家签署文化合作协定。文化合作协定确立了与他国在文化、艺术、教育、体育和旅游领域的合作意向,鼓励民间交流,展示了中国的开放态度和对于文化交流的清晰认识,为全国各行政单位和职能部门做出指引。为确保文化交流正常充分的发展,中央部门制定颁布了一系列全国适用的规范性文件。这些规范性文件中有促进文化交流,推动文化团体单位体制改革的整体性指导。北京市文化局除遵守国家制定的规范性规章之外,根据本市的特点制定了相关的管理规范:1984年北京市文化局印发《关于本市直属专业艺术表演团体当前改革、建设的几个问题》,1990年《北京市专业文艺表演团体管理暂行规定实施细则》,1990年《北京市文化局对外文化交流工作管理办法》、《北京市文化局因公出国人员护照管理办法》,《北京市文化局关于加强持因私护照出境人员审批和管理的通知》等,这些规章制度针对性强,对本市的对外文化交流起到了很好的规范和促进作用。

在运作方式上,对外文化交流重组原有资源,新设专门的对外文化交流机构,从官方交流、集中管理的运作模式逐步转向官方与民间多样化合作运行。随着改革开放的步伐加速,包括西方国家等越来越多的国家和团体与我国进行文化交流,在对文化外交的重要性的充分认识的基础上,1982年5月,国务院决定在文化部内设对外文化联络局,主管对外文化交流。1986年7月,文化部直接指导和支持成立中国对外交流协会,从事民间文化交流,为非赢利性的全国社会团体。北京市根据华北地区对外宣传工作协作会议关于"五省、市、自治区分别成立对外文化交流协会"的建议,1986年11月,成立北京市对外文化交流协会。市对外交流协会由北京市文学艺术、新闻出版、广播电视、文物、体育卫生、科技教育等各界知名人士组成,与市文化局、市外宣办协调合作从事海外文化交流,既是民间团体,也是北京市对外宣传小组对外开展文化交流的对外名义,其办事机构为中共北京市委宣传部对外宣传处。此外,成立于1957年的北京演出经理公司,1983年改名为中国对外演出公司,成立于1978年的中国展览交流中心,均归属于文化部,为全国性的文化艺术对外经营管理机构,这些机构团体的设立为文化交流的扩展提供了组织和管理上的保证,灵活适应对外文化交流的需求。成立于1988年的北京市文化交流公司,是一个改革开放后北京对外文化交流快速发展的典型的体现。公司以弘扬中华民族文化、促进国际间文化事业的往来和交流活动为宗旨,主办或承办国内外有偿演出、展销及开拓国际文化市场等经营业务。公司自成立至1993年年底,共派出各类艺术表演团组9批,分别赴德国、美国、加拿大、日本、新加坡、印度尼西亚、马来西亚和蒙古等国家进行友好交流或商业性演出;共接待各国艺术团、组20批,他们分别来自美国、奥地利、墨西哥、南斯拉夫、俄罗斯、日本、韩国和马来西亚等国家。派出和引进的艺术演出均受到国内外观众的热烈欢迎,获得良好的社会效益和经济效益。新时期成立的专门的对外文化交流机构,逐渐改变原有以官办项目为主,集中管理的模式,在内容上也修正了对政治效应的偏重,淡化了政治色彩,增加了社会和民间的参与度,从而扩展了文化交流的规模和影响范围。

就内容而言,传统文化是对外文化交流项目的主要内容,成为长期的保留项目。中国国门重开之初,世界对中国的了解还停留在古老的东方帝国的旧印象。以文学为例,中国社会科学院外国文学研究所《世界文学》1989年曾通过问卷的形式对苏联、日本、巴西、阿根廷等国的作家对于中国文学的了解进行调查,结果表明外国作家对中国文学的了解大部分停留在古典文学(《史记》、杜甫的诗歌、《红楼梦》、《西游记》),少量的现代文学(鲁迅),对于新中国的文学则几乎一无所知(当然也还是有,比如王蒙、蒋子龙、冯骥才、邓友梅的短篇小说)。这种情况同样发生在艺术演出领域,许多外国人只知道中国的京剧,更具体地是,中国的梅兰芳。面对这样局限期待视野,北京的对外文化交流有着自身的先天优势,在最初十年的对外文化交流演出项目中,内容以京剧、杂技、木偶、曲艺等传统艺术形式为主。以建立于1957年的北京昆曲院为例,原隶属于文化部,1959年划归北京市。"文化大革命"中,剧院曾经停办,1979年恢复后,剧院先后出访日本、中国香港、芬兰、俄罗斯、瑞典等国家和地区,受到外国人士的赞扬。洪雪飞、韩建成、蔡瑶铣、侯少奎等昆曲名家曾先后到美国、西德、中国台湾等国家和地区讲学。另一个代表的是话剧《茶馆》,1980年,《茶馆》剧组应邀赴联邦德国、法国、瑞士三国的15个城市进行访问演出,这是中国话剧第一次出国演出,此后《茶馆》成为北京对外文化交流的保留剧目。北京人艺的《茶馆》作为新时期第一个出访演出的话剧并常演不衰,正是因为这部剧作浓缩了中国重要的时代变迁,通过它让世界了解了中国的一段沧桑历史,了解了中国人民的苦难遭遇和艰苦奋斗的顽强精神。这部剧作的背景正是在北京,京腔京韵,老北京的风物人情,与世界现有的文化想象相符合,拉近了距离,也成为他们了解北京、了解中国的重要窗口之一。

第四章　深化改革与北京文化发展

1992年邓小平"南巡讲话"和中共十四大的召开,标志着中国改革开放事业的进一步深化和发展,中国的社会主义现代化建设进入了加速发展的新阶段。中共十四大决定,以邓小平理论为指导,深化改革,扩大开放,发展社会主义市场经济,要抓住机遇,加快发展,我国经济体制改革的目标是要建立社会主义市场经济体制。在深化改革和扩大开放的社会主义现代化建设中,中国的文化建设也进入了进一步改革、发展和繁荣的历史阶段。20世纪90年代,北京市积极开创首都社会主义两个文明建设的新局面,适应新的时代要求和建设需要,对城市总体规划进行了修编,在首都城市的总体规划和建设中,进一步明确了北京的城市文化定位,北京作为历史文化名城的文化保护工作取得了更大的进展;在进行首都社会主义物质文明建设的同时,首都的精神文明建设取得了更大的成就;社会科学的发展和文化艺术的创作变得更加繁荣,基础文化设施的建设与公共文化服务体系逐步完善。在社会主义现代化建设的新的历史阶段,首都北京的文化事业也进入了深化改革、快速发展的新阶段。

一、城市总体规划与城市文化定位

北京市1982年制订的《北京城市建设总体规划方案(草案)》以及1983年国务院关于《北京城市建设总体规划方案(草案)》批复精神,有力推动了改革开放和现代化过程中北京城市的建设和发展,对北京城市的文化定位也有了较以前更为深刻、更为明确的认识。北京城市的文化建设和城市文化遗产、传统风貌的保护取得了重要的成就。进入20世纪90年代,首都社会主义现代化建设的新发展和社会主义经济体制改革的不断深入，对北京城市的总体规划、建设目标和发展战略提出了新的要求。北京市不断研究首都城市发展的新形势，探索北京城市发展的新战略目标，制定了新的北京城市总体规划。在新的城市总体规划中，更加明确了北京作为全国文化中心和历史文化名城的定位。

1991年1月，北京市制定了"八五"计划纲要及十年规划，提出北京的城市建设"要围绕着首都是全国政治中心和文化中心这一城市功能，搞好城市发展与布局"。1992年7月，北京市第九届人大常委会第35次会议通过《北京市城市规划条例》，对北京的城市性质作了明确的定位，并对保护城市环境、历史文化遗产和传统风貌做出了明确的要求。第三条规定，北京是全国的政治中心和文化中心，北京的城市建设和各项事业的发展，必须根据和体现北京的城市性质。第四条提出北京的城市规划要从实际出发，依据北京市国民经济和社会发展以及自然环境、资源条件和历史状况、现状特点等情况，做到统筹兼顾，合理安排。第十二条要保护和改善城市的生态环境，加强城市绿化建设和市容环境卫生建设，保护历史文化遗产、城市传统风貌、地方特色和自然景观。第二十四条要求，在旧城区域内进行改建时，应当坚持继承、保护和发扬历史文化名城的传统风貌、城市格局、建筑风格和园林艺术；要划定文物保护单位的保护范围、建设控制地带和历史文化保护区，制定新建建筑物的高度、体量、风格和色调的规划要求，并对传统民居和反映古都民风民俗的街区实行整体保护。《北京市城市规划条例》第一次比较完整系统地确立了北京城市总体规划的基本原则和指导思想，提出城市建设和各项事业要体现北京作为全国政治中心和文化中心的城市性质，同时，《规划条例》把历史文化遗产和历史文化名城传统风貌的保护，提到了非常重要的地位。1992年12月，中共北京市第七次党代表大会强调指出"首都要充分体现政治、文化、国际交往中心的性质，更好地为中央、为全国、为全市人民服务"，"三个"中心、"三个服务"城市建设和发展的指导思想，进一步明确了首都北京的城市性质和功能定位。

为了充分体现北京作为"三个中心"的城市性质和实现"三个服务"的功能，北京市决定对城市总体规划进行新一轮的修编工作。为使新的总体规划更加科学、合理，更具有战略性和指导性，更切合北京作为首都城市的实际和发展要求，遵照北京市委、市政府和首都规划建设委员会的决定，从1991—1992年年底，北京市城市规划设计研究院对北京城市总体规划进行修订。为此，北京市组织了24个专题组，在总结以往城市规划和城市建设中的经验以及对北京城市现状和发展目标的研究基础上,就 24 个专题撰写了 70 多份专题研究报告。在此基础上,1993 年,北京市制定了为期 20 年的《北京城市总体规划(1991—2010)》。

在城市性质定位上,确定北京是伟大社会主义中国的首都、全国的政治中心和文化中心、世界著名的古都和现代国际城市。其中,"世界著名的古都"这一城市定位,与 1983 年版的《北京城市建设总体方案》有了重要的区别。原来的总体规划被北京定位为"国家级历史文化名城",这是在中国历史文化名城的坐标系上来定位的,而现在则提到了更高的层次,即在世界历史文化名城的坐标系上来确立北京的历史文化名城定位,"著名古都"的提法,更具有深厚的历史文化内涵。

在城市建设和经济发展上,新修编的城市总体规划提出了更适合北京作为全国政治中心和文化中心的规划。在城市建设上,提出要保证党中央、国务院在进一步改革开放的形势下,领导全国工作和开展国际交往的需要,为首都人民的工作和生活创造方便的条件。在经济建设上,北京要积极为全国的经济服务,大力发展适合首都特点的经济,更加注重首都经济的质的发展。建立社会主义市场经济体制和运行机制,形成多层次、全方位对外开放的格局和适应国际经济运行的能力,为建设具有现代化水平的、运转灵活的市场体系提供发展空间。更加突出高新技术的发展,集中力量发展微电子、计算机、通信、新材料、生物工程等高新技术产业,努力办好北京市新技术产业开发试验区,建设一批科技园区和经济技术开发区。《总体规划》还提出了大力发展第三产业的构想。提出要建立服务首都、面向全国和世界、功能齐全、布局合理、服务一流的第三产业体系。适应进一步扩大国际、国内经济活动的需要,建设具有国际水平的商务中心区和现代化的商业服务设施,逐步形成发达的消费资料市场、生产资料市场、房地产市场、金融市场、技术文化市场、信息服务市场和劳务市场。同时,把北京建设成第一流的国际旅游城市。这意味着不仅充分认识到了北京作为历史文化名城所具有的丰富深厚的文化旅游资源,而且比较深刻地认识到了文化旅游在传播北京历史文化,发展文化旅游经济中所具有的重要作用和地位。

新修编的城市总体规划更突出地强调了城市中心的文化特色,提出城市的改造必须与城市的文化特色相匹配,并且强调国家行政机构和服务型公共文化设施的建设。继续完成天安门广场和东西长安街(复兴门至建国门)两侧的改建,安排国家重要行政机构和大型文化设施,适量安排商业服务设施，从而形成庄严、美丽、现代化的中心广场和城市东西轴线，突显了该地区作为国家行政中心和文化中心的形象和地位。在规划中心广场和东西轴线的基础设施和文化设施的同时，新的总体规划对南北中轴线提出了更宏观也更具体的规划。旧城中轴线的南、北延长线两侧，主要作为大型公共建筑用地。中轴北延长线两侧及其北端，除已安排的奥林匹克体育中心外，慎重选择合适内容，建设能代表21世纪中国首都经济技术发展水平的、重要的大型公共建筑。同时提出了市区建设从外延扩展向调整改造转移，从以新区开发为主转向旧区调整改造与新区开发并重的构想，坚持"分散集团式"布局，加快旧城区的改造步伐，加强政治、文化中心功能，大力发展第三产业，完善各项城市基础设施和公共服务设施，保护历史传统风貌，改善城市环境。这些规划设施确实加强了北京市域中心作为政治和文化中心的功能，更加适合政治中心和文化中心的城市性质和定位。

城市建设和经济发展的明确定位，更加突出了科学技术文化在城市建设和经济建设中的地位和作用，在体现产业结构调整的同时，更加突出了技术与文化、经济与文化、文化资源与文化旅游之间的联系，文化作为一种软实力的地位得到了重视和提升。与此同时，新的总体规划也强调了城市文化、文化服务在城市经济中的作用。城市文化与城市商业发展、城市经济与文化服务的关系具有了更加密切的关系。总体规划提出加快调整改造王府井、西单、前门外原有的三大市级商业中心，建设成高水平、高档次、现代化的商业文化服务中心。依照多中心格局，建设朝阳门外、公主坟、海淀、木樨园、马甸等新的市级商业文化服务中心。在旧城内的鼓楼前、西四、新街口、北新桥、东四、东单、花市、珠市口、菜市口，以及在旧城以外的北太平庄、五道口、甘家口、三里河、酒仙桥、望京、六里屯、定福庄、南磨房、方庄、西罗园、丰台、古城、鲁谷等合适地点，通过调整用地，成街成片地建设70个左右地区级中型商业文化服务中心或商业街区，形成多层次、多功能的市场网络。

在首都的社会主义文化建设上，新修编的总体规划提出，在科学文化上，要充分利用北京深厚的文化基础，并进一步发展科学事业，发挥首都的科技优势，深化科技体制改革，把科技攻关以及新技术的研究、开发和产业化放到突出位置；发展科普事业，建立各种类型的科技博物馆；加强自然科学的基础理论研究，以及哲学和社会科学的理论研究，使科学技术水平在全国保持领先地位，一些科技领域接近或达到国际先进水平。在教育文化上，提出要切实加强教育工作，深化教育改革，提高教育质量，为现代化建设培养各种人才;积极鼓励社会办学,充分发挥首都作为全国高等教育基地的作用,加快地方高等院校调整与建设的步伐,为全国培养、输送高级人才;健全幼儿教育体系,在全面实施城乡九年制义务教育的基础上,普及高中阶段教育,大力发展职业教育和成人教育,提高全民教育水平。在体育、文艺、文化交流和新闻出版事业上,提出要进一步发展文化、体育事业,繁荣社会主义文艺,弘扬民族优秀文化,扩大国际文化交流,积极发展广播、电视、新闻、出版事业。在基础文化设施和公共文化服务体系上,提出要在市区重要地段,逐步建设国家大剧院,国家艺术宫、青少年宫及各类博物馆等国家级和市级大型文化设施,为开展国际、国内各类文化活动,充分展示我国和世界优秀文化成果提供场所,增强作为全国文化中心的功能;在区、县和街道、镇(乡),要普及和完善文化馆、图书馆、科技馆、影剧院等文化设施,以及各种游乐设施,开展多层次、多形式的群众性文化活动。在首都社会主义精神文明上,提出要搞好精神文明建设,加强社会主义民主法制建设和精神文明建设。新的《北京城市总体规划》对北京的总体城市文化建设和发展提出了比以往更高的要求和更高的目标,要求在科技研究和开发、文化建设、教育发展和精神文明建设走在全国的前面,努力搞好北京作为全国文化中心和首善之区的建设

在新的总体规划中,更加突出地强调了北京作为"世界著名的古都"的保护和建设规划。20世纪90年代的《北京城市总体规划》第一次设立独立的章节"历史文化名城的保护与发展",足以说明北京市此次《总体规划》对历史文化名城保护的重视。北京在历史的发展过程中,积淀了深厚博大的历史文化,充分利用北京的历史文化资源是建设历史文化名城的重要内容。《总体规划》提出,北京作为国家级历史文化名城,北京的城市建设要反映出中华民族的历史文化、革命传统和社会主义中国首都的独特风貌。

1993年10月6日,国务院批准《北京城市总体规划(1991—2010年)》,并做出重要批复。批复充分肯定,这个《总体规划》贯彻了1983年《中共中央、国务院关于对〈北京城市总体规划方案〉的批复》(29号)的基本思路,符合党的十四大精神和北京市的具体情况,对首都今后的建设和发展具有指导作用,要求认真组织实施。同时,批复提出了8条指示。在城市性质上,北京是伟大社会主义祖国的首都,是全国的政治中心和文化中心。在北京的城市规划、建设和发展上,要保证党中央、国务院在新形势下领导全国工作和开展国际交往的需要。在文化建设上,要通过各

方面的建设和发展,把北京建设成为全国文化教育和科学技术最发达的城市。在首都文化建设上,要把北京建设成为道德风尚和民主法制建设最好的城市。在经济建设上,要突出首都的特点,发挥首都的优势,积极调整产业结构和用地布局,促进高新技术和第三产业的发展,努力实现经济效益、社会效益和环境效益的统一。在历史文化名城保护与发展上,国务院的批复充分肯定规划的可行性,要求必须认真贯彻《总体规划》确定的保护古都风貌的原则、措施和内容,城市的规划、建设和发展,必须保护古都的历史文化传统和整体格局,体现民族传统、地方特色、时代精神的有机结合,努力提高规划和设计水平,塑造伟大祖国首都的美好形象。在现有基础上继续明确划定历史文化保护区的范围,划定文物保护单位的保护范围和建设控制地带范围,制定保护管理办法。总之,国务院的批复精神要求,北京市切实落实总体规划,把北京建成经济繁荣、社会安定和各项公共服务设施、基础设施及生态环境达到世界第一流水平的历史文化名城和现代化国际城市。

国务院对《北京城市总体规划》做出批复后,北京市积极贯彻国务院的关于首都城市建设的指示精神,切实落实《北京城市总体规划》。1994年3月,中共北京市委、市政府召开区县领导干部会议,学习和贯彻国务院批复和《北京城市总体规划》。会议要求,突出首都向现代化国际城市发展;突出社会主义市场经济,大力发展第三产业;突出文化古都,发展文化设施,保护、利用名胜古迹。

1995年4月,中央领导同志从北京的实际出发,提出北京是"政治中心,是党、政、军首脑机关所在地。这些首脑机关是在北京指挥全国的。北京是各国驻华使馆所在地,也是外国其他驻华机构集中的地方。北京教育发达,有众多的高等院校和科研机构,是文教和科技中心。北京又是世界历史文化名城,吸引着世界各国的游人",因此,北京的城市建设"要为党、政、军首脑机关正常开展工作服务;要为日益扩大的国际交往服务;要为国家教育、科技和文化发展服务;要为市民的工作和生活服务"的"四个服务"城市建设方针。"四个服务"的方针,为首都的城市建设和文化建设提出新的指示。同年,江泽民、李鹏同志在北京考察工作时,针对北京的城市规划重申了"四个服务"的城市建设方针。

1996年8月,首都规划建设委员会第15次全会举行。会议提出,搞好北京市的城市规划和建设主要应正确处理好四个关系:一是严格控制市区人口和建设用地规模与经济和社会发展的关系;二是环境保护和城市环境综合治理与城市工业交通发展的关系;三是加强古都风貌保护与加快旧城改造的关系;四是加强城市规划集中管理与发挥各区、县作用的关系。1997年5月,首都规划建设委员会召开第16次会议,强调要做好深化总体规划,控制首都城市建设规模,提高首都规划建设水平,搞好统筹规划,加强基础设施建设等五个方面的工作。1998年,为了搞好旧城改造和古都风貌保护,北京市编制完成了北京旧城历史文化区保护和控制范围。1999年,北京市完成了《市区中心地区控制性详细规划》,规划修改重点落实了中央党政军机构行政办公用地及增加绿化用地等,并落实了与"历史文化保护区规划"的衔接,从而,进一步细化和深化了《北京城市总体规划》提出的相关要求。

1999年1月,中共北京市委、市政府召开北平和平解放50周年纪念大会。贾庆林作题为《继承和发扬革命传统,建设社会主义现代化的新北京》的讲话,提出了建设社会主义现代化新北京的概念。2000年10月,中共北京市委八届六次全会举行。会议认真学习贯彻中共十五届五中全会精神,审议通过《中共北京市委关于制定北京市国民经济和社会发展第十个五年计划的建议》,会议确定首都迈向新世纪的"新三步走"战略:第一个10年打好基础,即到2010年,率先在全国基本实现社会主义现代化,构建起现代化国际大都市的基本框架;第二个10年巩固提高,即到2020年,使北京的现代化程度大大提高,基本建成现代化国际大都市;再用30年争创一流,即到21世纪中叶建国100周年,完全实现社会主义现代化,使北京成为当代世界一流的现代化国际大都市。

新修编《北京城市总体规划》以及国务院对该规划的肯定和批复精神,不仅对北京未来10年的城市建设提出了战略性的指导,而且为北京的历史文化保护和现代城市文化建设提出了新的要求和部署。"世界著名的古都"和"现代化国际大都市"的概念和定位,体现了深化改革和首都现代化建设的国际化视野和战略性高度,在十年的城市建设和文化保护中,北京市贯彻落实《北京城市总体规划》和国务院的批复精神,采取了一系列积极有效、科学合理的措施,北京作为全国文化中心和历史文化名城的定位变得更加明确,作为全国文化中心的建设和世界著名古都的保护发展取得了新的更大的成就。

二、文化保护与世界著名古都

新的城市总体规划对北京作为"世界著名的古都"这一性质的确立，为制定文化名城的保护和发展的规划、措施提供了总体的指导原则。与20世纪80年代的总体规划相比，保护和发展的措施更具有宏观的指导性和微观的可操作性。

新的总体规划明确指出，北京历史文化名城的保护，以保护北京地区珍贵的文物古迹、革命纪念建筑物、历史地段、风景名胜及其环境为重点，达到保持和发展古城的格局和风貌特色、继承和发扬优秀历史文化传统的目的。同时指出，对于北京城市新的建设，不仅要体现时代精神，而且要体现民族传统和地方特色，根据不同的情况提出不同的要求，要使新旧建筑、新的建设与周围环境互相协调，融为一体，形成当代中国首都的独特风貌。在现代化建设与历史文化名城保护上，要统筹兼顾，妥善处理好两者之间的辩证关系。北京城市的现代化建设、经济社会的发展、市区特别是旧城的调整改造，都要与历史文化名城的保护相结合，不但要符合现代生活和工作的需求，而且要保持其历史文化特色。切实保护好作为历史文化名城重要内容的各级文物保护单位，必须科学保护和合理利用已公布的文物保护单位，尤其是国家级和市级文物保护单位，以及"世界文化遗产"。同时，进一步加强对地面和地下文物古迹的调查、发掘与鉴定，公布新的保护单位；继续划定文物保护单位的保护范围及其周围的建设控制地带。在不断总结经验的过程中，不断完善各项保护措施。规划指出，对于具有某一历史时期的传统风貌、民族地方特色的街区、建筑群、小镇、村寨等历史文化保护区，要逐个划定范围，具体确定保护和整治目标。保护区内新建筑的形式和色彩，要与该区原有风貌协调一致，要改造与之不协调的建筑物和其他设施。在保护已确定的历史文物单位和文化保护区的基础上，继续在旧城区和广大郊区增划各级历史文化保护区。对于历史文化保护区以外分散的好四合院，在进行城市改建时也应要尽量保留和合理利用。

新的城市总体规划对历史文化名城的保护提出了更高的要求，首次提出了"要从整体上考虑历史文化名城的保护，尤其要从城市格局和宏观环境上保护历史文化名城。"基于这一从城市格局和宏观环境的整体考虑，20世纪90年代的城市总体规划从10个方面规划了保护的目标和措施。保护和发展传统城市中轴线,必须保护好从永定门至钟鼓楼这条明、清北京城中轴线的传统风貌特点。保持天安门广场在轴线上的中心地位,在扩建改建中增加绿地、完善设施。中轴南延长线要体现城市"南大门"形象,中轴北延长线要保留宽阔的绿带,在其两侧和北端的公共建筑群作为城市轴线的高潮与终结,突出体现 21 世纪首都的新风貌。注意保持明、清北京城"凸"字形城廓平面。沿城墙旧址保留一定宽度的绿化带,形成象征城墙旧址的绿化环,原城门口的建筑应体现"城门旧址"的标志特点。保护与北京城市沿革密切相关的河湖水系,旧城改造要基本保持原有的棋盘式道路网骨架和街巷、胡同格局。注意吸取传统民居和城市色彩的特点,保持皇城内青灰色民居烘托红墙、黄瓦的宫殿建筑群的传统色调。以故宫、皇城为中心,分层次控制建筑高度。旧城要保持平缓开阔的空间格局,由内向外逐步提高建筑层数,充分考虑城市保护的生态环境,市区西北部风景名胜区至东南部留出一条"通风走廊",保持中心地区良好的大气环境,建筑高度低于相邻地区。保护城市重要景观线。保护"银锭观山"和从市中心区往西的几条干道遥观西山的重要景观线,以及景山万春亭、北海白塔、妙应寺白塔、钟鼓楼、德胜门箭楼、天坛祈年殿、正阳门城楼和箭楼各景点之间几条主要的传统景观线。保护街道对景,保护历史形成的对景建筑及其环境,控制其前景和背景的建筑高度。增辟城市广场,搞好景观设计,增添小品设施,处理好建筑形体与广场、绿化的关系以及广场的交通问题。保护古树名木,增加绿地,发扬古城以绿树衬托建筑和城市的传统特色。这些保护措施比较科学地突出了整体保护与区域保护、区域保护与保护单位、文化保护与文物保护、古都风貌与现代城市文化之间的相互性和相应性关系。

在《北京城市总体规划》和国务院批复精神的指导下,北京市对文物保护、历史文化保护采取了积极有效的措施。1992 年,北京市文物事业管理局发布《北京市珍贵文物复制管理办法》,积极贯彻"保护为主,抢救第一"的方针,对 209 项市级以上文物保护单位的现存险情进行了全面的调查;制订了五年抢修 39 项文物建筑的计划,并开始对 12 项进行抢修,总投资超过4000 万元。1993 年,北京市文物工作继续坚持和贯彻"保护为主,抢救第一"的方针,并改变依靠国家的单一投资模式,试行市区(县)两级政府投资修缮文物的保护措施,扩大全市文物建筑修缮工作规模,继 1992 年完成 12 项抢险工作之后,再进行了 14 项抢险工程。1993 年,北京市公布了第一批地下文物埋藏区。1993 年 4 月,北京城乡规划工作会议召开,提出要依据城市总体规划确定的方针,引导城市建设从市区向远郊区转移,加快卫星城和各工业小区的详细规划工作,引导市区建设从新区开发向调整改造转移。城乡工作会议进一步明确了总体规划的城市格局的发展要求,更加明确了古都文化保护的重要性。1993年9月,北京市政府、中国科学院发起的首届东亚国家公园和保护区会议在北京召开。会议通过《香山宣言》、《15项建议》等四个文件。

随着经济体制改革的深化和古都文化保护的进程,1995年,北京文物事业提出了"抓住机遇、认清责任、发挥优势、开拓创新、服务社会"的指导思想,以北京建城3040年,抗日战争胜利50周年为契机,开创文物工作的新局面。北京市制定了《北京文物事业发展五年规划(1995—1999年)》,举办了纪念北京建城3040年活动等活动。1995年10月,北京市政府公布北京市第五批文物保护单位名单。军调部1946年中共代表团驻地、宛平县人民抗日战争为国牺牲烈士纪念碑、白乙化烈士陵园、古北口战役阵亡将士墓、八路军冀热察挺进军司令部旧址、淳亲王府、孑民营、日本公馆旧址、日本使馆旧址、英国使馆旧址、意大利使馆旧址主楼、比利时使馆旧址、法国使馆旧址、奥地利使馆旧址、正金银行旧址、花旗银行旧址、法国邮政局旧址、东方汇理银行旧址、圣米厄尔教堂、法国农业银行旧址、西城区富国街3号四合院、涛贝勒府、万松老人塔、平绥西直门车站旧址、劝业场旧址、谦祥益旧址门面、瑞蚨祥旧址门面、祥义号绸布店旧址门面、摩诃庵、东城区帽儿胡同11号四合院、慈善寺、巩华城、通州清真寺、白龙潭龙泉寺、通运桥及张家湾镇城墙遗址、京师大学堂分科学院旧址、应公长老寺塔、周吉祥塔、照塔、玉皇塔、郊劳台、灵严寺大殿、元圣宫、和平寺、金中都水关遗址、大葆台西汉墓遗址、金陵、玉皇庙山戎墓遗址、北京水准原点旧址、美国使馆旧址、荷兰使馆旧址、大陆银行旧址、中央银行旧址、保商银行旧址、盐业银行旧址、交通银行旧址等56项。1996年8月,首都规划建设委员会举行会议,提出搞好北京市城市规划和建设要正确处理好"四个关系",在文化保护上要"加强古都风貌保护与加快旧城改造的关系"。北京市以全国文物工作会议确定"有效保护、合理利用、加强管理"为指导方针,积极动员社会各界力量,开创文物保护和发展的新局面。全市共进行了61项文物抢险修缮工程,完成了第五批市级文物保护单位的保护范围及建设控制带的划定,以及第二批历史文化保护区的调研工作,同时加强了对地上文物建筑的环境整治工作。1996年,第四批全国重点文物保护单位公布。北京地区的东岳庙、北京鼓、钟楼、大高玄殿、戒台寺、觉生寺(大钟寺)、历代帝王庙、南堂等 8 处被列入第四批全国重点文物保护单位。

1997 年 3 月,国务院颁发了《关于加强和改善文物工作的通知》。《通知》科学地分析了当前全国文物的保护形势和任务,明确提出,要努力建立适应社会主义市场经济体制要求、遵循文物工作自身规律、以国家保护为主并动员全社会参与的文物保护体制。《通知》对各地方和各部门的文物保护工作具有针对性和指导性,要求各地方、各有关部门把文物保护纳入当地经济和社会发展计划,纳入城乡建设规划,纳入财政预算,纳入体制改革,纳入各级领导责任制。"五纳入"的具体要求,对于文化保护事业整体水平的提高和文物保护工作在经济社会发展中的地位,具有非常重要的意义。1997 年 3 月,全国人大公布了新《刑法》,专门规定了妨害文物管理罪。新刑法规定了走私文物罪、盗窃文物罪、故意损毁文物罪,故意损毁名胜古迹罪、过失损毁文物罪、倒卖文物罪、国有博物馆与图书馆私售或者私赠文物藏品罪、盗掘古文化遗址、古墓葬罪、失职造成珍贵文物损毁流失罪等。北京市文博系统采取积极普查、修缮和保护工作,开展了建国以来的第三次全市文物普查,开展了第二批历史文化街区的调查,及危旧房改造区文物建筑情况调查,并对《北京文物建筑修缮工程管理办法》等 10 项政府规章进行了修改,纠正和查处了一些违法事件,积极配合公安部门对文物倒卖、走私案件进行了处理,没收了大批被盗田野石刻及化石。1998 年,北京市积极配合城市建设,继续开展文物保护和基建考古工作,寻求文物保护和城市建设之间的平衡关系,力争做到"既有利于文物保护、又有利于城市建设",并举行揭幕仪式对社会公布,修缮文物建筑 53 项,完成第二批"爱国主义教育纪念地"标志碑的设立工作,并根据北京地区田野石刻受损情况,适时制定实施了《北京市田野石刻文物保护管理办法》。1998 年 12 月,在联合国教科文组织世界文化遗产全委会第 22 次会议上,北京的颐和园和天坛被通过列入世界文化遗产。2000 年 6 月,联合国教科文组织会同国家建设部、国家文物局,向颐和园、天坛颁发"世界遗产"证书。至此,北京地区的世界文化遗产增加到 6 处。

1999 年 1 月,首都规划建设委员会召开第 18 次全体会议,会议审议并原则通过了《北京市区中心地区控制性详细规划》和《北京旧城历史文化保护区范围规划》。依据 1993 年《国务院关于北京城市总体规划的批复》的精神,《北京城市总体规划》和《北京市区中心地区控制性详细规划》的要求,遵循北京是世界著名的历史文化名城的定位,编制《北京旧城历史文化保护区保护和控制范围规划》,是为了进一步正确处理好保护与发展的关系,有效指导历史文化保护区保护与整治工作的开展,为深入研究具体的保护措施和编制详细规划奠定基础。该规划确定的保护和控制范围的五个原则为:保护范围应包括历史街区的主要精华,体现街区特色的地段、文物保护单位以及历史遗存较集中的成片地段;保护区应有较完整的历史风貌,成片难以改造的、与古都风貌不协调的地段不划入保护范围;保护和控制范围的界线应尽量明确,一般以街道、胡同、围墙、河道等有明确标志的地物为界,以便于管理;要考虑保护区所在区域和周围环境,区别对待;保护范围如果与某些专业规划(如规划道路红线)有矛盾,先按现状划定保护范围。

为了切实有效地保护北京的历史文化风貌,保护和发展"世界著名的古都"的整体格局,《北京旧城历史文化保护区范围规划》划定了保护和控制范围的历史保护区,此次划定保护和控制范围的历史文化保护区三类共25个。一是位于皇城内的南长街、北长街、西华门大街、南池子、北池子、东华门大街、文津街、景山前街、景山东街、景山西街、景山后街、地安门内大街、陟山门街、五四大街等14个街区;二是位于旧皇城以外的内城的什刹海地区、南锣鼓巷、国子监地区、阜成门内大街、西四北头条至八条、东四三条至八条、东交民巷等7个街区;三是位于城外的大栅栏、东琉璃厂街、西琉璃厂街、鲜鱼口地区等4个街区。该《规划》还比较详细地阐明了25个历史文化保护区的主要特色:所在位置、建造和形成的历史时期,建筑风格、文化特色和环境状况等等。通过25个历史文化保护区保护和控制范围的划定,结合落实旧城文物保护单位规划,使南北中轴线上的皇城、后三海、钟鼓楼地区以及前门外的大栅栏、天坛、先农坛等地区将连成一片,从而形成以传统中轴线为骨架的旧城历史文化精华地段之核心保护区域。25个历史文化保护区保护和控制范围共占地约957公顷,其中重点保护区占地约559公顷(包括城市道路),建设控制区占地约398公顷。如果加上已经由市政府批准的旧城内200多项各级文物保护单位(如故宫、天坛、北海等)的保护范围及其建设控制地带,旧城内的文物保护单位的保护范围和历史文化保护区的重点保护区,合计达到1178公顷,占旧城总用地的19%;文物保护单位的建设控制地带和历史文化保护区的建设控制区合计为1124公顷,占旧城总用地的18%;两者之和为2302公顷,占旧城总用地的37%。应该说,这是来之不易的成果。自从1990年北京第一次明确提出要设置和规划历史文化保护区的概念,到1999年审议通过《北京旧城历史文化保护区范围规划》,经历了十年的历程。在这十年当中,在北京城市的改造中,有个别重要的历史文化街区(如牛街)遗憾地消失了。然而,这个《规划》还算是及时,而且到位。通过各种规划和各种保护措施,基本上体现了整体保护的意识和要求,初步显示了北京旧城保护的整体格局与风貌特色。

北京市积极贯彻落实国家关于文物保护的指示精神,切实执行《北京旧城历史文化保护区范围规划》的各项要求,加速文化保护的法制化、博物馆事业的社会化和基础工作的规划化建设。1999年,北京文物建筑保护修缮开竣工77项、修缮面积121350平方米,投入资金9106万元,其中全国重点文物建筑26项,市级文物保护单位48项,区(县)级文物保护单位2项。1999年是北京和平解放和新中国成立50周年,北京市进行了重点文物建筑修缮,如天安门城楼加固维修、天安门广场内地面翻修、人民英雄纪念碑清洗、正阳门城楼外檐油饰和箭楼台体粉刷养护、端门油饰彩画,故宫筒子河整修,颐和园长廊下架油饰,颐和园昆明湖石围栏维修,香山罗汉堂大修,香山玉华岫复建,戒台寺抢险维修等等。以北京市领导参加的圆明园遗址保护政治工作领导小组和圆明园遗址保护规划专家指导委员会成立,提出以保护圆明园遗址地形地貌、河湖水系、绿化为重点,以古建恢复为辅,妥善处理园内景观风貌、遗址特色与园外环境的关系,圆明园整治和规划工作全面启动。2000年12月,北京圆明园管理处宣布,最后一批625户居民迁出公园区,圆明园的环境得到了基本改善。先农坛的整治工作也得到根本性解决,云居寺石经保护工作完成。在修缮和保护文化的同时,北京市加强了文物执法的力度,查处圆明园、孚王府等20多处违法违章建筑。为打击非法交易文物行为,进一步规范了北京市文物和文物监管旧货市场的经营秩序,北京市文物局联合市工商局、市公安局对本市所辖旧货市场、宾馆饭店、旅游景点进行了联合执法检查活动。北京市的许多重点保护文物在修缮中恢复了原貌,文物得到了有效的保护。

2000年2月,刘淇在北京市政府工作报告中指出,北京是世界历史文化名城,城市规划和建设既要保持古都风貌,又要富有现代气息。北京市文物部门全力抓好"三大战役"和做好"八项重点工作"。"三大战役":一是北京市文物局组织力量会同市规划委、市财政局等相关单位,共同确定了三年抢险修缮项目98项。本年度开工修缮20项并完工6项。全面起动北京市市级以上文物保护单位抢险修缮工程,北京市级的文物建筑取得了历史性的突破。二是全面展开首都博物馆新馆的建设。首都博物馆建设是北京规模最大、投资最多的文化建设项目,也是北京市政府列入2000年建设50项重大工程项目之一,建设项目占地2.4公顷,总建筑面积6万平方米。首都博物馆新馆的建设采用了国内外先进的设计理念、高新技术和现代设施。三是老山汉墓开放式的重大考古发掘。发掘出了北方地区极为罕见的彩绘陶罐、大型漆器和精美的丝织品等一批具有极高考古价值的文物。这也是全国首次尝试开放式考古作业。"八项重点工作"为:加快进行环境整治,全力保护文物建筑;制定旧城保护规划,展现北京古都风貌;积极开展各种活动,推进博物馆社会化发展;运用市场手段,购回海内外珍贵文物;编制文物"十五"规划,保护北京历史名城;建立专业执法队伍,加大文物执法力度;加大文物工作宣传,促进文博事业发展;加强队伍建设,提高干部素质。

在进入新世纪之际,北京市的文物保护工作和古都风貌发展工作全面展开,并取得了较大的历史性成就。2001年,一批新的文物被列为市级保护单位,一批北京市的文物保护单位被列入国家级保护单位。同年,北京市公布了第六批市级文物保护单位:蔡庄土城遗址、岔道城遗址、长椿寺、陈独秀旧居、爨底下古民居村落、东城区东棉花胡同15号院及拱门砖雕、东城区鼓楼东大街255号四合院、东城区帽儿胡同5号四合院、东城区美术馆东街25号四合院、东城区前鼓楼苑胡同号7和9号四合院、富育女校教士楼及百友楼旧址、广仁宫(西顶)、国立蒙藏学校旧址、京奉铁路正阳门东车站旧址、旧式铺面房、老山汉墓、梁启超墓、粮食店街第十旅馆、民国财政部印刷厂旧址、木化石群、南岗洼桥、宁郡王府、清河汉城遗址、三圣庵、上宅文化遗址、双林寺、四九一电台旧址、天利煤厂旧址、田义墓、铁瓦寺、无梁阁、团河行宫遗址、贤良祠、丫髻山碧霞元君祠遗址、伊桑阿墓石刻、永宁天主教堂、鱼子山抗战遗址、正乙祠、中华圣公会教堂等41处。2001年2月,北京地区的白云观、碧云寺、长城(司马台段)、大慧寺、东交民巷使馆建筑群、法源寺、孚王府、金中都水关遗址、景山、景泰陵、可园、清华大学早期建筑、清净化城塔、十方普觉寺、潭柘寺、万佛堂、孔水洞石刻及塔、未名湖燕园建筑、先农坛等18处被列入第五批全国文物保护单位。这并不仅仅意味着文物保护单位在数量上的增加,而且也意味着文化保护力度的增大和文物保护意识的增强,同时也意味着北京作为历史文化名城的保护和发展迈上了新的台阶,取得了新的进展。

三、深化改革与首都精神文明建设

随着社会主义经济体制改革的深化和市场经济体制的发展,社会主义精神文明的建设也逐步走向深入。1992年,党的十四大制定了两个文明一起抓、在20世纪实现小康的战略目标,并把这一战略目标写进了党章。"两手抓,两手都要硬"明确了社会主义现代化建设中建设高度物质文明和高度精神文明的方针和目标,体现和形成了"加强社会主义民主法制和精神文明建设,促进社会全面进步"的新思路,精神文明建设是中国社会主义全面发展的重要组成部分,是全面发展的社会的重要特征之一。自1992年起,由中共中央宣传部组织精神文明建设"五个一工程"的评选活动。1996年,中共十四届六中全会审议通过《中共中央关于加强社会主义精神文明建设若干重要问题的决议》,成为了我国社会主义精神文明建设的指导方针。1996年,中共北京市委、市政府制定了《1996—2000年首都文明城市建设规划》。

北京作为全国政治中心和文化中心,在深化经济体制改革和市场经济条件下,更加重视精神文明建设,首都社会主义精神文化建设进入了一个新的深化和发展时期。1992年,北京市开展了一系列的精神文明建设活动,北京市委宣传部组织开展对全市人民进行坚持党的基本路线、爱国主义、集体主义和社会主义教育。1992年2月,首都精神文明建设领导小组召开大会,命名和表彰了1991年度首都文明单位。3月,北京市召开了见义勇为好市民表彰大会,授予马润锟等20人"首都见义勇为好市民"称号,表彰焦福群等54名见义勇为积极分子。3月至4月,首都精神文明办、市体委、北京电视台、北京人民广播电台、北京晚报和北京利生健康城共同举办首届健康文明北京人大赛,来自全市各个行业的1.8万人参加了竞赛。同时,北京市积极开展学雷锋活动、职业道德教育等活动。4月,北京市政府命名中国历史博物馆、中国革命博物馆等22家博物馆(纪念馆)为第一批"北京市青少年教育基地"。11月,首都精神文明办领导小组创办的《万户千家》创刊号出版,积极宣传和倡导优良的社会公德和家庭伦理道德、健康文明科学的生活方式,为宣传精神文明、促进精神文明建设发挥了很好的作用。

1993年,新修编的《北京城市总体规划》提出:"要充分利用北京深厚的文化基础,进一步发展文化教育和科技事业,加强民主法制建设和精神文明建设,走在全国的前列。"国务院做出的批复中指出,北京的城市建设和各项事业的发展,"要在社会主义物质文明和精神文明建设中,为全国城市做出榜样"。中央和北京市对首都的精神文明建设提出了更高的要求,即要"走在全国的前列",要"为全国城市做出榜样"。首都精神文明与北京作为"首善之区"的建设有着更加密切的关系,精神文明在首善之区的建设中具有更高的要求和作用。1993年2月,首都精神文明办公室召开大会,命名本市984个首都文明单位。3月,在中宣部、国务院办公厅、解放军总政治部和共青团中央联合发出的表彰学雷锋活动中做出突出成绩的先进集体、个人的决定中,北京市有3个集体、2名个人受到表彰。6月,为加强社会主义精神文明建设和爱国主义教育,北京市青少年教育基地召开工作会议,总结第一批教育基地开展"两史一情"(党史、近现代史及国情)教育情况,加强爱国主义教育基地建设,又命名北京市古建博物馆、二七纪念馆等6个博物馆为第二批教育基地。8月,中宣部、公安部召开第三次全国人民群众见义勇为与犯罪分子作斗争先进分子表彰大会,北京市有5人获"全国见义勇为先进分子"称号。从1991年11月以来,首都文明办组织对10个远郊区县的部分文明村镇进行了检查观摩。1993年10月,首都文明办在韩村河召开北京市创建精神文明村活动经验交流会,14个区县分别介绍了各地建设精神文明村获得的情况和取得的经验。由此,首都社会主义精神文明建设做到了遍及城乡,取得了重要的进展。为了更好地促进首都的精神文明建设,1993年,精神文明建设办公室修订了《文明单位管理办法》,提高了文明单位的整体素质。

1994年1月,江泽民在全国宣传思想工作会上,就新时期加强宣传思想工作的重要性、宣传思想工作的根本指针和主要任务、加强和改善党对思想宣传工作的领导发表重要讲话。他指出,宣传思想工作必须以科学的理论武装人,以正确的舆论引导人,以高尚的精神塑造人,以优秀的作品鼓舞人;坚持为人民服务、为社会主义服务的方向和百花齐放、百家争鸣的方针,弘扬主旋律,繁荣社会主义文化。3月,首都文明单位深入开展精神文明建设活动大会举行。会议指出,1994年要着重抓好爱国主义教育、创建文明居民区、创建文明村镇等10项活动,坚持高起点、严要求,把北京市的文明程度大大提高一步。8月,北京市召开"扫黄"、"打非"动员大会,要求出版、印刷、发行行业全体人员广泛深入地开展"扫黄"、"打非"斗争,加强管理,严格执法,努力创造一个更加健康繁荣、井然有序的文化环境。1994

年8月,中共中央印发《爱国主义教育实施纲要》。9月,北京市委宣传部发出《关于贯彻爱国主义教育实施纲要的通知》,要求全市各级党委宣传部门高度重视,认真组织学习、宣传和贯彻工作。中共中央宣传部自1992年起,开始组织精神文明建设"五个一工程"评选活动,自此之后便成为了我国精神文明建设中的一项重大战略工程。"五个一工程"的五个方面为:一部好的戏剧作品、一部好的电视剧(片)作品、一部好的图书(限社会科学方面)、一部好的理论文章(限社会科学方面)。1995年起,将一首好歌和一部好的广播剧列入评选范围,"五个一工程"的名称仍然不变。北京市积极落实"五个一工程"的组织、征集、评比和推荐工作。1994年7月,中共中央宣传部召开1993年度精神文明建设"五个一工程"工作会议。北京人民艺术剧院的《旮旯胡同》,北京电视艺术中心拍摄的电视连续剧《北京人在纽约》,图书《北京教育丛书》,文章《传统文化与现代文化相融合,建设有中国特色企业文化——关于同仁堂企业文化状况的调查报告》获"五个一工程奖"奖,中共北京市委宣传部获组织工作奖。

1995年,党的十四届五中全会召开,会议对社会主义精神文明建设提出了新的要求,再次强调,任何情况下,都不能以牺牲精神文明为代价去换取经济的一时发展,要积极探索在社会主义市场经济条件下搞好精神文明建设的新思路、新办法。2月,首都精神文明建设领导小组召开全体会议,总结头一年精神文明建设的成绩和经验,确定本年度精神文明建设的工作要点。4月,首都精神文明建设工作大会召开,部署了"1995年全市精神文明建设十件大事",表彰了93个首都文明单位标兵,977个首都文明单位,46个首都文明居民区,8个"全国军民共建先进单位",22项"精神文明最佳活动",86名见义勇为好市民和20名见义勇为好卫士,以及1291名首都精神文明建设奖章获得者。在精神文明建设活动中,北京市坚持"精神文明重在建设"的方针,开展了"做文明市民,创文明单位,建文明城市"的群众性活动,完成了北京市委、市政府提出1995年精神文明建设十件大事的各项任务,取得了明显的成绩。首都精神文明建设工作会议强调树立正确的世界观、人生观是精神文明建设的首要任务。为了加强干部群众的思想理论教育,首都文明办组织修订了《首都市民文明公约》,制定了《首都市民文明守则》;在全市积极开展"遵守社会公德,争做文明市民"的社会讨论活动,全面开展群众性精神文明建设活动;组织"爱祖国、爱北京"系列文化活动和中国人民抗日战争胜利50周年和北京建城3040年纪念活动;组织"当好主人翁,清洁北京城"的城市清洁日活动,推动了基层单位两个文明建设。1995年10月,北京电视台拍摄的电视剧《年轮》,北京市社会科学院曹子西主编的《北京通史》,吴树青撰写的文章《坚持社会主义,必须搞清楚什么是社会主义》获1994年度精神文明建设"五个一工程"奖。

1996年2月,首都精神文明建设委员会成立并举行第一次全体会议,会议宣布关于调整首都精神文明建设工作领导机构的决定。中共北京市委、市政府将首都精神文明建设领导小组更名为首都精神文明建设委员会,会议通过了《首都市民文明公约》。3月,北京市委、市政府召开首都精神文明建设大会,强调认真学习、深刻领会中央精神,充分认识加强精神文明建设的重要性和紧迫性,把首都精神文明建设放到更加突出的地位抓紧抓好。会议提出,1996年首都文明建设要注意坚持重在建设的原则、标本兼治的原则、务求实效的原则。1996年10月,中共北京市委七届全会审议通过市委、市政府提出的《1996—2000年首都文明城市建设规划》和《关于加快北京市文化发展的若干意见》。北京市各部门切实落实北京市市委、市政府关于首都精神文明的五年规划和若干意见的指示精神,积极开展精神文明建设活动。

1996年10月7日至10日,中共十四届六中全会在北京举行。全会指出,社会主义社会是全面发展全面进步的社会,社会主义现代化事业是物质文明和精神文明协调发展的事业。全会审议通过《中共中央关于加强社会主义精神文明建设若干重要问题的决议》。《决议》指出,建设社会主义精神文明,关系跨世纪宏伟蓝图的全面实现,关系我国社会主义事业的兴旺发达。物质文明是基础,经济建设这个中心必须牢牢把握,毫不动摇,但是,精神文明搞不好,物质文明也要受破坏,甚至社会也会变质。在把物质文明建设搞得更好的同时,切实把精神文明建设提到更加突出的地位,认真解决当前一系列紧迫问题,进一步开创新形势下精神文明建设的新局面,已成为全党和全国各族人民极其关注的大事。《决议》指出,建设社会主义精神文明是长期的、复杂的任务,精神文明建设必须常抓不懈。在深化改革、建立社会主义市场经济体制的条件下,要形成有利于社会主义现代化建设的共同理想、价值观念和道德规范,防止和遏制腐朽思想和丑恶现象的滋长蔓延;在扩大对外开放、迎接世界新科技革命的情况下,要吸收外国优秀文明成果,弘扬祖国传统文化精华,防止和消除文化垃圾的传播,抵御敌对势力对我"西化"、"分化"的图谋。搞好社会主义精神文明的建设,是在社会主义现代化进程中必须认真解决的历史性课题。党的十四届六中全会做出的《中共中央关于加强社会主义精神文明建设若干重要问题的决议》,是我国建设精神文明的跨世纪行动纲领,这个纲领明确提出了精神文明建设的指导思想、目标任务、基本方针和重要措施。因此,我国的社会主义精神文明建设开始进入了一个令人鼓舞和卓有成效的新时期。

北京市委、市政府根据党的十四届六中全会《关于加强社会主义精神文明建设若干重要问题的决议》精神,按照《北京市国民经济和社会发展"九五"计划和2010年远景目标纲要》的要求,结合首都社会主义精神文明建设的现状和发展趋势,制定了《1996—2000年首都文化城市建设规划纲要》。《纲要》确定了首都社会主义精神文明的指导思想、主要任务、奋斗目标和规划的组织实施。纲要提出,从1996年至2000年要承担起历史的责任,要使首都的精神文明建设特别是城市文明程度大大提高一步,以现代化国际大都市的崭新面貌和饱满的精神状态迎接新世纪的到来。首都文明城市建设要以马克思列宁主义、毛泽东思想和邓小平建设有中国特色的社会主义理论为根本指针,坚持党的基本路线,坚持全心全意为人民服务,坚持精神文明重在建设,依靠人民群众,从实际出发,促进首都物质文明和精神文明的协调发展,更高地落实"为党政军首脑机关正常开展工作服务,为日益扩大的国际交往服务,为国家的教育、科技和文化服务,为全体市民的工作和生活服务"的"四个服务"的方针,力争到2000年,北京市人民的思想道德素养和科学文化素质得到明显提高,首都作为政治中心和文化中心的城市功能得到进一步完善和发挥。主要任务是:不断加强首都市民的文明素质培育;积极创造整洁、优美、清洁的城市环境;努力提高城市综合服务质量和服务水平;提高社区文明水平;加强社会治安综合治理;努力提高依法治市的水平,使首都北京的文明城市建设走在全国的前列。

1997年5月,中央精神文明建设指导委员会在北京成立,社会主义精神文明建设的领导机构和组织机构进一步完善。在中共中央关于社会主义精神文明建设的指示精神和北京市首都文明城市建设规划的指导下,首都的精神文明建设取得了重大的发展。1997年,党的十五大特别指出:"有中国特色社会主义的文化,就其主要内容来说,同改革开放以来我们一贯倡导的社会主义精神文明是一致的。""只有经济、政治、文化协调发展,只有两个文明都搞好,才是有中国特色社会主义。"北京市宣传卫生部门广泛开展精神文明创建活动,北京人民广播电台等4家单位继续保持"首都文明标兵"称号,北京市文物公司等24家单位被评为首都文明单位,王忠诚、陈立本等4位获"首都精神文明建设奖章"。为贯彻落实中央文明委电视电话会议精神,从1997年8月开始,北京市开展"四要四不要"(要礼貌待人,不要说粗话脏话;要讲究卫生,不要乱吐乱扔;要规范服务,不要冷硬拖卡;要遵守交规,不要乱行乱停)宣传教育活动。为了加强爱国主义教育,1997年5月,北京市第一批爱国主义教育纪念地暨国耻纪念地标志碑揭幕。它们是天坛公园"侵华日军细菌部队遗址"、丰台长辛店侵华日军"吃人狼狗队"遗址、昌平西山惨案遗址、顺义庞山惨案遗址、延庆岔道"万人坑"遗址、门头沟王家山惨案遗址、房山二站村天主教堂惨案遗址、平谷鱼子山惨案遗址等。1997年9月,中宣部精神文明建设"五个一工程"第六届评选揭晓,北京市获奖作品有:理论文章《中国人民的致富之路——论邓小平同志的富民思想及其实践》,图书《马克思主义哲学史》、《漫画科学史探险》,电影《离开雷锋的日子》,电视剧《李润五》,儿童音乐剧《雪童》,广播剧《爱的奇迹》,歌曲《青藏高原》、《冰糖葫芦》。中共北京市委宣传部获组织工作奖。

1998年,首都精神文明建设坚持以经济建设为中心,紧紧围绕"建首善,创一流"的总目标,深入地开展以"交通安全在我心中"和"文明乘车从我做起"为重点主题的"讲文明,树新风"活动,8000多人参加了宣传活动,发放宣传材料10万余份,使广大市民受到教育。围绕文明言行、环境卫生、服务质量、交通秩序等四个方面,继续"四要四不要"宣传教育活动。为深入宣传《首都市民文明公约》,首都精神文明建设委员会会同北京市委宣传部、《前线》杂志社联合开展了"首都文明市民知识大赛"活动。组织部分专家、学者广泛开展市民文明学校调研活动,为弘扬正气,推进精神文明建设工作深入发展发挥了重要的作用。积极开展"首都见义勇为好市民"、首都精神文明建设奖章获得者、"首都精神文明建设最佳活动"等评选活动。与此同时,北京市深入开展多种形式的创建活动,以文明居民社区为依托,以文明社区为重点,由点到片、由片到面地开展群众性精神文明建设工作。北京市树立了东华门街道等13个文明社区示范点,本着"巩固、发展、提高"的原则,把创建文明居民区将达标与创优结合,涌现了大量的优秀文明居民区,到1998年,北京市共有全国文明城市示范点4个,首都文明居民区181个。坚持以"组织健全、领导有力;精神文明,风气良好;社会安定,秩序井然;美化环境,讲究卫生;利民便民,方便群众"的目标,开展了首都文明安全居(家)委会评选工作。深入开展"十百千"工程农村精神文明活动,农村的精神文明工作得到了进一步的拓展,基本形成了"以争创文明户为基础,以创建文明村镇为主要内容,以提高农民文明素质为根本目标"的精神文明创建活动格局。到1998年,北京市共有全国文明村镇活动示范点5

个,首都文明村镇 24 个,首都文明精神文明建设村 134 个。北京市的各行各业以建立"文明窗口"为重点,提出职业道德水平和服务意识。北京市以开展"三创"活动为主要内容,军(警)民共建工作取得新的成绩。在"三创建"活动中,北京市 2141 个军(警)民共建对子开展了卓有成效的工作,涌现出全国军民共建先进单位 21 对。通过各种精神文明创建活动的开展,首都的社会主义精神建设取得了显著的成就,文明城市建设的任务得到了初步的落实。

"建首善,创一流"是首都精神文明建设和建设首善之区的重要措施,也是建设文明城市和首都精神文明建设的总体目标。1999 年,中央文明委计划在全国表彰 50 个精神文明建设工作先进城市(区)。北京市根据这个部署积极开展创建首都文明区县活动,根据中央文明办制定的全国精神文明工作先进城市(区)的标准,紧密结合首都各区县的实际情况,制定了《首都创建全国精神文明建设工作先进城区标准细则》、《北京市城区文明综合评价指标体系》和《北京市社区文明综合评价指标体系》。标准细则和指标体系的制定,有力地推动了北京市精神文明的建设,为文明单位的建设提供了具有指导性和可操作性的一系列措施和标准。1999 年是中华人民共和国成立 50 周年,首都精神文明建设紧紧围绕"建首善、创一流",积极开展"建文明城市、做文明市民、迎 50 年大庆"的主题教育活动。北京市的精神文明建设紧紧抓住迎接新中国成立 50 周年、澳门回归等一系列庆祝活动的契机,以人为本,以三大创建为载体,以治理环境脏乱为重点,深入开展宣传教育活动,努力提高市民思想道德素质。1999 年 9 月,北京市举行"五个一工程"获奖作品颁奖大会,电影《不见不散》、电视剧《补天裂》、话剧《古玩》等 9 件作品获中宣部"五个一工程"第七届"入选作品奖"。中共北京市委宣传部获"组织工作奖"。

2000 年 2 月,中共中央总书记江泽民在广东考察工作时的讲话中,提出了"三个代表"重要思想。"三个代表"重要思想的提出,为社会主义精神文明建设进一步的建设和发展提供了指导思想和指明了前进方向。2000 年,首都精神文明建设更加深入地开展"建首善、创一流"的活动。根据"树立新气象,实现新发展,开创新局面"的要求,抓住申奥的有利契机,全面开展了首都社会主义精神文明的建设活动。3 月,北京市委、市政府、首都精神文明建设委员会组织召开首都精神文明建设工作会议。会议宣读了首都精神文明建设委员会《关于命名 1999 年度首都精神文明建设先进单位的决定》,部署了 2000 年首都精神文明建设工作。贾庆林在讲话中强调,

2000年首都精神文明建设要巩固成果,趁势而上,竖立新气象,实现新发展,开创新局面,努力创造一流的工作成绩,使首都精神文明建设走在全国的前列。按照贾庆林关于"不断把创建文明社区活动推向前进"的重要批示,北京市召开了首都创建文明社区工作会,制定了《关于深入开展创建首都文明社区工作的意见》,进一步完善了社区建设和管理的运行机制。

北京市积极落实"三个代表"重要思想和北京市委、市政府的要求,积极开展了"千万市民齐参与,共创美好新家园"、"千万市民共参与,争做文明北京人"、"三大创建"和"四有"新人培育等活动,以创建文化社区工作为重点,不断加强社会文明建设与管理,坚持"达标"与"创优"相结合,狠抓"户、村、镇"的建设,不断扩大规范化服务达标工作,大抓"窗口"行业形象建设,积极探索文明建设的工作运行机制和完善各项管理措施。为了加强娱乐和服务场所的文明建设,2000年7月,北京市公安局会同有关部门取缔各种存在违法经营现象的娱乐服务场所1866家,这些场所包括歌舞厅、游艺厅、洗浴场所、餐饮酒吧、美容美发、网吧和宾馆饭店。10月,为了加强爱国主义教育在精神文明建设中的作用,北京市召开爱国主义教育基地工作会议,北京锦绣大地农业股份有限公司、北京十三陵特区居庸关长城、北京房山区韩村河建筑集团等12个单位被命名为北京市爱国主义教育基地。2000年10月,首都创建文明社区工作会议召开,会议提出,要力争在2004年将首都的每一个社区基本建成文明社区,提前完成中央提出的文明社区的创建指标。2000年,首都精神文明建设委员会重新修订印发了《文明单位建设管理办法》,对文明单位的评选作了新的规定,有力推动了文明单位的建设,同时制定了《北京市郊区县文明综合评价指标体系》,进一步完善了北京市各个层次的文明指标体系的构架。与此同时,首都各新闻媒体开辟专栏,积极宣传文明城市城建和精神文明建设中的先进典型和先进经验,不但广泛而有力地宣传了首都精神文明建设的成就,而且积极地推动了首都精神文明建设的全面发展。

四、深化改革与北京社会科学

在20世纪90年代的深化改革、加速社会主义现代化建设的历程中,北京的社会科学事业坚持百花齐放、百家争鸣的学术方针,以马克思主义毛泽东思想和邓小平理论为指导,进一步解放思想,更新观念,紧密结合中国社会、政治、经济、文化发展的实际和需要,积极研究和探索社会主义改革开放和经济建设中的理论问题和实践问题,密切联系首都北京改革开放中的两个文明建设,努力发展具有首都特色的北京社会科学。在全国哲学社会科学"八五"规划工作会议上,江泽民在讲话中希望全国哲学社会科学工作者坚定地全面贯彻执行党的基本路线,坚持一个中心、两个基本点,运用马克思主义的世界观和方法论进行科学研究,不断为建设有中国特色的社会主义增添新的光彩。江泽民的讲话为大力繁荣首都社会科学事业提供了指导思想。在"八五"和"九五"期间,北京的社会科学事业获得了新的较大的发展,为首都的两个文明建设提供了知识支持和智力支持。

中共中央、国务院和北京市委、市政府非常重视首都社会科学事业的发展,并把社会科学事业作为社会主义事业的重要组成部分列入十年规划和"八五"计划。1992年1月,为了更好地规划、建设和发展北京的哲学社会科学事业,北京市调整和充实了北京市哲学社会科学规划领导小组,并召开了北京市哲学社会科学"八五"规划工作会议。李锡铭指出,今后十年是北京市经济和社会发展关键的十年,首都的社会主义现代化建设将进入一个新的历史时期,要全力为实现北京市国民经济和社会发展十年规划及"八五"计划而努力奋斗,希望哲学社会科学工作者坚持理论联系实际,实事求是,一切从实际出发的原则,运用马克思主义的立场、观点和方法,在社会科学研究中敢于接触最艰难最复杂的理论问题和实际问题。首都北京的哲学社会科学事业,要坚守马克思主义的思想理论阵地,保证哲学社会科学研究的社会主义方向,努力团结、动员和组织北京市哲学社会科学理论工作者和决策研究部门的实际工作者,落实党中央、国务院和中委、市政府关于加强社会科学研究,发展社会科学事业的各项任务和要求,为实现北京市制定的第二步战略目标服务,进一步发展和繁荣北京市的哲学社会科学事业。

理论联系实际是哲学社会科学研究的重要方针和方法,北京哲学社会科学"八五"规划提出了北京的社会科学为首都的社会主义物质文明和精神文明建设服务。"八五"规划会议强调,规划项目无论是基础理论研究,还是应用研究,都要进一步面向北京市的社会主义物质文明和精神文明建设的实际;根据北京市社会主义现代化建设和改革开放提出的任务,深入开展理论研究,解放思想,大胆探索,研究现代化建设和改革开放中的新情况;分析新矛盾,提出解决问题的新办法、新思路,为北京市委、市政府的决策服务,力求为实现北京市国民经济和社会发展,提供系统的、科学的、经得起实践检验的理论成果。充分考虑到规划项目的可持续发展性,要与"九五"社科规划和新世纪的某些发展趋势相衔接。并且强调,在哲学社会科学规划中实施人才培养、建设哲学社会科学研究队伍的重要思路,在制定和实施北京市哲学社会科学"八五"规划时,把人才的培养摆到突出的位置,努力造就一批忠于马克思主义的青年理论工作者,一批为首都两个文明建设服务的理论人才。

20 年世纪八九十年代之交,是国际国内政治、社会发生重要变化和转折的时期,出现了许多新的课题需要研究,许多新的问题需要回答。北京市社科"九五"规划围绕这些新课题和新问题规划研究项目,加强了建设有中国特色社会主义的重大理论和实际研究、马克思列宁主义和毛泽东思想基本理论研究、反和平演变战略研究、党建理论研究,以及北京市社会主义民主和法制建设问题的研究等。1992 年邓小平南巡讲话的发表和党的十四大的召开,进一步加快了深化改革和社会主义现代化建设的步伐,首都两个文明的建设进入了新的阶段,也为北京社会科学研究提出了新的理论和实际课题。"九五"规划在突出强调以上方面的研究项目规划的同时,加强了北京市经济建设和改革开放中的重大理论和实际问题的研究。围绕实现首都社会主义现代化建设的第二步战略目标,重点规划了计划经济与市场调节相结合的运行机制、经济建设以提高经济效益为中心实现速度与效益的统一、优化产业结构与实现合理布局的对策、经济建设与科学技术、国营大中型企业活力的对策与配套措施、京郊农村的发展与农业现代化、首都城市发展与乡镇建设、深化经济体制改革的一系列方针和政策、城乡居民生活的社会保障体系建设等等课题,为北京市委、市政府的决策服务。北京是世界著名的古都,是国家级历史文化名城,北京市哲学社会科学"九五"规划提出,要加强首都文化建设问题的研究。北京作为文化古都,要把弘扬首都的优秀传统文化作为重要课题加以研究;首都文化问题研究要为文化中心的建设服务;北京文化的建设和发展,要组织力量认真研究首都文化发展战略。同时,要进一步研究借鉴和吸收外国文化的积极成果,促进首都社会主义的文化建设和发展。

北京市哲学社会科学规划领导小组组织各学科专家审定了"八五"规划项目,确定了哲学、经济学、科学社会主义、政治学、法学、社会学、教育学、城市科学、历史、语言与文学艺术等 11 个学科的 100 项规划研究课题。从 1992 年开始,首都社会科学界的 50 多个单位 1400 多人参加了 126 项课题的研究,大多数研究项目基本在 1996 年上半年完成。"八五"期间,北京哲学社会科学事业根据党的十四大精神,学习、宣传和研究邓小平同志建设有中国特色社会主义理论,从不同的领域,研究和阐述了邓小平同志的哲学思想、科学社会主义思想、经济思想、特别是建立社会主义市场经济的思想,民主法制建设思想,以及新时期党的建设思想,并取得了一批可喜的研究成果。北京的哲学社会科学研究面向经济建设的主战场,特别是面向首都经济建设主战场,如"北京年度经济形势分析与预测"、"北京市小康指标体系量化标准研究"、"北京现代化国际城市建设目标研究"等等,发挥了很好的决策效益,得到有关部门的好评。首都社会主义精神文明建设和民主法制的研究进一步深化,其他人文社会科学的研究也取得了较好的成就,产生了较好的社会影响和学术影响。

为了鼓励首都社会科学工作者的积极性,1993年8月,北京市社科联召开北京市第二届社会科学优秀学会工作者表彰大会。经过各学会严格按照评选条件推荐,北京市委宣传部批准,北京市第二届社会科学优秀学会工作者评选委员会讨论通过,共评选出76个学会的211名优秀学会工作者。为了加强创新意识,提高科研成果的质量和学术水平,1994年组织开展"北京市第三届哲学社会科学优秀成果评奖"活动,组织专家进行初、中、高三级评审,从897项参评科研成果中评出234项获奖优秀成果。其中特等奖3项、一等奖55项、二等奖176项,并于1995年年初举行了颁奖大会。

北京市哲学社会科学"八五"规划,积极探索学科规划建设和科研队伍建设。"八五"社科规划除了重视基础理论研究,加强实际应用课题的设置外,与"六五"和"七五"社科规划相比,还有两个重要的新特点。一是加强了学科规划建设,把科学建设作为社科规划的基础性工作,掌握北京市学科的基本情况,分析优势学科的现状和发展前景,提出保持和发展优势学科的意见和建议。根据北京市国民经济和社会发展的实际需要,以及哲学社会科学的发展趋势,增强某些新兴学科、交叉学科的建设,拓展学科研究领域,适应新的历史时期社会科学研究和发展的需要。二是加强了队伍建设的规划,把人才队伍建设问题作为20世纪90年代北京市哲学社会科学事业发展的突出问题,认真分析队伍建设的各种问题,提出切实加强理论队伍建设尤其是青年理论工作者培养的对策建议,制定和落实队伍建设的措施。"八五"期间,北京市在哲学社会科学研究规划中,首次增设了青年研究项目,提供专项资金,支持青年理论工作者独立承担规划项目研究任务。

"八五"期间,北京的哲学社会科学事业紧密结合社会主义现代化建设的理论和实践,积极开展多种学术活动,加强首都社会科学界的联系,推动首都哲学社会科学的繁荣。北京市社会科学界围绕学习、宣传、研究和贯彻邓小平理论开展了一系列的学术研讨。1992年,邓小平南巡讲话发表后,北京市社会科学系统举办学习班、培训班,开展"邓小平思想研讨会",围绕"革命是解放生产力,改革也是解放生产力"、"改革开放胆子要大一些"、"抓住时机,发展自己"、"要坚持两手抓"和"正确的政治路线要靠正确的组织路线来保证"等论题展开了广泛的讨论。党的十四大召开后,积极组织首都社科理论界学习十四大文件精神。北京市委宣传部、市社科联、市社科院、市委讲师团、《学习与研究》杂志社联合召开了"北京理论界学习十四大文件座谈会",40多位专家、学者畅谈了学习贯彻十四大精神的体会。1993年11月,北京市委宣传部、市社科联召开学习《邓小平文选》第三卷座谈会。首都社会科学界的著名学者陶大镛、罗国杰、戴逸等30多位专家、学者出席会议并发言。与会者认为《邓小平文选》第三卷生动、真实地记录了建设有中国特色社会主义理论的形成、发展的过程,精辟地总结和概括了社会主义现代化建设的实践经验,是指导深化改革和进行社会主义现代化建设的科学指南。12月,北京市委宣传部、市社科联、市委党校、市党史研究室、市社科院、《学习与研究》杂志社、市社科规划办联合召开"毛泽东诞辰100周年理论研讨会"。首都社会科学界70多位与会者就毛泽东思想的形成和发展,毛泽东思想与马克思列宁主义,以及邓小平理论在继承毛泽东思想上的飞跃等重大理论问题进行了研讨。1994年1月,北京市委宣传部和市社科联召开学习《中共中央关于建立社会主义市场经济若干问题的决定》座谈会。与会专家、学者认为,《决定》是中国共产党将马克思主义的普遍真理与中国革命具体实践相结合的又一丰硕成果,对有中国特色社会主义现代化建设加快改革、发展步伐具有重大而深远的指导意义。5月,北京市社科联召开"学习建设有中国特色社会主义理论研讨会暨北京市建设有中国特色社会主义理论研究会成立大会",100余位与会者深入探讨了邓小平同志建设有中国特色社会主义理论。8月,北京市委宣传部、市社科联和市建设有中国特色社会主义理论研究会共同举办"邓小平同志哲学思想研讨会",就邓小平的哲学思想和指导意义作了认真的研讨。11月,北京市社科联、市建设有中国特色社会主义理论研究会与有关单位联合召开"邓小平和平与发展战略思想学术研讨会",150余位专家学者出席会议。为了更好地宣传和研究中国特色社会主义理论与实践,1995年2

月,北京市建设有中国特色社会主义理论研究会、北京市科学社会主义学会和北京社会科学界联合会主办的《中国特色社会主义研究》杂志创刊。1995年6月,《中国特色社会主义研究》杂志社召开"邓小平建设有中国特色社会主义理论科学体系研讨会"。首都社科理论界的专家学者龚育之、杨春贵、石仲泉、何祚庥、郑杭生、赵曜等20余人出席会议,围绕如何认识邓小平建设有中国特色社会主义理论的科学体系,以及掌握这一科学体系的理论意义和实践意义展开研讨,为系统深入地研究邓小平的原著和思想体系,提供了新的视角,拓宽了新的思路。

为适应经济社会建设的发展,北京社会科学界围绕社会发展和经济建设问题组织召开了一系列的学术研讨会。1993年5月,北京市委宣传部、市社科联、市经济社会发展研究中心等单位联合召开"北京市社会保障体系改革理论研讨会",围绕加速建立适应市场经济发展的社会保障体系的一系列问题展开了热烈的讨论。9月,北京市委宣传部、市社科联、市金融学会和市城市金融学会联合召开"北京市金融形势分析与对策研讨会",与会专家围绕正确认识当前的金融形势、金融体制改革的难点与对策等问题展开了热烈的讨论。10月,北京市社科联召开"市场经济与传统文化"理论研讨会,首都20余位专家、学者围绕社会主义市场经济与优秀传统文化的关系、继承发扬优秀道德传统文化等问题进行了广泛的讨论。1994年6月,北京市委宣传部、市委商贸工委、市社科联联合召开"现代企业制度(商业)理论研讨会"。北京市委、市政府有关部门领导,以及中国社会科学院、北京大学、中国人民大学等单位的40余位专家学者,结合现代商业企业的特点探讨了建立现代企业制度的有关理论与实践问题。11月,市社科联、市科协和市社科院联合召开"北京市环渤海地区开放与经济发展研讨会",戴园晨、胡序威、胡兆量等专家学者30余人,就环渤海地区经济发展面临的机遇与挑战、北京与周边地区生产力的优化配置、北京在该地区经济发展中的作用等问题进行了富有建设性的讨论。12月,天津、北京、河北三省市社科联、科协、社科院联合召开的"京津冀联合与发展研讨会"在天津召开。京津冀社科理论界和自然科学界的专家学者、政府经协办和政策研究部门的近百人参加研讨会,就京津冀联合的机遇和潜力、联合的目标和原则、联合的方式与实施步骤进行了深入的探讨,提出了许多具体建议和意见。

"八五"期间,北京市加大了首都哲学社会科学中青年学者队伍的建设,除了在规划项目中专设青年课题予以专项资助外,还积极组织了一系列以首都青年学者为主体的学术研讨会。1994年9月,市委宣传部、市社科联、市社科规划办、共同开展北京市青年理论队伍现状调查工作,调查组对北京大学、清华大学等高校和市社科院等科研单位45岁以下青年理论队伍的现状进行了重点调查。11月,市社科联召开"北京市中青年社会科学工作者专题研讨会",围绕爱国主义与首都意识,社会主义市场经济与加强党的建设,发展与稳定的关系等主题进行了讨论。1995年1月,市委宣传部、市社科联、市社科规划办、市建设有中国特色社会主义理论研究会联合召开"北京市青年社会科学工作专题研讨会"。来自北京大学、清华大学、中国人民大学、北京师范大学等10余所大专院校、科研单位的40余位青年学者,就当前的改革、发展与稳定的关系,爱国主义与首都意识,社会主义市场经济条件下党的建设等问题展开了热烈地讨论。4月,北京市委宣传部推出"双青"系列理论研讨会,邀请青年领导干部、青年理论工作者,就把学习建设有中国特色社会主义理论引向深入,国有大中型企业存在的问题及其对策,进一步加强首都的精神文明建设等问题进行主题探讨和交流。7月,北京市委宣传部、市社科联、市社科规划办,联合组织首都部分年轻理论工作者暑期研修班。首都各高等院校和科研单位的20多位青年社科理论工作者参加了此次活动,交流了学习邓小平建设有中国特色社会主义理论的体会,结合自己专业分别介绍了哲学、经济学、政治学、美学、心理学等学科的研究热点和理论前沿问题,深入探讨了改革、发展、稳定等重大理论问题,提出了许多有价值的观点和研究思路。为了加强首都社科理论人才的培养,建设跨世纪的社科理论人才,1995年10月,北京市委宣传部举行新闻发布会,宣布北京市培养跨世纪理论人才"百人工程"正式启动。"工程"采取滚动筛选的方式,在1995年到2000年五年内,培养100名左右45岁以下有副高级以上职称的社会科学学科骨干,并确定了首批162名培养人选。"百人工程"为首都社会科学青年工作者提供了重要的成才条件和交流发展平台。

1996年2月,北京市召开哲学社会科学"九五"规划工作会议,贯彻落实中央有关发展哲学社会科学事业的指示精神,研究和讨论"九五"期间北京市哲学社会科学发展的目标、任务和措施。党的十四届五中全会通过了《中共中央关于制定国民经济和社会发展"九五"计划和2010年远景目标的建议》。《建议》明确提出,要"加强社会科学研究,特别要加强'九五'期间和21世纪初叶我国经济和社会发展以及改革开放中重大问题的研究"。北京市哲学社会科学"九五"规划,是一项世纪之交、承前启后的规划,这项规划对于推动首都哲学社会科学事业的发展具有重要的意义。会议提出,"九五"要紧紧围绕首都北京作为我国的政治中心和文化中心的性质功能定位,要围绕首都的政治、经济、文化、经济建设和人民生活的发展和提高,面向我国和首都未来15年的经济和社会发展的远景目标,制定北京哲学社会科学"九五"规划,组织实施"九五"期间的北京哲学社会科学研究,推动和发展首都的哲学社会科学事业。

根据党的十大明确提出的要用邓小平建设有中国特色社会主义理论武装全党的战略任务,北京市哲学社会科学"九五"规划的首要任务是深入开展对邓小平建设有中国特色社会主义理论的研究,系统深入研究和阐发邓小平理论的形成发展、历史地位、政治意义和理论意义,抓住一系列基本问题,进一步深化和拓展这一理论本身的研究,揭示邓小平的战略思想、理论观点和深刻内涵,运用邓小平理论系统准确地回答实践中提出的重大理论问题和认识问题。"九五"规划课题强调要深入研究在我国和首都北京远景目标中的重大问题,围绕我国和北京市提出的未来15年的远景目标,围绕从传统的计划经济向社会主义市场经济体制的转变、经济增长方式从粗放型向集约型的转变这两个根本性转变提出的重大实践问题和理论问题,研究北京在这两个转变过程中面对的许多深层次的矛盾和问题,从理论上和实际给予科学的回答,为北京市委、市政府的决策提供理论支持。规划课题加强了首都功能、适合首都特点的经济建设、科教兴国战略、国有企业改革、经济社会可持续发展、城市规划与管理、社会主义市场经济的法制建设等方面研究。

加强社会主义精神文明建设是建设首善之区的重要而长期的理论和实践任务。北京市哲学社会科学"九五"规划把首都精神文明建设的研究提高到了比以往更突出的位置,提出要紧紧围绕把首都北京建设成精神文明首善之区,把社会主义精神文明建设研究摆到突出位置。党的十一届三中全会以来,坚持两手抓、两手都要硬就成为了我们社会主义物质文明建设和精神文明建设的一贯方针。党的十四届五中全会做出的《建议》,把加强社会主义精神文明建设放到了更加突出的地位。1995年11月,中共中央总书记江泽民在北京市考察工作时指出:"坚持两手抓、两手都要硬的方针,在抓好物质文明建设的同时,把首都的精神文明建设放到更加突出的地位抓紧抓好。"北京作为我国的首都、全国的政治、文化中心,在很大程度上代表和反映着改革开放的社会主义中国的形象,北京的精神文明建设具有率先垂范的作用。"九五"规划进一步加强了首都精神文明建设研究的力度,设置的研究课题具有更强的针对性,在实践运用上具有更强的可操作性和可实施性。为此,规划课题加强了社会主义市场经济与精神文明建设的关系研究、经济社会发展与首都文化建设的研究以及与首都社会主义精神文明建设和社会主义文化建设密切相关的各个学科研究,首都社会主义精神文明建设的问题几乎涉及每一个学科,力图从不同的学科、角度和层面研究和探讨首都精神文明的建设问题,为首都精神文明首善之区的建设提供理论支持。"九五"规划进一步强化了哲学社会科学的基础理论研究,提出要通过哲学社会科学的规划有力推动学科的建设和学科的发展。不仅加强了社会主义初级阶段理论、社会主义市场经济理论、社会主义本质的理论等等规划课题,而且加强了文、史、哲等人文社会科学的基础学科研究,强调了人文社会科学在继承和发展中华民族的传统文化、吸收人类文明、提高全民族的思想文化素质中所具有的重要作用。"九五"规划在学科、课题等方面都比以往更加合理和平衡,对于加强学科建设推动学科发展都有重要的理论和实践意义。

为了进一步推动北京市哲学社会科学的发展和繁荣,"九五"期间,北京市加强了规划课题的领导、组织和落实。全市各级领导贯彻落实中央和中央领导同志关于哲学社会科学的指示精神,进一步提高了对哲学社会科学地位和作用的认识;通过规划课题,进一步加强了哲学社会科学队伍的建设工作,把首都哲学社会科学研究的队伍建设放在了一个更突出的位置,强调了研究队伍的思想政治素质、学风建设等方面的重要性,进一步认真贯彻"百花齐放,百家争鸣"的学术方针。为了加强和改善党对哲学社会科学的领导,调动和发挥哲学社会科学工作者的积极性和创造性,提高哲学社会科学主动适应经济发展和社会全面进步需要的能力,繁荣有首都特色的哲学社会科学,北京市结合社会主义经济体制改革的伟大理论和实践,进一步探索了北京市哲学社会科学的体制改革之路,为首都北京哲学社会科学的发展注入了新的活力,逐步改善了北京市哲学社会科学的研究条件,从"九五"规划实施之年起,适当增大了社科规划经费的基数,逐步提高财政拨款的年递增率;同时,加大了首都哲学社会科学青年工作者的培养和支持力度,切实落实"培养跨世纪青年理论人才百人工程",设立专项基金支持青年工作者的研究,加强首都哲学社会科学研究梯队的建设。

"九五"期间,北京市哲学社会科学系统围绕《中共中央关于制定国民经济和社会发展"九五"计划和2010年远景目标的建议》的指示精神、《北京市国民经济和社会发展"九五"计划和2010年远景目标纲要(草案)》以及首都经济社会文化建设与发展的需要,组织和开展了一系列的社会科学学术研讨会。"九五"期间,北京社会科学界围绕邓小平理论和中国特色社会主义理论举办一系列的研讨。1997年5月,北京市委宣传部、社科联联合召开首都社科理论界和北京市宣传系统"学习邓小平'一国两制'伟大构想座谈会",首都社科理论界的部分专家学者和市宣传系统的部分干部参加了会议。10月,社科联与北京市建设有中国特色社会主义理论研究会联合召开"公有制实现形式多样化"研讨会,对党的十五大提出的"公有制实现形式可以而且应当多样化"的论述给予充分肯定,同时提出了一些在贯彻十五大精神过程中应当注意的问题。1998年7月,市社科联与北京市哲学学会等13家单位联合召开了纪念党的十一届三中全会、真理标准问题讨论20周年理论研讨会,会议围绕有关真理标准问题、哲学问题、特别是有关邓小平哲学思想问题展开了深入学术研讨。12月,北京市委宣传部、市委党校、市社科院和市社科联联合举办了"北京市纪念党的十一届三中全会20周年理论研讨会",北京市有关领导、中央文献研究室、中宣部理论局、中央党校等单位的有关负责同志以及专家学者50多人出席了研讨会。1999年9月,北京市委宣传部、社科联、邓小平理论研究会、市委党校和市社科院联合举办"庆祝中华人民共和国成立50周年理论研讨会",首都高校、党校、科研院所和在京中央单位的有关领导及专家学者150多人出席了会议,收到各个角度、各个学科的理论学术文章140余篇。2000年5月,北京市委宣传部、北京市社科联联合召开首都理论界学习江泽民同志重要讲话座谈会。来自中国社科院、国防大学、中共中央党校、北京市社科院、中共北京市委党校的近20位专家学者围绕"三个代表"重要思想进行了研讨。11月,北京市国际共运史学会举办以"20世纪社会主义的兴起与21世纪社会主义展望"为中心议题的座谈研讨。这些学术研讨会学习和宣传了邓小平理论,探讨了有中国特色的社会主义理论与实践。

如何适应北京城市的功能性质定位,发展和建设具有首都特色的北京经济,是北京市社会科学界高度关注的问题。北京市社科院提出"重视基础研究,加强应用研究和对策研究,推动科研工作走上经济建设主战场,为首都两个文明建设和社会发展服务,成为市委、市政府'用得上,信得过,离不开'的科研机构"的办院方针,不断改善科研条件,深化科研体制改革,加强科研管理,北京市社科院的研究与首都两个文明建设的关系越来越密切。1996年,北京市社科院在全国首先提出"文化产业"的概念,加强了首都文化发展战略的研究,并进行了持续的研究,召开了相关的学术研讨会,在首都乃至全国产生了重要而积极的影响。"九五"期间,北京社会科学界围绕首都社会、经济的发展问题开展了许多研讨活动。1996年8月,市社科联和中国经济规律研究会联合召开"智囊团活动"的第一次会议。来自首都高等院校和科研机构的近40位理论工作者和实际工作部门的领导,就北京市在实现两个转变过程中存在的主要障碍及今后工作中需要重点解决的问题进行了广泛研讨。1998年,北京市社科联、市邓小平理论研究会联合召开"知识经济与科教兴国战略"学术研讨会,来自自然科学和社会科学界的20余位专家学者围绕什么是知识经济、发展知识经济与科教兴国战略的关系、如何迎接知识经济的机遇与挑战等问题进行了研讨,并结合北京市的实际,提出了很好的意见和建议。9月,市社科联、北京外国问题研究会和日本中小企业诊断协会东京中央支会代表团在市政协联合召开了"中日现代企业经营管理演讲会",中日双方学术界、企业界专家学者近百人参加会议。2000年3月,北京市社科联组织的歌华集团发展战略研讨会在京召开,来自北京大学、中国人民大学、清华大学等单位的专家学者结合首都文化产业的发展状况和企业的特点,就我国宏观经济发展对文化产业的影响,如何利用首都的优势发展文化产业,利用国家对文化产业、高新技术企业的优惠政策,充分利用网络资源的优势,促进企业的发展等方面的问题进行了讨论。6月,中共北京市委研究室和北京市社科联联合召开北京市发展非公有制经济问题研讨会。针对北京市的情况,与会的专家学者围绕中共十五大确立的精神,探讨了北京市非公有制经济的制度创新、管理创新以及发展思路、对策等问题。从2000年1月至7月,北京市社科联共举办了5次"北京市社会科学决策咨询季谈会",邀请北京大学、清华大学、中国人民大学、北京师范大学等首都高校和科研院所的专家学者,就"十五"规划中的有关理论问题和实践问题、首都经济的持续健康快速发展问题、首都经济结构战略性调整问题、城市建设管理与首都城市现代化问题、科教兴国和可持续发展战略与首都经济社会协调发展问题等进行了广泛深入的研讨,并提出了许多富有建设性的意见和建议,得到了北京市委领导的重视和肯定。

精神文明建设是首善之区建设的重大课题,如何搞好首都的社会主义精神文明建设是北京社科界普遍关注的问题,北京社会科学界在世纪之交召开了多次重要的精神文明建设论坛。1996年,为了推动首都精神文明建设与道德建设的研究和实践,北京市社科联组织道德建设论坛征文活动,所属各个学会推荐"北京'96道德建设论坛"优秀文章评选活动参评论文

197篇。经过严格评选,评出一等奖8篇,二等奖16篇,三等奖26篇。1999年1月,北京市社科联、社科规划办和首都文明工程基金会联合主办了主题为"21世纪首都形象与首都精神"的首次"文明工程论坛"活动,文明工程论坛从此成为了一项经常性的活动,产生了重要的学术和社会影响,中央和北京市的多家媒体予以高度关注,并给予了相关宣传和报道。5月,北京市社科联、北京市社科规划办、北京日报社和首都文明工程基金会倡议,联合首都的高等院校和企事业单位,共同推出主题为"从中关村的崛起看21世纪首都形象与首都精神"的文明工程论坛。此后还召开了以"首都旧城保护与城市发展"为题的首都文明工程论坛。

为了总结百年来的学科发展历程,进一步推动社会科学的发展,1998年3月,北京市社科联召开了两次直属学会负责人会议,讨论通过并正式启动《中国学术百年》丛书的编写工作,12个学会参加撰写工作。1999年12月,《中国学术百年》丛书由北京出版社出版发行,共出版哲学、人口、文艺、历史、社会学、国际共运史、逻辑、世界语等学科9部专著。丛书从历史发展的角度、学科建设的变迁和建构等方面,对学科的发展历史和基本结构进行了历史和理论的梳理和探讨,在学术界产生了良好的影响。与此同时,北京市社科联和北京晚报联合主办的"学术百年论坛——新世纪讲学"大型系列研讨会暨《中国学术百年》丛书出版座谈会,共举办了12个专场论坛,首都高校和科研机构的百余名著名学者发表了精彩的学术演讲。人民日报、光明日报、北京日报等中央和地方报对此次活动进行了广泛的报道,产生了积极的影响。

北京市启动"培养跨世纪理论人才'百人工程'"后,一直关注首都社会科学研究年轻理论队伍的培养和建设,组织工程人选参加各种学术考察和培训活动,青年学者逐步成为首都社会科学研究的重要力量,为首都的经济社会文化发展建言献策。1998年,《跨世纪青年学者文库》首批8部著作出版发行,17项申报课题被列入"百人工程"第二批研究项目,《跨世纪青年学者文库》有11项被列入出版计划。从1998年4月至1999年4月,北京市社科联举行5次"首都青年学术论坛"活动,就"从知识经济看'首都经济'"、"发展首都经济与拓宽就业渠道"、"从改革开放20年的历程看世纪之交的中国经济发展"、"实施科教兴国战略与发扬五四精神"等问题进行专题研讨。"首都青年学术论坛"为北京市社会科学界的青年学者提供了良好的学术平台,增加了学者之间的交流,活跃了首都社会科学研究的学术氛围,同时也密切了学术研究与队伍建设、理论研究与社会实践之间的联系。

"九五"期间,北京市哲学社会科学事业取得了重要的发展,产生了大量的优秀科研成果。为及时总结北京市哲学社会科学研究的实践和经验,不断推动北京市哲学社会科学的繁荣和发展,在"九五"期间,共举行了三届哲学社会科学优秀成果评奖活动。1997年1月,举行了北京市第四届哲学社会科学优秀成果评奖活动,共评出特等奖4项、一等奖51项、二等奖155项。1998年12月,北京市社科联召开第五届哲学社会科学优秀成果评奖委员会会议,最终评选出哲学社会科学优秀成果208项,其中,特等奖2项、特别奖1项、一等奖55项、二等奖150项。2000年9月,北京市第六届哲学社会科学优秀成果奖评奖委员会召开市学科评选组工作会议,共评出200项获奖成果,其中特等奖3项、一等奖40项、二等奖157项。为了更有力地推动北京市社会科学界的组织活动和学术活动,1998年7月,北京市社科联召开"纪念北京市社科联成立15周年暨第三届社会科学优秀学会和先进学会工作者表彰大会",刘述礼在会上作了题为"繁荣和发展社会科学为首都两个文明建设服务"的工作汇报,北京市领导向20个优秀学会和217位先进学会工作者颁奖。

"八五"和"九五"期间北京市哲学社会科学事业取得了更大的发展,规划组织工作更加完善,学科建设更趋合理,学术氛围更加活跃,学术成绩更为突出,尤为突出的是,北京市的社会科学研究与首都的两个文明建设的关系更为密切,在深化基础理论研究和加强学科建设的同时,增强了应用对策和战略发展的研究,为首都的社会、经济、教育、文化等方面的建设提供了更多更好的知识、智力和决策支持。

五、深化改革与北京教育建设

从1992年开始,中国的教育体制改革进一步深化,教育事业取得了更大、更全面的发展。1992年,国家教育部发布《中华人民共和国义务教育法实施细则》。1993年,中共中央、国务院颁布《中国教育改革和发展纲要》。1995年,《中华人民共和国教育法》公布并开始实施。1999年,《中华人民共和国高等教育法》开始实施。1999年,中共中央、国务院发布《关于深化教育改革全面推进素质教育的决定》。北京市积极落实中央关于教育改革和教育发展的指示精神,结合北京市的教育实际,把北京的教育事业放在优先发展的战略地位,制定和颁布了一系列改革发展的措施,首都北京的高等教育、基础教育、中等职业技术教育、成人教育以及其他的教育事业,在进一步深化改革和建设中取得了快速发展,教育事业发展的许多方面走在了全国的前列。

北京是高等院校云集和高等教育发达的地区,北京历来重视高等教育的发展。1992年,北京市制定和颁发了《北京市教育事业十年规划和"八五"计划纲要》,对未来十年的北京教育事业做出了宏观发展的规划和"八五"期间的具体计划,提出要大力宣传"依靠人民办教育,办好教育为人民"的指导思想,继续动员全社会关心和支持教育事业,为教育创造良好的社会环境。1992年10月,北京市教育局向市属高校下发《关于推进北京市普通高等学校改革与发展的若干意见》,提出向高校放权的14条措施。这些措施包括:进一步扩大高等学校的办学权;学校可根据学科发展和社会需要的变化,依据有关规定确定与调整专业方向;进一步扩大高校人事、分配管理权;学校在核定的机构编制数额内有权自主决定其内部机制设置,逐步下放副高职称乃至正高职称的任职资格评审权,学校可及时对政治教育、教学、科研、管理等方面做出贡献的人员评聘专业技术职务和给予重奖;进一步采取措施支持科技开发,鼓励兴办校办产业。北京市市委、市政府决定从1992年下半年开始,分三步实现对市属高校的布局结构调整。调整后,北京市属高校由原来的13所、26个办学点,减少到11所高校、14个办学实体,减少专业25个,学校平均规模从原来的1360人,上升到3300人。北京市属高校的结构变得更加合理,办学层次有较大提高。

1993年2月,中共中央、国务院印发《中国教育改革和发展纲要》。《纲要》确定了到20世纪末我国教育改革与发展的基本目标、战略和指导方针。《纲要》指出,我国的改革开放和现代化建设事业进入了一个新阶段,在新的形势下,中国教育的改革和发展必须遵循党的十四大精神,以建设有中国特色的社会主义理论为指导,坚持党的基本路线,全面贯彻教育方针,面向现代化,面向世界,面向未来,进一步提高劳动者素质,培养大批人才,建立适应社会主义市场经济体制和政治、科技体制改革需要的教育体制,更好地为社会主义现代化建设服务。根据我国社会主义现代化建设"三步走"的战略目标,到20世纪末,我国教育发展的总目标为,全民受教育水平有明显提高,各类专门人才的拥有量基本满足现代化建设的需要,形成具有中国特色的、面向21世纪的社会主义教育体系的基本框架,经过几十年的努力,建立比较完善的社会主义教育体系,实现教育的现代化。

这是指导我国20世纪90年代至21世纪初教育改革和发展、建设中国特色社会主义教育体系的宏伟纲领。1994年6月,第二次全国教育工作会议召开,会议通过了《关于〈中国教育改革和发展纲要〉的实施意见》。

北京市教育工作认真贯彻落实《中国教育改革和发展纲要》和《实施意见》的精神,继续把教育放在优先发展的战略地位,加大教育改革的力度,不断提高教育教学质量。为了加强高校的建设,继续增加北京市教育经费,全年预算内用于教育的支出16.3亿元,占全市财政支出的20.1%。北京市委、市政府继续为教育办了10件事,并组织力量对90年代教育发展的目标、师资队伍、改善教育待遇和教师住房困难等情况进行了调查研究。1993年4月,北京市委、市政府首次召开了"北京普通高等教育工作会议",主要研究北京高等教育如何深化改革和进一步发展,全面提供教育质量和办学效益等问题。会上印发了北京市委、市政府《加快北京高等教育改革和发展的决定》和《关于北京市属高校深化改革、扩大办学自主权的若干意见》等9个文件的征求意见稿,确定了北京地区高等院校要"立足首都、服务全国、走向世界",以及"加快改革、积极发展、重在提高"的方针和任务。北京市市委、市政府决定采取10项具体措施,支持北京高等教育加快改革和发展。5月,北京市委、市政府做出《关于加快北京高等教育改革与发展的决定》。7月,北京市委、市政府召开全市教育工作会议,要求各级领导坚决支持教育事业,坚定不移地把教育摆在优先发展的战略地位,解放思想,真抓实干,把首都教育改革和发展推上一个新台阶。在贯彻落实《中国教育改革与发展纲要》中,北京加快教育改革和发展,各方面的工作都取得了明显的成绩。1993年,北京地区67所高校通过扩大内涵发展,招生规模比1993年增长25%,其中本专科生增长25.7%,达5.22万人。研究生增长20.6%,达9785人;在校学生达到18万人,达到了历史最高水平。1994年2月,北京市召开的高等学校领导干部会议提出,1994年北京高等教育要坚持深化改革、积极发展、重在提高的方针,积极进行教育、教学改革,全面提高教学质量,主动适应社会主义市场经济的发展,加快市属院校调整的步伐,在联合办学、高等职业技术教育、招生就业制度改革和后勤社会化方面有所突破,进一步加强和改进党的建设和思想政治工作。

1994年6月,中共中央、国务院在北京召开全国教育工作会议,讨论《中国教育改革与发展纲要》。江泽民在会上发表重要讲话,要求真正把教育摆在优先发展的战略地位,加快社会主义现代化建设的人才培养。7月,北京市委、市政府召开全市党政主要领导干部会议,传达、学习全国教育工作会议精神,进一步落实教育优先发展战略。8月,北京市委、市政府召开北京教育工作会议。会议进一步贯彻《中国教育改革和发展纲要》《实施意见》的精神,落实国家教委制定的《关于重点建设一批高等学校和重点学科点的若干意见》的精神。北京市市长李其炎在会上做了题为《高标准落实〈中国教育改革和发展纲要〉,为实现首都教育现代化而奋斗》的报告。报告指出,到 2000 年,北京要建成具有中国特色和首都特点、适应 21 世纪发展要求的社会主义教育体系的基本框架,基本实现首都教育的现代化;同时指出,北京市委、市政府决定组织教育十大系统工程。其中有关高校工作的有:高校"三重"工程,即在高等院校建设一批高水平的重点学科、重点课程和重点实验室;"110 工程",到 20 世纪末,推广应用 100 项高等院校的高新技术科研成果,组织高等院校参加 10 个北京重大科技改造项目;"示范学校工程"即各级各类学校要建设一批高标准高质量的、能够代表首都教育最高水平的示范学校,力争有一批北京地区高等院校进入国家"211 工程"。1994 年 10 月,北京市委、市政府发出《关于进一步落实教育优先发展战略地位高标准实施〈纲要〉的决定》,对首都北京的教育改革和教育事业的发展提出了更高的要求。1995 年 3 月,《中华人民共和国教育法》公布。北京市认真贯彻落实《中华人民共和国教育法》,积极推进高教办学和管理体制改革。北京市委、市政府将体制改革列为高教工作重点,组织力量进行深入调查研究,提出了地区高校办学管理体制改革统筹规划的初步设想;抓好内部管理体制改革,各高校深入探索适合本校的管理结构模式,强化目标责任制;不断加大教育教学改革力度,继续推进招生"并轨"和毕业生就业制度改革,同时,抓紧抓好"项目工程"建设,继续加大高等教育"211 工程"的建设力度。1995 年底,北京有 15 所高校通过了部门预审,占全国 56 所已预审校的 27%。市属北京工业大学和首都师范大学已完成了"211 工程"建设规划。1995 年 7 月,北京市委、市政府发出关于贯彻《中共中央、国务院关于加速科学技术进步的决定》的意见。《意见》提出,全面落实科学技术是第一生产力的思想和科教兴国的战略;实施 8 大科技系统工程,促进全社会的科技进步;深化科技体制改革,建立全社会技术进步体系和科研管理体系;加强领导,增加投入,把科教兴国战略落到实处。在科教兴国战略的方针指导下,北京市更加重视科学技术和教育事业在首都经济社会文化发展中的先导作用,加大科学技术攻关和教育事业的投入,积极推进首都科学技术创新和教育改革发展。

1996 年,《全国教育事业"九五"计划和 2010 年发展规划》颁发,提出今后15年全国教育发展的基本指导思想：中国教育事业的发展要根据国民经济和社会发展规划与科教兴国战略，切实落实教育优先发展的战略地位，推进教育体制改革，优化教育结构，提高教育质量和办学效益，使教育发展与未来我国社会和经济发展需要相适应；切实落实教育优先发展的战略地位，使教育与经济和社会协调发展；从"三个面向"出发，使教育事业适应未来需要；深化教育体制改革，加快教育发展步伐；正确认识和处理规模速度与质量效益的关系；坚持社会主义方向，全面贯彻党的教育方针；认真贯彻和全面落实《中国教育改革和发展纲要》、十四届五中全会提出的改革任务和发展目标，以普及九年义务教育和扫除青壮年文盲为重点，积极发展职业教育和成人教育，适度发展高等教育，优化教育结构，努力提高教育质量和办学效益，形成具有中国特色的、面向21世纪的社会主义教育体系的基本框架。

1996年，北京市的教育工作以落实江泽民总书记提出的教育要实现"两个重要转变"为指导思想，树立北京大教育观念，加大改革力度，深化体制改革。1996年1月，中共北京市委、市政府召开教育工作会议，提出教育事业发展"九五"计划和2010年长远规划，继续把教育放在优先发展的战略位置，不断探索高校体制改革的新思路。1996年，在高校工作中认真做好招生体制改革及毕业生就业制度改革。北京高校本科招生全部实现并轨，专科招生部分实现"并轨"，进一步深化毕业生就业制度改革，积极培育高校毕业生就业市场。为了加强北京市与中央部属高校的交流与合作，推进首都高校的建设与发展，1996年12月，国家教委与北京市政府经过协商，决定共同建设北京大学、清华大学、中国人民大学和北京师范大学。在共建中，北京市政府把4校的建设和发展纳入北京市经济和社会发展整体规划，加强统筹和领导，投入经费支持共建高校的建设，建立了首都高校建设和发展的新模式。1997年，北京高等教育继续贯彻"共建、合作合并、调整"方针，进一步加强教育管理体制的改革，发挥首都高校科技文化优势，促进首都经济和学校自身发展，积极探索联合办学的有效运行机制。到1997年年底，北京地区有50余所高校通过不同形式开展联合办学，北京高校与500多个企业、事业单位开展合作办学，有353个单位校董事会参与学校的办学与管理。同时，北京市属高校的布局结构调整也取得了阶段性的重要成果，教育经费的投入和增加，极大改善了北京市属高校的基础设施，市属高校的教育教学水平得到了大幅度提高。

1998年，北京市委、市政府确定了"立足北京、服务全国、深化改革、优化结构、重在提高、争创一流"的教育发展总体思路。北京市的教育工作锐意改革,大胆创新。在高等教育方面,北京高等学校的管理体制和结构调整取得了突破性的进展,根据教育部、国家经贸委、国家计委、财政部《关于调整撤并部门所属学校管理体制的实施意见》,1998年顺利完成11所部属高校和2所部属成人高校体制转换工作。一方面重点完成了原部委所属院校管理体制调整工作,另一方面对北京48所普通高校和20所独立设置的成人高校进行深入调研,并提出调整北京地区普通高等学校的规划设想。北京市教育部门按照规模、结构、质量、效益原则,调整北京地区高等学校专业设置,专业设置变得更加合理;同时进一步加强"211工程"的建设。继续扩大首都高校的共建工作,1998年8月,北京市委、市政府召开部分高校管理体制调整工作座谈会,根据国务院有关决定,北京科技大学、北京化工大学、北方工业大学、北京服装学院、北京轻工业学院、北京商学院、北京机械工业学院、北京物资学院、中央工艺美术学院等9所部属高校,实行中央与北京市共建,以北京市管理为主。北京市的普通高等教育入学率达到了30%,北京市的高等教育初步进入了大众化阶段。1998年,北京有183个培养研究生机构,其中科研机构132个;共招生16273人,其中招博士生4311人;招生总数比1997年增长14%,在校研究生总数达到44873人,占全国研究生总数的四分之一。北京市与首都高等院校的合作与共建范围进一步扩大,北京市主管的高等学校增多,充分体现了"立足北京、服务全国、深化改革、优化结构、重在提高、争创一流"的高等教育发展思路,为适应首都经济和社会发展的需要,北京教育改革加大了力度。

1999年6月,中共中央、国务院在北京召开改革开放以来第三次全国教育工作会议。江泽民总书记在会上强调指出,国运兴衰,系于教育;教育振兴,全民有责。必须全面贯彻党的教育方针,以提高国民素质为根本宗旨,以培养学生的创新精神和实践能力为重点,努力塑造"有理想、有道德、有文化、有纪律"的德育、智育、体育、美育等全面发展的社会事业建设者和接班人。会议通过了《关于深化教育改革全面推进素质教育的决定》。《决定》指出,全党、全社会必须从我们社会主义事业兴旺发达和中华民族伟大复兴的大局出发,要深化教育改革,全面推进素质教育,构建一个充满生机的有中国特色的社会主义教育体系,为实施科教兴国战略奠定坚实的人才和知识基础。同年,国务院批转教育部《面向21世纪教育振兴行动计划》。这是在贯彻落实《教育法》及《中国教育改革和发展纲要》的基础上,提出的跨世纪教育改革和发展的宏伟蓝图,明确提出了到2000年和2010年我国教育发展的目标。为全面贯彻落实第三次全国教育工作会议精神,根据《关于深化教育改革全面推进素质教育的决定》,1999年12月,北京市委、市政府下发了《关于深化教育改革全面推进素质教育的意见》,结合北京的社会、经济和文化发展的实际,《意见》提出,要抓住跨世纪的重要历史时刻,加快首都社会主义现代化建设,实施以知识经济为方向、以发展高新技术产业为核心、以第三产业为主导的首都经济发展战略,必须充分发挥教育的关键性作用。北京作为伟大祖国的首都,作为全国的政治和文化中心,应当充分发挥北京科技、教育的优势,把北京建设成为国内知识创新和高素质人才培养的重要基地。实施首都教育先导的发展战略,必须坚定不移地落实科教兴国战略,把教育作为"先导性、全局性、基础性"的知识产业和关键的基础设施,作为首都经济社会发展的战略重点和重要支柱。动员全社会重视教育,优先发展教育,在全国率先实现教育现代化。同时,密切教育与经济科技的结合,以教育事业的发展推动科技、文化、社会服务等相关产业的发展,促进首都经济的增长。通过深化教育改革,全面推进素质教育,通过教育先导的发展战略,全面提高首都市民的思想道德和科学文化素质,努力把北京建设成为两个文明建设的首善之区。《意见》提出,在深化教育改革和全面推进素质教育中,北京市要全面实施教育先导发展战略,规划跨世纪发展目标,加速推进首都教育现代化;要以体制、机制、结构改革为重点,深化各项教育改革全面推进素质教育;要抓住改革发展的关键环节,启动"首都教育跨世纪重点建设工程",为新世纪发展打好基础;全党全社会要共同努力,创造条件,提供保障,努力开创首都教育新纪元。北京市委、市政府12月召开的教育工作会议,确定了北京高等教育的新目标,提出到2010年,北京市的教育水平要达到中等发达国家首都教育的同期水平,在全国率先进入高等教育普及化阶段。

2000年,北京市教育工作深入贯彻第三次全教会和市委八届四次会议精神,全面深化教育管理体制改革,大力推进首都高校的建设。2000年2月,北京市接收划转原部委所属院校工作座谈会召开。此次划转北京市原部委所属高校23所,其中有中国音乐学院、中国戏曲学院、北京电影学院、北京舞蹈学院、北京印刷学院、北京石油化工学院、北京信息工程学院、北京第二外国语学院、北京工业职业技术学院和河北水利水电学院北京研究生部等9所普通高校,市属市管高校数量进一步增加,在北京地区现有的59所普通高校中,市属市管学校已达到27所。中央和北京市两级管理,以北京市管理为主的体制已基本形成。首都高校"211工程"建设取得重大成绩,在"九五"期间,全国共有96所大学进入"211工程",而北京地区有19所高校进入"211工程":它们是北京大学、清华大学、中国人民大学、北京师范大学、北京航空航天大学、北京科技大学、北京理工大学、北京邮电大学、北京外国语大学、北京化工大学、北方交通大学、中国农业大学、北京林业大学、北京工业大学、北京中医药大学、中央音乐学院、中央民族大学、对外经济贸易大学、首都师范大学。"211工程"的实施,极大推进了首都高等教育教学的发展和提高,促进了首都教育事业和文化事业的发展。在深化教育改革中,首都北京的教育事业不断加强与经济、科技、社会发展的结合,更充分地体现了教育积极为首都经济建设、社会发展和文化事业培养专业人才,极大地促进了首都人力资源开发,提高了首都高校教育与科学技术成果为首都服务的能力和水平。2000年,北京市共有普通高校59所,比1999年的64所减少了5所,但是,教育结构变得更加合理,教育资源得到了优势组合。与"八五"期间相比,首都高校的整体规模扩大了,招生数量增加了,高等教育得到了更大的普及。2000年,校均在校生达到8129人,比1996年提高67.12%;生师比(按当量计算)为13.7:1,比1996年的8.7:1提高57.9%。高等教育基本得到普及,北京地区高校研究生招生2.3万人,比1999年增长37.5%;普通高校本专科招生9.9万人,比上年增长26.8%;到2000年,北京市18—22岁人口中,高等教育毛入学率接近40%,居全国之首。

经过"八五"和"九五"期间北京高等教育事业的改革、建设和发展,"立足北京、服务全国、深化改革、优化结构、重在提高、争创一流"的首都教育思路得到了更深入的落实,为首都和全国的社会、经济、文化发展培养了大量的优秀人才。北京作为全国教育中心的地位更加突出,教育文化发展的优势地位更为明显。

普通教育是整个教育事业的基础,北京市积极落实《中华人民共和国义务教育法》、《中国教育改革和发展纲要》、《中华人民共和国教育法》和《关于深化教育改革全面推进素质教育的决定》以及相关教育精神,不断推进基础教育的改革、建设与发展。1992以来,北京市积极普及"九年制"义务教育,以提高教育质量为中心,以加强干部、教师队伍为重点,深化教育管理体制改革、教育结构和教学改革,提前两年实现九年义务教育。1993年10月,北京市最后6个乡宣布达到实施九年义务教育的办学条件基本标准和普及要求。北京市18个区县全部达到国家教育和北京市规定的实施九年义务教育的各项评估指标要求。国家教委抽查组认为"北京市在全国率先提前普及九年义务教育"。北京市在全国率先实现了基本普及九年义务教育和基本扫除青壮年文盲,标志着北京市教育工作进入了一个新的阶段。针对义务教育的发展,北京市市委、市政府又提出了"应在巩固中提高"的要求,增加教育投入。1995年,北京市加大了普通教育布局调整和结构改革的力度,优化教育资源配置。北京市各区县实施布局调整与加强基础建设、普及高中教育与优化配置教育资源的结合,提高了教育教学质量。1996年1月,北京市委、市政府召开的教育工作会议提出了教育事业发展"九五"计划和2010年长远规划,对包括幼儿教育在内的基础教育提出了具体的目标。"九五"期间的主要目标是,3岁以上学龄前儿童入园率达到85%以上;全市户籍人口中新增劳动力平均受教育年限达到12年等。会议强调,北京的教育事业,不仅对全市的国民经济和社会发展至关重要,而且对全国的现代化建设具有重要影响,要进一步落实科教兴国和教育优先发展的战略,力争早日实现首都教育的现代化。在落实科教兴国和教育优先发展的战略中,北京市基础教育以推进素质教育为重点,制定并实施《北京市基础教育实施全面素质教育的意见》、《北京市普通中学加强和改进教学管理工作的意见》和《北京市中学教育工作指导意见》等文件,北京市教委制定《关于加强中学教学管理工作的意见》等文件,在加强教学内容、教学方法和教学管理的改革等方面,取得了重要的进展。

1997年,北京市提出了《关于进一步推进中小学素质教育的实施意见》、颁发了对区县政府、教育行政部门和中小学全面实施素质教育的3个评价方案以及制定了《北京市实施素质教育调整九年义务教育部分学科教学内容与教学要求的意见》。这些措施得到了国务院和国家教委的肯定,在全国具有示范性的作用,并对北京市的普通教育产生积极的效果,中小学的素质教育取得了明显的进展。全市有38所学校推出了实施素质教育的典型经验。1998年,小学毕业生全部免试就近升入初中的改革全部到位,北京市的基础教育在全国率先普及了九年义务教育,为进一步实施素质教育奠定了重要的基础。同时,围绕北京市政府提出的"建设一批质量较高的高级中学"的工作目标,制定了《关于示范性普通高中建设的若干意见》和《北京市示范性普通高中评估验收实施细则》。高中办学模式试点工作有了新进展,教育质量有更大提高,为向高等院校输送人才和培养更多高级专门人才奠定了基础。

1999年,中共中央、国务院发布《关于深化教育改革全面推进素质教育的决定》,中共北京市委、市政府下发了《关于深化教育改革全面推进素质教育的意见》。北京市的基础教育事业进入了深化改革全面推进素质教育的阶段。1999年12月,北京市委、市政府召开全市教育工作会,全面部署了北京的教育工作,明确了一个先导、三个率先、八项改革和实施6项跨世纪的重点建设工程。1999年围绕实施素质教育,在取消重点初中的基础上,实现了小学毕业生全部免试就近升入初中的改革目标。初中升高中的人数有所增加,初中毕业生升入高中阶段学校的入学率达到95.35%,招生总量为14.6万人,普通高中招生5.8万人,比上年增加5000多人,增长9.6%。2000年,北京市的素质教育得到了进一步深化和发展,"两基"成果得到了巩固和提高;各项改革进一步深化,首都基础教育事业迈上了新台阶。九年义务教育的成果得到了巩固和提高,千所农村完全小学建设工作取得较大突破。北京市普通高中招生达6.59万人,比1999年增加1万人,普通高中和中等职业教育招生比达到5∶5。北京全市的高级中等学校共招收新生13万人,初中毕业生升学比例达到95%,基本实现普及高中阶段教育。

加强职业技术教育是北京市改革和发展首都教育事业的重要内容,为适应首都经济社会的发展,培养大量职业技术人才,北京市提出大力发展农村职业技术教育,加强技工教育,调整职业技术教育的学校布局、门类结构和专业设置,积极推进和发展职业技术教育事业。1992年,北京市的职业高中试行了一系列的改革,出现了初中、中专、大专、纯职业高中加初中、初中三加一、高中分流、高中后等多种办学模式,对中等学校办学模式进行了评估,对学校管理体制进行了深化改革。为了提高职业技术教育的质量,1993年,北京市中等职业技术教育贯彻《北京市中等职业技术教育条例》,继续实行"先培训、后就业"的制度,加强中等教育的改革和管理,进行选优评估,1993年,北京市政府批准12所学校为市级重点中专学校。1993年8月,北京市高教局与北京中专教育研究会联合召开教学改革研讨会,与会者认为,必须抓住中等技术教育的好时机,加强学校管理体制的改革和增强办学的活力,更新教学思想、教学观念,探索教育教学的新思路。随后,北京市制定了中等职业技术教育的"321"工程建设,以教育教学和招生就业制度的改革为重点,扩大职业学校的建设和招生规模。1996年,北京市贯彻落实《中华人民共和国职业教育法》,市级重点职业学校达到61所,占中等职业学校总数的14%,中等职业学校在校生达23万人,占高中阶段在校生总数的68%。高等职业教育基本形成以北京联合大学、海淀走读大学、北京青年政治学院为中心,六所大学郊区分校为京郊高等职业技术人才培养基地。到1998年,北京职业技术教育提高到了更高的发展层次,有8所普通高校设置了60余个高等职业教育专业,先后招收培养学生5000人,成人高校依托行业和企业开展高等职业教育,24所成人高校开设高等职业教育专业点78个。1999年,北京市政府做出调整高中教育阶段的决定,使职业教育与普通高中招生、在校生比例达到5∶5;贯彻落实教育部《关于调整中等职业学校布局结构的意见》,对北京市的400多所中等职业技术学校通过"合并、改建、联办、划转"等形式,调整为200所,把其中100所职业学校建设成规模大、水平高、有特色的骨干示范性学校,其中国家级重点40所,省部级60所,努力建成20所具有国际先进水平的职业学校。通过深化改革,北京市的职业技术教育调整了结构,优化了资源配置,提高了教育质量和管理水平,步入了职业教育新的发展阶段。2000年,北京市职业教育实行考试制度的改革,中等职业学校毕业生通过"3+2"考试可以进入高等职业学校学习。经过教育部组织专家对北京市申报的30所国家级重点被选学校进行抽查,教育部批准北京农业学校、北京市信息管理学校等28所中等职业教育学校获国家级重点学校称号。北京市继续加强职业技术学校的示范性学校建设,在重点建设国家级职业学校的同时,又批准8所省部级骨干示范中等职业学校。到2000年,北京市的省部级骨干示范中等职业技术学校达到71所。职业技术教育质量大幅度提高,为北京市经济建设和社会发展培养了大批的职业技术人才,提高了北京市民的文化素质和科技文化水平。

在深化教育体制改革中,北京的成人教育事业取得了突破性发展。1992年8月,首次全国成人高等教育工作会议在北京举行,会议强调要大力支持改革和发展成人教育事业。1992年12月,北京市政府召开成人高等教育工作会议,会议提出进一步扩大学校自主权、调整成人高等教育的布局与结构、深化和完善成人高等学校内部管理体制改革等11项改革措施,标志着北京市成人教育进入深化改革的新阶段。1992年,北京市首次完成了对成人高等学校的综合评估工作,评出A类学校39所、B类学校15所、C类学校3所、D类学校1所。1993年,成人教育继续贯彻《北京市职工教育条例》,加强以岗位培训和继续教育为重点的职工教育,进行了招生办法的系列改革,扩大了学校的办学自主权,成人高考、中等教育有较大发展,北京市各级各类的成人教育院校达2561所。成人教育取得了可喜的成就,经国家教委抽查认定,北京市在全国率先实现了"基本扫除青壮年文盲"。这是一个历史性的突破。1994年3月,北京市委、市政府召开全市成人教育工作会议。市委领导作了题为《解放思想,抓住机遇,深化改革,大力发展首都成人教育事业》的报告,提出今后一个时期首都成人教育发展的目标和任务,以及改革、发展的主要措施。8月,北京市委、市政府做出《关于进一步改革和发展成人教育的若干意见》。随着教育改革的深化,1995年,北京市的成人教育事业得到了进一步的推进,全面启动和实施成人教育系统的7项教育工程,在办实事中谋发展,在改革中见实效,在抓重点中促提高,在重视教学质量提高的同时,重视成人教育的德育工作。1996年,北京市贯彻《职业职教法》,加速职业教育的全面发展。北京市教委组织专家对142所成人教育大中专学校进行评估,共完成33所普通高校的成人教育和109所成人中专校(部、站)的评估工作,对16所民办高校进行全面评估。1997年,北京市以实施"成人教育培训工程"为龙头,带动全市成人教育的改革与发展,建立6个中高层次紧缺人才培训中心,培训中高层次人才15.6万人次,普通高校和成人高校免费为企业培训下岗职工5000名。

1998年,北京的教育事业按照市委、市政府确定的"立足北京、服务全国、深化改革、优化结构、重在提高、争创一流"的总体思路,提出基础教育在全国率先普及九年义务教育之后,要全面迈向素质教育,中等职业教育在经历了十几年的发展之后,教育重心开始上移到大力发展高等职业教育。成人教育在完成历史补课性教育之后,要向岗位培训和继续教育过渡,构建终身教育体系。这一教育发展战略,体现了北京市教育体系和教育结构的均衡发展,体现了北京整体教育水平的质量化提升。由北京市教委牵头,16个委办局联合印发《关于1998—2000年实施北京成人教育培训工程的意见》。1998年,北京市报考各类成人高校的人数多达94000人,各类成人高校接收第二学历大专生1000人,广播电视大学接收注册视听生5800人,高等自学考试报考32万人,成人高中招生4000人,成人中专招生24000人,成人教育体系逐步完善,终身教育体系的战略得到了初步的体现。1999年,北京市印发了《关于加强成人高等教育课程建设的意见》,召开了成人高校高职专业教学工作检查总结交流会,并组织专家组对成人高校、成人中专18个教改项目进行了检查验收,评出一批优秀项目和合格项目。到2000年,北京地区的成人高等教育学校共有120所,其中独立设置成人高校61所,普通高校院校举办的函授、夜大学59所;成人高校招收新生103918人,与1999年相比增加17.8%,毕业生71309人,与1999年相比增加3.47%,在校学生多达260624人,比1999年增加9.6%,全年共招收

107万人次参加各种学历和非学历教育,比上年增长27%。通过"八五"期间尤其是"九五"期间的教育改革和教育发展,北京市成人教育的规模不断发展壮大,教育普及和提高的速度不断加快。

六、深化改革与北京文学艺术

20世纪90年代北京的文学艺术继80年代有了更大的发展。邓小平的南巡讲话以及社会主义经济体制改革,使中国的经济社会发展进入了一个新的历史阶段,文学艺术的发展呈现出了新的发展态势。1991年3月,中宣部、文化部和广播电影电视部联合发布《关于当前繁荣文艺创作的意见》,提出"坚持发展多样化和突出主旋律的统一"的主张。1994年1月,江泽民在全国宣传思想工作会议上的讲话中指出"弘扬主旋律,提倡多样化,是坚持'二为'方向和'双百'方针的具体体现"。"弘扬主旋律,提倡多样化"成为90年代中国文艺发展的指导方针。北京市文艺战线在"弘扬主旋律,提倡多样化"的方针的指导下,以"五个一工程"为龙头,抓住机遇,深化改革,繁荣艺术生产,加强对文艺队伍的建设和对文化市场的管理,创作出众多的优秀作品,举办了异彩纷呈的群众性文化活动,大力繁荣首都文化,不断满足人民群众日益增长的文化需求。

从1995年起,北京市委宣传部在全市开展社会主义精神文明建设"十个一工程",做到每年创作出一部好戏,一部好电视剧,一部好电视专题片,一本好书,一篇好理论文章,一台好电视晚会和好舞台节目,一部(首)好音乐作品,一部(篇)好文学作品,一部好广播剧,一部好儿童作品。北京市委、市政府《关于加快北京市文化发展的若干意见》公布之后,市文化部门认真贯彻,以提高群众文化生活的质量为目标,一手抓繁荣,一手抓管理,文艺体制改革进一步深化,文艺创作日益繁荣,群众文化丰富多彩,文化市场健康发展,使首都文化事业进一步发展,取得了可喜成绩。1996年,江泽民在中国文联第六次全国代表大会和中国作协第五次全国代表大会上指出,文艺工作者应当继续坚持"二为"方向和"双百方针",进一步深入生活、深入群众,讴歌英雄的时代,反映波澜壮阔的现实,深刻而生动地表现人民群众改造自然、改造社会的伟大实践和丰富的精神世界。1997年,北京市文联及所属各文艺家协会分别召开了第六次文代会和各文艺家协会会员代表大会,号召北京市的文学艺术家贯彻落实党的文艺方针政策,努力创作反映改革开放和社会主义现代化建设的优秀文艺作品。

为了繁荣首都的文艺创作，表彰和奖励优秀的文艺作品，北京市设立了各种文艺奖项，以鼓励新作品、新剧目的创作。1991年，北京市委、市政府召开表彰大会，向北京电视剧艺术中心摄制的《渴望》、北京京剧院二团的新编历史剧《画龙点睛》、北京歌舞团创作的大型民族乐舞《盛世行》三部作品剧组全体人员颁发荣誉证书并给予嘉奖，同时公布了市委、市政府设立文艺大奖的决定。从1991年开始，设立了影视"春燕奖"，以奖励优秀的电影电视作品和优秀的电影电视工作者。从1995年开始，为鼓励创作、排演高质量舞台艺术作品，北京市舞台艺术"金菊花奖"设立并开始评选。1999年，"老舍文学奖"设立。在新的形势下，北京的文学艺术取得了丰硕的成果。

在文学方面，北京市的文化部门做了大量的工作以促进文学创作的繁荣。北京市文联、北京市文化局等单位以建党70周年、建国45周年、建国50周年为契机，举办了多次大型征文活动，评选出一大批优秀的作品。北京市作协立足于"大北京"的观念，依照北京市的人才引进战略，积极发展新会员，为北京作家队伍注入了新鲜力量，同时进行了一系列改革，为作家提供良好的创作环境。在专业作家体制方面，北京市作协90年代初继续80年代实行的合同制作家制度。1996年，作协重新修订了合同制聘任管理办法，大幅度提高了合同作家的生活费。2000年，根据作家的不同需求，又开始实行"一制多元"的聘任方式，有"驻会"、"专职"、"兼职"、"挂职"等6种形式，受到很多优秀的中年、青年作家的欢迎。1994年，筹备建立"北京作家文稿库"，并举办"文稿洽谈会"，向出版社推荐作家文稿。针对创作热点、有争议的文学现象、作家新作，北京市作协及时组织学术性研讨。1994年，与中华文学基金会共同主办"当代散文理论研讨会"。1997年与文联研究部联合召开了"青年文学家和青年经济学家对话会"；1998年与当代文学研究会等单位联合召开了"后新诗潮研讨会"。为了促进长篇小说和儿童文学的创作，北京作协与中国作协创研部、北京十月文艺出版社等单位共同为陈建功、赵大年的《皇城根》、食指诗作、任洪渊诗作、曹文轩的《红瓦》、袁一强的《硕鼠》、刘一达的《北京眼》等主办了研讨会。

为了鼓励文学创作，北京市积极对优秀的作家作品进行表彰。1992年，为纪念毛泽东《在延安文艺座谈会上的讲话》发表50周年，北京市举行"深入生活"表彰大会，文艺界3个集体和21位个人获奖。1999年，以老舍先生百年诞辰为契机，北京市文联和北京老舍文艺基金会在北京市委、市政府的支持下主办"老舍文学创作奖",重赏文学创作。在新的形势下,北京的文学创作呈现了繁荣的局面。老中青作家积极投身到文学创作中,出现了大量的优秀文学作品,并获得重要奖项,其中主要有刘恒的《苍河白日梦》、柳溪的《战争启示录》(第一届北京市"十个一工程"奖)、绍武、会林的《骄子传》(第二届北京市"十个一工程"奖)、毕淑敏的《红处方》(第一届北京市文学艺术奖,第三届北京市"十个一工程奖",中国人口文化奖)、霍达的《补天裂》(第七届"五个一过程"奖,第三届北京市"十个一工程奖")、王蒙的《恋爱的季节》和《失态的季节》、曹文轩的《红瓦》(第二届北京市文学艺术奖,建国50周年文学作品佳作奖,第三届北京市"十个一工程奖")、郝敏的《钢铁与太阳》、袁一强的《皇城旧事》(建国50周年文学作品佳作奖,首届"老舍文学奖"提名奖)等。儿童文学创作上更是取得了骄人的成绩,"北京儿童文学"成为国内儿童文学创作的一面旗帜,孙幼军、曹文轩、金波、张之路、郑渊洁等都是出色的儿童文学作家,其中获全国优秀儿童文学奖的作品有:葛翠琳的《会唱歌的画像》(第三届)、孙幼军《怪老头》(第二届)和《啼哩呼啥历险记》(第四届)、张之路的《第三军团》(第二届)和《有老鼠牌铅笔吗》(第三届)以及《我和我的影子》(第四届)、金波的《我和你之间》(第二届)和《林中月夜》(第三届)、罗辰生《下世纪的公民们》(第二届)、曹文轩《山羊不吃天堂草》(第二届)和《草房子》(第四届)。此外,中短篇小说、诗歌、报告文学、散文等领域也产生了许多优秀作品,如刘恒的《天知地知》(第一届鲁迅文学奖优秀中篇小说奖)和《贫嘴张大民的幸福生活》(中篇小说,第二届北京文学艺术奖)、毕淑敏的《预约财富》(中篇小说,第一届北京市"十个一工程"奖)、史铁生的《老屋小记》(第一届鲁迅文学奖优秀短篇小说奖)、刘庆邦的《鞋》(建国50周年文艺作品评选佳作奖)、雷加的《半月随笔二集》(第一届鲁迅文学奖优秀散文杂文荣誉奖)、季羡林的《台游笔记》(建国50周年文艺作品评选佳作奖)、陈祖芬的《孔雀西南飞》(第五届全国优秀报告文学奖)和《食指近作12首》(建国50周年文艺作品评选诗歌类作品最高奖)等。

在众多的优秀作品中,北京的文学创作体现出新时代的一些重要特点。一、京味文学的再度兴盛。王朔继80年代末走红文坛之后,90年代《动物凶猛》、《过把瘾就死》等作品相继问世,继续以充满着北京味儿的调侃式语言和"顽主"形象,获得了广大读者的欢迎,体现了大众文化语境下京味文学的新变化。刘一达在90年代的作品"北京眼"系列等,运用丰富生动的北京土语和俗语,刻画了充满了人情味的北京胡同文化。刘恒在90

年代后半期也把注意力转向了北京平民百姓的生活,《贫嘴张大民的幸福生活》以北京大杂院里一个物质生活极其贫乏的下层工人家庭的故事,表现出北京下层百姓在困难中的乐观与坚强,充满了温情。陈建功、赵大年的《皇城根》讲述了一个北京中医世家的悲欢离合,充满着老北京的文化底蕴。二、90年代北京文学与影视相互推动发展。大量的北京文学作品被改变成影视作品,如《少年天子》、《红处方》、《皇城根》、《贫嘴张大民的幸福生活》、《动物凶猛》以及郑渊洁的童话作品等。优秀的文学作品促进了北京影视的发展;影视作品的走红也会反过来带动文学作品的推广、销售。《王朔文集》的热销就证明了这一点。三、90年代文学体现了对社会主义市场经济下的现实生活、人生和人性的关怀。如陈建功的《放生》、中杰英的《水的记忆》、刘恒的报告文学作品《老卫种树》等作品对新时期人与自然的关系、环境问题表示了关注。毕淑敏的《预约死亡》,以特殊的态度为读者描述了真实的临终关怀过程,塑造了一个个充满爱心、为维护人的尊严而尽心竭力的人物形象,体现出一种深刻的人文关怀。其他作品《原始股》和《红处方》等,也表现出作家对社会问题、人的生存的关注。袁一强的《硕鼠》以幽默、诙谐的笔调,以触目惊心的事实,以"硕鼠"这一形象的比喻,点出了国营企业经营亏损的问题之所在。

在美术方面,随着改革的深入,"弘扬主旋律,提倡多样化"成为文艺界的共识。体现在美术创作上,一方面是表现革命历史题材和领袖人物的作品的繁荣,如杨奇瑞的《仇娃参军》(雕塑,全国七·一美展金奖)、刘大为的《晚风》(中国画,1991年建党70周年全国美展银牌奖和关山月中国画创作银奖)、沈兆伊的《遵义会议》(油画,北京市文化艺术奖)、敬庭尧与李连志合作的《风雨同舟》(中国画,1999年全军第九届美展三等奖)等;另一方面是体现在美术家们对于变革中的中国都市、乡村以及个人生活的关怀和独特体验。例如,王劲松的作品《拆》对北京旧城改造给予了关注,用组合和重复的手法表现了一个即将消失的北京。与此类似的是1995年隋建国、展望、于凡的"三人工作室",以及姜杰等利用现场作了一个《开发计划》系列作品,其中隋建国创作的《废墟》暗示了在文化与商业二元对立中,"废墟"的双重意义。

90年代北京美术的一些优秀作品还在国外的比赛中获奖,如张得蒂的《历史的航船》1991年获意大利拉维纳国际艺术双年展内政部长银奖,隋建国的《飘动的云》、李象群的《等待太阳升起》获日本国际雕塑比赛"雕刻之森"优秀奖。一些优秀的美术作品出国参展,为世界展现了北京美术的风貌。此外,还有一些重要的大型作品诞生,如中国画画家李海涛的长幅《海疆万里图》(长50米,高90厘米)描绘了我国18000公里海疆全貌,展现了春、夏、秋、冬四季的景观,气魄宏大,不同凡响。1998年,文化部委托北京中国画家李宝林、李行简、龙瑞、张仁芝、王文芳、赵卫、崔晓东、李小可、刘牧、程振国创作巨幅山水画完成,由江泽民题款《锦绣中华》,作为赠送香港特区政府的礼品。

北京城市雕塑大量精品诞生。1997年,北京城市雕塑建设管理办公室正式成立,负责对北京城市雕塑的规划、发展和建设的管理,使北京的城市雕塑建设进入了更加有序发展阶段。1990年,北京市政府筹建的"红领巾公园"在北京落成,园内有《星星火炬》、《雷锋》、《赖宁》、《草原英雄小姐妹》、《刘胡兰》等雕像。2000年,以"阳光下的步骤"为主题,完成了红领巾公园二期雕塑建设,以鲜明的主题和新颖的表现形式深受少年儿童喜爱。为纪念抗日战争胜利50周年,1995年,中国人民抗日战争纪念雕塑园奠基,2000年落成。该雕塑园建设了以反映抗日战争期间重大历史事件为内容的群雕38尊,表现了恢弘壮丽的历史场面,体现了中华民族的伟大精神。1996年,由北京市委宣传部、顺义县政府建立的一座反映中国人民利用地道抗击日本侵略者的青铜雕像"地道战造像碑",在北京焦庄户地道战遗址纪念馆落成。在雕塑家钱绍武等倡议下,北京市怀柔县委、县政府和八道河乡政府共同筹建了"怀柔山林雕塑公园"。1996年到2000年,北京陆续建成一批城市雕塑作品,如《龙腾虎跃》、《中国版图》、《中华尊》,以及《郭守敬》、《鲁迅》、《马骏》、《时传祥》、《诸福棠》等人物雕塑,其中重要作品有位于北京中关村的《生物链》,位于长安街北京市邮政局广场的万国邮联雕塑《寰宇传书》,位于北京西长安街邮电部大门前的《汉风柱》,位于北京西客站南广场的《国风》。为庆祝建国50周年,长安街还建成了《树》、《龙》、《蒸蒸日上》、《书》、《中国风》、《和风》、《马追飞燕》、《东方神韵》、《评弹思凡》、《王府井牌匾》等一批雕塑。这批雕塑以体现民族传统、地方特色、时代精神为主题,从民间、民俗文化中提取创作素材,更加贴近观众。北京市委宣传部、首都城市雕塑艺术委员会还主办了两届"雕塑在城市生活中"摄影展览,展览后出版《北京城市雕塑集》。

90年代北京举办了大量的美术展览,其中较为重要的有:1991年文化部艺术局和中国美协联合举办"庆祝中国共产党成立70周年美术作品展览",这是一次高扬社会主义美术主旋律的展览,集中展现了两年来美术界"一手抓整顿,一手抓繁荣"的丰硕成果。1992年5月,北京市文联、市美协等单位为纪念毛泽东《讲话》发表50周年,联合在中国美术馆举办大型美术作品展。1993年8月,中国美协艺术委员会主办世纪末中国人物画展览。1994年12月,在北京举办的"第八届全国美术展览会"上,北京地区获优秀作品奖的有袁武的《没有风的春天》(中国画)、闫振铎的《水乡》(油画)、许敏的《秋深》(油画)、张凭的《海》、罗尔纯的《傍水人家》、李象群的《春天的微笑》(雕塑)等。1997年,为庆祝香港回归,文化部主办、中国美协、北京市文化局等协助举办了"中国艺术大展"。该展以中国人民百年来反抗外来侵略和争取收回香港的斗争为题材,表现群众庆祝香港回归时的喜悦心情。北京市文联和北京国际艺苑联合主办的"北京工艺美术作品展",集中展示了富有北京传统特色的风筝、面塑、泥塑、剪纸、绢人、毛猴、脸谱、彩陶、彩蛋、内画等20余个品种,以及近年兴起的烙画、卵石画、微缩景观、绳编壁挂、核桃工艺、鱼骨造型、玻璃工艺等。1999年12月,第九届全国美展获奖作品展在中国美术馆举行,北京地区入选作品共206件,获金、银、铜奖和优秀奖35件。同年,北京市还举办了"庆祝中华人民共和国成立50周年展览会",杨凡的《毕业生》、王少伦的油画作品《1978年11月24日夜·小岗》获得金奖,毕建勋的中国画作品《改革之年》获银奖。随着20世纪90年代女性主义思潮被介绍到中国,美术创作中出现了一种自觉的女性意识。在这种意识的影响下,北京举办了多次女美术家作品展览。1990年和1995年,北京举办了两届"女画家的世界"展览。1991年,中国画研究院举办七位女画家中国画作品联展。1995年8月,中华女画家邀请展在中国美术馆举行,39位女性美术家应邀展出了中国画、油画、版画、雕塑和装置艺术作品。文化部、全国妇联等联合举办的中国女美术家作品展览也相继在此展出。其中最重要的是1998年举办的"世纪'女性'艺术展,邀请了78位女性美术家参展,期间举办了"女性艺术学术论坛","以一种总结和探讨问题的方式,对90年代的女性艺术进行了展示"。

在舞台表演艺术方面,体制改革是90年代北京艺术表演团体面临的重大课题。1989年中共中央发出《关于进一步繁荣文艺的若干意见》,1993年,文化部发出了《关于进一步加快和深化艺术表演团体体制改革的通知》,1994年,文化部发出《关于进一步加快和深化文化部直属艺术表演团体体制改革的意见》,明确提出要建立以政府扶持、剧场调控为中心的演出机制,建立以聘用合同制为中心的人事制度,建立以有利于艺术扩大再生产为中心的经营机制。在中央关于文艺体制改革精神的指导下,北京市针对艺术表演团体体制改革采取了一系列措施。1994年,北京市委、市政府发出《关于进一步推动市属艺术表演团体改革发展的意见》,市文化局和各艺术表演团体形成了"改革是文艺团体繁荣发展的唯一出路"的共识。1994年开始,北京市文化局举办金秋剧本交流会,在全国范围内征集优秀剧本,以改变仅由剧院(团)剧作者提供上演剧本的单一剧目生产模式。市文化局制定了与改革实施方案相配套的人才引进、艺术生产投资等管理办法。北京交响乐团、中国木偶艺术剧团、中国杂技团和北方昆曲剧院作为改革试点单位,在艺术生产、转换机制、精简人员等方面取得了一定进展。1997年,北京歌舞团、北京市曲艺团合并为北京歌舞曲艺艺术中心;北京京剧院调整组建青年京剧团,同时深化人事和分配制度改革。1998年,北京交响乐团制定并开始实施《1998—2000年改革发展目标责任制》,实施了全员聘任制,改革演出方式;北京京剧院三团一中心布局明确并实行全员聘任制。文艺体制改革整合了资源,发挥了优势,激活了机制,有力地推动了北京文艺的发展和繁荣。

  在抓住机遇、深化改革的进程中,北京的舞台表演艺术的演出与创作都迎来了前所未有的辉煌时期。90年代,大量的全国性演出在北京举行;外国演出团体来京演出与各种国际性的艺术活动更加频繁;北京的艺术演出团体逐渐走出国门,开展广泛的艺术交流与合作。如1992年"意大利文艺周"在北京举办,中央歌剧院演出意大利歌剧专场——纪念罗西尼诞辰200周年音乐会,还举办了意大利吉他演奏家加斯巴罗尼的"吉他演奏会"、"Dorian Uray"的流行音乐会、意大利现代舞表演等活动。文化部、广电部在北京联合举办了"'97中国国际歌剧舞剧年"活动,朝鲜、俄罗斯等7国应邀参加了演出。2000年,第三届亚洲艺术节在北京举行。90年代,北京多次举办了国际民间艺术节,来自世界各国的民间艺术家们与中国民间艺术家同台演出,奉献了精彩的作品。频繁的交流活动为北京的艺术发展带来了前所未有的良好环境和发展动力。同时,90年代的北京文艺界以一系列庆祝、纪念活动为契机,举行了众多的大型演出,丰富了首都人民的精神生活,显示出首都艺术界的强大实力和时代使命感。1993年,北京市文化局、市文联等单位联合举行1991—1993年度新创作剧(节)目展演,共演出歌舞、京剧、昆曲、曲艺等17台剧(节)目。1995年,首都文艺界为纪念抗战暨世界反法西斯战争胜利50周年隆重推出大型文艺晚会《光明赞》。1997年北京市多家单位共同组办《北京祝福你——香港》大型音乐舞蹈交响诗演出晚会。1998年,北京市委与中宣部、文化部等联合主办纪念十一届三中全会20周年大型音乐演奏会《春潮颂》。1999年,北京市委宣传部与文化局共同举办了《庆祝中华人民共和国成立50周年优秀剧(节)目展演》、纪念北平和平解放50周年文艺晚会《走向辉煌》和大型歌舞诗乐《欢庆澳门回归》。

在音乐领域,通过深化专业音乐表演团体的体制改革,促进音乐创作社会机制的多样化和宽松化,音乐生产力得到进一步解放。20世纪90年代,国家对严肃音乐采取大力扶持的政策,以增强专业音乐的表演团体对文化市场的适应能力。北京音乐厅、北京中山音乐堂、北京交响乐团等单位在北京交响乐市场的培育、大众的培养方面作了许多有益的探索,取得了良好的经济效益和社会效益。北京音乐厅在高峰时几乎每天都有音乐会,而交响音乐会在其中占有相当的比例。1992年中央乐团为纪念《讲话》发表50周年举行六场音乐会,其中有中外著名艺术歌曲及歌剧咏叹调独唱音乐会,中国作品交响音乐会,"五四"以来优秀歌曲合唱音乐会,三场室内音乐会。1995年北京音乐厅举行为"爱乐希望小学"大型募捐义演音乐会,中央乐团、中国广播交响乐团、北京音乐厅少年室内乐团等单位的200余名音乐家和演员及著名俄罗斯指挥家雷洛夫参加了演出。1996年文化部、中国广播交响乐团等联合举办"东京交响于北京"日本现代管弦乐作品音乐会。1998年北京音乐厅、北京世纪剧院在京主办"丝竹情潮民乐交响协奏曲新年音乐会"。2000年北京市文化局主办了"打开音乐之门——2000年暑期系列音乐会",分别在北京音乐厅、中山音乐堂举办了"名团系列"、"名家系列"、"名师系列"、"名歌名曲"、"走近爵士"五大系列的节目。此外,还有岁末年初各大交响乐团举行的新年音乐会、不同主题的音乐演出季、演出周和各种个人音乐会等,都极大地丰富了首都的音乐舞台和首都市民的精神生活。

除交响乐外,北京的民族音乐、歌剧、器乐演奏等音乐领域也举行了众多的演出,并在海内外的比赛中屡获佳绩。90年代北京的各种合唱活动也非常活跃,北京每年举办"五月的鲜花"群众歌咏活动、"京华之声"合唱音乐会等业余合唱团活动,80年代开始的北京合唱节在90年代发展成为"中国国际合唱节",邀请海内外的专业和业余的合唱团体来京交流演出,已经成为首都标志性的文化景观之一。此外,在"提倡多样化"的氛围中和市场经济的条件下,90年代的北京成为流行音乐的重镇,特别是摇滚乐爆发出了强大的能量,成为中国摇滚乐的重要阵地。在90年代,北京的流行音乐产生了许多在思想上、艺术上都十分优秀的作品,其中的《从头再来》、《我属于你,中国》、《你是这样的人》、《青藏高原》、《五星红旗》、《二十年后再相会》、《军旗下的我们》等歌曲获得了"五个一工程"奖。北京市还成功举办了'98北京国际音乐节,成为北京一大文化盛事,提高了北京文化活动的品味和水平。

在舞蹈领域,中国舞蹈艺术工作者坚持文艺工作服从和服务于经济建设的大局,积极投身现代化建设事业。20世纪90年代,一系列有影响的演出繁荣了首都的艺术舞台。为落实中央下达的创作演出主旋律作品的任务,中央芭蕾舞团创作人员根据电影《归心似箭》改编创作了三幕芭蕾舞剧《雁南飞》。北京舞蹈学院民间舞系毕业生在北京演出民间舞专场《献给俺爹俺娘》,在整个舞蹈界引起了极大的轰动。其中包括了《黄土黄》(1994年入选中华民族20世纪舞蹈经典作品)、《一个扭秧歌的人》、《好大的风》等经典作品。1994年7月,'94国际舞蹈院校舞蹈节暨国际舞蹈研讨会在北京举行,这是90年代北京的一次舞蹈盛会,20多个国家和地区的代表及22个艺术院校舞蹈团在本次艺术节上献演。演出包括"中国舞之夜"、《中国·意大利之夜》、《美国·菲律宾之夜》等10台舞蹈专场晚会,盛况空前,不仅为首都人民带来了难得一见的艺术盛宴,也极大地带动了北京舞蹈艺术的繁荣和发展。'98创舞艺术节分别在韩国汉城和中国北京举行,采取小剧场表演形式,展演了中韩两国舞蹈家的传统与创新作品。'96之春北京芭蕾舞周于4月中旬在京举行。

90年代北京的舞蹈发展进程中,最为引人注目的是现代舞艺术的发展。在短短的几年间迅速发展起来,北京成为了与广东、上海并驾齐驱的中国现代舞重要阵地。1994年,北京舞蹈学院在北京举行了名为"问世"的现代舞演出,这是北京的第一个正式的现代舞团的正式公演。其中演出了《秋水伊人》(中国首届现代舞大赛二等奖)、《两个身体》(1998年瓦尔纳国际芭蕾舞比赛现代作品编舞二等奖)等优秀作品。1996年,北京现代舞团成立,并在北京保利剧院举行了名为"红与黑"的建团演出。1999年,北京现代舞团滕爱民、高艳津子在白俄罗斯国际现代舞比赛中,以作品《界》获得最高奖。1999年到2000年两年间,北京现代舞团连续推出了以"舞蹈新纪元"命名的一系列共四场现代舞专场演出。99北京·香港现代舞周于5月举行,进一步推动了北京舞蹈艺术的发展。

在戏剧方面,90年代的北京戏剧呈现空前的繁荣。1990年1月,文化部艺术局、中宣部文艺局、中国话剧艺术研究会等单位在京联合召开了全国话剧、戏曲创作座谈会。会议强调,艺术家们要正确地认识和更好地反映社会主义时代新面貌,处理好坚持与发展、主旋律与多样化、艺术民主、创作自由与社会责任感、义务感的关系,创作出无愧于伟大时代的作品。北京地区各大剧院纷纷创作和上演了一批突出主旋律,表现社会主义时代精神,刻画社会主义新人的剧目。其中成绩最为显著的是军旅话剧,代表剧目有《天边有一簇圣火》(郑振环,首届文华大奖)、《徐洪刚》、《甘巴拉》(丁一三、王向明、张子影,1994,第四届"五个一工程奖")、《女兵连来了个男家属》(燕燕,《新剧本》1996年第6期,第五届"五个一工程奖")、《最危险的时候》(刘星,《剧本》1995年5月号,第五届"五个一工程奖")、《热血甘泉》(孟冰,第六届"五个一工程奖")、《洗礼》(王海鸰,1999第七届"五个一工程奖",曹禺戏剧奖)等。这些剧作大多反映革命历史题材,弘扬爱国主义和民族精神,体现着积极向上的社会主义时代精神。描写社会主义新时期普通人的生活状态和变化,也是主旋律话剧创作的重要主题。北京人艺的《旮旯胡同》获得1993年的"五个一工程奖"以及1995年的文华大奖。中国青年艺术剧院《哈尼姑娘》以少数民族青年在改革开放的浪潮中建设新生活的故事为题材,反映了积极乐观的新时代精神,获1993年文华奖新剧目奖。

与此同时,为适应市场经济,文化艺术系统引进市场机制,话剧创作面临着机遇和挑战。90年代北京的话剧创作在历史、现代都市生活等各方面题材广泛涉猎,涌现出了大量优秀的作品。北京人艺在80年代末创作的京味戏《天下第一楼》受到了观众和戏剧界的好评,荣获1991年文华大奖。随后推出的一系列戏剧作品,如《鸟人》、《李白》(曹禺戏剧奖,文化奖新剧目奖)、《阮玲玉》(1995年,"五个一工程奖",1996年,文华奖新剧目奖)、《天之骄子》(1997年,文华奖新剧目奖)、《古玩》(1997年,"五个一工程奖")等,在观众中取得了良好的反应,并在艺术上得到了较高的评价。中国青年艺术剧院的《灵魂出窍》(1994年,文华奖新剧目奖)、《捉刀人》(1995年,文华奖新剧目奖)、中央实验话剧院的《生死场》(2000年,曹禺戏剧奖,文华奖)、北京市儿童艺术剧团的《山那边儿》(1994年,文华奖新剧目奖)等,这些作品极大地繁荣了北京的戏剧舞台,丰富了首都人民的精神文化生活。北京的小剧场戏剧在90年代的迅速发展,是首都戏剧界在面对文化机制转型的过程中做出的有益的探索。'93中国小剧场戏剧展暨国际研讨会在北京举办,北京地区参演的有《思凡》、《情感操练》、《疯狂过年车》、《灵魂出窍》等作品,受到了观众的关注和欢迎。90年代,小剧场戏剧的创作在艺术与商业两方面进行了积极的探索,如1997年中央实验话剧院根据萨特作品改编的《死无葬身之地》,孟京辉创作的《我爱×××》、《恋爱的犀牛》等作品。1999年、2000年北京人艺的小剧场话剧《盗版浮士德》、《切·格瓦拉》取得了票房上的极大成功,特别是《切·格瓦拉》,成为2000年戏剧界乃至思想界的热门话题之一,也成为90年代以来最值得关注的话剧新剧目。

戏曲艺术在政府的支持下继续发展。在中央和北京市文化部门的积极推动下,北京的戏曲艺术取得了令人瞩目的成绩,创作了一大批优秀的新剧目:《画龙点睛》(1991年,北京京剧院,文华大奖、文华剧作奖)、《目连救母》(1991年,中国京剧院,文华奖新剧目奖)、《武则天轶事》(1991年,中国京剧院,文华奖新剧目奖)、《坂本龙马》(1992年,中国京剧院,文化奖新剧目奖,文华表演奖)、《香江泪》(1997年,北京军区战友京剧团,曹禺戏剧奖优秀剧目奖)、《风雨同仁堂》(2000年,北京京剧院,文华奖新剧目奖)、《琵琶记》(昆剧)(1995年,北京北方昆曲剧院,文华奖新剧目奖)、《黑头儿和四大名蛋》(评剧)(1991年,中国评剧院,文华奖新剧目奖,文华导演奖,五个一工程奖)、《龙须沟》(曲剧)(1998年,北京市曲剧团,文华新剧目奖)、《烟壶》(曲剧)(1995年,北京曲剧团,五个一工程奖,1996年文华奖新剧目奖,北京市首届舞台艺术"金菊花奖")等。同时,北京市还承办和主办了众多丰富多彩的戏曲活动。1993年,由北京市文化局、北京市文联等单位联合主办了"北京市1991—1993年度新创作剧目展演",参演的戏曲剧目有:北京京剧院二团的京剧《水龙吟》,北京青年京剧团的京剧《拜相记》,中国评剧院的评剧《大路情话》、《香妃》,北方昆曲剧院的昆曲《琵琶记》等。1994年年末,文化部、广电部、北京市政府等单位联合主办梅兰芳、周信芳诞辰100周年纪念活动,举行了隆重的演出和学术研讨会,并产生了广泛的影响。1996年,在北京举办的'96全国昆曲新剧目观摩演出,全国6家专业昆曲剧院团的9台新编(改编)剧目参加了演出。1999年,文化部、北京市人民政府联合举办第二届中国京剧艺术节,北京京剧院的《风雨同仁堂》以其京派大戏的风范摘取金奖,北京军区政治部战友京剧团的《碧波金鳞》获优秀剧目奖。

在电影艺术方面,伴随着1992年年底的商业化大潮,广电部下发了《关于当前电影行业机制改革的若干意见》,打破了由中影公司垄断式的发行体制,各影厂自办发行。1991年,国家电影事业发展专项资金创立,重点资助主旋律尤其是重大革命题材影片的创作。因此,90年代初令人瞩目的是一系列主旋律电影特别是革命战争历史电影。1991年,八一电影制片厂陆续推出《大决战:辽沈战役、淮海战役、平津战役》。《大决战》以其得天独厚的题材优势、举世罕见的制作规模以及精益求精的创作态度,获得了普遍赞誉,获得了 1991 年广电部"优秀影片奖"(华表奖),解放军文艺大奖,"百花奖"最佳故事片奖,并在金鸡奖上斩获最佳故事片、最佳导演等 6 个奖项。八一电影制片厂还拍摄了《大进军》(华表奖优秀故事片奖、"五个一工程"奖)和《大转折》等革命历史巨片。为纪念抗战胜利而拍摄的影片《七·七事变》(1995 年,百花奖最佳故事片奖)、向建国五十周年献礼的《我的 1919》(华表奖优秀故事片奖)以特定历史时刻为点,反映中国历史上的重大事件和变革。此外,还有反映新中国建设和改革中的矛盾和成就的《中国人》(1992 年,华表奖优秀故事片)、《良心》(入选第七届"五个一工程")、《横空出世》(1999 年,华表奖优秀故事片、金鸡奖最佳故事片)以及倡导助人为乐精神的《离开雷锋的日子》(入选第七届"五个一工程")。与此同时,还产生了大量优秀的表现主旋律题材的纪录片:如获得华表奖的有 1991 年的《抗洪救灾》、《在党旗下》、《春风桃李瑶山》,1992 年的《天界》,1993 年的《中国出了个毛泽东》、《拉萨的韵律》,1994 年的《普通一兵》、《王震将军》,1997 年的《周恩来外交风云》、《丰碑》,1998 年的《共和国主席刘少奇》、《挥师三江》,1999 年的《中国 1949》、《东方巨响》等。

90 年代北京市在电影市场建设上进行了改革。1996 年,中国电影集团公司、北京市电影公司及北京 18 家影院共同投资组建了北京新影联影业公司,首次将北京电影市场的票房总收入提高到亿元以上。1997 年,北京市电视台、北京电视艺术中心、北京市电影公司、北京文艺音像出版社共同组建了北京紫禁城影业公司,成立后拍出了一些既有社会影响又有经济效益的好影片,如《离开雷锋的日子》、《背着爸爸去上学》(第二十九届瑞士吉福尼国际电影节铜神鹰奖)、《红色恋人》(第二十二届开罗国际电影节金字塔银奖),都得到了广泛的好评。在市场化改革的进程中,电影作品更加重视审美娱乐的功能,体现出多元化的倾向。这时期的作品在表现主旋律的同时,也更加关注平凡人的婚姻、感情、事业,表现在题材选择和表现视角上的平民化倾向。如电影《过年》表现了改革开放给农村带来的各方面的变化以及对传统的亲情、伦理带来的冲击,该影片获得了 1991 年华表奖优秀影片奖,百花奖最佳故事片等多项奖项。此外《龙年警官》(1991 年,百花奖最佳故事片奖)、《赢家》(1995 年,华表奖优秀故事片奖)、《黑眼睛》(1997 年,华表奖优秀故事片奖)、《红西服》(1997 年,华表奖优秀故事片奖)、《非常爱情》(1997 年,华表奖优秀故事片奖)、《春天的狂想》(1998 年,华表奖优秀故事片奖、金鸡奖优秀故事片奖、第七届"五个一工程奖")

等影片也获得了广泛好评。1997年,紫禁城影视公司与冯小刚合作的《甲方乙方》(1997年,华表奖评委会奖,百花奖最佳故事片奖)、《不见不散》(第七届"五个一工程奖")、《没完没了》等"贺岁片"也是以普通人生活为题材,情节设计和语言上极尽调侃之能事,是北京电影在娱乐化和商业化方面的有益尝试。

这时期还有许多北京电影在国际上获得大奖。1991年的《大红灯笼高高挂》在第四十八届威尼斯国际电影节上获银狮奖、国际影评人奖等。1992年的《秋菊打官司》获第十四届威尼斯国际电影节金狮奖最佳女演员。《血色清晨》获法国南特三大洲国际电影节金球奖。1993年的《霸王别姬》荣获法国戛纳金棕榈奖及美国影评人协会最佳外语片奖。1994年的《活着》获戛纳国际电影节评委会奖和男演员奖。《阳光灿烂的日子》获第五十一届威尼斯国际电影节沃尔皮杯最佳男演员银狮奖,第三十三届台湾电影金马奖最佳影片、最佳导演、最佳男主角等。1999年的《那人那山那狗》获日本四项电影大奖的最佳外语片奖。这些影片大都视角独特,并显示了精英文化的立场,而且具有鲜明的"中国特色",为北京电影获得了广泛声誉。除佳片迭出之外,1993年开始的北京大学生电影节也成为90年代的北京电影的一项极富特色的活动。它是北京师范大学艺术系、电影频道、北京电视台、北京市电影公司等多家单位联合主办的一项大型文化活动。

90年代北京的电视剧以层出不穷的优秀作品走在全国的前列。1990年,国内第一部大型室内剧《渴望》,反映北京一个普通的四合院里的普通家庭在60年代末到80年代末期的悲欢离合,表达了新时期以来人们对真、善、美的渴望与呼唤。作品获得了1991年第十一届飞天奖以及第九届大众电视金鹰奖优秀连续剧奖、最佳男女主角等奖项。《编辑部的故事》(入选第一届"五个一工程奖")、《北京人在纽约》(入选第三届"五个一工程",第十二届大众电视金鹰奖优秀长篇连续剧、最佳男女主角)等作品,为90年代的北京电视剧获得了开门红。90年代北京的电视剧作品,从一开始就表现出对普通人生活的关注,如《我爱我家》、《年轮》(第四届"五个一工程"奖、第十三届大众电视金鹰奖)、《一年又一年》(第七届"五个一工程"奖)、《中国机长》(第十九届飞天奖长篇电视剧三等奖)、《无言的爱》(第十九届飞天奖中篇电视剧奖)、《北京女人》(第十八届大众电视金鹰奖)、《太阳不落山》(第八届"五个一工程"奖)等。1999年的《贫嘴张大民的幸福生活》(第十八届大众电视金鹰奖、第八届"五个一工程"奖)以轻松幽默的形式讲述了北京大杂院里普普通通一家人的生活,在全国热播,成为北京电视剧世纪末的又一佳作。

主旋律题材的电视剧作品也有不俗的表现。有的作品反映革命历史上波澜壮阔、真实感人的故事,如《红岩》、《蓝色三环》(第七届"五个一工程"奖)、《长征》(入选第八届"五个一工程"奖)、《百年恩来》(第十六届中国电视金鹰奖长篇电视纪录片奖)、《共和国之旗》(1999年,华表奖评委会奖)等;也有的反映当代中国的英雄模范、好人好事,如《李润五》(第五届"五个一工程"奖)、《人子》(第七届"五个一工程"奖)、《抉择》(第十九届飞天奖长篇电视剧二等奖);还有的作品通过历史进程中普通人的命运变迁,演奏共和国的光辉事业的豪迈颂歌,如《京都纪事》、《共和国往事》等。《共和国往事》、《红岩》等还被中宣部、文化部、广电总局列为国家级国庆50周年重点作品推出。此外,历史题材的电视剧作品《宰相刘罗锅》(第十四届金鹰奖最佳长篇连续剧)、《戏说乾隆》(第十一届金鹰奖最佳合拍剧)等也在全国引起了收视热潮;《刑警本色》、《永不瞑目》(第十八届金鹰奖优秀长篇连续剧)等刑事案件题材的作品受到了观众的欢迎;《血色童心》、《孙文少年行》等儿童题材电视剧也都得到了广泛好评,并获得"五个一工程"奖。这些优秀的作品陆续繁荣着北京及全国的电视荧屏,丰富着广大观众的精神生活。

七、深化改革与北京新闻出版事业

在社会主义市场经济体制改革和社会主义文化建设中,北京的新闻出版事业坚持正确的舆论导向,紧紧围绕首都两个文明的建设,积极宣传党的方针政策,报道北京在两个文明建设中取得的成就;坚持精品意识,加强改革,努力推动北京的出版事业的改革发展,在深化改革的两个文明建设历程中,北京的新闻出版事业取得了长足的发展。

1992年,随着邓小平南巡讲话的发表和中共十四大的胜利召开,中国的改革开放事业进一步深化和发展,首都北京的两个文明建设进入新的阶段。北京的新闻单位围绕解放思想和深化改革的主题,加大了对首都经济建设和改革开放的宣传,积极阐述"科学是第一生产力"、"发展是硬道理"的理论宣传,大力报道北京市国有大中企业转换机制深化改革的典型经验。新闻出版社事业有新的发展,《北京日报》进行扩版,增大信息量,内容变得更加充实,版面新颖,北京有线电视台开始试播,《北京青年报·青年周末》创刊，风格独特、内容丰富。1993年，围绕坚持社会主义市场经济体制建设，北京新闻报刊在加大对北京市场经济建设和发展作大力宣传的同时，也对伴随着市场经济出现的一些思想倾向进行了讨论和引导，如《北京日报》开辟的"92北京大发展"、"解放思想超去年"等栏目、《北京晚报》开辟的关于"拜金主义"的讨论文章、北京电视台开辟的各种形式的专题节目，它们从各个角度、各个层面、各种主题形式报道和讨论首都经济社会的建设和发展。1993年，为加强首都社会主义精神文明的建设，《支部生活》杂志、《北京日报》、《北京晚报》、北京电台和北京电视台等多家新闻单位充分报道了"共产党员十杰"评选活动，市属新闻单位还展开了"见义勇为好市民"评选等活动。1994年1月，江泽民总书记在全国宣传思想工作会上，就新时期加强宣传思想工作的重要性、宣传思想工作的根本指针和主要任务、加强和改善党对思想宣传工作的领导发表重要讲话。江泽民指出，宣传思想工作必须以科学的理论武装人，以正确的舆论引导人，以高尚的精神塑造人，以优秀的作品鼓舞人。随着市场经济的深入发展，北京市新闻事业积极落实新时期宣传工作的根本方针，认真把握团结、稳定、鼓劲和正面宣传的方针，贯彻党中央对北京工作的指示，为国民经济和社会的全面进步营造良好的舆论氛围，善于抓导向，重调控，以正确的舆论引导人，大力宣传在首都两个文明建设中做出突出贡献典型人物和典型事例，宣传各条战线上的劳动模范。

1995年，北京各新闻单位积极学习和贯彻中宣部《关于进一步做好新闻舆论工作的若干意见》，抓典型，抓重点，抓活动，搞好北京市的新闻工作。在"五一"期间以北京市劳模大会为契机、"七一"期间以优秀基层党委书记为典型，营造良好的舆论氛围。北京市属新闻单位对北京市副市长李润五的事迹进行了全面的报道。与此同时，采取多种形式强化对以北京市国有大中型企业为重点的积极宣传，《北京日报》推出了《"双安"双喜》等10个典型。北京电视台与北京市委宣传部合作推出了电视专题片《再造辉煌》。1995年，北京市属新闻单位介绍和宣传了北京工业的88个名牌产品，加强了北京工业名牌工程战略的宣传，在首都乃至全国都产生了范围广泛的影响。1995年是抗日战争和世界反法西斯战争胜利50周年，北京各新闻单位坚持弘扬爱国主义主旋律，宣传和倡导爱国主义精神，北京电台、电视台播发消息、通讯、评论等新闻性节目1000多篇。北京电视台在3个月中播出同类题材电视剧33部202集、电影48部、纪录片和纪实性专题片12部197集，文艺晚会16台。北京人民广播电台各系列台制作和播出了"人物访谈"、"抗战歌曲回忆"等专题。同年,世界妇女大会在北京召开,北京各新闻媒体以世妇会为契机,积极开展城市文明形象的宣传,对世妇会进行了多层次、全方位的报道,扩大首都北京的世界影响,宣传了首都和中国的改革开放,参与报道的单位均受到了世妇会中国组委会的嘉奖。

从1996年开始,国家开始实施国民经济和社会发展"九五"计划和2010年远景目标,北京市贯彻落实中央精神,实施《北京市国民经济和社会发展"九五"计划和2010年远景目标纲要》。北京新闻界认真把握全党全国工作大局,坚持团结稳定鼓劲和正面宣传为主的方针,积极宣传国家和北京市经济建设和社会发展方针和政策,进一步加大经济宣传和精神文明建设宣传的力度,为首都的改革、发展、稳定创造良好的舆论环境。在政治宣传上,北京新闻单位纪念建党75周年、长征胜利60周年和党的十四届六中全会召开,组织了集中的、大量的、多种形式的报道和宣传。在首都经济建设上,围绕"九五"计划和2010年远景目标,开辟了《北京跨越2000年》和《北京十八区县行》等专栏,并围绕"两个根本转变"开辟专题并报道了数十篇典型报道。北京电台、电视台组织了"国企雄风"、"从名牌看国有企业"等专题报道,为首都的深化改革和现代化建设提供了有力的舆论支持。在精神文明建设方面,北京新闻界围绕党的十四届六中全会精神,积极倡导主旋律,《北京日报》开设了"精神文明建设百花竞放"专栏,《北京晚报》、北京人民广播电台、北京电视台、《北京青年报》开辟了"精神文明建设新貌"等栏目。1997年,北京市新闻宣传工作先后成功组织了邓小平同志治丧和悼念活动、香港回归祖国、党的十五大召开、全国八运会、三峡工程实现大江截流、北京市第八次党代会等重大事件的宣传报道工作,精心组织了"展示新成就,迎接十五大"和"辉煌的五年成就展"的宣传报道等;围绕首都经济发展战略,加大了北京市国企改革、工业结构调整、首都经济五个新的增长点、城市基础设施建设和重点工程、再就业工程等的宣传力度;深入开展"讲文明、树新风"、"四要四不要""五好家庭"等精神文明建设活动的宣传和报道工作,取得了良好的社会效果。

围绕纪念党的十一届三中全会召开和改革开放20年,1998年北京市新闻界大力宣传党的改革开放和社会主义现代化建设的方针、政策和取得的伟大成就。北京市新闻单位积极稳妥地推进新闻事业的改革,深化经济体制改革和市场经济建设的宣传,贯彻党的十五届三中全会的精神。围绕"发展首都经济",北京日报连续发表了《大力发展高新技术产业》、《做好"首都经济"这篇大文章》、《首都经济与四个服务》等评论文章,开设了"来自高新技术产业的报道"专栏;北京电视台开设了"中关村十年——知识经济在北京崛起"栏目。各新闻单位还重点报道了北京高新技术开发区成立10周年、首届中关村电脑节、北京高新技术产业国际周和第四届北京科技周等大型活动。北京新闻媒体在积极宣传党的方针政策和报道经济社会建设的新成就的同时,加强了关注民生、为群众办实事的工作。1998年,北京市新闻单位刊播群众反映的各类问题3000多件,并通过各种形式的努力为群众排忧解难办实事1500多件,采取多种形式加大新闻扶贫工作,为京郊农业的发展和产品推广铺路架桥,受到了群众的好评,产生了积极而良好的效果。

1999年,北京市的新闻事业的深化改革意识进一步加强,理论认识进一步提高,改革工作取得了重大的进展。3月,北京市委宣传部为加强北京新闻事业的改革、建设和发展,举办了市属新闻单位总编辑研讨班,围绕进一步提高舆论引导水平和新闻宣传效果,就"坚持导向与新闻改革的关系"、"唱响主旋律与形式多样化的关系"、"参与市场竞争与遵守新闻宣传纪律的关系"、"正面宣传为主与加大舆论监督的关系"等问题进行了深入地研讨。会议审议并通过了《新闻宣传中需要注意和把握的若干问题》、《关于政法报道若干问题的意见》、《关于加强新闻宣传精神传达的几项规定》等三个制度性意见,继续坚持和完善新闻通气会、新闻宣传通报、每月舆情分析制度,大力推动了北京新闻事业的改革和发展。北京日报社全面进行人事制度、分配制度以及运行机制改革,积极筹备组建北京日报社报业集团;市广电局研究制定了所属三台从1999年到2000年的节目频道设置方案和现有节目频道调整方案,率先对北京电台7个无线广播节目频率进行了全面调整,新增了927千赫的生活频道,调整了北京电视台所有栏目,推出了十几个创意新颖的新栏目。1999年,北京市的新闻工作围绕重大大型活动召开宣传和报道工作。1999年是新中国成立50年,北京市新闻单位大力宣传建国以来特别是改革开放以来的取得重大的成就,市属新闻单位从5月到10月中旬共开设了近百个专栏,推出国庆专版500多块,刊发图片2800多幅,刊播各类报道5500多条。北京日报的《为了祝福你,祖国》,北京人民广播电台的《为首都增光添彩,迎国庆50周年》,北京电视台的《创佳绩,迎国庆》以及北京青年报《最让我激动的一瞬间》专栏和国庆当天的50个版的庆典金版等特色报道受到了广大干部群众的欢迎和好评。国庆期间,北京电视台推出了《新中国外交》、《与祖国同行》等20部约500集专题片以及20多部不同题材的电影,北京电台制作了《我和我的祖国》等系列专题节目,北京有线电视台精选和制作了《五十双眼睛》、《信念》等15部319集电视专题片。1999年澳门回归祖国,北京市新闻媒体开设专栏全方位报道首都各界喜迎澳门回归的各项庆祝活动,重点报道了首都举行的澳门回归祖国的重大庆祝活动和全市人民的各种庆祝方式。北京电视台制作了大型文艺晚会《澳门明天更美好》,播出36集系列专题片《中国澳门》。北京有线电视台从11月起分别播出了介绍澳门风土人情的21集《话说澳门》和50集《走近澳门》电视系列片。北京日报等单位开设的《北京喜迎澳门回归》、《澳门回归读秒》、《我将见证澳门回归》、《澳门回家了》、《心有中国结》等专栏、专版和专题节目都很有特色,起到很好的宣传效果。同时,在新世纪来临之际,北京各新闻媒体还报道了首都各界迎接新世纪和新千年的庆祝大会以及全国各地世界各地迎新活动。其中北京日报的《世纪回眸与世纪展望》、北京晚报的100版迎新专刊(2000,跨世纪时刻)和北京青年报的100版豪华精品专刊《千年前夜》和《千年破晓》,以及北京电视台制作的一系列节目,丰富多彩地展示了首都人民的美好期盼和喜悦心情。1999年是国有企业改革三年攻坚的关键一年,北京新闻单位围绕深化经济体制改革和首都经济转变,突出报道了北京市国有企业改革取得的新成绩、新经验和进行的新探索。北京日报先后开设了"北京国有企业改革探索录"和"国企改革风采"两个栏目,北京电视台制作了5集专题片《国企改革系列报道》。

2000年,在新闻事业体制改革方面,北京市完成了报刊结构调整工作,停办3家报纸,调整了11种报刊,由报业集团吸纳了3家报纸。经国家新闻出版署批准,北京日报报业集团,组建了拥有七张子报、两份子刊、一家出版社和一个现代化印务中心的北京日报报业集团,北京电视台和北京有线电视台合并成立北京电视中心。在新闻宣传方面,北京市的新闻宣传深入宣传"三个代表"重要思想,以"三个代表"重要思想为指导,紧密围绕中央的战略部署和市委、市政府的中心工作,开展新闻宣传工作。北京市的新闻媒体开办了《加强和改进思想政治工作采风录》、《春风化雨思想育人》、《基层故事多》等专栏、专题,对10多个不同类型的本市思想政治工作的先进典型进行报道;继续深入开展了揭批"法轮功"的宣传报道,加强了正确的舆论引导,维护了首都的社会稳定。在经济建设方面,北京市新闻媒体以"九五"成就为宣传主题,重点加大了经济宣传力度,开设了《辉煌九五》、《激越九五》、《奋进2000》、《国企改革探索路》等各具特色的专栏和专题,刊发了《立体推进》、《进退大文章》等有影响的报告,以"第三届高新技术产业国际周"、"第四届京港经济合作洽谈研讨会"为切入点,集中宣传了以中关村科技园区建设为龙头的、以高新技术产业为核心的首都经济的新发展,展示了首都经济发展的新成就。市属新闻单位开设60多个专栏、专题,组织160多个专版,刊发300多幅图片和1000多篇专稿,总发稿量达150多万字,同时,加大了京郊农村"致富思源、富而思进"活动的报道,介绍和报道韩村河等先进农村典型和锦绣大地、朝莱农艺园等一批现代新型农村典型,宣传了社会主义新农村的新面貌。

1992年开始,北京市的出版事业体现了新的发展趋势,深化了出版体制改革,强化了精品工程,扩展了发行渠道,增强了社会影响。1992年,北京市的出版工作以"抓质量、上水平、繁荣京版图书"为指导。北京出版社有23种图书被列入国家"八五"重点图书规划,有86种图书在全国和地区性各类优秀图书评价活动中获奖,与海外40家出版机构建立了合作关系,签订了16种图书的版权贸易合同,新成立同心出版社。北京市属出版系统先后组织了"北京国际图书博览会"、"北京国际儿童图书博览会"、"第五届全国书市"等大型图书展销活动,扩大了京版图书的知名度,取得了较好的经济效益。1993年,北京市出版事业加大了改革力度,成立出版顾问团,加强出版工作的策划、选题和发行咨询工作,把出版好图书作为工作重点,成功地举办了第二届北京图书节,图书品种和销售额超出了全国历届图书节,出版了一批精品图书。图书发行业也采取了有效改革措施,北京市的三大书店进行了内部改革的试点工作。1994年,国家新闻出版署党组在认真分析研究面临的新形势、新问题的基础上,提出了出版工作要从以规模、数量增长为主要特征的阶段向以质量和效益增长为主要特征的阶段转移的思路,北京市属出版系统积极开展以质量和效益增长并重的出版工作。

出版事业是精神产品的生产和传播。1995年1月,江泽民主持中央政治局常委会会议,听取新闻出版署党组关于进一步加强和改革出版工作的报告。报告提出:"通过建立适应社会主义市场经济体制和精神文明需要,符合出版规律的管理体制和运行机制,推动整个出版业的发展从以规模数量增长为主要特征的阶段向以优质高效为主要特征的阶段转移。"中央批准了这一报告。北京市出版系统贯彻会议精神,1995年,市属出版工作坚持一手抓繁荣,一手抓管理的方针,狠抓精品图书工作,立足北京,面向全国,为经济建设和改革开放服务。为配合精神文明建设和爱国主义教育,出版了《人生奠基石》《爱我中华丛书》等优秀教育图书,中国书店出版的

《北京通史》获得了中宣部评"五个一工程"奖。同时,强化了出版发行的管理力度,坚持"扫黄"、"打非"等治理整顿工作,制定和出台了相关管理规定,维护和保持书刊市场健康有序繁荣发展。成功举办了第三届北京图书节,销售图书 233 万册,金额达 1865 万元,比上届增长 55%。1996 年 10 月,党的十四届六中全会通过《中共中央关于加强社会主义精神文明建设若干重要问题的决议》。《决议》指出,要"加强对新闻出版业的宏观调控,采取有力措施解决目前总量过多、结构失衡、重复建设、忽视质量等散滥问题,努力实现从扩大规模数量为主向提高质量效益为主的转变"。北京市在全国率先制定、出台了《关于电子出版物市场的管理条例》,完善了北京出版发行系统的管理。北京市的出版工作积极贯彻"转变观念、强化管理、深化改革、多出精品、管好市场、发展事业"的方针,北京出版社等单位参加了中国出版成就展、第七届香港书展、第六届国际图书博览会、中国少儿出版物成就展和第七届全国书市,京版图书的质量受到好评。长篇小说《战争启示录》获中宣部"五个一工程"奖,《人权史话》等书获市"十个一工程"奖。1996 年,北京市属 16 家出版社共出版图书 2096 种(其中初版图书 1136 种,重版图书 960 种),总印数 6021.78 万册,与 1995 年相比,种数增长 19.84%,总印数增长 26.44%,总码洋 44238.86 万元,与 1995 年相比增长 53.22%。北京市属出版社在"九五"计划的头一年得到了快速的发展,取得了重大的成就。

1997 年,北京市属出版社工作确立了"抓重点、促繁荣、出精品"的方针,北京市新闻出版局把图书出版的重点放在深化和拓展马列主义、毛泽东思想、邓小平理论研究,当前提出的迫切需要解决的现实问题和理论问题和重大骨干工程,以及优秀的通俗普及读物、优秀的长篇小说和少儿读物选题,组织出版了《邓小平的社会主义观研究》、《香港知识 500 问》、《补天裂》、《红处方》等优秀图书,完成了"九五"重点图书规划的 14 种选题。《马克思主义哲学史》和《漫画科学史探险》获中宣部"五个一工程"奖。1997 年,在全国"百刊工程"评比中,《父母必读》、《十月》、《北京卡通》三家期刊入选了全国百家重点社科期刊行列。1998 年,党的十五大报告明确指出:"新闻出版业要加强管理,优化结构,提高质量。"1998 年,北京市属出版社加强管理,提供图书选题和出版的质量,共出版图书 2811 种(其中初版 1379 种,重版 1432 种),总印数 5655 万册,与 1997 相比,种数增长 18.51%,全市共出版期刊 154 种,总印数 41136 册,与 1997 年相比总印数增加 0.4%。市属报纸 45 种,平均期印数 492.2 万份,总印数 71298 万册,与1997年相比,总印数增加4.4%,总印张增加19.05%。

1999年,北京的出版工作进一步加大了改革力度。7月,北京出版社出版集团成立,出版集团通过资产重组和生产要素的优化配置,加快实现了出版事业的规模化、集约化、效益化和现代化,继续强化精品意识,狠抓编辑内容和图书质量,出版了一批弘扬主旋律的好图书,产生了良好的社会影响。在各项全国图书大奖的评选中,北京出版社出版的《补天裂》、北京少年儿童出版社出版的《红蚂蚁自然丛书》获中宣部"五个一工程奖",京华出版社出版的《彝文经籍文化辞典》和北京出版社出版的《黄帝内经研究大成》获第四届国家图书奖,北京十月文艺出版社出版的《红瓦》、北京出版社出版的《一代宗师——梅兰芳》,此外,北京少年儿童出版社出版的《红蚂蚁自然丛书》还获第四届国家图书奖提名奖,《马克思主义哲学史》、《南京大屠杀》分别获首届国家社科基金优秀成果一等奖和三等奖。2000年,北京市属出版社共17家,共出版图书2659种,比1999年增加391种,增长17.24%;总印数为5311.41万册,比1999年减少528.72万册,降低9%。北京出版社出版集团出版的《新中国外交50年》、《梦断关河》(四卷本)获第十二届中国图书奖,长篇小说《梦断关河》、《红瓦》获第二届北京市文学艺术奖,《梦断关河》、《古街》获首届老舍文学创作奖,《红蚂蚁自然丛书》、《自画青春丛书》获全国少儿优秀图书奖,《紫荆情怀》获第十一届冰心儿童图书奖。《十月》、《父母必读》、《少年科学报》获首届国家期刊奖、第五届华北地区"十佳期刊"特别荣誉奖。此外,还有23种图书获北方十省市装帧艺术奖,图书获奖率高达25%。

"八五"和"九五"计划期间,北京的新闻出版事业,坚持正确的政治方向,深化改革,强化精品,重文化建设,抓经济效益,在各个方面取得了重大的发展和重大的成就,为首都的两个文明建设做出了积极的贡献,成为了首都文明建设和文化建设的重要力量。

八、深化改革与北京体育事业发展

在深化改革和建立社会主义市场经济体制的现代化进程中,首都北京的体育事业也取得了长足的发展。1992年,党的十四大确立了市场经济体制的改革目标和社会主义市场经济的转变,为中国和首都北京的体育事业确立了新的发展方向。北京的竞技体育和群众体育事业取得了新的进展,北京市被评为全国科学选材先进单位,1992年,有2所运动学校、18所区县体校培养后备力量取得新成绩,其中什刹海运动学校、西城、东城、顺义、昌平体校被评为全国业余训练先进单位。北京的体育社会化程度有了更大的提高,继高校田径俱乐部之后,又建立了国安足球俱乐部、人大附中足球俱乐部、北京市少年足球俱乐部,开始形成了多渠道办竞技体育的格局。群众体育开始逐步走向社会化、制度化、科学化方向,北京市各区县健全了系统体协,一些区县建立了乡镇体协。在争创全国体育先进县活动中,密云县、大兴县等5县被国家体委批准为全国体育先进县。学校体育积极落实每天一小时体育活动,各级各类学校认真落实《国家体育锻炼标准》。1992年,北京在国内比赛中共获金牌47枚、银牌50枚、铜牌51枚。全年有1人4次打破三项世界纪录,19人13次破10项全国纪录。

在大力发展首都北京的体育事业的同时,北京积极开展申办奥运的工作。1993年2月,北京市第十届人民代表大会第一次会议通过《关于动员各族人民大力支持申办2000年奥运会的决议》。《决议》提出,北京申办奥运会充分表达了我国各族人民愿为奥林匹克运动和人类和平进步事业做贡献的决心和信心,也是我国深化改革、扩大开放的重大举措。会议号召全市各族人民积极行动起来,以高度的爱国热情和奥林匹克的参与精神,积极了解奥运,宣传奥运,大力支持申办奥运。5月,江泽民在上海听取第一届东亚运动会组委会和北京奥申委工作汇报时重申,中国政府和中国人民一如既往地热情支持北京申办2000年奥运会。遗憾的是,1993年9月23日,国际奥委会投票表决,结果北京以2票之差落选。但是,也为北京下一步的申奥工作积累了经验,为未来的申奥奠定了一定的基础。

1993年,全国体委主任会议在南京召开,会议制定了《关于培养体育市场,加快体育产业化进程的意见》,确立了"体育要面向市场,走向市场,以产业化为方向"的基本思路,体育产业化的目标是,逐步建立起与社会主义市场经济体制相适应、符合现代体育运动规律的体育市场体系和社会化服务体系,使体育更加有利于促进社会和经济发展,有利于满足人民群众对体育的需求。北京市推进和深化了体育改革,组织专题研究,确定了训练、竞赛、体育产业、运动队文化教育和体育总会(群众体育团体)等5个改革专题,提出了初步的改革方案,将"兼顾奥、亚、全"的竞技体育发展指导思想,改为坚持奥运战略,突出高水平人才培养和重点项目建设,巩固国家办竞技体育的主渠道,培育社会办竞技体育的多渠道,形成具有竞争机制的竞技体制。1993年北京市承办了第七届全运会,北京市代表团取得了优异的成绩。北京代表团参加了32个项目竞赛,共获金21枚,总分670分,两项均列全国第四位。群众性体育和学校体育稳步发展。全市普遍开展了迎七运"争创体育先进单位"活动,在全国群体先进单位和个人表彰会上,有65个单位和22位个人受到表彰,位居全国前列。学校体育贯彻《学校体育工作条例》、推行《国家体育锻炼标准》和《大学体育合格标准》,积极开展体育教育评估活动。坚持奥运战略、突出高水平人才培养和重点项目的主导思想,推动了北京体育事业的改革和发展进程。在竞技体育不断深化改革的同时,北京市大力推进群众性体育文化事业,1994年11月,北京市成立了全民健身工作委员会,各区县随后也相继成立了全民健身工作委员会,在认真落实《国家体育锻炼标准》的同时,加强了低龄儿童的体育建设工作,同年,北京市着手制定《北京幼儿体质测定标准》。

1995年6月,国务院颁布了《全民健身计划纲要》,这一纲要是由国家领导、社会支持和全民参与的、有目标、有计划和有措施的体育健身计划。北京积极落实《体育法》、《全民健身计划纲要》,坚持体育为经济建设和社会发展服务的指导思想,深化改革,加强政策法规建设和政治思想建设,制定了《北京市体育场所管理办法》和《北京市体育竞赛管理办法》,草拟了《北京市体育先进区评选标准及办法》和《北京市区县体育工作综合评估标准及办法》,有力地推进了北京体育事业的发展。在竞技体育方面,继续以备战第八届全运会和第二十六届奥运会入选国家集训队为中心,突出重点,全面提高,强化优秀运动队建设管理,重视科学训练方法,坚持"刻苦、创新、突破"的方针。1995年,在全国比赛中,北京共夺得金牌54枚,银牌20枚,总分为1177分,金牌数居全国第三位;在国际比赛中,获5项世界冠军,2个世界第二名,2个世界第三名,8个亚洲第一名,金牌排位创北京市十几年来最好水平。在群众体育方面,以《全民健身计划纲要》为指导,明确"四个一"工作目标,对全民健身实行量化管理。1996年,北京市体育行政部门加大了改革力度,努力实现体委由"办体育"向"管体育"的职能转变,在继续保持优势传统项目的同时,狠抓重点和弱点,竞技体育整体水平得到了提高,在全国最高水平比赛中,金牌和总分均居全国第三位,体操、飞机跳伞等项目有7人次获4项世界冠军。北京市运动员在第26届奥运会的比赛成绩取得历史性突破。1996年,北京市共有10个项目的31名运动员入选第26届奥运会中国体育代表团,超过北京市参加第25届奥运会人数的一倍以上,占中国体育代表团运动员总数的10%。在群众体育事业方面,继续落实全民健身计划,顺利完成了"五个三"的年度目标任务,群众性体育活动取得了较大范围的发展和较高水平的提高。

1997年,北京市体育工作以深化改革为动力,以增强人民体质为基本任务,以群众体育与竞技体育协调发展为基本方针,加强制度建设和管理建设,首都的体育事业有了整体上的提高和发展。在体制建设和管理方面,北京市体育系统完成了"北京市公共体育场所管理办法"地方性法规的调研工作,完善了《北京市体育经营活动管理办法》和《北京市社会体育指导员管理办法》政府规章草案,制定了《北京市体委关于实行行政执法责任制的若干规定》和一整套行政执法的规范性文件。在竞技体育方面,北京市体育代表团在10月举办的第八届全运会上,共获得奖牌65.5枚,其中金牌20枚,银牌33枚,铜牌12.5枚,总分1373.5分,奖牌总数居第五位,金牌第六位,总分第五位。群众性体育运动取得了突破性的发展,普及性群众体育运动进一步深入,北京市被国家体委评为群众体育先进市。公共体育场所更加开放,学校体育场所建设加强,社区体育工作上取得了新进展。体育产业得到了迅速的发展,北京市体委完成了市政府提出的关于发展体育产业,使之成为本市新的经济增长点的实施意见的调研报告。在体育市场化方面,继足球之后,篮球、排球、乒乓球、网球等项目也向职业队、产业化方向发展。1998年,北京市体育工作继续深化改革,坚持以群众体育与竞技体育协调发展为基本方针,以推进体育社会化和产业化为发展方向,促进北京市体育事业的均衡全面发展。在体育法制建设方面,北京市体育部门完成了《北京市公共体育场所管理办法》的立法论证和草案起草工作,北京市政府审议通过了《北京市体育运动项目经营活动管理办法》,建立了体育行政执法队伍,重点进行了体育场所、文化教育和体育竞赛的执法检查工作,提供了体育系统的法律素质,加强了体育系统的法制工作。在竞技体育方面,大力加强运动队建设和人才培养,为备战九运会组建了800多人新老结合的九运会队伍;高度重视北京市备战亚运会运动员的训练和管理工作,有57名运动员、10名教练员入选亚运会中国体育代表团。1998年成功地举办了北京市第十届运动会,4510名青少年运动员参赛,规模超过历届,涌现了一批优秀后备人才。1998年,北京市运动员在世界大赛中有6人获世界冠军,优秀运动队和业余体校运动员在全国比赛中均取得较好成绩。在落实全民健身运动方面,群众性体育运动取得了深入的发展,全市共培训一、二、三级社会体育指导员1248名,制定了覆盖各年龄段的体质测定标准,首次公布了成年人体质监测结果,颁布实施了《北京市幼儿体质测定标准》。在体育产业化和市场化方面,北京市积极培育体育市场,逐步推进了体育产业化和市场化。据不完全统计,至1998年,本市经营性体育场所近5000家,本年度经营额预计达6亿元人民币,上缴税金近8000万元,进入经营性体育场所参加体育活动的人数已达3000多万人次,人均消费16.7元。到1998年,北京市已有150个商家经营体育用品,经营额预计20多亿元,上缴税金近4亿元。此外,北京市体育竞赛表演市场得到了稳定发展,门票、广告及其他经营活动的收入不断增长,国家和社会共同承办体育竞赛的新格局正在形成,竞赛资金的来源渠道不断拓宽,基本形成了北京市体育产业化和市场化的态势。

1999年,北京市全面启动申办2008年第二十九届奥林匹克运动会工作。1月6日,中国奥委会在北京举行全体会议,审议并通过了北京市人民政府关于举办2008年第二十九届奥运会的申请。4月7日,北京市市长刘淇和中国奥委会主席伍绍祖在洛桑国际奥林匹克委员会总部向国际奥委会主席萨马兰奇递交了《北京申办2008年奥运会报告书》,北京市体育系统积极参与申办奥运会的工作,北京市体委对北京市所有的体育场馆进行了普查工作。1999年,北京2008年奥运会申办委员会在北京成立。1999年,在北京市委、市政府和国家体育总局的领导下,北京市的体育工作以服从和服务为首都现代化建设的全局为指导思想,继续深化体育改革,积极推进体育社会化、产业化、法制化,促进了体育事业的全面发展。在体育体制和管理机制方面,1999年1月,《北京市体育运动项目经营活动管理办法》正式实施,北京市体委与市工商局、市公安局等部门联合成立了体育市场管理办公室,共同承担起行政执法工作,制定并实施了《北京市体育运动项目经营资质证书管理规定》及年度审核流程图。在竞技体育方面,全面加强竞技体育工作,不断提高运动技术水平。北京市运动员在国内年度比赛中共获得金牌30枚、银牌17枚、铜牌19枚、总分1403分,金牌数居全国第三位,总分第五位。在世界大赛中,北京市有6名运动员在跳水、国际象棋、武术、羽毛球等项目中获得世界冠军。在全民健身计划实施方面,群众性体育运动得到了持续稳定的发展。北京市该年度成功举办了第二届全民健身体育节,在全市开展了先进社区、先进乡镇的评选活动,促进了"三边"工程的建设。此外,北京市积极开展第二十一届世界大学生运动会的筹备工作。北京市体委与市民委成功承办的第六届全国少数民族传统体育运动会,加强了各民族团结,推动了民族体育事业发展。为庆祝新中国成立50周年,北京市体委承担了6000人体育大军游行队伍的组织、训练工作和国庆联欢晚会及国庆游园活动的表演工作。北京体育产业有了较大的发展。1999年7月,北京市体育局、统计局联合首次发布《1999年北京市体育产业发展统计报告》,报告显示,截至1999年年底,北京市体育产业年增长值已达到37.7亿元,占国民生产总值(GDP)的比例1.743%。

  2000年是"九五"规划的最后一年,北京市的体育事业在各个方面都取得了重要的进展。1月24日至25日,北京市召开了体育工作会议,会议把2000年作为"开发年"。研究并提出了北京体育产业发展的总体规划和实施方案,要求继续深化体育改革,建立与市场经济相适应、符合体育内在发展规律的体制和机制;抓好班子建设和高素质人才的培养工作;加强后备人才的培养和科学研究工作;大力提倡和坚持深入基层的工作作风;要求努力开拓体育竞赛市场、表演市场、健身市场和体育用品市场。在体育法制和体育竞赛方面,广泛开展《体育法》和《北京市体育设施管理条例》的学习宣传活动,北京市体委与有关单位联合制发了《北京市居住区配套体育设施管理办法》、《北京市学校体育设施管理办法》等配套规章,修订和印发了《北京市第十一届运动会竞赛规程总则》,对体育社团进行了进一步调整和整顿。本年度共主办、承办和协办国际、国内竞赛活动45项次,举办了20个项目的55次市级竞技系列和91项次群体系列竞赛活动。在竞技体育方面,北京市体育系统积极备战第九届全国运动会,加强体育后备人才的工作。2000年8月28日,北京被国际奥委会确认为主办2008年奥运会的候选城市,北京市的申奥工作进入了新的阶段。2000年9月15日至10月1日,第二十七届奥林匹克运动会在悉尼召开,北京市共有24名运动员参加了11个项目的比赛,其中有5人在4个项目的比赛中夺得2枚金牌、1枚银牌、3枚铜牌,实现了本市参加奥运会夺取金牌数的历史性突破。此外,北京市运动员在其他国际、国内比赛中还获得7项世界冠军,4项亚洲冠军,25项全国冠军,创2项世界纪录和1项亚洲纪录。实施全民健身运动取得了显著的成效,全民健身基础设施建设在数量和面积达到了较大的发展,全年共配健身工程93个,总面积达12.98万平方米,总投资额达到了3317万元。到2000年年底,北京市初步建立了覆盖全市的群众体育组织网络,60个街道达到了市级先进标准,25个街道达到了全国新建标准。到2000年,北京市共有41种类型的5750个体育场地,与1995年的4618个体育场地相比,增加了24.5%。2000年北京市体育工作落实"开发年"的指导思想,加速了体育产业化和市场化的进程,体育产业呈现出良好的发展态势,进一步加强了重点体育产业项目和产业基地的建设,加大了体育彩票的发行力度,北京体彩销售量当年超过了2000万元。

北京体育事业在深化改革的历史进程中,紧密围绕北京体育事业的开放、建设和发展主题,积极配合北京申办奥林匹克运动会的工作,在加强制度建设和管理建设的同时,狠抓竞技体育和人才工作、体育基础设施建设,进一步推动和发展全民健身运动,积极开拓体育市场发展体育产业。经过"八五"和"九五"期间的建设和发展,北京市的体育事业在人才培养、基础设施、健康教育和文化素养等方面都取得了大的发展,所有这些方面的进展,都为成功申办2008年北京奥运会提供了有利的条件。

九、深化改革与北京公共文化体系、文化旅游、文化交流

1992年邓小平同志南巡揭开了市场经济建设的新篇章,行政配置资源转向了市场配置资源。文化事业的建设更多地引入了市场的机制,1996年颁布的《中共中央关于加强社会主义精神文明建设若干重要问题的决议》,继续鼓励社会兴办文化事业的格局。随着政策上的不断加强重视和国家整体经济实力的充实,政府对文化事业的资金投入不断加大。"八五"期间,全国文化事业基建投资53.13亿元;"九五"期间达98.79亿元;"十五"期间达到136.88亿元。随着改革的深化和投入的加大,北京市各项文化工作也有了明显的加强。在公共文化建设方面,博物馆进一步打开、放活,个人、企业办馆开始出现;图书馆稳定发展,藏书量和建筑面积都有较大增长,技术手段和服务方式不断更新;文物保护加大投资力度,拓展筹资渠道,强调对历史文化保护区的整体保护;文化馆拓展活动内容和经营方式;档案馆进一步增加馆藏、提高了利用率。在文化旅游方面,随着改革的深化和市场机制的进一步打开放活,文化旅游资源与形式也得到进一步拓展,逐步推出了更多、更新的文化旅游项目,政府也开展了内容更加丰富、形式更加多样、领域更加广泛的推介活动。在对外文化交流方面,文化交流项目数量和规模都有显著增长;文化政策法规得到进一步健全和加强,为对外文化交流提供了良好的政策环境,推动了文化单位经营体制改革,有利于增强活力和提高效益;城市对外文化交流在国家总体外交战略的重要性进一步凸显。

在深化改革中,北京的公共文化服务体系建设得到了快速的发展。在博物馆建设方面,首先在量上继续保持较大幅度的增长,每年都有若干博物馆不断涌现。1993年年底,北京的各种类型的博物馆增至91座,1997年

达到 100 座。2001 年在北京市文物局注册登记的为 119 座,其中私立博物馆近 10 家,馆藏文物 200 余万件。从每年新开放的博物馆数量和名单来看,1993 年至 2001 年各年情况为:1993 年有北京大学赛克勒考古与艺术博物馆、北京市古代钱币展览馆;1994 年有中国长城博物馆等 3 家;1995 年有北京辽金城垣博物馆、北京西周燕都遗址博物馆;1996 年有中国画研究院展览馆、北京红楼文化艺术博物馆等 5 家;1997 年有北京金台艺术馆、古陶文明博物馆、老甲艺术馆、何扬·吴茜现代绘画馆、观复古典艺术博物馆等 8 家;1998 年有十三陵水库展览馆;1999 年有中国紫檀博物馆、保利艺术博物馆、北京上庄纳兰性德史迹陈列馆等 6 家;2000 年有北京自来水博物馆;2001 年有北京警察博物馆、中华世纪坛艺术馆、北京松堂斋民间雕刻博物馆、北京睦明唐古瓷标本博物馆等 7 家。

在办馆形式上,也进一步出现了打开、放活的局面。1996 年之前北京的博物馆都是公办性质,在所有权等方面受计划经济遗留因素的影响较深,经营形式比较单一。1996 年,首批民办博物馆获准成立,它们分别是马未都的观复古典艺术博物馆,何扬、吴茜的何扬·吴茜现代绘画馆,路东之兴办的古陶文明博物馆,王培真兴办的北京遗箴金石碑帖博物馆。此后又有北京金台艺术馆、老甲艺术馆、北京航空航天模型博物馆、北京松堂斋民间雕刻博物馆、北京睦明唐古瓷标本博物馆、北京御生堂中医药博物馆等民办博物馆陆续开放。2001 年的《北京市博物馆条例》更是在新中国首次以法律形式承认和鼓励社会各界、个人兴办博物馆,并鼓励优先发展填补博物馆门类空白和体现地区文化、行业特点的专题性博物馆。到 2003 年 3 月北京的民办博物馆已达 10 家。1999 年,企业创办的"保利艺术博物馆"开馆,打破了政府及少数个人开馆的格局,类似的还有 2000 年开放的北京自来水博物馆。在博物馆的开放、使用上,也更多地体现了博物馆的"公共"、"公益"性质,努力提高它们作为公共文化产品的"效益",这种效益就是指给公众提供的文化体验。其中一个重要体现就是减免门票活动。1996 年,市文物局所属的 15 个博物馆实行双休日对学生及教师减免票制度。1997 年 3 月 1 日到 12 月 31 日,31 座市属博物馆开展每月第一个周日免费活动。同时,连续多年进行的博物馆通票的发行对于博物馆资源的整合、使用效率的提高以及中小博物馆的生存和发展起到了不小的作用。至 1998 年本市博物馆接待观众达到 3000 万人次,其中市文物局所属馆接待约 70 万人次。

图书馆方面同样情况喜人。从 1993 年到 2001 年,北京的区县级及以上的公共图书馆藏书量增长了约30%。1993年北京的23个公共图书馆藏书2461万册、件[①];1998年为2721.5万册、件;2001年26个图书馆藏书已达3133.1万册、件。其中,区县级的图书馆所占比例尤其是利用程度比前一时期有所增长。2001年北京市的中央属图书馆共有建筑面积16.4万平方米;而同时期的区县属图书馆建筑面积为10.1万平方米,与中央级的国家图书馆的差距较前时期有所缩小,比如1990年区县属图书馆建筑面积仅为5万余平方米。更为重要的是,区县属的图书馆在使用状况如外借人次和册次上超越了中央和北京市级的图书馆。1990年国图的借阅人次和册次分别为169.2万人次和654.6万册次,同年的区县属图书馆借阅人次为160.4万,借阅册次为299.2万。但到了2001年,区县属图书馆在藏书数量(474.7万册、件)远低于中央属的国图(2311.3)的情况下,无论外借人次(117.5万)和外借册次(481.7万册次)都超出了国图(79万人次和244万册次)不少,更是远远超过了市属图书馆的31.2万人次和57万册次。这一方面反映了市属级别的图书馆有待于进一步挖掘其潜力,同时也充分反映了区县属图书馆在贴近群众、贴近基层、贴近生活方面的活力和效率。

从街道、乡镇级的图书馆(室)来看,1993年年底,全市369个街、乡有图书馆(室)290个,馆舍面积13468平方米,专、兼职工作人员350人,总藏书783877册,订阅期刊2625种。分布不均衡的状况在区县间依然存在,朝阳、昌平等区县发展较好,藏书总数、订阅期刊数、馆舍面积等方面都超出其他一些区县不少。例如当年朝阳区的藏书总数为10.63万册,订阅期刊346种,馆舍面积达4800平方米,而丰台区则分别仅为0.57万册、112种、200平方米。街乡的图书馆在内容与形式上也有更新。比如大兴县求贤村于1993成立了科技图书馆。此外还有数量不少的家庭图书室相继出现,1993年密云、昌平、大兴、平谷四区县的家庭图书室个数分别达50、30、20、10个,通县、延庆、怀柔、门头沟、朝阳区各有数个。这一时期图书馆建设中的网络化、自动化的动向也值得注意,不少图书馆开始收藏电子文献;在服务形式上努力改变等读者上门的被动服务状态,加大送书下乡、下村的力度,流动送书车的使用明显加强。另外也加强了农村地区薄弱环节的各种图书设施的建设。

在文化馆方面,北京市不断拓展活动内容和经营方式;1992年之后各

[①] 国家统计局城市社会经济调查总队编:《中国城市统计年鉴(1993—1994)》,北京:中国统计出版社,1995年,第486页。

区县的文化馆在建筑面积上变动不大,在六七万平方米左右波动。但是在参与组织文化活动方面文化馆却显示出了更多的活力,1992年和1993年组织文艺活动仅为978次和764次,1994年和1995年增加到1034次和1127次,1996年更是突破到2277次,此后几年也一直在1800余次上下波动,1998年甚至达到2554次[①]。各文化站进一步开展"以文养文"、"多业助文"等活动,提供如租书、放录像、台球、舞会等有偿服务。2000年年底,全市有文化站315个,其中58%达到了文化部规定的三级文化站标准,东城、西城、海淀、大兴四区达标率为100%。

档案馆进一步增加馆藏、提高利用率。1992年北京市的区县级及以上档案馆建筑面积为35950平方米,利用档案人次为2.64万人次,案卷在190万卷件上下浮动。1995年,档案馆建筑面积总计65489平方米。截至该年底,市、区县档案馆和市城市建设档案馆共收藏档案1798个全宗2036227卷(册),排架总长度22851米,底图136538张,录音、录像、影片档案3936盘(盒),照片档案82964张,缩微平片332张,开窗卡236476张,卷片79994米。[②] 除市、区县档案馆之外,北京还出现了北京市城市建设档案馆和一批大学、企业的档案馆。截至1995年年底,全市县团级以上单位、企业等成立档案室共3491个。1999年全市各区县档案馆建筑面积突破7万达72597平方米;在利用人次上,2001年突破4万人次;案卷数方面也逐年增长。

此外,城镇公园的建设和利用也有不少进展,1991、1992、1993年北京市的城镇公园数为六七十个,到1994年猛增到109个。此后直到2001年的各年公园数一直保持在100余个,2001年为140个。而游园人数则相对稳定,从1991年到2001年都在1亿人次左右波动,甚至2000年还一度下滑到八千余万。在体育场馆方面,到2001年北京市体育场馆数总计已达4676个,其中篮球场占了约一半多。

在文化旅游方面,随着改革的深化和市场机制的进一步打开放活,20世纪90年代的文化旅游资源与形式得到了进一步拓展。北京的文化旅游业界努力改善自身的产品和服务,逐步推出更多、更新的文化旅游项目。

---

① 北京统计局、国家统计局北京调查总队编:《数说北京改革开放三十年》,北京:中国统计出版社,2008年,第266页。

② 北京市地方志编纂委员会编著:《北京志·档案卷·档案志》,北京:北京出版社,2003年,第5页。

《北京市国民经济和社会发展十年规划和第八个五年计划纲要》明确提出，要大力开拓旅游市场，发展各种专项旅游，开发新的旅游资源和景点。进入20世纪90年代后，北京的文化旅游的门类和形式更加丰富多样，在旅游内容上，更加多样化的文化资源纳入旅游对象。1990年亚运会期间市旅游局推出的6条专项旅游线路中除了传统的皇家园林、寺庙、长城等名胜古迹线路外，还包含了"我与北京市民同乐游"的非传统项目。1994年北京胡同文化发展有限公司推出北京胡同游，游客还可参与包饺子、吃年饭、叙家常等活动，自正式推出以来至2000年接待了35万海内外游客。1994年北京市的保健旅游开展起来，游客可参观医疗保健按摩场景，进行对症的医疗按摩，并进食中国药膳。1996年北京推出学院旅游，海淀区旅游局开发求知修学游。同年房山区第二届旅游文化节推出新开辟的5条旅游专线，其中包括"现代农村游"和"工业观光游"。1998年推出了科技旅游项目，以海淀区为中心，集参观名牌大学、高科技园区、游览风景名胜为一体。1999年"锦绣大地"农业观光园推出。

在旅游方式上，摆脱传统的参观、游览式的框架，出现了更多"体验式"的旅游。市民游、胡同游等实际上都包含着对日常生活的体验活动。1993年5月由中国天马旅游实业公司与北京电影制片厂联合创办的北京电影旅游城正式开放，游客逢机可参观电影实拍，充当群众角色。1993年9月举行了北京古都文物博览会，北京市文物局旅游咨询部在博览会上推出了北京文物专线旅游系列服务，其中有模拟考古、拓片习作、文物鉴赏内容。1994年年初，北京市旅游事业管理局结合北京建城3040年推出了文物考古专项旅游活动，同样包含了"模拟考古"活动。事实上，文化不仅仅是一种可以被观看的景观，它也更多地要求介入和体验，因而这种新形式也广受欢迎。

在景观类型上，各种新形式的现代景观、人造景观所占比例不断加大，对游人的吸引度逐渐增高。1998年的调查中，北京市历史遗产类的景观有270个，而现代人文景观则有1285处，其中包括近百处数量日益增多、门类日益丰富、办馆主体日益多样的博物馆和展览馆，116处的表演设施景观，34处的主题公园和人造景观，以及7处产业旅游地，16处的节庆活动景观，另外还有少数民族文化、艺术表演等抽象吸引物50处。至2000年，北京有人造景观80处，其中观光主题公园35处，包括缩微景观、仿古景观、仿古园林、艺术室馆等。大观园、中华民族园、世界公园等是比较成功的主题公园典范。2001年北京被评为全国首批AAAA级的旅游区点中除了天坛、八达岭长城之类传统景点之外,中华民族园和北京海洋馆也并列其中;同年评选的第二批七个 AAAA 级景点里,世界公园和石景山游乐园也赫然在列。2001 年评选出的"北京新八景"中,中华世纪坛、东方广场、中华科技馆等现代人文景观占了绝大部分,历史名胜类的只有皇城根遗址公园一个。

  这些新的旅游资源有力地改变了北京文化旅游结构比较单一的状况。依据国家旅游局和国家统计局发布的对入境旅游者的抽样调查结果,2001 年入境旅游者对北京旅游资源的兴趣选择的比例,分别是文物古迹 65.2%,民族风情 38.9%,文化生态 36.0%,分别比入境游人对中国资源的兴趣选择平均值(45.0%,35.3%,25.5%)多出 20.2、3.6、10.5 个百分点。从中可以看出北京旅游产品的多样化、多元化经营的拓展效果及其日益增长的吸引力。

  20 世纪 90 年代,北京市及其下属区县陆续推出内涵丰富的主题活动和推广、宣传促销活动,推介活动的形式与内容、内涵丰富多样。有的是各级政府部门主办,有的则是政府部门和各类公司、媒体联办。比如大兴的西瓜节、延庆的冰灯展起初由政府与郊区实业开发公司合作。1998 年开始的北京国际旅游文化节则由国家旅游局和北京市政府主办、北京市旅游事业管理局和北京旅游集团承办,第三届的观众直接参与者已达 100 万人,到 2008 年已举办到了第十届。有的是文化节庆活动如种种区域性的文化节、庙会;有的则是文化赛事,比如北京市旅游事业管理局还于 1992 年开发了与日本围棋界合作的业余围棋邀请赛和"中日友好杯"门球邀请赛;后又于 1994 年举办中日韩门球友好邀请赛,以期进一步推动了北京旅游项目的开展。有的是单项活动,但更多的则是系列活动。例如 1995 年北京市旅游事业管理局主办 1995 年亚洲民俗周,包括民俗演出、民俗展示、美食节等活动;2000 年北京市旅游事业管理局向海内外旅游者推出了"2000 年欢腾的北京"123 项极富北京特色的旅游活动,包括神州世纪坛大典、冰雪节、赏花节、新年的钟声、春节的庙会等。有的跨时短至几天如一些文化会展,有的则延续几个月。1992 年举办了'92 中国友好观光年和北京旅游黄金年活动,同年市旅游事业管理局和市饮食服务总公司联合推出'92 旅游黄金年"京城美食月"活动,此外,市旅游事业管理局还推出了"北京旅游小吃城"等大型晚间活动。1993 年北京举办历时 5 个半月的"逛北京、爱北京、建北京"大型旅游文化活动,50 余万人参加,期间举办了摄影展览、文艺晚会,开辟了"逛北京城"旅游专线和古城文化旅游专线;1994 继续推出"'94 逛北京、爱北京、建北京"大型旅游文化活动。有的是把游人"引进来",如 1998

年市旅游局组织"98华夏城乡游",推出"外国人在韩村河当一天农民"的活动。有的则是自己主动"走出去",比如1989年北京市11次派团出国参加国际旅游博览会和对外宣传促销活动;1997年北京参加国家级旅游展览会11个,自行组织促销团组6个,组织了数次较大规模的"北京旅游说明会";2001年6月市旅游局赴俄罗斯、意大利、奥地利举行以"东方古都长城故乡"为主题的旅游说明会和促销活动。

北京市采取的文化推广收到了良好的效果。1988—2000年的13届西瓜节累计接待游客1050万人次,旅游综合收入2亿多人民币。1989年在门头沟举办的国际风筝会由郊区旅游实业开发公司投资15万元,参观的游客达40万人次,其中国外游客5000多人次,门票收入87000元,洽谈经济业务22项,商贸成交额120万元。1992年的首届平谷"桃花节"接待游人3万人次,旅游收入40万元人民币,第二届、第三届国际桃花烟花节分别接待游人12万人次、15万人次,旅游收入分别为220万元、300万元人民币。这些文化节庆、主题活动、促销活动,都得到了政府的支持,对文化旅游业确实收到了良好效果。多种形式的合作方式和运作方式,激活了文化旅游的管理机制,为北京的文化旅游注入了新的发展动力,促进了北京文化旅游经济的发展。

随着改革开放的进一步深化,北京的对外文化交流取得了长足的发展。1992年邓小平同志南巡讲话和中共十四大召开,中国政治、经济、文化发生着日新月异的变化,取得令世界瞩目的成绩,世界各国积极加强与我国政治、经济、文化等各方面的交流合作。在对外关系上,历届领导人在强调政治外交、经济合作之外,都对文化交流高度重视。1996年江泽民在十四届六中全会上指出:"与世界各国进行广泛的经济、贸易、科学、技术、教育、文化交流对我们进行社会主义现代化建设具有重大作用。"党的十五大报告中指出:"我国文化的发展,不能离开人类文明建设的共同成果。要坚持以我为主、为我所用的原则。开展多种形式的对外文化交流,博采各国之长,向世界展示中国现代化建设的成就。坚决抵制各种腐朽思想文化的侵蚀。"随着全球经济"一体化"的发展,我国对外文化交流的规模和范围空前扩大,逐步形成了多渠道、多层次、多形式的文化交流新局面。在深化改革和扩大对外开放的新时期,北京市加强了文化政策法规的建立健全,为对外文化交流提供良好的政策环境,推动文化单位经营体制改革,增强活力,提高效益。20世纪90年代以来,各项事业以惊人的速度急剧的变化,国家文化部门对原有的法规进行修订,并针对新的具体问题制定相关管理办法，为对外文化交流提供适时及时的法制保障。除法制建设外，还大力加强文化单位经营体制改革力度，增长文化单位活力，在实现社会效益的基础上增长经济效益。

在中央制定的总体方针导向下，北京的对外文化交流取得了长足进步，文化交流项目数量和规模都有显著增长。1993—2000年，文化交流活动逐年增长，每年仅北京市文化局派出和引入的文化交流项目都在上百批次，人员上千人次，2001年为最高峰，交流项目460批次，人员6775人次。从各年的具体情况来看，1992年年初，邓小平同志南巡发表讲话之后，中国加快了改革开放的步伐，前一阶段所取得的巨大成就给国人带来了极大的鼓舞，对外文化交流的勇气、信心、能力都得到了加强，在接下来的十年中，北京对外文化交流的规模和范围迅速扩大。1994—2001年北京市文化局各年所审批的对外文化交流项目各年分别如下（这些数据仅指北京市文化局所属演艺单位以及由其属下北京市对外文化交流协会所组办的文化交流项目）：1993年仅市文化局系统共派出团组69批643人次，分别比上年增长了19%和11%，其中演出团组38批585人，有场演出17批，较上年增加7.4%，有15个国家和地区的25批团组212人次来京进行文化交流；到1996年，市文化局系统文化艺术单位出国团组85批，540人次，出访30个国家和地区，其中演出团39批，444人次，市演出公司、市对外文化交流公司接待外国文艺表演团体来京演出19批、781人；1999年，仅市文化局系统就组派各类文化交流出国（境）团组（个人）共计86批1016人次，出访32个国家和地区，其中，市属艺术表演团体出访项目44批共892人次，市文化局所属市对外文化交流公司、市演出公司等演出机构共邀请或主办各类外国文艺表演团体来华演出29批1647人次，在本市及外埠进行了上百场演出，观众达22.8人次，对台文化交流较1998年也有所增长，共实现交流项目32批286人次；2001年，本市共向国外及港、澳、台地区派出292批2137人次，接待来访168批，4638人次，其中赴国外及港、澳地区出访153批，1570人次（局系统77批，903人次，归口管理单位76批，667人次），办理国外及港澳台地区来京演出和展览项目205批，来访4114人，办理持因私护照赴外进行文化交流68批，233人次。修改审定合资、合作项目3个，其中，市文化局参加了"北京文化周"活动，在多个境外国家和地区成功举办大型文艺演出和多项文化交流，这在北京对外文化交流史上是空前的。

同时，城市对外文化交流在国家总体外交战略的重要性进一步凸显。

在国家外交部门和对外友好协会统一规划下，改革开放以来，北京逐渐与国外规模和地位相当的大城市建立了友好城市关系，"友城"之间进行经济、文化、教育等多方面交流。北京与友好城市之间的交往与国家的整体外交战略相配合，与当年的重点外事活动紧密相关。改革开放前后，中国与美国和日本恢复外交关系标志着中国外交战略的重大转折，紧随其后北京与东京（1979年）、纽约（1980年）结成友好城市，接下来的十年中，北京先后与贝尔格莱德市、利马市、华盛顿特区、马德里市、里约热内卢市、巴黎大区、科隆市、安卡拉市、开罗省、雅加达省结成友好城市，范围涵盖南北美洲、欧洲、亚洲、非洲。1993年至2001年北京又与曼谷市、布宜诺斯艾利斯市、首尔特别市、基辅市、柏林市、布鲁塞尔大区、河内市、阿姆斯特丹市、莫斯科市、巴黎市、罗马市、豪登省、渥太华市等13个城市结成友城，其中7个为欧洲国家首都。由于与外交战略的重要关联，北京作为中国的首都与友好城市之家的文化交流有着规格高、官方性、综合性的特点，并逐渐呈现出一定的周期性，主要包括访问演出、高端会议、文化会展等形式。以1997年为例，6月北京市代表团出席了在莫斯科市召开的第五届世界大城市首脑会议，主题为《21世纪的世界大城市：现状、趋势、决策》，贾庆林在会上作了题为"把一个繁荣美好的北京带入21世纪"的发言，10月北京市友好代表团对古巴首都哈瓦那市、巴西首都巴西利亚联邦区及里约热内卢进行友好访问，并出席在巴西利亚联邦区举行的"中国文化周"开幕式。类似这样通过与外国首都、大城市的文化友好交往，为城市经济建设和社会发展服务，并利用城市交往的渠道，参与多边交往，配合国家外交，增进国际间的了解和友谊，促进了北京与世界各大城市之间的文化交流与发展。

随着香港、澳门回归，北京与港澳台地区的文化交流进入了一个新阶段。改革开放后，北京把与港澳台的文化交流当做是一项重要的工作，积极鼓励和推动，密切两岸关系。从1993年到2001年，北京文化局系统与台湾建立的文化交流项目逐年稳步增长，并形成相对固定的、周期性的交流活动。1993年，全年赴台交流的团组16批、170人次；到1998年，对台文化交流共实现交流项目31批、180人次，其中，赴台项目21批、113人次，来京项目10批、67人次；2001年，本市对台文化交流规模大、档次高、影响大，出访批次、人次及接待来访的数量创历史最高水平，赴台文化交流71批，334人次。1997年北京对港澳台派出的文化项目为近十年来的最高，其主要原因是为迎接和庆祝香港回归的文化项目的增加。通过文化交往，增进了港澳台地区对于国家政策、国情、民生的了解，增进了两岸同胞的血肉感情，也展示了北京高速的现代化进程、改革开放的辉煌成就，极大地加强了港澳台地区对中华传统的认同感和自豪感。这一阶段北京派出港澳台的文化项目多为书画、戏曲、文物展示等传统文化艺术，但也逐渐增加了现代流行和大众文化等新内容。

第五章 新世纪北京文化的繁荣

进入新世纪以来,中国的文化建设和发展进入了一个新的发展和繁荣时期。2002年,党的十六大报告中提出必须大力发展社会主义文化,加强文化建设和文化体制改革。2003年,中央文化体制改革试点工作正式启动。2006年,中共中央、国务院颁布《关于深化文化体制改革的若干意见》,中共中央办公厅、国务院办公厅发布《国家"十一五"时期文化发展规划纲要》。2007年,党的十七大报告中提出要坚持社会主义先进文化的发展方向,推动社会主义文化的大发展、大繁荣。同年,中共中央办公厅印发《关于加强公共文化服务体系建设的若干意见》。在党的正确领导下,新世纪首都北京的文化建设和发展进入了前所未有的新阶段。2001年,北京申奥成功,为北京的文化建设和发展带来了新的契机和注入了新的活力,"新北京,新奥运"和"绿色奥运、科技奥运、人文奥运"理念的提出和落实,有力地推动了北京文化的大发展。2004年,新修编的《北京城市总体规划》(2004—2020年)更加深化和明确了北京的城市性质和发展定位。在新世纪,北京市全面落实中央关于社会主义文化建设和文化体制改革的精神,努力推进首都两个文明的建设,弘扬历史文化,保护历史文化名城风貌,大力发展首都文化事业和文化产业,致力于传统文化与现代文明交相辉映、具有高度包容性、多元化的世界文化名城的发展和建设。

一、文化体制改革与首都文化发展

20世纪70年代末和80年代,我国就开始尝试文化改革的探索。1978年,中共十一届三中全会召开,标志着中国文化事业在拨乱反正和改革开放中进入了新的历史时期。1980年2月,文化部的全国文化局长会议提出要"坚决地有步骤地改革文化事业体制,改革经营管理制度"。1983年6月召开的六届全国人大一次会议提出"文艺体制需要有领导有步骤地进行改革"。随着经济体制改革的深化,提出了加强文化体制改革的要求。1985年,中共中央办公厅、国务院办公厅批转了文化部《关于艺术表演团体的改革意见》。1988年2月,文化部、国家工商行政管理总局联合发布《关于加强文化市场管理工作的通知》,首次明确了"文化市场"的概念。1988年5月,全国文化工作会议讨论了《关于加快和深化艺术表演团体体制改革的意见》,提出了实行"双轨制"的具体改革意见。这些改革措施在一定程度上推进了新时期中国文化的发展。"文化市场"概念的确立,标志着我国开始认识和承认文化所具有的经济性质,也意味着开始突破原有的单一性的事业性文化概念。

1992年邓小平"南方谈话"和中共十四大的召开,标志着中国的改革开放和社会主义现代化建设的进一步深化和发展,有力地推动了中国文化事业和文化产业的发展。十四大报告中提出要"积极推进文化体制改革,完善文化事业的有关经济政策"。1996年,十四届六中全会进一步提出了促进文化体制改革的一系列重要方针,指出:"改革文化体制是文化事业繁荣和发展的根本出路",要"遵循文化发展的内在规律,发挥市场机制的积极作用"。同年,国务院下发了《关于进一步完善文化经济政策的若干规定》。2000年10月,中共十五届五中全会通过《关于制订国民经济和社会发展第十个五年计划的建议》,第一次在党的中央文件中明确使用了"文化产业"概念,提出要"完善文化产业政策,加强文化市场建设和管理,推动有关文化产业发展"。同年,国务院发出了《关于支持文化事业发展若干经济政策的通知》。"文化产业"概念的提出和确认,更进一步地体现了我国对文化发展更加深入的认识和把握,充分肯定了文化产业在文化建设乃至经济建设中的重要作用,事业性文化和产业性文化共同推动当代社会主义文化的建设与发展。

中共十一届三中全会以来,中央和北京市高度重视首都北京的文化建设和发展,各项文化事业在改革开放和社会主义市场经济建设中取得了长足的发展,北京作为全国文化中心的性质、地位和功能日益明显和加强。在深化改革的首都文明建设中,北京市积极探索文化事业发展和文化体制改革的新思路。1996年,中央提出文化体制改革要遵循文化发展的内在规律,发挥市场机制的积极作用。同年,北京市召开了首都文化发展研讨会,并制定了《关于加快文化发展的若干意见》。北京市委、市政府在全国率先倡导文化产业的概念,提出大力发展文化产业的构想,在高度重视事业性文化建设和发展的同时,把文化纳入产业和经济的范畴,在中国的文化产业理论和实践中起到了率先垂范的作用。在《关于加快文化发展的若干意见》的指导下,北京的文化产业取得了长足而有效的发展。北京市提出的没有文化产业支撑的文化是不完整的文化这个命题,实际上提出了文化事业与文化产业相互促进共同发展的命题,即文化事业与文化产业的"双轮驱动"论。2002年,国务院发出的《关于支持文化事业发展若干经济政策的通知》明确使用了"文化产业"的概念,文化产业的概念在实践上得到了认可,在理论上得到了确认。"文化产业"概念的提出和确认,远不止是一种理论的界定,更重要是对当代中国社会主义文化实践的理论总结,同时也是对当代中国文化建设和发展的前瞻性的认识和把握。

进入新世纪以来,中国的文化体制改革进一步深化和发展,文化体制改革的步伐进一步加快,文化体制改革的目的、意义、任务和措施进一步的明确和完善,中国的文化事业和文化产业进入了更加繁荣发展的时期。2002年,中共十六大提出了更加深刻的文化体制改革理论和更明确的方向,在文化范畴上把文化分为文化事业和文化产业,在文化实践上强调积极发展文化事业和文化产业,并提出要"抓紧制订文化体制改革的总体方案"。2003年,中共十六届三中全会通过的《完善社会主义市场经济体制若干问题的决定》,进一步深化了文化体制改革的目标,突出文化建设在三个文明协调发展中的基础性和战略性地位。2003年6月,全国文化体制改革试点工作会议召开,中央文化体制改革试点工作正式启动。2003年7月,中共中央办公厅和国务院办公厅转发《中宣部、文化部、广电总局、新闻出版总署关于文化体制改革试点工作的意见》,正式确定北京、上海、广东、浙江、重庆、杭州、沈阳、西安、丽江等9个省市作为文化体制改革综合性试点地区。2003年9月,文化部颁布《文化部关于支持和促进文化产业发展的若干意见》。2003年12月,国务院办公厅发布《关于印发文化体制改革试点中支持文化产业发展和经营性文化事业转制为企业的两个规定的通知》。2004年,中共十六届四中全会通过的《中共中央关于加强党的执政能力建设的决定》,提出了"深化文化体制改革,解放和发展文化生产力"的重要命题。这是中央正式文件首次提出"解放和发展文化生产力"的命题。2005年3月,财政部、海关总署、国家税务总局发出《关于文化体制改革中经营性文化事业单位转制后企业的若干收税政策的通知》和《关于文化体制改革试点中支持文化产业发展若干税收政策问题的通知》。2005年12月,中共中央、国务院颁布《关于深化文化体制改革的若干意见》。《意见》指出,深化文化体制改革,要形成科学有效的宏观文化管理体制,富有成效的文化生产和服务的微观运行机制,以公有制为主体、多种所有制共同发展的文化产业格局,统一、开放、竞争、有序的现代文化市场体系,完善的文化创新体制,以民族文化为主体,吸收外来有益文化,推动中华文化走向世界的文化开放格局。

2006年1月,中共中央、国务院颁布《关于深化文化体制改革的若干意见》。《意见》指出,当今世界,文化与经济政治相互交融,在综合国力竞争中的地位和作用越来越突出;在全面建设小康社会、实现中华民族伟大复兴的历史进程中,繁荣和发展社会主义先进文化具有全局性战略性的地位和作用;必须从全面落实科学发展观、构建社会主义和谐社会的高度,从巩固马克思主义在意识形态领域指导地位的高度,从加强党的执政能力建设的高度,充分认识文化体制改革的重要性和紧迫性,增强责任感和使命感,抓住重要战略机遇期,深化改革,加快发展,为建设社会主义先进文化注入强大动力。3月,在北京召开了全国文化体制改革工作会议,进一步深入贯彻落实中共中央和国务院关于文化体制改革的指示精神。9月,中共中央办公厅、国务院办公厅发布《国家"十一五"时期文化发展规划纲要》。《纲要》明确了文化国家"十一五"时期文化发展的指导思想、方针原则和发展目标,确立了理论和思想道德建设、公共文化服务、新闻事业、文化产业、文化创新、民族文化保护、对外文化交流文化人才队伍、保障措施和重要政策四大共十八项文化建设和发展的内容。《纲要》指出,文化是国家和民族的灵魂,集中体现了国家和民族的品格。在开创中华民族美好未来的历史进程中,文化既为经济社会全面协调发展提供强大的精神动力,也是经济社会发展的重要内容。繁荣发展社会主义先进文化、树立民族自信、振奋民族精神,必将为实现全面建设小康社会宏伟目标、构建社会主义和谐社会提供思想保证和精神动力。2007年6月,中共中央政治局召开会议,研究加强公共文化体系建设。会议指出,要把建设的中心放在基层和农村,着力提高公共文化产品供给能力,着力解决人民群众最关心、最直接、最现实的基本文化权益问题。2007年,温家宝在《政府工作报告》中强调,要"着眼于满足人民群众文化需求,保障人民文化权益,逐步建立覆盖全社会的公共文化服务体系"。8月,中共中央办公厅印发《关于加强公共文化服务体系建设的若干意见》,指导和推动了我国公共文化服务体系的建设和发展。2007年10月，中共十七大召开，胡锦涛在报告中指出，当今时代，文化越来越成为民族凝聚力和创造力的源泉，越来越成为综合国力竞争的重要因素，丰富精神文化生活越来越成为我国人民的热切愿望。要建设社会主义核心价值体系，增强社会主义意识形态的吸引力和凝聚力；要建设和谐文化，培育文明风尚；弘扬中华文化，建设中华民族共有精神家园；推进文化创新能力，增强文化发展活力。更加自觉、更加主动地推动文化大发展大繁荣，在中国特色社会主义的伟大实践中进行文化创造。2008年3月，温家宝在十一届全国人大一次会议上作政府工作报告时说，要进一步落实和完善文化体制改革政策措施，推动文化创新，加强文化建设，推动文化大发展大繁荣。2008年4月，文化部召开部务会议，贯彻落实党中央、国务院对文化工作提出了新的更高的要求，传达和学习全国文化体制改革精神，提出了推进文化体制改革思路和六项措施。

北京市委、市政府全面贯彻落实党和国家的文化建设、文化发展和文化体制改革的精神，紧密结合北京社会主义现代化建设实际，积极发展首都的文化事业和文化产业，努力推动首都文化的繁荣发展。2002年10月，北京市政府召开北京市基层文化工作会议，传达贯彻全国文化工作会议精神。会议强调，要充分认识首都基层文化建设的重要性，加强基层文化建设是首都率先基本实现现代化的要求，是北京强化全国文化中心地位的要求，是维护首都社会稳定的要求，要进一步健全首都基层文化工作体系。2003年，北京市有关部门组织编制了《北京会展业发展规划（2004—2008）》和《北京市文化体制改革试点方案》，积极推动北京会展业的发展和文化体制改革的试点工作。2004年6月，北京市召开了第47次市长办公会，通过了《北京市在文化体制改革中支持和发展文化产业发展的实施办法》。《办法》制定了发展文化产业的优惠政策和措施，规定对政府鼓励的新版报业、出版、发行、广电、电影、放映、演艺等文艺试点企业，给予免征三年企业所得税的照顾。2005年1月，北京市审议通过了《2004—2008年北京市文化产业发展规划》。2005年1月国务院批复的《北京城市总体规划》中提出，要充分发挥首都优势，促进文化产业快速发展，增强文化的总体实力，提高国际影响力，大力发展文化创意产业。2005年12月，北京市委书记刘淇在中共北京市委九届十一次会议上提出，文化创意产业是科技、智力和文化相结合的产业，要以发展文化创意产业为新的引擎，推动产业升级。

"十五"期间，北京的文化事业和文化产业都取得了重大的发展。在文化事业方面,到 2005 年年底,全市拥有市、区县两级公共图书馆 25 座,群众艺术馆和区县文化馆 20 个、街道乡镇文化站 306 个、社区文化室 1785 个、村文化大院 2562 个、文化广场 1091 个;登记注册演出团体 130 个,演出经纪机构 281 个;全市行政区域内出版单位 3537 家,年出版报刊 3100 种,出版图书、电子音像出版物 12 万种;市、区县两级广播电视台站 16 座,开办广播电视节目 64 套,广播电视年播出能力分别为 10.3 万小时和 12 万小时,广播人口综合覆盖率 100%,电视人口综合覆盖率 99.99%;有线电视注册用户 282 万户,数字电视用户 1.75 万户,移动电视在 5000 辆公交车辆上安装使用;全市拥有世界文化遗产 6 处,全国重点文物保护单位 60 处、市级文物保护单位 264 处、区县级文物保护单位 568 处,历史文化保护区 40 片,地下文物埋藏区 36 处;全市爱国主义教育基地 89 家,其中全国爱国主义教育示范基地 15 家;登记注册博物馆 129 座,馆藏文物 323 万件。在文化产业方面,北京基本形成了文艺演出、新闻出版、广播影视、文化会展、古玩艺术品交易等优势行业。到 2005 年,北京文化产业总资产达到 5140.3 亿元,实现增加值 700.4 亿元,占全市地区生产总值的 10.2%,营业总收入 2793.6 亿元,实现利润 110 亿元,上缴税金 123.6 亿元。经过"十五"期间的改革、建设和发展,北京作为全国文化中心的性质和功能更加突出和巩固,越来越发挥着全国性的影响力和辐射力,在文化事业建设和文化产业发展中处于全国领先地位。

  2006 年开始,中国文化体制改革进入更加深化的时期。北京市全面落实中央关于文化体制改革和文化建设发展的精神,努力推动首都文化的大发展大繁荣。2006 年 3 月,北京市文化创意产业领导小组正式成立。刘淇强调,要从落实科学发展观的高度,积极推动北京文化创意产业的发展。2006 年 6 月,北京市常委会召开,会议强调,要认真贯彻中央关于深化文化体制改革的精神,积极推进文化体制改革,解放和发展文化生产力,使经济、政治、文化和社会建设四位一体协调发展。北京是全国的文化中心,要认真总结文化体制改革的成功经验,促进文化事业和文化创意产业繁荣发展,使文化体制改革努力走在全国的前列,并提出了北京文化体制改革的六个重点。会议通过并颁布了《关于深化北京市文化体制改革的实施方案》,明确了深化北京市文化体制改革的指导思想、原则要求、目标任务和保障措施。2006 年 8 月,《北京市"十一五"时期服务业发展规划》公布。规划特别指出,要"优先发展以文化创意产业为代表,体现知识时代产业发展新趋势,有利于丰富首都经济内涵、加快首都经济结构调整的新兴服务行业"。

2006年10月,北京市根据《北京城市总体规划(2004年—2020年)》,《北京市国民经济和社会发展第十一个五年规划纲要》,《关于深化北京市文化体制改革的实施方案》,《北京市"十一五"时期社会公共服务发展规划》,编制并正式发布了《北京市"十一五"时期文化事业发展规划》。规划强调,发展文化事业是全面建设首都现代化国际大都市,构建社会主义和谐社会首善之区的重要内容。在"十一五"期间,北京市必须抓住文化发展的重要时期,解放思想,实事求是,与时俱进,调整和完善文化事业布局,大力推进首都文化事业发展,增强公共文化产品有效供给,提升公共文化服务质量,基本建成覆盖城乡、惠及全民的公共文化服务体系,形成有利于满足人民群众文化需求、增强城市文化实力、维护国家文化安全的首都文化事业发展新格局;努力构建首都特色哲学社会科学体系,更好地服务于中央和北京市的科学决策、服务于广大人民群众日益增长的精神文化需求;加强基层文化建设,进一步丰富和活跃市民文化生活;加强公共图书馆建设,构建全国领先的图书馆资源共享体系;加强历史文化名城整体保护,进一步完善文物保护基础工作;加强博物馆建设和管理,构建具有首都特色和优势的博物馆体系;重视和关注非物质文化遗产,加大对优秀民族民间文化的保护;打造京版品牌,提升首都出版发行事业的影响力;强化首都意识,提高广播电视引导水平和数字化水平;完善优秀文化产品和服务的政府采购机制,推动主旋律精神文化产品的创作生产;立足北京实际发挥存量文化设施的综合效益,努力建成一批重点文化设施;按照北京城市功能定位的要求,落实北京市城市总体规划,逐步完善以大型文化设施为龙头,以城市四级文化设施为基础的网络体系;积极实施文化"走出去"战略,促进对外文化交流。通过加强对文化工作的领导、监管和协调,完善和落实文化经济政策,加大对文化事业的资金投入,推进文化事业体制和机制的改革创新,促进文化法规体系的健全和建设,完善行业自律机制,加强文化发展前瞻性和战略性研究,大力实施文化人才战略等切实有力的措施,全面推动北京文化事业的发展。

北京市积极落实中央关于加强公共文化服务体系建设的精神,贯彻中共中央办公厅印发的《关于加强公共文化服务体系建设的若干意见》。2008年3月召开的北京市委常委会讨论通过了《关于加强北京市公共文化服务体系建设的实施意见》,提出要深入贯彻落实科学发展观,加强首都公共文化服务体系建设,构建社会主义和谐社会首善之区,以"新北京、新奥运"为契机,以政府为主导、以公益性文化单位为骨干,鼓励全社会积极参与,努力建设覆盖全社会的公共文化服务体系,力争使首都的公共文化建设水平走在全国前列。在公共文化服务体系建设中,坚持城乡、区域文化协调发展,把建设的重心放在基层和农村,提高公共文化产品供给能力,逐步实现公共文化服务均等化;统筹规划,加大投入,吸引群众积极参与,保证文化场所、文化设施等硬件建设,开展丰富多彩的群众性文化活动,推动基层文化的发展繁荣;不断增加免费开放的博物馆数量,加大财政投入力度,充实博物馆馆藏,提高藏品质量,进一步巩固北京文化中心的地位。

在大力加强首都文化事业规划和建设的同时,北京市积极发展文化产业,并且在北京已有的文化产业概念和文化产业发展基础上,提出要大力发展文化创意产业。《北京城市总体规划》(2004—2010年)就已提出要大力发展文化创意产业。2006年初,北京市市委、市政府全面落实科学发展观,把"抓紧实施首都创新战略,努力建设创新型城市"作为"十一五"期间的首都经济和社会发展的重大任务,确立了大力发展文化创意产业的战略构想和目标。这意味着首都文化产业发展进入了一个历史性阶段,首都文化产业发展正进行着一次重大转型。这种重大转型的根本标志就是,实施"首都创新战略",努力把北京建设成为"创新型城市"。体现在文化产业、文化经济和文化建设上,就是要在文化产业、文化经济和文化建设与发展中实施首都创新战略,通过"创新"推动首都文化产业的发展,实现首都产业结构的转换,推动北京社会经济文化的跨越式发展。2006年10月北京市委宣传部、市发改委联合发布《北京市文化创意产业投资指导目录》,将文化创意产业的十一个门类六十多个行业划分为鼓励、允许、限制和禁止四种投资准入程度,并对文化产业各行业的管理机关、行政许可和固定资产投资管理方式作了详细说明。11月,北京市市委、市政府发布《北京市促进文化创意产业发展的若干政策》。文件规定从准入、原创、知识产权、资金、交易、聚集、人才、落实等8个部分对文化创意产业的发展进行扶持。12月,刘淇在北京市文化创意产业领导小组第三次会议上作了题为《以科学发展观统领推动文化创意产业发展》的主题讲话,强调要认真落实贯彻中央经济工作会议精神,以科学发展观为统领,推动首都文化创意产业的发展。同月,北京市财政局颁布《北京市文化创意产业发展专项资金管理办法(试行)》。从2006年起,北京市政府每年安排5亿元,采取贷款贴息、政府重点采购、后期赎买和后期奖励等方式,对符合政府重点支持方向的文化创意产业产品、服务和项目予以支持。同时,北京市统计局、国家统计局北京调查总队发布第一个《北京文化创意产业分类标准》,这是中国内地第一个关于文化创意产业的分类标准。北京市文化创意产业领导小组办公室举行了"北京市第一批文化创意产业集聚区"授牌仪式,包括中关村创意产业先导基地、北京数字娱乐产业示范基地、国家新媒体产业基地、中关村科技园区雍和园、中国(怀柔)影视基地、北京798艺术区、北京DRC工业设计创意产业基地、北京潘家园古玩艺术品交易园区、宋庄原创艺术与卡通产业集聚区和中关村软件园。北京市发改委发布《北京市文化创意产业集聚区认定和管理办法(试行)》,对集聚区的认定原则、认定条件、认定程序等进行明确的规定,首批认定了北京数字娱乐产业示范基地、国家新媒体产业基地、北京798艺术区等10个市级文化创意产业集聚区。

为大力发展北京市的文化创意产业,推动北京产业结构调整和产业升级,实现北京经济的跨越式发展,2007年9月,北京市制定并发布了《"十一五"时期文化创意产业发展规划》。《规划》提出,发展文化创意产业,是全面落实科学发展观,实现北京经济社会全面协调可持续发展的重要内容,是增强北京自主创新能力、建设创新型城市的有力举措,是推进北京产业结构升级和经济增长方式转变的必然选择。《规划》明确了"十一五"期间发展文化创意产业的10个方面的重点工作:营造良好环境,制定并完善有利于文化创意人才发挥作用、促进文化创意产业发展的政策法规;创新体制机制,加大国有文化企事业单位的改革力度,充分发挥市场配置资源的基础性作用;调整产业结构,盘活存量、优化增量,建设功能完备、布局合理的文化创意产业集聚区;整合优质资源,培育拥有自主创新知识产权、市场竞争力较强的文化创意龙头企业;提升城市形象,打造一批具有国际水准、北京特色的文化精品和知名品牌;精心运筹谋划,做好奥运会场馆的赛后利用,为文艺演出、广告会展、文化旅游、文化体育休闲等开辟新的空间;增强创新能力,建设以企业为主体、市场为导向、产学研结合的文化创意产业创新体系;推进科技应用,促进高科技同文化内容的融合,提高文化创意产品的质量和水平;完善产业链,加强社会相关行业对文化创意产业的配套支撑;面向国际国内市场,建设发达的文化创意产业营销网络。通过大力发展文化创意产业,进一步提升北京作为全国文化中心和文化创意产业主导力量的影响,增强文化创意产业创造社会财富和就业机会的能力,使文化创意产业成为首都经济的重要支柱,把北京建设成为全国的文艺演出中心、出版发行和版权贸易中心、广播影视节目制作和交易中心、动漫游戏研发制作中心、广告和会展中心、古玩和艺术品交易中心、设计创意中心、文化旅游中心、文化体育休闲中心,在"十一五"期间,力争实现文化创意产业增加值年均增长15%左右,到2010年,文化创意产业增加值占全市地区生产总值超过12%。2007年11月,北京市工业促进局等单位指定的《北京市保护利用工业资源,发展文化创意产业指导意见》出台。同月,北京市社会科学院牵头在北京钓鱼台国宾馆召开了"北京文化创意产业发展高级论坛"。文化创意产业概念和理论的提出和探讨,文化创意产业政策和措施的出台,以及文化创意产业的实践,推动了北京文化事业和文化经济的发展。

在新世纪深化文化体制改革的过程中,北京市全面贯彻落实中央关于文化体制改革的精神,大力发展首都文化事业和积极发展首都文化产业,努力建构更加完善的公共文化服务体系,推动首都社会主义文化大发展、大繁荣。

二、城市总体规划与城市文化定位

城市文化的保护、建设和发展在城市总体规划中的位置,从总体上体现城市规划对一个城市文化保护和文化建设的认识高度和意识深度,也从总体上体现城市文化在城市总体规划建设格局中的战略地位和发展目标。新中国成立以来的北京城市总体规划表明,城市总体规划关于城市文化的定位目标,对于北京城市文化保护和文化建设发挥着极为重要的指导作用。1993年经国务院批准的《北京城市总体规划》(1991—2010年)更加明确了城市文化定位,有力地指导了北京的城市建设、文化保护和文化建设,把历史文化名城的保护和发展提高到了一个新的高度。新世纪首都城市的社会、经济、文化的新发展,提出了新的要求和任务。1993年以来,《北京城市总体规划(1991—2010年)》和国务院的批示精神,在指导包括文化保护和建设在内的首都建设和发展中发挥了重要作用,并且提前实现了规划确定的2010年的大部分发展目标。随着经济社会和首都文化的快速发展,北京进入了新的重要发展阶段。为紧紧抓住21世纪前二十年重要战略机遇期,充分利用好城市发展的良好机遇和承办2008年夏季奥运会的带动作用,实现首都经济、社会、文化的持续快速发展,北京市对城市总体规划开展新一轮的修编工作,在文化保护和文化建设发展方面提出更高的要求和目标。

为适应首都社会主义现代化建设的需要,2002年4月,首都规划建设委员会召开第21次全体会议,对2002年首都城市规划建设提出了六项任务:一是全面启动奥运场馆和设施的规划设计工作;二是加快城市基础设施和重大工程建设;三是以大气污染治理和三道绿色生态屏障建设为重点,继续提高城市生态环境水平;四是弘扬优秀文化传统,加强历史文化名城保护工作;五是积极稳妥地推进危旧房改造,进一步加快经济适用房建设;六是进一步开放规划设计市场,提高城市规划设计水平。5月,北京市第九次党代会提出了修编北京城市总体规划的工作任务。10月,首都规划建设委员会召开第22次全体会议,强调要抓住承办奥运会的机遇,全面提升城市规划建设的水平,形成古都风貌和现代气息有机融合的城市风格,会议既高度重视城市现代文明的建设,也高度重视传统城市文化的保护与发展,不仅审议通过了《奥林匹克公园综合计划》,同时审议通过了《北京皇城保护规划》。2003年,国务院对《北京城市空间发展战略研究》做出批示,《北京城市空间发展战略》在综合分析世界特大城市,特别是首都城市的政治经济、城市文化、生态环境和就业等方面发展趋势的基础上,根据北京的现实条件,确定了北京未来的四个主要的发展定位目标:国家首都、世界城市、文化名城和宜居城市,这四个发展目标定位为城市总体规划的修编以及城市文化定位奠定了重要的基础。2004年1月,建设部办公厅《请尽快开展北京市城市总体规划修编工作的函》提出要严格控制城市规模,切实加强历史文化名城保护工作。2005年1月,国务院原则通过《北京城市总体规划(2004—2020年)》,并对《北京城市总体规划(2004—2020年)》做出了指导性的批复意见。

《北京城市总体规划(2004—2020年)》以贯彻落实科学发展观、建立健全社会主义社会市场经济体系、建设社会主义和谐社会为指导思想,立足于首都长远发展,促进首都全面、和谐和可持续发展。新修编的总体规划在1993年总体规划的基础上,进一步明确了城市性质、城市发展目标与主要职能。在城市性质上,新修编的城市总体规划保持了1993年总体规划中确定的北京是中华人民共和国的首都,是全国的政治中心、文化中心,是世界著名古都和现代国际城市的性质定位。同时强调了社会主义市场经济体制下首都经济发展的特色,强调以知识经济为核心、以高新技术为龙头、以科学技术为主导推动力的首都经济快速发展,以及北京在金融服务、科技创新等方面的突出优势。在城市发展目标和主要职能上,明确提出了要按照中央对北京做好"四个服务"的工作要求,强化首都职能,贯彻更好地为中央党政军领导机关服务,为日益扩大的国际交往服务,为国家教育、科技、文化和卫生服务和为市民的工作和生活服务的原则,高度重视科技、教育、文化、卫生、体育和社会福利等社会事业的发展。贯彻尊重城市历史和城市文化的原则,把握社会主义先进文化的前进方向,保护古都的历史文化价值,弘扬和培育民族精神,全面展示北京的文化内涵,形成融历史文化和现代文明为一体的城市风格和城市魅力。

在新修编的总体规划中,城市文化保护和城市文化建设得到了突出的强调。总体规划提出,在强化首都职能的同时,北京的城市发展目标和主要职能,要以建设世界城市为努力目标,不断提高北京在世界城市体系中的地位和作用,充分发挥首都在国家经济管理、科技创新、信息、交通、旅游等方面的优势,进一步发展首都经济,不断增强城市的综合辐射带动能力;弘扬历史文化,保护历史文化名城风貌,形成传统文化与现代文明交相辉映、具有高度包容性、多元化的世界文化名城,提高国际影响力;创造充分的就业和创业机会,建设空气清新、环境优美、生态良好的宜居城市;创建以人为本、和谐发展、经济繁荣、社会安定的首善之区。这个发展目标的定位是一个全方面的发展目标定位,更加突出地强调了首都社会主义物质文明和精神文明、北京传统文化保护和现代城市文化建设和谐发展的战略构想。与前有的北京城市总体规划相比,文化在城市建设和发展的各个领域和层面得到了更深刻的意识和更全面的体现,北京作为全国文化中心、历史文化名城、世界著名古都的定位更加清晰和全面。

在城市空间布局上,中心城的文化资源、文化性质和文化功能进一步明确和突出。新修编的城市总体规划提出了在北京市域范围内构建"两轴—两带—多中心"的城市空间结构,在此基础上形成中心城—新城—镇的市域城镇结构。这一城镇结构体系有助于优化城市结构布局,更加突出了中心城作为城市文化中心的定位、性质和功能。总体规划进一步明确中心城是政治、文化功能和重要经济功能集中体现的地区,同时也是历史文化传统与现代城市形象集中体现的重要区域;在进一步完善首都职能的同时,弘扬城市文化,协调推进历史文化传统保护和现代化建设。总体规划提出了城市轴线与发展的新的规划思路,明确中轴线以文化功能为主,以中部历史文化区、北部体育文化区、南部城市新区为核心,体现古都风貌与现代城市的完美结合,严格保护北京历史文化名城的精华。把以奥林匹克中心区为主体的北部地区建成国际一流的文化、体育、会展功能区;南部地区通过引导发展商业文化综合职能及行政办公职能,带动南城发展;长安街及其延长线作为体现北京作为全国政治、文化中心功能的重要轴线,以中部的历史文化区和中央办公区为核心,在东部建设中央商务区(CBD),在西部建设综合文化娱乐区,完善长安街轴线的文化职能。为了增强文化中心的功能,总体规划提出,要优化文化产业的发展环境,以北京丰富的历史文化资源为基础,发挥北京在国际交流、科技、信息、人文等方面的突出优势,充分利用市场机制,积极推动文化产业的发展,进一步增强文化中心的功能。

在文化事业和公共文化基础设施建设方面,新修编的城市总体规划提出,要大力发展社会主义文化,牢牢把握先进文化的前进方向,促进文化事业的全面繁荣和文化产业的快速发展,满足人民群众精神文化需求,促进人的全面发展。首先,通过北京公益性文化事业的发展,促进首都公益性文化事业繁荣兴旺,推动经营性文化产业蓬勃发展,全面提高全社会的文化生活质量,更好地发挥北京作为全国文化中心的辐射作用。其次,构筑以国际水准的国家级文化设施为龙头、以现代化的标志性文化设施为主导、以分布合理、水准较高的文化设施为主体、以面向大众的一般文化设施为基础,定位准确、层次分明、满足不同群体需求的文化设施结构体系。再次,进一步推进博物馆的建设,增加数量、提高质量、扩展种类,加强区(县)级青少年活动中心、文化馆和图书馆的建设,保证街道(乡镇)及社区文化设施的配套建设。这里提出的北京作为全国文化中心的辐射作用、国家水准的国家级文化设施以及区域性文化设施建设要求,充分体现了首都文化建设的基本构架和发展的战略目标。

在科技和教育方面,更加突出了首都作为全国科学技术中心和教育中心的地位。北京拥有的科学活动人员处于全国的前列,北京的科技产业化方面形成了较好的市场运行机制,北京是科技和教育事业最发达的地区,人才拥有量、培育力度和高等院校数量全国第一。因此,总体规划提出要大力提倡科技创新,充分利用人文人才资源,坚持教育优先发展战略。在科技文化方面,提出要充分利用首都的科研资源优势,加大研发投入,促进研发机构市场化,提高科技对产业发展的贡献率,使科技发展成为北京产业发展升级的重要推动力,在服务首都经济的同时,服务全国、辐射亚太地区,加强市、区两级的科普设施建设,努力提高科普设施的服务水平。在教育文化方面,发挥教育事业的先导性、全局性、基础性作用,实现教育现代化,重视教育对首都经济社会发展的重要支撑作用,满足首都及国家经济社会可持续发展对各类人才的需求,满足人民群众对优质教育和终身教育的需求,推动建设学习型城市;合理配置区域内各级各类教育资源,坚持城乡统筹原则,加快农村教育发展,扩大优质教育资源覆盖和辐射范围;加快教育设施布局结构调整,形成与城市空间结构、产业发展和人口分布相协调的教育设施布局;调整优化九年义务教育学校布局,提高优质教育资源的供给能力,进行布局调整和资源整合;大力发展职业教育及成人教育,推进高等教育资源向新城战略转移,支持民办教育的发展,为区域发展和行业经济发展提供服务;同时,要进一步加强教育的对外交流与合作,为发展国际教育提供空间。

在经济发展策略上,文化的经济性质和产业性质得到了强调,这是以往的城市总体规划中所没有的内容。总体规划提出,要大力促进文化产业快速发展,增强文化的总体实力,提高国际影响力。大力发展文化创意产业,重点培育全国的文艺演出中心、出版发行和版权贸易中心、影视节目制作及交易中心、文化会展中心、古玩艺术品交易中心、动漫和网络游戏制作交易中心等。充分利用北京的旅游资源,大力发展具有首都特色的旅游业。北京的经济发展要依托科技、人才、信息优势,增强高新技术的先导作用,积极发展现代服务业、高新技术产业、现代制造业,不断提高首都经济的综合竞争力,促进首都经济持续快速健康发展。加快产业结构优化升级,不断扩大第三产业规模,加快服务业发展,全力提升质量和水平,发展具有首都特色的经济。充分发挥首都优势,以及在科技、文化、旅游等方面的资源优势,促进会展业的快速发展,把北京建设成为亚洲最有影响力的国际会展城市。与中心城历史文化资源保护相结合,大力发展文化旅游业;结合新城建设,发展城市休闲娱乐业和发展旅游会展;因地制宜发展山区生态旅游,增强旅游业对北京经济的带动作用。总体规划首次提出大力发展文化创意产业,体现了北京文化事业和文化产业并重发展的新思路,体现了社会主义市场经济体制下,文化作为一种产业资本在北京经济社会发展中所具有的重要地位。

新修编的城市总体规划更加突出地强调了北京作为世界著名古都和历史文化名城的地位。在总体规划的指导原则中,明确提出要贯彻尊重城市历史和城市文化的原则,把历史文化与现代文明融为一体;在发展重要条件中,充分肯定北京所具有的丰富的人文资源和悠久的传统文化积淀;在城市性质上,再一次强调北京是世界著名的古都;在城市发展目标和主要职能中,强调要弘扬历史文化,保护历史文化名城风貌;在中心城调整优化中,提出中心城要以旧城为中心,继承发展传统中轴线和长安街的十字空间构架。总体规划设专章对作为世界著名古都的历史文化名城做出了保护和发展规划。在历史文化名城保护的问题上,此次总体规划比以往的规划进行了更深入细致的前期研究,分析了新中国成立以来历史文化名城保护和发展存在的矛盾,提出历史文化名城的保护要坚持科学发展观,系统总结建国以来的经验和教训,高屋建瓴地谋求以保护促进发展的共识与理论的提高。此次城市总体规划确立了更具有指导性和可操作性的指导原则。北京作为世界著名古都和历史文化名城,应充分认识保护历史文化名城的重大历史意义和世界意义,重点保护北京市域范围内各个历史时期珍贵的文物古迹、优秀近现代建筑、历史文化保护区、旧城整体和传统风貌特色、风景名胜及其环境,继承和发扬北京优秀的历史文化传统。在历史文化名城保护中坚持五大原则:坚持贯彻和落实科学发展观的原则,正确处理保护与发展的关系,强化历史文化名城的重要地位;坚持整体保护的原则,完善市域和旧城历史文化资源和自然景观资源的保护体系,重点保护旧城,坚持对旧城的整体保护;坚持以人为本的原则,积极探索小规模渐进式有机更新的方法,妥善处理居民生活条件改善与古都风貌保护的关系,统筹保护历史文化资源,重塑旧城优美的空间秩序;坚持积极保护的原则,合理调整旧城功能,强化文化职能,积极发展文化事业和文化、旅游产业,增强发展活力,促进文化复兴,推动旧城的可持续发展;坚持保护工作机制不断完善与创新的原则。加速推进历史文化名城保护的法制化进程,调整和健全历史文化名城保护管理的机制与体制。

在1993年总体规划提出的从整体上保护历史文化名城的基础上,《北京城市总体规划(2004—2020年)》提出了"旧城整体保护"的思路,强调了明清北京城的历史形成和基本格局,都市计划的技术性、人文性和艺术性,充分肯定古都北京是"中国古代都市计划的杰作",因而也是历史文化名城保护的重点地区。

总体规划提出,必须进一步加强旧城的整体保护,制定旧城保护规划,加强旧城城市设计,重点保护旧城的传统空间格局与风貌。总体规划提出了旧城整体保护的10条指导意见:保护从永定门至钟鼓楼7.8公里长的明清北京城中轴线的传统风貌特色;保护明清北京城"凸"字形城廓和由宫城、皇城、内城、外城四重城廓构成的独特城市格局;整体保护皇城;保护旧城内的历史河湖水系;保护旧城原有的棋盘式道路网骨架和街巷、胡同格局;保护北京特有的"胡同—四合院"传统的建筑形态;分区域严格控制建筑高度,保持旧城平缓开阔的空间形态;保护重要景观线和街道对景;保护旧城传统建筑色彩和形态特征;保护古树名木及大树等等。在整体保护的基础上,提出了旧城保护和复兴的基本思路:要统筹考虑旧城保护、中心城调整优化和新城发展,合理确定旧城的功能和容量,鼓励发展适合旧城传统空间特色的文化事业和文化、旅游产业;积极探索适合旧城保护和复兴的危房改造模式,制定科学合理的房屋质量评判和保护修缮标准,严格控制旧城的建设总量和开发强度;建立并完善适合旧城保护和复兴的综合交通体系;积极探索适合旧城保护和复兴的市政基础设施建设模式等等。新的总体规划进一步强调了文物保护单位的保护,北京市文物保护单位的保护必须依据《中华人民共和国文物保护法》执行,保护历史的真实性。总体规划加强了优秀近现代建筑保护的要求,提出应加强优秀近现代建筑是历史文化名城保护的重要内容,要加强鉴定、保护和合理利用,再一次突出强调了历史文化保护区的保护,提出了应坚持保护历史信息的真实性、保护传统风貌的整体性、历史建筑保护与利用相结合的原则。此外,为了更好地保护和发展历史文化名城,总体规划还强调了历史文化名城的保护机制问题;健全北京历史文化名城保护的相关配套法规和政策;制定《北京历史文化名城保护条例》及相关法规,调整与历史文化名城保护相矛盾的规划内容、规章和规定,严格依法进行保护和管理,同时遵循公开、公正、透明的原则,建立制度化的专家论证和公众参与机制。

《北京城市总体规划(2004—2020年)》在历史文化名城的保护和发展规划上,取得了重大的进展,不仅确立了历史文化名城保护的一系列原则,而且明确提出了旧城整体保护的要求,从而形成了旧城整体保护、旧城保护与复兴、历史文化保护区、文物保护单位的历史文化保护网络,形成了指导原则与实施措施、整体与局部、区域与单位相结合的历史文化名城保护体系。

2005年1月,国务院做出《关于北京城市总体规划的批复》,批复同意修编后的《北京城市总体规划(2004—2020年)》,认为《总体规划》立足于首都的长远发展,以贯彻落实科学发展观、建立健全社会主义市场经济体系、建设社会主义和谐社会为指导思想,符合北京市的实际情况和发展要求,对于促进首都的全面、协调和可持续发展具有重要意义。要求北京市在《总体规划》的指导下,强化首都职能,突出首都特色,不断增强城市的综合辐射带动能力。在产业发展上,要突出首都的特点,充分发挥首都优势,调整现有产业结构,要大力发展科技、教育、文化、卫生、体育等社会事业,促进首都经济社会协调发展。坚持以人为本,建设宜居城市,构建和谐社会,把北京市建设成为我国宜居城市的典范。在历史文化名城保护上,要充分认识做好北京历史文化名城保护工作的重大意义,正确处理保护与发展的关系,政府应当在历史文化名城保护工作中发挥主导作用,加强旧城整体保护、历史文化街区保护、文物保护单位和优秀近现代建筑的保护,积极探索适合保护要求的市政基础设施和危旧房改造的模式,改善中心城危旧房地区的市政基础设施条件,稳步推进现有危旧房屋的改造。在总体规划指导下,努力将北京建设成为"经济繁荣、文化发达、社会和谐、生态良好的现代化国际城市"。

《北京城市总体规划(2004—2020年)》在北京文化建设与发展、文化保护与复兴问题上,提出了更全面的指导思想和战略思路,在首都社会主义物质文明和精神文明的现代化进程中,大力发展文化事业、文化产业和文化创意产业,弘扬历史文化,保护历史文化名城风貌,建构传统文化与现代文明交相辉映、具有高度包容性、多元化的世界文化名城,创建以人为本、和谐发展、经济繁荣、社会安定的首善之区。"传统文化与现代文明交相辉映、具有高度包容性、多元化的世界文化名城"体现了更具有整体综合性、结构层次性、主导多元结合的首都城市文化定位,将更加有力地推动和促进新世纪首都文化的大发展和大繁荣。

三、整体文化遗产保护与文化名城建设

"弘扬历史文化,保护历史文化名城风貌,形成传统文化与现代文明交相辉映、具有高度包容性、多元化的世界文化名城"的首都文化定位,高度重视在建设首都现代城市文明的同时,强调整体保护历史文化名城的重要性。为此,进入新世纪以来,北京市制定了一系列的保护规划,颁布了一系列的措施,加大了整体保护、区域保护和单位保护的力度,同时,在新世纪,北京开始重视非物质文化遗产的保护工作,非物质文化遗产的保护工作取得了重大的进展,北京历史文化名城保护和发展进入了一个更加深入、更加全面的阶段,呈现出物质文化遗产和非物质文化遗产并重保护、整体推进的良好态势。

新世纪伊始,北京市的文物保护事业取得了重大的进展。2001年,北京市开始编制《北京市"十五"时期文物事业发展规划》和《北京市"十五"期间历史文化名城保护工作发展规划》。这一年,北京申奥成功,提出了

"人文奥运"的理念,为北京的历史文化保护提供重要的契机。北京市文物系统制定了"实施'古都奥运'文物保护计划"和《奥运行动规划:文化环境建设专项规划》,提出了"保用并举、恢复景观、成片整治、形成风貌"的指导方针,大力整治"两线"景观、恢复"五区"风貌、重现京郊"六景",以实现既延续北京历史文化发展特色,又符合现代化、国际化大都市功能要求的文物事业发展大格局。北京市文物局会同有关部门制定了"关于在城市危改中加强文物保护工作"的文件,实施《北京市博物馆管理条例》。根据《北京市国民经济和社会发展第十个五年计划纲要》制定的《北京市"十五"时期文物事业发展规划》,对北京历史文化名城的历史形成、北京历史文化名城传统风貌特点和主要遗存、新中国成立以来的保护历程作了比较深入系统的分析和概述,在此基础上,提出了"十五"时期北京历史文化名城保护的指导思想和原则。该规划提出,要以建首善、创一流,保护历史文化名城,建设现代化国际大都市为目标,不断完善政治中心、文化中心和国际交往中心的功能,向世界展现北京历史文化名城的新面貌和新成就;从继承和弘扬中华民族优秀文化遗产的高度出发,在保护中求发展,以发展促进保护,突出重点,做好以旧城为核心的整体风貌保护,最大限度地保护历史文化名城。规划提出了历史文化名城保护的五大原则:整体风貌保护与重点地区保护相结合的原则;保护古都风貌与改善基础设施和生活条件、优化城市功能相结合的原则;保护原状与有机更新相结合的原则;有效保护与合理利用相结合的原则;实行政府组织引导,社会各方共同参与的原则。在"十五"时期,要充分认识北京作为历史文化名城是促进城市现代化建设的重要资源和优势,深入研究北京的历史文化内涵,继承优秀文化遗产,明确保护的概念,突出保护重点,特别要高度重视整体风貌的保护,通过旧城格局的保护、历史文化保护区的保护、加强危旧房改造中的名城保护工作、京城水系的整治、世界文化遗产的保护、文物古迹的保护和修缮、第六批全国重点文物保护单位的论证和申报、考古发掘和地下文物埋藏区的保护等等,加强对继承和发扬名城传统风貌和文化特色的研究,切实落实北京历史文化名城保护的保障措施,通过"十五"期间文化保护事业的努力,初步形成既保持古都风貌,又富有现代气息的城市风格。

2002年10月,全国人大常委会颁布修订后的《中华人民共和国文物保护法》,针对新时期文物保护存在的问题,对文物保护管理做了全面规定,这是我国文物法制建设的重要里程碑。2002年,北京市的文化保护事业积极探索文化保护的新途径,不断推进历史文化名城的保护工作。2002年1

月,北京市政府批准《北京旧城历史文化保护区保护和控制范围规划》,确定第一批 25 个历史文化保护区。4 月,北京市文物局颁布《北京市文物局关于区县级文物保护单位、文物暂保单位备案的有关规定》。8 月,北京市政府与中国科学院就共建周口店北京猿人遗址签署协议。9 月,《北京市传统工艺美术保护办法》开始实施。9 月,经建设部批准,《北京历史文化名城保护规则》实施,2002 年 10 月,北京市人民政府颁发了关于实施《北京历史文化名城保护规划》的决定。

《北京历史文化名城规划》坚持北京的政治中心、文化中心和世界著名古都的性质,正确处理历史文化名城保护与城市现代化建设的关系,重点搞好旧城保护,最大限度地保护北京历史文化名城,贯彻"以人为本"的思想,使历史文化名城在保护中得以持续发展,提出了"三个层次和一个重点"的基本思路。"三个层次"是指文物保护、历史文化保护区的保护、历史文化名城的保护,"一个重点"是指旧城区的保护。《规划》提出,要从整体上保护北京旧城,具体体现在历史水系、传统中轴线、皇城、旧称"凸"字形城廓、道路及街巷胡同、建筑高度、城市景观线、街道对景、建筑色彩、古树名木等 10 个方面的内容。在已确定的北京第一批 25 片历史文化保护区的基础上,又确定了第二批 15 片历史文化保护区名单。其中,在旧城内继续补充了对历史风貌较完整、历史遗存较集中和对旧城整体保护有较大影响的街区进行保护;在旧城外确定了一批文物古迹比较集中、能较完整地体现一定历史时期传统风貌和地方特色的街区或村镇。旧城内第二批 5 片历史文化保护区为:皇城、北锣鼓巷、张自忠路北、张自忠路南、法源寺;旧城外 10 片历史文化保护区为:海淀区西郊清代皇家园林、丰台区卢沟桥宛平城、石景山区模式口、门头沟区三家店、爨底下村、延庆县岔道城、榆林堡、密云县古北口老城、遥桥峪和小口城堡、顺义区焦庄户。北京市政府关于实施《北京历史文化名城保护规划》的决定中指出,《规划》是今后北京城市规划建设、旧城区保护和改造的基本依据,在加快首都城市现代化建设和发展中,要保护北京历史文化名城,落实保护规划,把历史文化名城保护工作摆在重要位置。北京市文物局同年在积极推进文物保护的同时,制定了《在危改中加强四合院保护工作的管理规定》,确定了四合院保护的标准和取舍方式、审核程序。北京市政府批准实施《人文奥运文物保护计划》,确定了"保用并举、恢复景观、成片整治、形成风貌"的指导方针。

2003 年 5 月,国务院第八次常委会通过和颁布了《中华人民共和国文物保护法实施条例》。建设部制定了《城市紫线管理办法》。所谓城市紫线,是指国家历史文化名城内的历史文化街区和省、自治区、直辖市人民政府公布的历史文化街区的保护范围界线,以及历史文化街区外经县级以上人民政府公布保护的历史建筑的保护范围界线;所谓紫线管理是划定城市紫线和对城市紫线范围内的建设活动实施监督和管理,在编制城市规划时应当划定保护历史文化街区和历史建筑的紫线。2003年,北京市文化保护事业认真贯彻全国文物工作会议精神新修订的《文物保护法》,按照北京市政府建设世界历史文化名城和"人文奥运"的总体要求,调动和发挥各方面的积极性和创造性,积极开创文化保护的新局面。年初北京市组织召开了全市第六次文物工作会议,市文物局主持召开了新世纪第一次全市文物工作会议。会议回顾和总结了1996年北京市第五次文物工作会议以来本市文物工作的成就和经验,提出并确定了2008年北京奥运会前北京市文物工作的任务。2003年4月,北京市政府对北京市规划委员会制定的《北京皇城保护规划》做出批复。《北京皇城保护规划》是为了落实《北京历史文化名城保护规划》,加强皇城保护而制定的更具体、更切实可行的专项保护规划,进一步强调了皇城整体保护的概念、历史文化价值、范围和措施。提出要正确处理皇城的保护与现代化建设的关系,皇城内新的建设要服从保护的要求,保证皇城整体风貌与空间格局的延续。贯彻"以人为本"和"可持续发展"的思想,完整保护所规划的皇城保护范围:东至东皇城根,南至东、西长安街,西至西皇城根、灵境胡同、府右街,北至平安大街,占地面积约6.8平方公里。切实保护皇城的唯一性、完整性、真实性和艺术性,充分展示皇城的历史文化价值和历史文化风貌。要把皇城作为整体加以保护,正确处理皇城保护与城市现代化建设的关系,城市建设要服从保护要求,保证皇城整体风貌与空间格局的延续,坚持"以人为本、保护为主"的方针,保持可持续发展;加强对紫禁城等重点文物保护单位的保护,搞好文物的普查和升级工作。北京市通过《北京历史文化名城规划》和《北京皇城保护规划》的编制和实施,基本确立了北京历史文化名城整体保护格局的基本思路。

2004年9月,北京市第十二届人大常委会通过《北京市实施〈中华人民共和国文物保护法〉办法》,针对北京市的文物保护的现状、任务和目标,制定了三十二条文物保护实施办法,要求市和区、县人民政府负责本行政区域内的文物保护工作,对本行政区域内的文物保护实施监督管理,规划、建设、园林、国土资源、工商、公安、发展改革、旅游、宗教等有关行政管理部门应当在各自的职责范围内依法做好文物保护工作。北京市文物工作贯彻"保护为主、抢救第一、合理利用、加强管理"的工作方针,积极落实《"人文奥运"文物保护计划》，开展历史文化名城的整体格局和古都风貌的保护工作。本年度完成了第五批全国重点文物保护单位、第六批市级文物保护单位共57项文物保护单位保护范围和建设控制地带的划定，完成了《文物地图集》的起草工作。同时，制定了《北京市文物局关于不可移动文物等级参照标准的暂行办法》。《北京城市总体规划（2004—2020年）》的制定，为保护发扬北京历史文化传统和保护北京历史文化名城提供了总体的基本框架和指导意见，在总体规划的指导下，北京的城市文化保护取得了更大的进展。2005年3月，北京市第十二届人大常委会通过了《北京历史文化名城保护条例》。《条例》提出，北京历史文化名城的保护工作应当坚持统筹规划、统一管理、保护为主和合理利用的原则，科学有效地实施旧城的整体保护、历史文化街区的保护、文物保护单位的保护、具有保护价值的建筑的保护。同时，还制定了《周口店北京人遗址保护规划》《故宫总体保护规划大纲》、《北大红楼保护规划》、《恭王府保护规划》和《北京大学海淀校区保护规划》，完成了1—4批全国重点文物保护单位"四有"档案的制定工作和第六批53项全国重点文物保护单位申报项目的编制和上报。北京市文物保护事业从组织领导上、政策措施上和具体工作上都得到了进一步的完善和提高。

　　2006年，北京市认真贯彻《国务院关于加强文化遗产保护的通知》，积极开展历史文化名城和各项文物保护工作。2006年10月，国务院总理温家宝签署了国务院第150次常务会议通过的《长城保护条例》。这是我国第一部关于保护包括长城的墙体、城堡、关隘、烽火台、敌楼等在内的长城保护法规。国务院文物主管部门负责长城整体保护工作，协调、解决长城保护中的重大问题，监督、检查长城所在地各地方的长城保护工作。长城所在地县级以上地方人民政府及其文物主管部门依照文物保护法、本条例和其他有关行政法规的规定，负责本行政区域内的长城保护工作，对长城进行科学有效的保护。北京市市委、市政府高度重视北京古都风貌的保护工作。2006年6月，在我国第一个"文化遗产日"来临前夕，北京市委书记刘淇对北京市古都风貌保护工作进行了调查研究；并强调，经济社会越发展，文化资源的竞争就越大，保护北京古都风貌具有重要的现实意义和深远的历史意义，古都风貌是北京文化可持续发展不可再生的资源，必须把北京古都的历史文化风貌保护好、建设好和发扬好，要按照科学发展观和国务院批复的北京城市总体规划的要求，统一思想，提高认识，尽最大努力保护好古都风貌，保护好北京的历史文化遗产是实现"新北京、新奥运"战略构想的重要内容,是实现北京可持续发展的重要资源,要努力实现建设与保护相统一,保护好北京的重要文化遗产,加快制定和完善古都风貌的保护规划,为文物和风貌保护工作提供规划依据。2006年,北京市文物保护工作启动了"人文奥运文化保护计划"的17个项目,完成了一系列的抢险加固和修缮工程。同时,北京文物系统还编制完成并向社会公布了《北京市"十一五"时期文物、博物馆事业发展规划》,明确了今后5年文物工作的目标和任务,起草了《北京市文物建筑修缮保护利用中长期(2008—2015年)规划》,编制完成《北京市具有保护价值的建筑认定标准和程序》。北京的文化保护取得了积极的成果。2006年,安徽会馆、柏林寺、报国寺、北京国会旧址、北京鲁迅旧居、北平图书馆旧址、长城、承恩寺、醇亲王府、爨底下村古建筑群、大觉寺、大栅栏商业建筑、德胜门箭楼、地坛、关岳庙、广济寺、国立蒙藏学校旧址、国民政府财政部印刷局旧址、健锐营演武厅、金陵、京杭大运河、京师大学堂分科大学旧址、静明园、京师女子师范学堂旧址、利玛窦和外国传教士墓地、清陆军部和海军部旧址、清农事试验场旧址、日坛、十字寺遗址、孙中山行馆、万寿寺、西什库教堂、协和医学院旧址、辛亥滦州起义纪念园、亚斯立堂、元大都城墙遗址、袁崇焕墓和祠、月坛、中南海等39处,被列为第六批全国文物保护单位。

在加强北京历史文化名城的物质性保护的同时,北京市贯彻落实国务院关于非物质文化遗产保护工作的意见,积极开展北京市非物质文化遗产的保护工作。2005年3月,国务院办公厅颁布《关于加强我国非物质文化遗产保护工作的意见》。《意见》指出,我国各族人民在长期生产生活实践中创造的丰富多彩的非物质文化遗产,是中华民族智慧与文明的结晶,是连接民族情感的纽带和维系国家统一的重要基础。保护和利用好非物质文化遗产,对落实科学发展观,实现经济社会的全面、协调和可持续发展具有重要意义。随着全球化趋势的加强和现代化进程的加快,非物质文化遗产受到越来越大的冲击,加强我国非物质文化遗产的保护已经刻不容缓。《意见》明确了非物质文化遗产保护工作的目标是建立比较完备、有中国特色的非物质文化遗产保护制度,使我国珍贵、濒危并具有历史、文化和科学价值的非物质文化遗产得到有效保护,并得以传承和发展。指导方针是,保护为主、抢救第一、合理利用、传承发展。基本原则是政府主导、社会参与,明确职责、形成合力,长远规划、分步实施,点面结合、讲求实效。为贯彻落实党的十六大有关扶持对重要文化遗产和优秀民间艺术保护工作的精神,根据国务院办公厅《关于加强非物质文化遗产保护工作的意见》,

2006年1月,北京市政府办公厅下发《北京市文化局、北京市财政局关于加强我市非物质文化遗产保护工作的通知》,北京市人民政府下发《关于加强本市非物质文化遗产保护工作的意见》。《意见》指出,北京是世界著名的古都,在长期的历史发展进程中,不仅保存了大量的物质文化遗产,而且保留了极其丰富的非物质文化遗产。2008年奥运会将在北京举行,加强非物质文化遗产保护工作,利用这一契机充分展示北京丰富的文化底蕴和文化传统,是办好"人文奥运",提高北京国际地位的必然要求,因此,要充分认识非物质文化遗产的重要性和紧迫性,明确非物质文化遗产保护工作的指导思想、工作原则和工作重点。认真贯彻"保护为主、抢救第一、合理利用、传承发展"的指导方针,对具有北京特色、珍贵、濒危并具有历史、文化和科学价值的非物质文化遗产加以有效保护,传承和发扬北京非物质文化遗产,逐步建立和完善全市非物质文化遗产的保护体系和保护制度。在全面普查的基础上,建立北京市非物质文化遗产资源数据库和非物质文化遗产代表作名录体系,加强对非物质文化遗产项目的抢救和保护,逐步形成合理有效的非物质文化遗产保护工作制度。加强北京市非物质文化遗产保护工作法制建设,将非物质文化遗产保护工作纳入法制化、规范化轨道,逐步建立科学、有效的非物质文化遗产保护工作体系和保护制度。2006年,北京市政府下发《关于公布第一批市级非物质文化遗产名录的通知》,公布9大类共50项第一批市级非物质文化遗产的名录,其中音乐5项、舞蹈10项、戏剧5项、曲艺6项、杂技与竞技5项、美术3项、手工技艺8项、传统医药1项、民俗7项。2007年,北京市政府又下发《北京市人民政府关于公布第二批市级非物质文化遗产名录的通知》,公布了10大类共105项第二批世纪非物质文化遗产名录,其中民间文学12项,民间音乐3项,民间舞蹈8项,传统戏剧5项,曲艺3项,游艺、传统体育与竞技8项,民间美术10项,传统手工技艺43项,传统医药6项,民俗7项。非物质物化遗产的保护,进一步扩大了北京历史文化保护的范围,深化了历史文化名城保护的内涵,对于历史文化名城的保护和发展发挥了积极的作用。

2007年,北京文物保护事业全面落实《北京市"十一五"时期文物、博物馆事业发展规划》,以备战奥运为中心推动北京文博事业的发展。北京市的"人文奥运"修缮项目圆满完工,其中李大钊故居、孔庙国子监、太庙、北顶娘娘庙等文物保护单位的修缮成为"亮点"工程。启动了北京市第四次文物大普查工作,完成了230余公里的长城地段的测绘工作,对全市98项全国重点文物保护单位开展安全巡查,对78处市级文物保护单位进行抽查,成功地举办国际博物馆日和文化遗产日宣传活动。北京市文物局研究制定并报经北京市政府批准编制完成的《北京市文物建筑修缮保护利用中长期(2008—2015年)规划》。2007年4月,国务院发布关于开展第三次全国文物普查的通知,展开为期5年的第三次全国文物普查。北京市政府组织召开了北京市第三次全国文物普查动员大会,成立了北京市第三次全国文物普查工作领导小组,制定了《北京市第三次全国文物普查工作方案》。为了贯彻中央提出的科学发展观和构建社会主义和谐社会的精神,落实建设部2004年《关于加强对城市优秀近现代建筑规划保护的指导意见》和2007年北京市政府折子工程的有关要求,2007年12月,北京市政府批准北京市规划委员会、市文物局共同组织编制完成《北京优秀近现代建筑保护名录》。人民剧场、福绥境大楼、政协礼堂、北京长途电话大楼、北京三十五中学办公楼(遵义楼)、民族饭店、民族文化宫、北京市公安局内保局办公楼、北京电报大楼等71座建筑被列为第一批北京市优秀近现代建筑保护名录。

  为了适应历史文化名城保护与发展的需要,实现"人文奥运"目标,在首都现代化建设中妥善处理历史文化名城保护与城市现代化建设的关系,有针对性地选择旧城内最具历史、艺术价值的历史文化遗产优先实施保护、整治计划,最大限度地保护历史文化遗产,发掘丰厚的历史文化内涵,展示鲜明的城市特征,2007年11月,北京市规划委公布《北京市"十一五"时期历史文化名城保护规划》。《"十一五"时期历史文化名城保护规划》以科学的保护和发展观为指导,以《北京城市总体规划(2004—2020年)》和北京历史文化名城保护的一系列专项规划为依据,加大旧城保护力度,着重保护旧城整体风貌,保存真实历史遗存;坚持保护原貌、有机更新、科学利用、融入时代的方式,以2008年北京奥运会为契机,大力弘扬民族传统文化,妥当处理名城保护与现代城市建设的关系,向世界展现北京国家首都、国际城市、文化名城、宜居城市的风采。为此,《"十一五"历史文化名城保护规划》进一步加强了北京历史文化名城保护的实施工作,确定了北京历史文化名城保护规划的目标:要结合"人文奥运"计划,以北京旧城历史文化遗产为保护核心,以初步建构历史文化遗产保护基本格局为目标,以5年作为规划实施周期,有针对性地选择旧城内最具历史、艺术价值的历史文化遗产优先实施保护、整治计划,制定并完善相关保护措施和政策法规,最大程度地恢复并强化北京传统历史风貌,充分展现中国文化;进一步深化和充实了保护原则,进一步贯彻整体保护的原则,提出了整体与全方位保护的原则,重点实施旧城的整体保护、世界文化遗产保护、历史文化保护区保护规划与更新设计深度研究、市域历史景观环境保护、古典园林体系保护,以及加强各级文物保护单位和地下文物埋藏区及具有保护价值建筑的保护、修缮与周边环境整治。本次规划进一步扩大了北京历史文化名城保护的范围,把保护范围扩展到市域范围,扩展到历史人文资源与历史景观资源的全方位保护;以人为本的原则,提出保护要体现历史文化名城保护与可持续发展的统一,充分考虑和谐社会的空间环境与居民生活质量的提高;保护与社会发展兼顾的原则,既要保护城市的历史空间环境,也要尽力改善城市基础设施条件,完善城市功能,激发城市活力,寻求并鼓励适合旧城城市空间的支撑产业;政策保障的原则,积极探索、尽快完善旧城更新中的各项政策、法规、规范,多渠道筹措资金,使历史文化名城保护工作进入持久有序的轨道;多手段保护的原则,充分意识到城市是一个复杂的肌体,对不同的历史文化保护区和相关项目采取多种手段实施保护;公众参与的原则,要鼓励公众的参与,不断提高公众管理历史文化遗产的能力和水平。

2007年12月,全国人大常委会对文化保护法部分条款进行了修改,并公布了第二次修订的《中华人民共和国文物保护法》,北京市文物保护部门宣传和落实《文物保护法》。2008年,第29届奥林匹克运动会在北京举办。北京市文物系统以"维护首都稳定,实现平安奥运目标,实现文物安全年"为中心任务开展文博工作,制定了《迎奥运,创建2008文物安全年实施方案》,在全市文物系统启动了"迎奥运、创建2008文物安全年"活动;参照"整治两线景观"、"恢复五区风貌"、"再现京郊六景"方案,全面落实《人文奥运文化保护计划》,展示古都北京的历史文化风貌和传统文化精神。文化部、国家文物局和北京市政府共同举办了"2008文化遗产日——奥运北京系列活动",北京市文物局与相关单位在孔庙、国子监举办"文化遗产日"主题活动等。在全面落实《人文奥运文化保护计划》过程中,北京市积极采取科学有效的文化保护措施,努力探寻历史文化名城保护和发展的新途径,采取整体保护、区域保护和单位保护的全方位保护措施,北京历史文化名城的保护和发展取得了显著成效,在奥运盛会期间向世界基本展示了一个"传统文化与现代文明交相辉映、具有高度包容性、多元化的世界文化名城"的风貌。

进入新世纪以来,北京市高度重视文化遗产保护工作,在成功举办第29届奥林匹克运动会之后,北京市提出了建设"人文北京"的理念。北京市领导指出，文化遗产保护工作要转变思想观念和思维方式，要将历史风貌保护与利用结合起来，通过采取先进的技术手段，切实保护好文物古迹，使之与现代建筑和现代生活有机融合在一起，做到保护与利用并举。为实现"人文北京"的理念，庆祝建国60周年，北京市文博事业2009年以"保护文化遗产，促进科学发展"为主题，以"关爱文化遗产，建设人文北京"为口号，以回顾新中国成立60周年和北京文物保护历程以及全国第三次文物普查为内容，以传播人文北京理念和宣传文化遗产保护为宗旨，2009年，北京市委宣传部、北京文物局和北京文化局等单位联合举办2009年"文化遗产日"宣传活动。为全面落实党的十七大提出的推动社会主义文化大发展大繁荣的精神，贯彻落实《北京市"十一五"时期文物、博物馆事业发展规划》制定的目标和基本任务，进一步明确北京文化遗产保护和研究的发展方向和任务，北京市文物局制定了《文化遗产保护科学与学术研究规划（2009—2011年）》，以文化遗产保护需求为导向，全力推进北京城市发展史、北京历史文化名城保护、文物建筑合理利用、大遗址保护、世界文化遗产保护和管理、非物质文化遗产保护等十项专项研究。同时，积极落实国家文物局关于做好第三次全国文物普查准备工作的通知要求，研究和探索北京市开展文物普查工作的方式、方法和措施，保护和发展历史文化名城，建设世界著名古都和人文北京。

四、首都精神文明发展与首善之区建构

精神文明建设是首都两个文明建设和首善之区建设的重要内容。新世纪以来，首都的精神文明建设全面贯彻落实中央关于两个文明建设的精神，紧紧抓住迎奥运的时机，继续深入贯彻落实中共中央《关于加强社会主义精神文明建设若干重要问题的决议》，大力开展首都社会主义精神文明的建设，努力创建以人为本、和谐发展和社会安定的首善之区，首都的精神文明建设进入了历史的新阶段。

2001年，江泽民同志在"七一"重要讲话中强调，加强社会主义思想道德建设，是发展社会主义先进文化的重要内容和中心环节。2001年9月，中共中央印发了《公民道德建设实施纲要》。《纲要》高度强调了社会主义道德建设的重要性，指出加强公民道德建设是一项紧迫而长期的任务。在新世纪全面建设小康社会，加快改革开放和现代化建设步伐，顺利实现第

三步战略目标,必须在加强社会主义法制建设、依法治国的同时,切实加强社会主义道德建设,以德治国,把法制建设与道德建设、依法治国与以德治国紧密结合起来,通过公民道德建设的不断深化和拓展,逐步形成与发展和社会主义市场经济相适应的社会主义道德体系。《纲要》指出,形成和发展与社会主义市场经济相适应的社会主义道德体系,是提高全民族素质的一项基础性工程,对弘扬民族精神和时代精神,形成良好的社会道德风尚,促进物质文明与精神文明协调发展,全面推进建设有中国特色社会主义伟大事业,具有十分重要的意义。《纲要》明确了公民道德建设的指导思想和方针原则,规定了公民道德建设的主要内容和实施要求。2002年11月,党的十六大召开。江泽民《全面建设小康社会,开创中国特色社会主义事业新局面》的报告,总结了建设中国特色社会主义必须坚持的十条基本经验,其中一条是:"坚持物质文明和精神文明两手抓,实行依法治国和以德治国相结合。"社会主义精神文明建设推向了一个新的高潮。

中共北京市委全面贯彻落实党中央关于公民道德建设纲要的要求和党的十六大精神,2001年1月,中共北京市委宣传部、首都文明办组织的"宣传公民道德规范、争做文明北京人"社会宣传日活动在全市展开。公民道德的口号是:"爱国守法、明礼诚信、团结友善、勤俭自强、敬业奉献。"2月,中共北京市委制定了《关于贯彻落实〈公民道德建设实施纲要〉的意见》,深入开展北京市的公民道德实践活动和精神文明建设,首都精神文明建设委员会确定以"千万市民参与,共建美好家园"为主题,以"争做北京文明人"为主线,开展"公民道德宣传教育"活动,抓好"进京第一印象"工程、文明乘车秩序、文明赛场和创建绿色社区4项重点活动,全面完成加强首都文明城市建设6项工作任务。为了切实加强首都社区的文明建设,首都文明办与北京市社会科学院共同制定了《北京市社区文明综合评价指标体系》。2002年3月,首都精神文明建设大会举行。会议进一步部署2002年首都精神文明建设的各项任务,全面加强和推进首都精神文明建设,动员全市人民办一届出色的奥运会,为将北京建成文明城市而奋斗。2002年7月,《首都市民文明公约》公布,对首都市民提出了更全面、更具体的文明要求,以全面提高首都市民的文明素质,创建首善之区。2003年,首都精神文明建设认真贯彻落实党的十六大精神,全面推进"公民道德实践年"等各项活动。为突出公民道德建设重在实践,开展了一系列富有成效的活动,北京市组织了以"五个一"为特色的"十六大精神进社区"系列教育活动,启动了"首都市民文明礼仪教育实践活动",积极开展"公民道德宣传日"活动,宣传东城区《公民道德建设评价指标体系》的经验,推动公民道德建设走向科学化、规范化和系统化。同时,以创建"十星文明户"和"五好文明家庭"为载体,以宣传公民基本道德规范为主要内容,用科学、健康、文明的生活方式引领素质,用文化、科技、市场经济知识拓宽视野,加强了对农村群众思想道德素质、科学文化素质和民主法制观念的培育,首都精神文明建设在全面提升城市文明建设水平中发挥了重要作用,取得了重要的成果。2003 年,北京市有全国创建工作先进区县 6 个,全国创建文明城市活动示范点 4 个,全国文明社区(街道级)5 个,首都文明社区 98 个,首都文明区县 6 个,首都文明社区和首都文明居民区 546 个。

为加强社会主义精神文明的全面建设,建设适应社会主义市场经济体制的思想道德体系,培养好社会主义现代化建设的新人,2004 年 2 月,中共中央、国务院颁布《关于进一步加强和改进未成年人思想道德建设的若干意见》。6 月,中共中央、国务院发布《关于加强未成年人思想道德建设的若干意见》。8 月,中共中央、国务院发出《关于进一步加强和改进大学生思想政治教育的意见》。这些《意见》为在新世纪的社会主义市场经济条件下和社会主义现代化建设中加强青少年思想道德建设提出了目标和指明了方向。北京市贯彻落实中共中央、国务院的指示精神,大力加强首都青少年的思想道德建设,北京市采取加强领导、统筹各方的方针,积极建立有效的领导机制和工作机制,成立了加强和改进未成年人思想道德建设协调领导小组。2004 年 5 月,中共北京市委制定并下发《北京市委市政府关于贯彻〈中共中央国务院关于进一步加强和改进未成年人思想道德建设的若干意见〉的实施意见》和 2004—2005 年度的《折子工程》,明确责任主体,确定 50 项工作任务。北京市教工委、教委印发《关于进一步加强和改进中小学校学生思想道德建设工作行动计划(2004—2010 年)》。通过各方面的积极努力,北京市初步构建了"三位一体"的教育网络。

在积极开展未成年人思想道德教育和大学生思想政治教育的同时,2004 年,北京市加强精神文明建设的创新思想,抓重点,重实效,积极落实"人文奥运"行动计划。为贯彻《北京奥运行动总体规划》,确保首都精神文明建设实现一年有突破、三年见成效、五年大变样、七年创一流的目标,北京市制定了《首都精神文明建设奥运行动规划》。《规划》提出首都精神文明建设的新任务和新要求,到 2008 年是实施"新三步走"发展战略、把北京建设成现代化国际大都市的关键时期,是集中力量全力办好一届最出色奥运会的关键时期,是贯彻落实《公民道德建设实施纲要》,提高市民文明素质的关键时期,也是全面提高首都城市建设水平,把北京率先建成一流文明城市的关键时期;要坚持重在建设、以人为本、齐创共建、全面发展的原则,有目标、分阶段、步步落实、整体推进,以举办奥运会为契机,努力实现物质文明、政治文明和精神文明协调发展,实现经济、政治、文化全面进步,实现市民的思想道德素质、科学文化水平和民主法制观念整体提高,全面提升首都市民的文明素质和城市的文明程度。按照中央《公民道德建设实施纲要》和北京市委贯彻意见中提出的总体目标和要求,首都精神文明建设以"人文奥运"为理念,以加强礼仪宣传发动为切入点,以文明市民学校为阵地,以提高市民素质为根本,全面开展市民文明礼仪教育实践活动,整体推进"三大突破口"等难点问题的解决,深入开展来京务工人员的教育引导。在城市文明建设方面,更加注重文明创建方式的多样性,不断完善文明村镇的创建机制,丰富文明行业的创建内涵,大力开展群众性精神文明创建活动,同时,总结和探索首都军(警)民共建经验,全面推进首都精神文明建设。

2005年,北京市的精神文明建设牢固树立和认真落实科学发展观,以"礼仪北京、人文奥运"为主题,以争创全国文明城区、文明村镇、文明单位和文明旅游风景区为契机,全面推进人文奥运计划。2005年2月,中共北京市委、北京市人民政府、首都文明委、北京奥组委研究制定的《人文奥运行动计划实施意见》颁布。《意见》是针对北京承办奥运会的这一关键时期制定的行动纲领,共4部分28条。《意见》阐述人文奥运的基本内涵、人文奥运的总体目标、人文奥运的主要任务。基本内涵是,传播现代奥林匹克精神,展示中华民族灿烂文化,推动东西方文化的交流合作,促进人与自然、人与社会、人的精神与体魄的和谐发展。总体目标是,坚持以人为本,使北京奥运成为提高人的素质、促进人的全面发展的重要载体;坚持培育和弘扬民族精神,使北京奥运成为展示中华民族悠久历史和灿烂文化的广阔舞台;坚持相互学习、共同发展,使北京奥运成为东西方文化相互交融的纽带桥梁;坚持现代奥林匹克理念和奥林匹克精神,使北京奥运成为创新、推广世界奥林匹克运动的新的标志。主要任务是,努力提升市民思想道德素质、科学文化素质和健康素质,展示中国人民文明礼貌、热情友好、奋发向上的精神风貌;大力开展丰富多彩的文化主题活动,展示世界各国、各地区的优秀文化成果;深入挖掘中华文化的丰富资源,向世界展示中华民族优秀文化的无穷魅力;积极发展文化产业,不断满足广大市民和海内外游客的现代文化生活和旅游观光需求;科学规划和建设城市形象景观,展现北京历史文化名城的古老神韵和现代活力;广泛开展社会宣传动员工作,学习奥林匹克知识,传播奥林匹克精神,为成功举办一届有特色、高水平的奥运会凝聚力量。《意见》明确实施人文奥运的市民素质提升工程、文化建设推进工程、美化城市景观、社会动员志愿培训工程等;确定了人文奥运的实施步骤:动员和重点实施阶段、深入推进和全面落实阶段、巩固提高和展示成果阶段;第四部分提出了人文奥运行动计划实施的保障措施。《意见》把"人文奥运"作为2008年北京奥运会三大理念的核心和灵魂,作为难度最大、最具挑战性的任务来落实,全面开展筹办奥运的"硬环境"和"软环境"的建设,积极传播现代奥林匹克精神,全面展示中华民族灿烂文化,不断推动东西方文化的交流与合作,大力促进人与自然、人与社会、人的精神与体魄的和谐发展,充分体现"中国风格、人文风采、时代风貌、广泛参与"的人文奥运特点。人文奥运是文化的奥运,是以人为本的奥运,是实现和谐的奥运,是"更高、更快、更强"与"和谐、和睦、和平"的有机统一。为普及奥林匹克知识,有关部门编写发行了《奥林匹克知识市民读本》、《与奥运同行——知识手册》等丛书,开展了奥林匹克知识有奖竞赛活动。此外,进一步开展了群众精神文明建设活动,加强了未成年人思想道德建设,深化了构建和谐社会首善之区建设活动。

2006年3月,中共中央总书记胡锦涛在看望出席全国政协十届四次会议民盟民进联组会委员时的重要讲话中提出,要以热爱祖国为荣、以危害祖国为耻,以服务人民为荣、以背离人民为耻,以崇尚科学为荣、以愚昧无知为耻,以辛勤劳动为荣、以好逸恶劳为耻,以团结互助为荣、以损人利己为耻,以诚实守信为荣、以见利忘义为耻,以遵纪守法为荣、以违法乱纪为耻,以艰苦奋斗为荣、以骄奢淫逸为耻。胡锦涛阐述的以"八荣八耻"为主要内容的社会主义荣辱观,提升了社会主义精神文明建设的理念,深化了社会主义精神文明建设的内涵,拓展了社会主义精神文明建设的途径,进一步明确了构建社会主义和谐社会的道德目标。2006年3月,中央文明委、北京奥组委、首都文明委在人民大会堂举行"迎奥运、讲文明、树新风"活动启动仪式,并制定下发了《北京市广泛开展"迎奥运、讲文明、树新风"活动,大力推进人文奥运行动实施方案》。2006年4月,北京市委书记刘淇在首都精神文明建设委员会会议上的讲话中强调,要认真学习贯彻胡锦涛总书记关于"八荣八耻"重要指示精神,大力推进首都精神文明建设,北京进入了一个新的发展阶段,首都的精神文明建设也进入了一个新发展阶段。随着改革开放的不断深化,随着经济社会生活、利益关系的多样化,精神文明建设遇到了许多新情况、新问题,要以科学发展观为统领,加强首都的精神文明建设,为实现"新北京,新奥运"战略构想提供强大的精神动力和思想保障,营造良好的社会氛围。首都精神文明建设要把倡导"八荣八耻"放到十分突出的位置,围绕着推动"人文奥运"的重要任务,加强精神文明建设,全面落实《首都"十一五"时期精神文明建设规划》,努力构建社会主义和谐社会的首善之区,推动构建和谐社区和谐村镇,以高度的政治责任感,精心组织,抓紧工作,提高效率,狠抓落实,全面开展首都精神文明建设。

2006年8月,中共北京市委、北京市政府正式下发《首都"十一五"时期精神文明建设规划(2006—2010年)》。这是北京市首次纳入国民经济和社会发展五年规划的专项规划,要求各级党委、政府和文明委贯彻落实科学发展观和社会主义荣辱观,加强精神文明建设,提升市民文明素质和城市文明程度,推动首都经济社会全面协调可持续发展。首都精神文明建设,要以邓小平理论和"三个代表"重要思想为指导,全面落实科学发展观,牢固树立以"八荣八耻"为主要内容的社会主义荣辱观;强化首都意识和首善意识,以提升市民文明素质和城市文明程度为核心内容,紧紧抓住举办2008年奥运会的历史机遇,全民动员,综合治理,大力推进"人文奥运"行动;切实加强思想道德建设,深入开展群众性精神文明创建活动,力争在培育文明社会风尚、加强社会公共秩序建设、提高社会服务水平、改善城乡环境面貌上取得明显成效,不断提高首都精神文明建设水平;为全面建设小康社会、构建社会主义和谐社会首善之区提供强大的精神支撑,营造良好的社会环境;坚持以人为本、重在建设、齐创共建、标本兼治、继承创新的原则,自觉地把建设中国特色社会主义宏伟目标与构建社会主义和谐社会首善之区、实现"新北京、新奥运"战略构想、建设"国家首都、国际城市、历史名城、宜居城市"统一起来,实现以和谐首善、古今交融、兼收并蓄、与时俱进为主要特征的城市文化魅力的显著提升,通过大幅提升市民文明素质、全面协调发展首都文明建设、优化青少年成长环境、健全精神文明建设机制等等,通过"十一五"期间的努力,形成全市城乡精神文明建设全面协调发展的良好局面,形成首都社会主义物质文明、政治文明、精神文明与和谐社会建设全面协调发展的良好局面。2006年,首都精神文明建设积极动员和组织首都社会各界力量和广大市民,广泛开展"迎奥运、讲文明、树新风"

主题活动,深化和拓展群众性精神文明创建活动,大力推进人文奥运行动的实施方案,围绕培育文明社会风尚、加强公共秩序建设、提高社会服务水平、改善城乡环境面貌四个方面,采取了一系列的措施,开展各个方面的精神文明建设活动。

2007年是北京奥运会筹办工作的决战之年,为进一步掀起"迎奥运、讲文明、树新风"活动的新高潮,北京市制订了《首都"迎奥运、讲文明、树新风"活动总体方案》。《方案》以建设社会主义核心价值体系为根本,以"为祖国争光,为奥运添彩"为主题,以"迎奥运、讲文明、树新风——我参与、我奉献、我快乐"为全民动员口号,大力推进公共领域的文明风尚建设,为举办一届有特色、高水平奥运会和构建和谐社会首善之区创造良好的人文环境。实施"优雅言行——迎奥运礼仪文明行动",深化以社会主义荣辱观为核心的思想道德建设,组织开展"首都文明从我做起"主题活动;实施"爱护市容——迎奥运环境文明行动",为奥运会创造整洁优美的城市环境;实施"排队礼让——迎奥运秩序文明行动",为奥运会创造文明有序环境;开展"全民自觉排队行动",使自觉排队、文明礼让成为首都的亮丽风景线;以及实施"热情懂行——迎奥运赛场文明行动"、"诚信优质——迎奥运服务文明行动"和开展"喜庆热烈——迎奥运群众文化活动"等等。2007年3月,"首都军(警)民迎奥运联片共建实施动员大会"召开,首都文明办主任张慧光宣读了《关于开展首都军(警)民迎奥运联片共建活动的决定》,围绕迎奥运、树新风的主题,进一步加强了首都军(警)民精神文明建设活动。2007年,首都精神文明建设以"迎奥运、讲文明、树新风——我参与、我奉献、我快乐"活动为着力点,大力开展"五大文明行动"和三大类群众性活动,营造了人人参与奥运、奉献奥运、共享奥运的浓厚氛围,全面推动首都精神文明建设。首都文明办举办了以"精彩奥运我们创造"为主题的首都窗口行业"迎奥运微笑服务行动"成果展示活动,开展了共建文明京郊行活动。为了进一步提高首都文明社区的创建水平,规范创建文明社区评比工作,首都文明办、市社科院、市民政局、八城区文明办组成联合检查组,对十个首都文明社区的创建工作进行了检查,有力地推进了首都精神文明建设的展开,增强了全面建设首都精神文明、建设首善之区的意识,推动了首都文明社区的建设和发展。

2007年10月,党的十七大胜利召开,胡锦涛总书记在党的十七大上所作的报告中提出:"切实把社会主义核心价值体系融入国民教育和精神文明建设全过程,转化为人民的自觉追求。积极探索用社会主义核心价值体系引领社会思潮的有效途径,主动做好意识形态工作,既尊重差异、包容多样,又有力抵制各种错误和腐朽思想的影响。""深入开展群众性精神文明创建活动,完善社会志愿服务体系,形成男女平等、尊老爱幼、互爱互助、见义勇为的社会风尚。"十七大报告中对社会主义核心价值体系精神文明建设的阐述,深刻地指明了新时期新阶段精神文明建设工作的新方向、新任务和新要求。北京市市委、市政府贯彻落实党的十七大报告的精神,加强首都社会主义核心价值体系和首都两个文明的建设。2008 年,北京市按照党中央、国务院关于筹办奥运会的指示精神,认真贯彻中央七部委关于"迎、讲、树"的总体安排,把深化志愿者服务作为推进"迎、讲、树"活动的重点,首都精神文明建设提出了"12347"的工作设想,即突出一条主线:"迎奥运、讲文明、树新风——我参与、我奉献、我快乐";实现两个目标:提高市民文明素质、提高城市文明程度;健全三个机制:群众性创建活动评价管理体制、未成年人思想道德建设综合评价机制和道德模范评选表彰机制;抓住四个重点:文明赛场建设、涉外服务机构文明风尚建设、奥运会期间媒体采访路线和赛事途经路线软环境建设、主要公共场所和单位精神文明建设;实现七大行动:文明风尚、赛场文明、"窗口"行业、平安奥运、城乡环境、文明交通和扶残助残,重点抓好 37 项重点活动项目。首都精神文明建设委员会下发《关于开展"传承奥运精神、文明重在行动"主题教育实践活动的方案》,各区县文明委充分发挥组织协调作用,协调区有关部门、街道、乡镇等与区县文明办一起落实主题教育实践活动任务,以秩序文明、环境文明为重点,确定重点地区、重点单位、重点部位,全面推进主题教育实践活动深入开展。2008 年是首都精神文明建设发展史上具有特殊意义的一年,首都精神文明建设工作抓住举办奥运会的重要历史契机,围绕全市工作大局和中心任务,动员组织首都社会各界力量,深入开展"迎奥运、讲文明、树新风——我参与、我奉献、我快乐"活动和志愿者服务活动,广泛开展秩序文明和赛场文明等"五大文明行动",创建公共文明示范区,开展 14 个窗口行业单位奥运培训,举办上百项群众性文化体育健康活动,为举办一届有特色高水平的奥运会、残奥会营造了良好的人文环境和社会环境,向国际社会展示了参与奉献、积极健康、和谐文明的中国首都形象,把首都的精神文明建设推向了新的阶段。

  2009 年是北平和平解放 60 周年、新中国成立 60 周年,也是展示北京奥运会后新发展和形象的第一年。刘淇在《深入贯彻落实科学发展观,加快建设人文北京、科技北京、绿色北京》的报告中提出,2009 年,要深入贯彻落实科学发展观,认真总结北京奥运会、残奥会的成功经验,抓住机遇,建设"人文北京、科技北京、绿色北京",以首都繁荣、文明、和谐、宜居的优异成绩迎接新中国成立 60 周年。2009 年 1 月,首都地区精神文明办公室主任会议召开。会议要求,2009 年要继续深入贯彻落实科学发展观,为建设"人文北京、科技北京、绿色北京"做出新的贡献,通过进一步巩固"五大文明行动"的成果,把全力打造"文明北京"作为首都文明风尚建设的重要载体。首都精神文明建设按照中央文明办"迎国庆、讲文明、树新风"活动的总体部署,解放思想,改革创新,不断推动首都精神文明建设创新发展。认真总结筹办奥运期间积累的共建共享机制、"小切口、大纵深、全覆盖"等成功做法和经验,使之成为首都精神文明建设的长效机制,2009 年重点开展"传承奥运精神、建设文明北京"、"文明城市创建"等八大项工作。全面展示首都精神文明的建设成果,举办"人文北京,首善之区"成果展、"我眼中的文明北京"摄影展、"文明北京伴我行"群众文艺展演等系列活动。树立道德模范,推动首都公民思想道德建设。深入开展首都文明区县创建活动,坚持以人为本,重在提高人的素质,重在利民惠民,把解决人民群众关心关注的问题作为工作的出发点和落脚点。2 月,北京市下发了《2009 年首都群众性精神文明创建活动工作意见》。《意见》提出,要深入贯彻落实科学发展观,为保持经济平稳较快发展创造良好环境;巩固和深化奥运成果,探索完善首都群众性精神文明创建工作长效机制;优化首都发展环境,努力为经济社会全面协调发展创造良好条件;唱响主旋律,全面展示和推进首都群众性精神文明创建活动;全力推进首都群众性精神文明创建活动,为新中国成立 60 周年营造团结奋进、昂扬向上、开拓创新的良好氛围;突出社会主义核心价值理念,增强首都群众性精神文明创建活动的影响力和感召力。为贯彻《中央办公厅转发〈中央宣传部关于围绕庆祝新中国成立 60 周年深入开展群众性爱国主义教育活动的意见〉的通知》精神,落实国庆 60 周年宣传工作的总体安排,5 月,中宣部、中央文明办、文化部等十部委和中共北京市委、北京市人民政府联合开展"爱国歌曲大家唱"群众性歌咏活动正式启动,以弘扬社会主义核心价值体系,激发爱国热情,振奋民族精神,凝聚人民力量。6 月 16 日,首都精神文明建设委员会召开首都净化社会文化环境工作会暨未成年人思想道德建设工作表彰会,会议对北京市贯彻落实中央净化社会文化环境工作会议和有关文件精神进行了部署,紧密结合"迎国庆讲文明树新风"活动,为庆祝新中国成立 60 周年营造热烈喜庆、文明、和谐的社会环境。

五、新世纪北京的社会科学发展

随着我国社会主义现代化建设事业的发展,哲学社会科学在经济和社会发展中发挥着日益重要的作用。党和国家高度重视哲学社会科学的建设与发展,把哲学社会科学提高到了一个前所未有的高度。2002年4月,江泽民到中国人民大学考察工作时强调:我们要始终高度重视哲学社会科学在治党治国和建设有中国特色社会主义事业中的巨大作用,高度重视哲学社会科学领域高等教育的改革和发展,高度重视改善哲学社会科学研究和人才培养的条件,高度重视哲学社会科学领域重大课题的攻关;高度重视为哲学社会科学发展做出杰出贡献的学者的成就和作用。重申哲学社会科学与自然科学同等重要,培养高水平的哲学社会科学家与培养高水平的自然科学家同等重要,提高全民族的哲学社会科学素质与提高全民族自然科学素质同等重要,任用好哲学社会科学人才并充分发挥他们的作用与任用好自然科学人才并充分发挥他们的作用同样重要。2002年11月党的十六召开,江泽民在十六大报告中指出,要坚持社会科学和自然科学并重,充分发挥哲学社会科学在经济和社会发展中的重要作用。2004年1月,中共中央发出《关于进一步繁荣哲学社会科学的意见》。2004年4月,中央召开马克思主义理论研究和建设工程工作会议。胡锦涛讲话指出,实施马克思主义理论研究和建设工程是关系党和国家事业发展的战略任务,是加强党的理论建设的重大举措。2007年10月,党的十七大召开,胡锦涛在报告中指出,要繁荣发展哲学社会科学,推进学科体系、学术观点、科研方法创新,鼓励哲学社会科学界为党和人民事业发挥思想库作用,推动我国哲学社会科学优秀成果和优秀人才走向世界。北京市积极贯彻落实中央关于繁荣发展哲学社会科学的知识精神,紧密结合国家经济社会发展和首都现代化建设的需要,高度重视北京哲学社会科学的建设与发展,积极繁荣发展首都哲学社会科学事业。新世纪的北京社会科学在社会科学组织规划、队伍建设、学科建设、学术创新和研究成果等方面都取得了新的繁荣发展。

为进一步推动北京市哲学社会科学事业的发展和繁荣,更好地为国家和首都经济、社会发展第十个五年计划所确定的奋斗目标服务,根据党的十五大提出的跨世纪宏伟目标和中共北京市委《关于北京市国民经济和社会发展第十个五年计划的建议》的基本精神,2000年2月,北京市召开了哲学社会科学"十五"规划会议。会议提出,制定好社会科学"十五"规划,是繁荣和发展北京哲学社会科学事业的客观要求和推进社会进步的重要举措。北京市哲学社会科学规划要体现"首都特色"和"动态管理"的原则,要站在北京作为全国政治文化中心的高度,体现和反映首都社会科学研究的特色;根据国际形势的新情况、新变化和国内的重大动态、事件,以及北京现代化建设和人民生活中出现的重点、难点问题,对规划项目进行动态调整,努力探索和解答当前面对的新课题和新问题,不断推动学科建设和理论创新,把北京市的哲学社会科学事业推向一个新水平。

"十五"期间,北京市的社会科学规划强调,要积极支持和鼓励哲学社会科学研究中的新思路、新视角、新内容和新方法,推动首都哲学社会科学研究和管理工作的创新。"十五"规划加强了对马列主义、毛泽东思想、邓小平理论的研究,密切联系国家和首都改革开放和现代化建设的实际,继续探索有中国特色社会主义政治、经济、文化的发展规律,把改革开放和现代化建设中重大理论问题和实践问题的研究作为主攻方向,紧密联系首都现代化建设的实际,研究北京的问题和解决北京的问题,在基础理论研究的基础上,提出认识问题、解决问题的具有前瞻性、指导性和可行性的科学见解,努力建立和健全具有时代特征、有中国特色的新学科和学科体系,加强边缘交叉学科的研究。《规划》高度重视首都社会科学的普及工作,努力提高人民群众的社会科学知识水平,并科学回答人民群众所关心的热点、难点、疑点问题。《规划》强调,北京市的哲学社会科学规划项目必须突出首都意识和北京特色,充分调动和利用首都的人才优势和科研优势。在规划项目的设立,研究方向和研究内容的确定,科研队伍的组织,科研项目的管理等方面,树立"大北京"的观念,调动市属单位和中央在京单位两方面的积极性,为首都两个文明建设服务,服务中央,服务北京;同时,加强北京作为世界著名历史文化名城的研究和首都国际性发展的比较研究。"十五"社科规划,除设立综合学科对北京市基本实现现代化的重点难点、北京市在2010年基本实现现代化中需要解决的重点和难点问题研究、北京国际计划大都市发展战略研究、首都文化建设研究等等外,分别设立哲学、科学社会主义、党建、政治学、经济学、管理学、法学、教育学、社会学、城市学、历史学和文学艺术等学科,项目立项总数达570项,比"九五"期间的立项数目的220项多出350项;在规划项目的资助力度上也有所增加,重点项目和基地项目的资助额平均都在5万元以上。"十五"规划期间,社会科学研究成果的转化率也有了较大的提高,截至2005年6月底,在500多个项目中,有 270 项"十五"规划项目成果（包括最终成果和阶段成果）得到转化，约占规划项目总数的 50%。科研成果也达到了较高的学术水平，规划项目的研究成果中有 40 项获得各类奖项，大量的研究成果为市委市政府的决策提供了参考和智力支持。同时，大力加强了社科基地的建设，2004 年和 2005 年分两批共建立北京市哲学社会科学研究基地 28 个，研究中心 1 个，有效地整合了首都社会科学研究的人力资源和智力资源，推动了北京社会科学的发展。

"十五"期间，北京市社会科学系统围绕国家和首都的思想建设、经济建设、社会建设和文化建设等问题，开展了一系列的学术研讨会、学术研究和社会科学普及工作。2001 年，北京市委宣传部会同北京市社会科学院、市社科联、市社科规划办、市委讲师团及其他各有关单位，以"三个代表"重要思想、"七一"重要讲话精神和十五届六中全会决定为重点，开展学习和研究活动。北京市社科联与市政府研究室密切结合北京经济社会发展的实际，共同召开了 4 次市社会科学决策咨询季谈会，成功开展了"2001 学术前沿论坛"。北京社科院召开各种类型的报告会、专题研讨会 30 余次。其中与故宫博物院等单位共同主办"第二届国际满学研讨会"，来自 16 个国家和地区及国内的专家学者 120 余人上交了近百篇学术论文，与市台办等单位共同组织"孙中山与近代中国学术研讨会"，推动和促进了北京与台湾学术领域的沟通。2002 年，全市各社科研究单位，坚持以马列主义、毛泽东思想和邓小平理论为指导，全面贯彻"三个代表"重要思想，北京市社会科学系统按照江泽民同志对发展哲学社会科学事业提出的五点要点，以北京市改革开放和现代化建设中的重大理论和现实问题为主攻方向，结合北京市第九次党代会制定的率先基本实现现代化和"建设新北京、办好新奥运"的各项战略任务，针对干部群众关心的重大理论和实际问题，北京市委宣传部会同各有关单位共同组织了"南方谈话与理论创新——纪念邓小平同志南方谈话发表十周年理论研讨会"、"学习实践'三个代表'，与时俱进，开拓创新理论研讨会"等学习和学术研讨会；继续举办北京市社会科学决策咨询季谈会，为市委市政府决策服务；组织开展以"科学·文明·社会"为主题的北京市第二届社会科学普及周，以"小康社会：创新与发展"为主题，举办学术前沿论坛。北京市社科院与有关部门合作举办了"保护首都古都风貌与体现现代气息研讨会"等会议。2003 年，北京市委宣传部、市委办公厅、市社科联等单位一起筹备并召开全市学习贯彻"三个代表"重要思想理论研讨会。北京市社科理论界以现实问题为中心，着眼于马克思主义理论的运用、实际问题的理论思考、新的实践和新的发展,深入开展对重大理论和现实问题的研究,为实施"新北京、新奥运"战略构想研究和推进工程,为首都经济发展提供智力支持。北京市社科联依托百家学会,组织政治、经济、历史、法律、伦理、教育、宗教、戏剧、美学等学科的专家,围绕人文奥运、法律法规、心理健康、青少年思想教育等专题,精心策划69场免费讲座。北京市社科联与市科协首次召开"北京市自然科学界与社会科学界联席会议",举办以"科学应对突发事件"为主题的北京自然科学界与社会科学界高峰论坛,加强了两界的学术交流与合作。2004年,北京市社会科学界以北京市改革开放和现代化建设中的重大理论和现实问题为主攻方向,开展学术研究和学术讨论。积极开展各种学术活动,扩大对外学术交流。北京市委宣传部与北京师范大学联合举办"学术前沿论坛",主题为"和谐社会:公共性和公共治理",近百名专家学者发表主题演讲。北京市社科界紧密联系现实需求,突出"新北京、新奥运"主题,依托百家学会,联合社会力量,继续打造"北京社会科学普及周"这一知名品牌,积极参加由市政府牵头举办的北京科技周活动,成立"北京社科专家科普报告团"和"北京人文奥运科普宣传团",全年共举办150多场科普讲座。2005年,北京市社科理论界积极开展政治理论学习和宣传活动,为配合北京市保持共产党员先进性教育活动,北京市委宣传部、市委讲师团成立了由40多名党建专家学者组成的宣讲小组,为全市各级组织联系辅导讲座400余场次。北京市委宣传部、市委教育工委、市委党校、市委党史研究室、市社科院、市社科联、北京市邓小平理论和"三个代表"重要思想研究中心等单位联合开展了陈云生平和思想研讨会征文活动和理论研讨会,组织了中国人民抗日战争暨世界反法西斯战争胜利60周年的征文活动并召开理论研讨会。北京市社科联组织召开以"宜居城市"为主题的北京市社会科学决策咨询季谈会,围绕建设宜居城市的具体措施等问题进行研讨。以"和谐社会:社会公正与风险管理"为主题开展"前沿学术论坛",积极打造"北京社科普及周"品牌。北京市社科院积极推进"新北京、新奥运"的战略研究和经济社会发展研究,主办"首届中国总部经济高层论坛"。

北京市"十五"期间的哲学社会科学研究取得了丰硕的成果。为调动首都哲学社会科学界社科研究的积极性,鼓励创新,推动北京市哲学社会科学的繁荣和发展,"十五"期间,北京市组织了第六届、第七届和第八届哲学社会科学优秀成果评奖。2001年5月,北京市召开了第六届哲学社会科学优秀成果颁奖大会,宣布了198项获奖成果,其中特等奖3项、一等奖39

项、二等奖156项,并出版了《北京市第六届哲学社会科学优秀成果获奖成果简介》。2002年9月,北京市召开第七届哲学社会科学优秀成果评奖委员会会议,审定和批准192项成果获奖,共评出优秀科研成果192项,其中一等奖39项、二等奖153项。2004年9月,北京市第八届哲学社会科学优秀成果奖评奖委员会召开全体会议,经市评奖委员会审定和批准,有198项成果获奖,其中特等奖4项、一等奖35项、二等奖159项。同时,北京市还进行了其他一些重要的评奖活动,2002年,北京市委宣传部组织专家对2001年度局级领导干部306篇理论文章进行评选,其中54篇获奖。2003年,北京市举行了第一届优秀科学普及作品奖评选活动,其中两部作品获奖。2004年,北京市积极深入开展重大理论和现实问题的研究,全市局级领导干部共上交404篇理论学习体会文章,北京市委宣传部组织专家进行了评选,其中158篇获优秀论文奖。北京市的哲学社会科学评奖活动和其他评选活动,对于调动社会理论工作者的积极性和创新性,提高北京市哲学社会科学的学术水平和扩大社会科学研究成果的影响发挥了重要的作用。

2004年1月,中共中央发出《关于进一步繁荣发展哲学社会科学的意见》。《意见》指出,在全面建设小康社会、开创中国特色社会主义事业新局面、实现中华民族伟大复兴的历史进程中,哲学社会科学具有不可替代的作用,必须进一步提高对哲学社会科学重要性的认识,大力繁荣发展哲学社会科学。这是党在新的社会主义现代化建设时期提出的大力繁荣发展哲学社会科学的纲领性文献。《意见》指出,繁荣发展哲学社会科学事关党和国家事业发展的全局;繁荣发展哲学社会科学必须坚持马克思主义的指导地位;要坚持解放思想、实事求是、与时俱进,积极推进理论创新;要努力建设面向现代化、面向世界、面向未来,具有中国特色的哲学社会科学;要加强哲学社会科学传统学科、新兴学科和交叉学科的建设;要加强哲学社会科学基础研究和应用对策研究;加强哲学社会科学宏观管理体制和微观运行机制建设;深化哲学社会科学研究体制改革,整合研究力量,优化哲学社会科学资源配置;高度重视哲学社会科学人才的培养和使用。《意见》最后强调,开创哲学社会科学事业繁荣发展的新局面必须加强党对哲学社会科学工作的领导,努力把握哲学社会科学的发展规律,改进领导方式,提高领导水平,充分发挥广大哲学社会科学工作者的积极性、主动性和创造性,引导他们始终坚持正确的政治方向,为繁荣发展哲学社会科学创造良好的环境,把哲学社会科学优秀成果运用于各项决策和解决改革发展稳定的突出问题中,使哲学社会科学界成为党和政府工作的"思想库"和"智囊团"。这个纲领性文献为我国的哲学社会科学繁荣发展提供了指导方针和指明了发展方向。为全面贯彻落实中共中央《关于进一步繁荣发展哲学社会科学的意见》的精神,北京市委制定并下发了《关于进一步繁荣发展首都哲学科学的意见》。《意见》提出,北京市的哲学社会科学事业要提高认识,把进一步繁荣发展首都哲学社会科学放在更加突出的地位;积极实施马克思主义理论研究和建设工程,为中国化马克思主义理论的新发展做出贡献;努力实施"新北京、新奥运"战略研究和推进工程,为树立和落实科学发展观服务;开展社会科学事业的工作机制创新工程,充分发挥首都哲学社会科学工作者的积极性、主动性、创造性;培养首都哲学社会科学的研究队伍,加强北京社科理论人才特别是中青年社科理论人才"百人工程";全面贯彻落实中央的有关方针政策,要努力把握哲学社会科学的发展规律,改进领导方式,提高领导水平,全面落实党的知识分子政策,充分尊重知识、尊重人才、尊重劳动、尊重创造,团结和引导社会科学工作者为促进首都社会主义物质文明、政治文明、精神文明协调发展做出新的更大贡献,促进首都哲学社会科学加快发展和实现更大繁荣。

"十一五"时期是我国全面建设小康社会,开创社会主义现代化经济建设、政治建设、社会建设和文化建设新局面的重要时期,同时,也是北京抓住办好有特色、高水平奥运会的难得机会,努力构建社会主义和谐首善之区的新阶段。为了更好地服务于国家和北京市国民经济和社会发展,进一步推动北京市哲学社会科学的繁荣发展,根据《中共中央关于繁荣发展哲学社会科学的意见》和《中共北京市委关于进一步繁荣发展首都哲学社会科学的意见》,结合北京市哲学社会科学的发展实际,2005年12月,北京市召开了"十一五"哲学社会科学规划工作会议,制定了北京市"十一五"哲学社会科学规划的规划工作纲要。纲要全面落实科学发展观,紧紧围绕全党全国工作大局,结合北京市工作实际,坚持为人民服务,为社会主义物质文明、政治文明、精神文明与和谐社会建设,特别是为创新型国家和创新型城市建设提供思想保证、精神动力和智力支持;贯彻"双百"方针,营造生动活泼和求真务实的学术研究氛围,推进大胆探索和理论创新。"十一五"社科规划工作纲要确立了第十一个五年计划时期北京哲学社会科学研究重点:一是要加强对邓小平理论和"三个代表"重要思想,以及全面贯彻落实科学发展观的研究,积极配合马克思主义理论研究和建设工程,加强对马克思主义原著、原理的研究,加强对马克思主义理论创新和实践创新的研究,特别加强了对"三个代表"重要思想的研究,加强对树立和落实科学发展观、提高党的执政能力和构建社会主义和谐社会的研究,始终坚持解放思想、实事求是、与时俱进,深刻认识和把握当代中国经济与社会发展的规律,继续推进中国特色社会主义理论探索。二是重视基础理论研究,充分发挥北京的人才优势和学科优势,在重点大学和科研院所提倡和鼓励哲学社会科学基础学科的研究,特别是关于"人文"和"中华优秀传统"的基础性研究。基础理论研究成果要具有学科前沿性,争创国内、国际一流水平。三是鼓励应用理论研究,强调社科理论研究要为党和政府的决策提供理论服务和智力支持,为干部群众解疑释惑,引导哲学社会科学工作者把改革开放和社会主义现代化建设中的重大理论问题和实践问题作为研究的主攻方向,鼓励社科理论工作者深入改革开放和社会主义现代化建设的前沿,紧密联系首都实际,研究解决与北京有关的问题,加强理论研究与实际调研的结合。四是突出具有北京地域特色的研究,首都哲学社会科学的研究,要按照国务院批准的《北京城市总体规划(2004—2020年)》的要求,突出"国家首都、国际城市、历史名城、宜居城市"发展目标定位的深入细化研究,根据市委市政府提出的"新北京、新奥运"战略构想,加强对北京成功举办2008年奥运会和奥运文化遗产的研究;加强对北京市推进经济增长方式转变和结构调整、推进城镇化进程、建设社会主义新农村、建设资源节约型、环境友好型社会和构建社会主义和谐社会首善之区的研究。同时,面对不断发展的经济社会新形势和当代社会科学理论的新发展,积极扶持新兴学科和交叉学科的研究,推进哲学社会科学与自然科学的交叉渗透,推进哲学社会科学不同学科之间的交叉渗透,以带动首都哲学社会科学事业的更新发展。

北京市"十一五"哲学社会科学规划除分别设立哲学、科学社会主义、党建、政治学、经济学、管理学、法学、教育学、社会学、城市学、历史学和文学艺术等学科的各个专题的规划项目外,进一步加强了更具有深度和广度的综合性科学项目:北京市建设和谐社会首善之区的对策、北京市建设创新型城市战略、北京市文化中心建设战略、首都哲学社会科学发展战略、北京市社会主义新农村建设的理论与实践、北京市人口、资源、环境与城市发展、北京市城乡统筹协调发展研究、北京市国际化大都市发展进程及趋势、北京市现代人才资源开发与管理体制创新、北京市优化发展环境研究和北京后奥运战略等等。"十一五"哲学社会科学规划在重视基础理论研究,加强学科建设的同时,密切结合首都社会主义现代化建设的实际问题,进一步加强应用对策研究课题的规划设计。与"十五"社科规划相比,"十一五"规划期继续增加了规划项目的数量,并增设北京市人文社科重点研究项目(北京市哲学社会科学规划办公室和北京市教育委员会联合立项)、北京市哲学社会科学研究基地项目、北京市培养社科理论人才"百人工程"项目、青年项目、后期资助项目、民办社科研究机构项目、自筹资金项目和自选项目等,立项总数预计在 800 项左右,其中 2006 年确立 392 项,规划每年增加 100 项左右,比"十五"规划期增长约 30%;进一步整合首都的研究资源,选择新的重点研究领域,不断巩固和强化已有的研究基地,培养和建立新的研究基地;在重视基础理论研究的同时,增强应用对策研究,使应用对策研究课题占到项目总数的 70% 以上;同时,加大了项目资助力度,在市财政拨款继续保持年递增 20% 的基础上,积极争取市教委、市科委等政府部门和企事业单位的配套经费,并通过自筹资金项目吸引社会经费。2006 年 5 月,北京市"十一五"哲学社会科学规划申报工作结束,共申报 1895 项。北京市"十一五"哲学社会科学规划在规划项目设计和学科专题设置上变得更加科学合理,在加强基础学科研究的同时,突出了综合性问题和前沿性问题的研究,在立项数量和资助力度上也超过了以往任何一次社科规划,有力促进了首都哲学社会科学繁荣发展。

  2006 年,北京市哲学社会科学界围绕当前国家和首都的经济、社会和文化开展了一系列的学术研讨和学术研究。北京市委宣传部与北京市邓小平和"三个代表"重要思想研究中心联合举办了马克思主义中国化论坛、"全面落实科学发展观"理论研讨会。北京市社科联举办了以"创新北京——自主创新与北京创新性城市建设"为主题的社会科学界和自然科学界两届高峰论坛。市委宣传部与市社科联举办了"北京社会科学普及周"和 8 个系列共 161 讲"经常性社科普及讲座"。市社科联与市科协举办了"教育创新"研讨会、"文化创意产业专家季谈会"、"首都文化创意产业发展论坛"和"后奥运经济与奥运设施的可持续利用论坛"等。北京市社科院先后举办了"繁荣首都哲学社会科学专家座谈会"、"构建社会主义和谐社会首善之区理论研讨会"、"北京民俗文化"研讨会、"第二届中国中部经济高层论坛"等。在学术研究方面,继续探索马克思主义中国化的问题,"马克思主义中国化的历史进程和基本经验"的研究取得阶段性成果,"加强党的执政能力建设"课题研究取得重大进展,出版了一批关注北京经济、社会、文化建设与发展的著作,北京社科院组织编写的《2008 与首都文化发展》、《北京历史文化名城保护区研究》、《中国首都经济发展报告》等皮书出版。2006年,北京市进行了第九届哲学社会科学优秀成果评价工作,共201项成果获奖,其中特等奖2项、一等奖39项、二等奖160项。

2007年1月,北京市委书记刘淇在北京市社科联第五次代表大会开幕式上的讲话指出,在新的历史阶段,哲学社会科学研究要坚持以邓小平理论和"三个代表"重要思想为指导,全面落实科学发展观,围绕实现"新北京、新奥运"的战略构想和构建社会主义和谐社会首善之区的重要任务,坚持开展重大理论和现实问题研究,坚持推进理论创新,努力为首都社会主义现代化建设提供有力的思想保障、智力支撑和精神动力。在新形势新任务面前,首都的哲学社会科学事业面临着难得的发展机遇。首都的社会科学发展要在研究宣传马克思主义中国化的最新成果上做出新贡献;在应用对策研究、解决首都经济社会发展的难题方面要有新突破;在服务群众、服务社会、建设学习型社会方面取得新成就。2007年,北京市社科界把学习十七大精神、学习胡锦涛总书记系列讲话、学习贯彻市十次党代会精神作为学习重点,深入开展学习研讨活动;加强马克思主义中国化的理论研究,编辑出版了《马克思主义中国化理论学习与研究(2005—2006)》和《马克思主义理论研究和建设工程调研报告(2005—2006)》,举办第二届马克思主义中国化论坛,召开"邓小平改革发展理论和科学发展观战略思想"理论研讨会,创办了以"和谐·创新·发展"为主题的首届北京市中青年社科理论人才"百人工程"学者论坛,在中国人民大学、北京大学、清华大学、北京师范大学、首都师范大学等高校举行了"构建和谐社会与政府管理创新"、"和谐与发展的哲学思考"、"社会事业发展与和谐社会建设"、"和谐文化建设与和谐社会构建"、"科学发展与社会和谐"等7个分论坛;同时,还举办北京自然科学界和社会科学界两界联席会议高峰论坛、学术前沿论坛、中国总部经济论坛、北京文化创意产业论坛等大型学术活动。北京社科界组织召开了重点科研选题策划会,继续推进"科学发展观指导首都发展建设的实践与理论研究"、"北京建设和谐社会首善之区的经济基础研究"、"中关村科技园区自主创新与北京创新型城市建设研究"、"北京文化创意产业发展研究"等重大课题的研究,组织实施了一大批研究课题,产生了一批新的学术成果。

2008年,对于中国和首都北京来说都是非常重要的一年,中国和首都北京的改革开放和社会主义现代化建设经历了30年的辉煌历程,也是北京举办第29届国际奥林匹克运动会的一年。对于北京市的社会科学事业来说,2008年也是非常重要的一年。北京市的哲学社会科学研究机构——

北京市社会科学院建院 30 周年,北京市的哲学社会科学规划机构——北京市哲学社会科学规划办公室、北京市社会科学学会组织管理机构——北京市社会科学联合会成立 25 周年。2008 年,北京市社会科学界全面落实科学发展观,积极繁荣首都哲学社会科学事业,紧密围绕"新北京、新奥运"、首都和谐社会建设、改革开放 30 年伟大历程和成就,开展了一系列的学术研究活动、社会科学普及活动,出现了一批有影响的学术成果。北京市社科界举办了"改革开放与理论创新:第二届'百人工程'学者论坛"、"传统节日与和谐文化"论坛、"2008 年北京区县创新发展论坛"、"首届北京社会建设论坛",首都社会科学与自然科学两界高峰论坛、"马克思主义中国化论坛"、"2008 年城市国际化论坛",在各区县共举办 10 次的"周末社区大讲堂"活动等。2008 年,北京市社会科学院成立 30 周年庆祝大会上,北京市委书记刘淇作了重要讲话,对北京市社会科学院在 30 年中取得的成就作了充分肯定,对未来的研究和发展做出了重要指示和提出了更高的要求。北京市社科联和北京市社科规划办召开了庆祝会和座谈会,对改革开放以来的成就做出了总结,对未来的工作提出了新的目标,北京市有关领导高度评价社会科学机构对发展繁荣首都社会科学做出的贡献,并提出了新的希望和要求。2008 年,北京市社会科学界围绕改革开放 30 年,深入研究和总结改革开放以来的北京市政治、社会、经济等的发展历程和取得的伟大成就。北京市社会科学院组织编撰《北京改革开放 30 年研究》丛书共 6 种。2008 年,北京市开展了北京市第十届哲学社会科学成果评奖工作,共评出优秀科研成果 208 项,其中特等奖 2 项、一等奖 41 项、二等奖 165 项。

2009 年是新中国成立 60 周年,北京市社会科学界积极开展对当前国际国内经济形势和首都经济发展等重大应用课题和对策研究,加强中国特色社会主义理论体系的研究,继续加强基础理论研究推动学术创新。2008 年 12 月,中共北京市委书记刘淇在北京市开展深入学习实践科学发展观活动专题报告会上强调,要深入贯彻落实科学发展观,准确把握推动首都科学发展的新形势和新要求,努力探索首都发展的特点和规律,建设"人文北京、科技北京、绿色北京"。这是全面实施"绿色奥运、科技奥运、人文奥运"三大理念、并取得重大成就之后提出的首都发展新战略目标。"人文北京、科技北京、绿色北京"的提出,为首都社会科学的研究提出了重要的理论命题和实践命题。为此,北京市社科规划办围绕首都经济、社会、文化等发展问题设置了年度规划课题,北京市社科联邀请首都社科界的专家学者召开一系列的学术会议,北京市社会科学院设立一系列重大课题,大力开展适应首都经济、社会、文化建设和发展的综合性和专题性社会科学研究。

六、新世纪北京的教育发展

新世纪以来,中国在进一步深化改革中全面推进教育事业的全方位发展,中国的教育事业取得了前所未有的进展和成就。2001年5月,国务院发布《关于基础教育改革与发展的决定》,以邓小平同志"教育要面向现代化,面向世界,面向未来"和"三个代表"重要思想为指导,坚持教育必须为社会主义现代化建设服务,为人民服务,必须与生产劳动和社会实践相结合,培养德智体美等全面发展的社会主义事业建设者和接班人,确立了基础教育在社会主义现代化建设中的全局性、基础性和先导性的地位,提出了坚持基础教育优先发展的战略。2002年5月,中国科学院第十一次院士大会、中国工程院第六次院士大会在北京举行。江泽民在会上强调,面对新世纪新发展,我国科技界的使命是,全面贯彻"三个代表"要求,坚持实施科教兴国战略,大力推进科技创新,努力为我国先进生产力和先进文化的发展,为维护和实现我国最广大人民的根本利益不断贡献智慧和力量。2002年8月,国务院发布《关于大力推进职业教育改革与发展的决定》,提出要深刻认识职业教育在社会主义现代化建设中的重要地位,坚持体制创新、制度创新和深化教育教学改革,大力推进职业教育的改革与发展,促进职业教育与经济建设、社会发展紧密结合。2002年9月,江泽民在北京师范大学建校100周年大会上强调,我们要继续坚定不移地实施科教兴国战略,培养大批合格的有中国特色社会主义的建设者,造就大批具有丰富创新能力的高素质人才,提高全民族的道德思想素质和科学文化素质。2004年2月,国务院批准了教育部制订的《2003—2007年教育振兴行动计划》,提出实现全面建设小康社会和中华民族伟大复兴的宏伟目标,必须坚持实施科教兴国战略和人才强国战略,把教育摆在现代化建设优先发展的战略地位;重点推进农村教育的发展与改革,推进高水平大学和重点学科建设,实施"新世纪素质教育工程"、"职业教育与培训创新工程"、"高等学校教学质量与教学改革工程"、"促进毕业生就业工程"、"教育信息化建设工程"、"高素质教师和管理队伍建设工程";加强制度创新和依法治教,大力支持和促进民办教育持续健康协调快速发展等等。2004年4月,国务院颁布的《中华人民共和国民办教育促进法实施条例》开始实施。2006年6月,第十届全国人大常委会第二十二次会议通过修改后的《中华人民共和国义务教育法》。2007年发布《国家教育事业"十一五"规划纲要》,全面总结了"十五"时期中国教育事业发展的成就,提出全面建设小康社会必须坚持教育优先发展的战略:以科学发展观统领全局,大力实施科教兴国战略和人才强国战略,坚持教育优先发展、促进教育公平,全面贯彻党的教育方针,坚持教育为社会主义现代化建设服务,为人民服务,全面实施素质教育,深化教育改革,提高教育质量,统筹城乡、区域教育,统筹各级各类教育,统筹教育发展的规模、结构、质量、效益,构建现代国民教育体系和终身教育体系,保障人民享有接受良好教育的机会,全面推动中国教育事业的建设与发展。

党和国家根据新的历史时期中国社会主义现代化建设提出的关于教育事业的一系列方针、政策和措施,全面推动了新世纪中国教育的改革和发展。北京市积极贯彻落实党和国家的教育方针和政策,紧密结合北京教育发展的实际和首都社会主义现代化建设的需要,把首都教育放在优先发展的战略地位,深化教育体制改革和加强教育事业的建设,制定了"十五"和"十一五"时期教育事业发展规划和一系列改革发展措施,努力做到在全国率先基本实现教育现代化,全方位推进首都教育事业的改革和发展。

2001年,为适应新世纪首都经济建设和社会发展的要求,满足人民群众日益增长的接受高质量教育的需要,北京市编制并发布了《北京市"十五"时期教育发展规划》。《规划》把"十五"时期作为北京加快教育事业发展、教育结构调整、教育改革继续深化和为首都教育率先基本实现现代化的重要时期。北京教育事业的发展,要坚定不移地实施科教兴国战略,坚持"三个面向"的方针,迎接21世纪终身学习和知识经济对教育的挑战,深化教育改革,全面推进素质教育,提高办学质量和效益,充分发挥北京的教育优势,在全国率先实现教育现代化,为首都和全国的社会主义现代化建设提供人才、智力支持与知识贡献。在首都教育方针上,把教育作为先导性、全局性、基础性的知识产业和关键的基础设施,摆到优先发展的战略重点地位,实施首都教育先导发展战略;以调整教育结构为主线,优化资源配置,转换运行机制,改革人才培养模式,全面实施素质教育;充分调动各方面办学积极性,形成政府办学为主体、社会各界共同参与,公办学校和民办学校共同发展的格局;树立科学发展观,正确处理改革、发展和稳定的关系,坚持以改革促发展,以发展求稳定,在发展中深化改革。

《北京市"十五"时期教育发展规划》确立了"十五"期间北京教育事业的发展目标:积极发展学前教育,逐步实现托幼一体,完善依托社区的学前教育网络,形成合理布局。发展高标准、高质量的义务教育,调整义务教育学校布局,按照教育现代化要求,制定小学和初中新的办学标准,改善学校办学条件,缩小区域性和校际间的差距,全面提高教育质量;结合首都经济建设和社会发展趋势,调整中等职业教育和普通高中教育招生比例,调整中等职业教育学校布局结构,积极发展普通高中教育,以基本适应首都经济、社会发展和人才培养的需要;加快发展首都的研究生教育,积极发展本科教育,大力发展高等职业教育,重点培养与首都经济社会发展相适应的高新技术产业人才,加强新型行业人才的培养。积极参与实施"首都二四八重大创新工程",推进"首都区域创新体系"人才队伍的建设,通过加速发展富有创新能力、形式多样化的办学方式推动首都高等教育的改革和发展。同时,紧密结合首都产业结构调整,建立与首都经济和社会发展水平相适应的企业、农村和社区成人教育网络。通过深化首都教育事业的改革、教育结构的调整、各级各类学校的建设,形成教育结构合理、相互衔接和沟通、开放的首都现代教育体系,构建以德育为核心、以培养具有创新精神和实践能力人才为重点的素质教育模式,创建与社会主义市场经济体制相适应的教育体制及教育与社会、经济、科技紧密结合的发展机制。通过深化管理体制和办学体制的改革、素质教育的全面推进、积极推进学校内部管理体制的改革、加快教育结构布局的调整、师资队伍的建设、招生制度的改革和教育教学质量评估体系的完善,力争通过"十五"期间的改革、建设和发展,使首都的教育总体水平达到中等发达国家首都的教育水平,继续保持在全国的领先地位。

在"十五"期间,北京市加大"新世纪高等教育教学改革工程"和面向21世纪高等学校精品教材建设工程,首都高校的学科建设进一步加强,评定了一大批北京市重点学科和重点建设学科,促进高校科技成果转化,积极推动与首都高等院校的合作,加强"产、学、研"一体化的发展。2001年4月,北京市科委、市教委确定建设北京化工大学科技园,北京师范大学、北京中医药大学、中国协和医科大学三校联合共建科技园,北京航空航天大学科技园,北京理工大学科技园,北京科技大学科技园,北京工业大学科技园等6个大学科技园区。大力支持社会办学,2002年1月,北京市文化局制定的《北京市社会力量举办文艺类教育机构申报办法》开始实施,丰富和完善了北京社会力量办学的内涵。2003年6月,海淀走读大学更名为北京城市学院,成为北京第一所民办本科普通高等学校。高度重视首都职业教育事业的发展,2003年1月,北京市召开职业教育工作会议,提出要鼓励支持民办职业教育发展,鼓励公办学校引入民办机制;要建立职业学校和行业、企业互为依靠、双向参与的运行机制,要求到2008年,基本建立起与首都现代化建设需求相适应,与市场需求和劳动就业紧密结合,结构合理、灵活开放、特色鲜明的首都现代职业教育体系。不断加强基础教育的建设和发展,2001年,北京市颁发《北京市人民政府贯彻国务院关于基础教育改革与发展决定的意见》,为高标准、高质量、适度超前发展首都基础教育规划了蓝图,学前教育和基础教育得到了进一步巩固和发展。高度重视示范性中学的建设,2002年10月,北京市教委决定,授予中国人民大学附属中学、北京师范大学附属实验中学、北京市第四中学、北京师范大学附属中学、清华大学附属中学等14所学校为首批"北京市示范性高中"。2003年6月,北京市教育委员会评定北京市第二中学、北京景山学校、北京市第八中学、北京市回民学校等12所中学为北京市第二批示范性高中。

2002年5月,北京市第九次党代会明确提出,要努力构建学习型社会,推进首都教育现代化。2003年,北京认真实施科教兴国战略,积极推进教育体制改革,支持和鼓励社会力量办学,整顿教育乱收费现象,首都教育优先发展战略地位得到了进一步的加强。2004年4月,北京市市委、市政府针对首都教育发展不平衡,教育体制改革滞后,与首都经济建设、社会发展和人民群众不断增长的优质教育需求不完全适应的问题,为充分发挥教育在北京全面建设小康社会、实现"新北京、新奥运"战略构想中的先导性、全局性和基础性作用,加速推进首都教育改革和发展,北京市市委、市政府做出了《关于实施首都教育发展战略率先基本实现教育现代化的决定》,提出必须抓住首都现代化建设的关键时期和北京教育实现新跨越的战略机遇时期,通过各级各类教育质量明显提高、基础教育高标准高质量均衡发展、职业教育更加发达、高等教育水平进一步提升、城乡教育差距显著缩小、学习型城市初步形成,以及教育的学习服务能力、人才支持能力、知识贡献能力和国际竞争能力显著增强,初步构建与社会主义市场经济和经济社会发展要求相适应的首都现代教育体制和教育体系。2004年新修编的《北京城市总体规划》提出,要大力发展科技、教育、文化等社会事业,"坚持教育事业优先发展的战略,实现教育现代化,发挥教育事业的先导性、全局性和基础性作用,重视教育对首都经济社会发展的重要支撑作用,满足首都及国家经济社会可持续发展对各类人才的需要,满足人民群众对优质教育和终身教育的需求,推动和建设学习型城市"。2005年8月,为了切实贯彻党的十六大关于全面建设小康社会的整体部署,落实北京市关于实施"新北京、新奥运"的战略构想,根据教育部《2003—2007年教育振兴行动计划》和北京市《关于实施首都教育发展战略率先基本实现教育现代化的决定》的精神,北京市制定了《首都教育2010年发展纲要》。《纲要》指出:首都的教育事业要为首都的经济现代化、城市现代化和社会现代化提供强大的人才、智力支持和知识、科技贡献。要用科学的发展观指导首都的教育现代化建设,始终站在首都的角度上去认识和处理问题,树立首都教育的观念。在新世纪和新的历史阶段,努力做到:与全国政治中心、文化中心、国际交往中心的地位和功能相匹配,与弘扬优秀文化、建设"首善之区"的要求相适应,立足北京,辐射全国,走向世界;最大限度地满足人民群众各类教育需求;与国家和首都的经济社会发展紧密结合,起到强有力的支撑和推动作用;教育的整体培养质量和办学水平应达到国内领先、世界一流,在国内外发挥着重大影响作用;率先形成较为完备的现代国民教育体系和终身教育体系;优化统筹配置区域内各级各类教育资源,实现高效率的利用。首都教育发展战略要以内涵发展、人才强教、资源统筹、开放创新为核心内容,到2010年,在全国率先基本实现教育现代化,初步构建与首都社会主义市场经济和经济社会发展要求相适应的首都现代教育体制和体系。

"十五"期间,北京市的教育全面完成了规划的各项指标,首都教育事业取得了显著的成就。教育普及水平得到了进一步提高,受教育的机会逐步扩大。3—6岁儿童入园率保持在85%以上,义务教育普及率巩固在99%以上,高中阶段教育入学率达到98%。高考录取率稳定在70%,高等教育毛入学率达到53%,在全国率先进入高等教育普及化阶段。教育结构得到了进一步的优化,各级各类教育获得了协调发展。基础教育教学办学条件和水平有了整体上的提高,义务教育得到了较为均衡的发展,普通高中规模不断扩大,中等职业教育办学质量和效益也逐步提高。高等教育的教育结构、教育系统、学科建设等逐步完善。高等职业教育和民办教育取得了明显的进展,满足了更大人群的教育需要。逐步缩小了城乡之间的教育差异,农村教育、来京务工子女教育等有了更大的发展。进一步深化了首都各级各类教育体制的改革,促进和保证了首都教育的健康迅速发展,进一步推进了素质教育和人才培养。"十五"期间,首都高校共培养研究生12.6万人,普通本专科生42.8万人,成人本专科生47.3万人,中等职业教育毕业生39.9万人;高校毕业生就业率保持在89%以上。同时,积极推进学习型城市的建设,加强首都教育的国际合作与交流。为全面落实首都教育优先发展战略,北京市不断加大教育事业的投资力度,改善办学条件。"十五"期间,财政预算内教育拨款(含教育费附加)占地方财政支出比重保持在17%左右。2005年,北京市地方教育经费总投入为283.93亿元,比2000年增长127.47%;财政性教育经费为211.88亿元,占GDP的3.11%,为首都落实教育优先发展的战略和率先基本实现教育现代化提供了重要的保障。

2006年6月,第十届全国人大常委会通过修改后的《中华人民共和国义务教育法》。2007年开始实施《国家教育事业"十一五"规划纲要》,2007年8月,全国优秀教师代表会议在北京召开。胡锦涛在会上指出,要把促进教育公平作为国家基本教育政策,统筹城乡、区域教育,统筹各级各类教育,不断满足人民日益增长的教育需求。2007年10月,党的十七大胜利召开,胡锦涛在报告中指出,要全面贯彻落实科学发展观,科学发展观的核心是以人为本,基本要求是全面协调可持续发展,根本方法是统筹兼顾。要优先发展教育,建设人力资源强国。教育是民族振兴的基石,教育公平是社会公平的重要基础。要全面贯彻党坚持育人为本、德育为先的教育方针,实施素质教育,提供教育现代化水平,办好人民满意的教育。"十一五"期间,北京市贯彻落实党的教育方针,以科学发展观为指导,大力推进首都教育事业的发展。2006年8月,北京市教委、市财政局联合下发《关于进一步完善义务教育阶段"两免一补"政策的通知》。2006年11月,北京市第十二届人民代表大会常委会第三十二次会议审议通过了《北京市实施〈民办教育促进法〉》。2006年,北京市教育工作以推进素质教育为核心,以提高教育质量为主题,加强统筹协调,促进和谐发展,着力解决教育工作中的重点问题,启动了中小学办学条件标准化建设工程,加大了课程管理力度,完善义务教育阶段"两免一补"政策,确立了北京市职业教育"优化结构、内涵发展、服务首都、满足需求"的发展方针,加快了学习型城市的建设,组织评选了一批创建学习型机关、学习型学校、学习型街道、学习型村镇、学习型企业先进单位。同时,进一步加强了高等教育质量监控,加快了高校学科建设平台、科研基地建设平台、哲学社会科学研究基地建设平台和科技成果转化与产业化平台的建设,促进了首都各级各类教育工作的持续健康发展。

2006年,根据北京市《国民经济和社会发展第十一个五年规划纲要》和首都教育的发展和要求,北京市开始编制北京市"十一五"时期教育发展规划，2007年公布实施，全面推进首都教育事业的新发展。这是在全面建设小康社会和实施"新北京、新奥运"战略构想的背景下，为进一步实施首都教育发展优先战略地位制定的规划。国际国内的形势发展，全面建设小康社会的需要，首都经济社会建设的发展，对首都教育进一步建设和发展都提出了比"十五"时期更高的要求。北京不仅要把教育作为社会发展的重要内容，落实教育优先发展战略地位，使首都教育与经济建设协调发展，更要坚持以人为本，进一步转变发展观念，创新发展模式，提升发展质量，统筹规模、结构、质量、效益协调发展，同时，也要为首都、国家转变经济增长方式、调整产业结构提供更加有力的人才与智力支持。社会主义和谐社会首善之区的构建，要求首都教育进一步完善体系，加快学习型城市建设，不断提高市民素质。要充分发挥教育在促进社会公平中的重要作用，进一步提高教育普及水平。"新北京、新奥运"战略构想的实施，要求首都教育提供更加优质高效的人才支持、科技支撑和社会服务，为建设创新型国家和创新型城市、为首都率先基本实现现代化奠定坚实的基础。同时满足人民群众多样化、高质量教育的需求。《规划》提出，"十一"期间，首都教育事业要坚持"内涵发展"、"人才强教"、"资源统筹"、"开放创新"的原则，办好每一所学校，关注每一个学生，进一步提高普及水平，着力推进义务教育均衡发展；高标准高质量发展基础教育，大力发展职业教育和培训，提高高等教育质量，加快学习型城市建设，着力调整教育结构；进一步更新教育观念，改革教育体制，改进学校管理，提升教师素质，着力推进教育创新；研究分析制约教育发展的深层次矛盾，着力破解重点难点热点问题；加强和改进教育管理，提高治理办校水平；加强农村教育，推动首都新农村建设；开展奥运服务，扩大教育对外开放；加强教育与经济社会的紧密结合，提高教育的服务贡献能力，全面促进首都教育更好更快发展。

通过"十一五"期间教育事业的建设和发展，首都教育将达到如下具体目标：6岁及以上人口平均受教育年限达到12年，新增劳动力平均受教育年限达到15年左右，从业人员平均受教育年限超过12年，北京市居民受教育程度得到继续提高；基本普及0—3岁婴幼儿早期教育，全面普及学前三年教育，满足学前儿童入园需求。早期教育服务得到较大发展，幼儿监护人接受教育指导率达到90%以上，全市40%—50%幼儿园达到一级标准，学前教育得到进一步普及；全市义务教育学校城乡差距、校际差距显著缩小，义务教育入学率力争实现100%。学生综合素质、健康素质明显提高。示范高中辐射能力进一步增强；高中阶段教育入学率力争实现100%，基础教育取得高标准、高质量发展;完成对农村教师的全员培训,农村教师学历全部达标,素质明显提高,完成农村劳动力转移培训50万人次,进一步改善农村中小学办学条件,所有学校全部达标,农村教育得到切实加强;中初级技能人才培养质量进一步提高,高技能人才培养取得突破,紧缺技能人才培养基本满足需求,职前培训率达到90%以上,从业人员在职培训参与率达到70%以上,使职业教育和培训得到大力发展;进一步提高高等教育普及水平,高等教育毛入学率达到60%左右;稳定普通高等教育规模,保持在70万人左右,普通高考录取率保持在70%左右;高校人才培养质量、科学研究及创新水平和社会服务能力得到明显提高,同时,进一步发展多种形式的高等教育,使首都高等教育事业得到健康协调发展;大力推进学习型城市的建设,力争50%以上的企业、社区和其他组织成为学习型组织,社区教育、企业教育广泛开展,成人培训参与率达到50%,基本建成比较完善的现代国民教育体系和终身教育体系,初步形成全民学习教育制度。同时,切实保障教育投入,依法确保教育经费"三个增长",预算内教育经费占财政支出的比例逐年提高,到2010年财政性教育经费占本市地区生产总值的比例达到4%以上,进一步完善教育财政体制,不断增强教育经费的使用效益;提高依法治教水平,加强地方性教育立法的建设,深化教育体制改革,校园精神文明建设和思想道德素质得到明显提高。

2007年,北京市教育工作全面实施首都教育发展战略,着力推动义务教育均衡发展,促进职业教育特色发展,提高高等教育质量,努力解决人民群众最关心、最直接和最现实的问题,初步完成"十一五"期间市属高校发展规模、空间布局和办学定位的研究,扩大高职教育自主招生试点院校和招生规模,推进义务教育均衡发展,实施高中新课改的基本策略,继续坚持高等教育内涵发展,推进重点学科建设及产学研结合。加快学习型城市建设步伐,明确到2010年的首都学习型城市建设目标。改革开放以来,北京市率先在全国普及九年义务教育,高中教育和高等教育基本实现了普及化,教育改革和教育发展始终走在全国的前列。到2007年底,北京市教育人口达到了351.9万人,与1979年相比增加了46.6%。高等教育毛入学率由20世纪80年代初的不到15%上升到2007年底的57%。2007年12月,刘淇在北京市委十届三次全会上作《努力营造良好局面,全力以赴办好奥运》的讲话中提出,2008年首都的教育工作要着眼于努力办好人民满意的教育,大力推进义务教育均衡发展,加强教师队伍建设,提高农村、山区教师工资水平,使之不低于公务员工资水平。确保广大农村地区学生、城市贫困家庭的学生和来京务工人员子女等群体享受基本义务教育,积极发展首都的职业教育和继续教育,努力提高高等教育的质量。2008 年,北京市的教育事业得到了持续稳定的发展。基础教育进行了进一步的调整,共有普通中学 647 所,比 2007 年减少 15 所,初中 349 所,比上年减少 12 所,小学 1202 所,比上年减少 33 所。基础教育在校生 120 万人,普通高中在校生中北京市户籍 205436 人,非本市户籍 13727 人;初中 325117 人,初中在校生中本市户籍 261826 人,非本市户籍 63291 人;小学 659500 人,小学在校生中本市户籍 420210 人,非本市户籍 239290 人,大力加强了外来务工人员子女的教育普及。中等职业学校共 164 所,在校学生 238586 人;成人中专学校 16579 人,职业高中 71468 人,技工学校 64000 人。共有独立设置成人高校 26 所,成人高等学历教育在校生 31.23 万人,招生 11.07 万人。民办教育得到了进一步发展,民办普通高校 10 所,民办高等教育机构 64 所,民办中学 96 所,民办职业高中 22 所,民办小学 20 所,民办幼儿园 380 所。高等教育共有普通高等学校 82 所,普通本专科在校生 57.56 万人;其中市属普通高校 46 所(含民办高校),普通本专科在校生 28.54 万人。北京市普通高校本专科招生 15.72 万人,高考录取比例达 75%,提前完成了《北京市"十一五"教育发展规划》提出的普通高考录取率保持在 70% 左右的目标。研究生教育进一步扩大,北京市有 52 所普通高校和 117 个科研机构培养研究生,在读研究生共有 19.58 万人,比上年增加 0.84 万人。其中博士生 5.66 万人,比上年增加 0.32 万人;硕士生 13.92 万人,比上年增加 0.52 万人。2008 年招收研究生 6.79 万人,比上年增加 0.28 万人。在 52 所普通高校中市属高校 19 所,研究生在校生 2.03 万人;招生 0.69 万人。中央部委所属高校 33 所,研究生在校生 14.79 万人,招生 5.17 万人。

通过"十五"和"十一五"教育事业的改革、建设和发展,到 2010 年,首都教育实现基础教育高标准高质量均衡发展、职业教育特色更加突出、高等教育质量进一步提高、城乡教育差距显著缩小,以及教育供给服务能力和人才支持能力、知识贡献能力和国际竞争能力显著增强的总体目标,初步构建起与社会主义市场经济和经济社会发展要求相适应的首都现代教育体制和体系,初步把北京市建设为学习型城市,在全国率先基本实现教育现代化。在教育基础设施、教育质量、教育普及程度和市民平均受教育年限上,基本接近发达国家首都同期平均水平,把北京建设成为世界上教育发达的城市之一。

七、新世纪北京的文学艺术

2001年,中国文学艺术界联合会第七次全国代表大会、中国作家协会第六次全国代表大会召开,江泽民在会上讲话强调,当代中国的文艺工作者,应努力创作出弘扬民族精神和进步精神的作品。在2006年召开的第八次文代会上,胡锦涛在讲话中指出,当代中国各方面的文艺工作者,应该按照建设和谐文化的要求,在创作中讴歌时代,积极反映人民心声,开拓文艺的新天地。2006年1月,中共中央、国务院发布《关于深化文化体制改革的若干意见》。根据中央精神,北京市文联于2004年召开的第七次代表大会指出,文艺工作要以"三个代表"重要思想为统领,坚持"二为"方向和"双百"方针,要围绕"建设新北京、举办新奥运"主题出精品,出人才,加强文化体制改革。

北京地区的文学艺术有着悠久的历史和深厚的文化积淀。进入21世纪,全球化和商业化浪潮波涛汹涌,随着中国各项事业的巨大进步,社会的变迁和思想的变革,政治经济体制的改革,特别是第七次和第八次全国文代会的召开以及文化体制的改革,北京文学艺术在弘扬主旋律、走向全面繁荣的同时呈现出新的变化,多元化、大众化、市场化等特征日益明显。

在文学方面,北京文坛显现出新的生机和繁荣景观。文学创作在体现现代性与民族性融合的同时,题材进一步向生活深入,艺术手法更为多样,文学研讨等活动更为活跃。首先表现在作家创作队伍的壮大和整体创作水平的提高。2001年后,北京作协通过进一步完善合同作家制度,会聚了大批优秀的作家,稳定了创作队伍,激励了文学创作人才的成长。同时,越来越多的作家从全国各地来到北京,以不同的视角、观察、体验和创作丰富了北京地区的作家队伍。新世纪活跃在北京文坛的除了一大批已有成就的老作家外,还涌现了一大批优秀的中青年作家。同时,一些80后新秀也开始登上文坛,崭露头角。北京地区文学创作人才涵盖了各个年龄层次,阵容可谓空前。这些不同资历、不同年龄的作家,以不同的视角和感触,用不同的风格和表现手法,不断推出各种体裁的精品力作,摘得了多项文学大奖。2001年,北京的文学创作就取得了丰硕的成绩,刘庆邦创作的《鞋》和徐坤的《厨房》获第二届鲁迅文学奖短篇小说奖;衣向东的《吹满风的山谷》获第二届鲁迅文学奖中篇小说奖、中宣部"五个一工程"电视剧编剧奖、第二届北京市文学艺术奖;张之路的长篇科幻小说《非法智慧》获第五届全国优秀少儿图书一等奖、第五届全国优秀儿童文学作品奖、2001年冰心文学奖;赵凝的中篇小说《大家》获中国人口文化奖三等奖;杨鹏的《漫画金头脑》获国家图书奖、中宣部"五个一工程"少儿图书奖;刘恒的《贫嘴张大民的幸福生活》获第一届老舍文学奖中篇小说奖、中宣部"五个一工程"电视剧编剧奖;凌力的《梦断关河》获第一届老舍文学奖长篇小说奖和中篇小说奖,获奖数量在全国各省市中排名第一。

新世纪,北京地区的文学创作走向更为繁荣的局面,涌现了大量贴近生活、反映时代、有影响和在创作手法上具有探索性的优秀文学作品。如张洁的《听慧星无声地滑行》和《玫瑰的风尘》两部短篇小说,表达了捍卫古典审美理想的主题;史铁生的长篇哲思抒情散文《病隙碎笔》在对人生、命运、爱情、金钱、道义、信仰等问题的思考中,渗透了作者独特的人生体验;鲍河扬获第二届老舍散文奖一等奖的散文《走进思想的竹林》描写了父子间的相互理解和体谅,感人至深;第七届茅盾文学奖入围作品,周大新的长篇小说《湖光山色》通过春种秋收、打工返乡、择偶婚姻、开发旅游等当下乡村普通的生活事件,描述了改革开放后中国农村梦想产生和幻灭的过程,重新思考了人性与欲望、金钱与美女、权力与财富等问题,提出在全社会加强精神文明建设的紧迫性。其他有影响的作品还有刘恒的电影剧本《云水谣》、曾哲的新作《转场,来自帕米尔高原的消息》、邹静之合作创作的京剧剧本《新白蛇传》、邱华栋的长篇小说《贾奈达之城》、史铁生的长篇小说《我的丁一之旅》等等。以2006年的创作量为例,北京作协驻会合同制作家就发表、出版了长篇小说7部,中篇小说17部,短篇小说28篇,散文、报告文学数百篇,儿童文学十余篇,影视、话剧、戏剧剧本上百部(集),出版作品集39部。当年,徐坤、阎连科等作家的小说被译为日文,邱华栋、郭雪波等人的多部作品被译成法、日等文在海外出版发行。

在世纪之初不到10年的时间内,北京文坛创作的繁荣还可从众多作家的丰硕成果中得到体现。继《到城里去》、《卧底》、《看秋》等一系列以乡土人情或小煤窑生活为题材的中短篇小说发表后,刘庆邦于2006年推出他以小煤窑为题材的长篇小说《红煤》,继续关注生死煤窑里的矿工生活,小说把重点放在了人性的变异上,讲述了主人公依靠女人不断向上爬的故事和复仇的情结,被称为中国的《红与黑》。毕淑敏在《红处方》之后又推出《血玲珑》、《拯救乳房》和《女心理师》三部长篇小说。《女心理师》通过一个青年女子学习担当心理师的故事,表现了人生世界的丰富和多彩。阎连科连续推出小说《受活》、《丁庄梦》、《风雅颂》和《我与父辈》四部长篇小说,四部小说呈现为从叙述"乡土"到反映高校知识分子,再回归"乡土"的路径,力图深入表现人们的心理和灵魂。曹文轩除出版了中短篇小说集《野风车》(2005年)和《狗牙雨》(2008年)外,还于2005年后推出《青铜葵花》、《细米》、《天瓢》和《大王书2:红纱灯》等多部长篇小说。《青铜葵花》写了一个至美的爱情故事,对"苦难"作了全新的阐释;《细米》以优雅的笔调写了一个感人的爱恋故事;《天瓢》通过忧伤而唯美的文字谱写生命的故事;《大王书2:红纱灯》以大胆奇特的幻想,纯美的品质,宏大壮阔的场面,体现了史诗、人性与审美的多维融合。

京味文学是一种具有浓郁地域色彩的文学样式。新世纪,京味文学的创作也取得了新的成就。2004年,刘一达推出新作"京味儿系列丛书",包括《老根儿人家》、《有鼻子有眼儿》、《老铺底子》三部长篇小说。作品描绘了北京的胡同、大栅栏等平民社会景观,通过每一个家族的变迁,展现出历经沧桑的老北京的人事风物,流露出北京文化的鲜明特征和深厚底蕴,并对传统京味文化的留存进行了反思。后起的80后作家孙睿、春树和独眼的创作也表现出浓厚的京味。2003年孙睿发表了新京味青春文学《草样年华》,影响甚大。春树的《北京娃娃》文风淡雅,记录了北京大大小小的路牌,地铁站,别有风味。独眼2008年出版的长篇小说《胖子》展现了北京城的变迁,胡同里的孩子对城市变迁所怀有的怅惘和不知所措的情感。

新世纪之初北京的文学创作也表现出对北京奥运和四川地震等重大事件的关注,如徐坤创作了长篇小说《八月狂想曲》,曾哲创作了长篇奥运纪实文学《觉建筑》,作家张洁与"鸟巢"的中方总设计师就鸟巢建筑设计中的美学问题进行对谈,并在《十月》杂志上发表对话结果,马淑琴创作了以"绿色奥运"为题材的报告文学《为了如约的绽放》,孙晶岩的《五环旗下的中国》,穆玉敏的《北京奥运安保大写真》等。2008年5月12日,四川地震发生后,陈祖芬、邹静之分别创作了诗歌《中国不哭——天安门广场19日14点28分实录》、《我们的心——献给汶川的血肉同胞》,作品在全国引起了极大反响。诗人崔墨卿、合同制作家马淑琴等创作出了感人的诗歌作品。徐坤、祝勇、张月然等亲赴灾区采访、救援,并创作了大量感人的优秀作品。

新世纪北京文学的成就得到了几乎国内所有重要文学奖项的肯定。在鲁迅文学奖、老舍文学奖、茅盾文学奖、中宣部精神文明建设"五个一工程奖"、北京市政府文学艺术奖等文学大奖中,北京作家都榜上有名。张洁的长篇小说《无字》获得了第三届北京市文学艺术奖、第二届老舍文学奖、第六届茅盾文学奖和第六届国家图书奖等多项大奖。凌力的长篇小说《梦断关河》、宁肯的长篇小说《蒙面之城》、刘庆邦的中篇小说《神木》、曾哲的《一年级二年级》和《香歌潭》两部中篇小说、衣向东的中篇小说《初三初四看月亮》、阎连科的长篇小说《受活》、程青的中篇小说《十周岁》等获老舍文学奖。熊召政的《张居正》、徐贵祥的《历史的天空》、柳建伟的《英雄时代》和宗璞的《东藏记》获第六届茅盾文学奖。毕淑敏的《心灵7游戏》获中国人口文化奖(中央七部委主办,全国性奖)散文组银奖;张承志的散文集《一册山河》和郭雪波的长篇小说《大漠狼孩》获首届全国少数民族文学骏马奖(国家民委和中国作协主办,全国性奖);《大漠狼孩》还与刘恒的报告文学《老卫种树》获得首届全国环境文学优秀作品奖;曾哲的中篇小说《一年级二年级》和《帕米尔案件》、刘庆邦的中篇小说《到城里去》、毕淑敏的中篇小说《女工》、周大新的长篇小说《湖光山色》、刘庆邦的长篇小说《红煤》均获得北京市文学艺术奖;毛志成的《别处死那匹马》、谢冕的《这城市已融入我的生命》、祝勇的《旧宫殿》、韩小蕙的《光明日报》、周晓枫的《你的身体是个仙境》等获得郭沫若散文奖;金波的《乌丢丢的奇遇》和前述曹文轩的《细米》获得全国优秀儿童文学奖。

在大量文学佳作不断涌现的同时,北京成功举办了三届文学节。2004年9月举办首个文学节——"北京文学节",设立了"终身成就奖"、"文学创新奖"、"北京作家最喜爱的海外华语作家奖"三项文学大奖。王蒙获得"终身成就奖",刘恒获"文学创新奖",白先勇获"北京作家最喜爱的海外华语作家奖"。2005年举办的第二届"北京文学节"打出了"理想、激情、创造——播撒文学的种子"的口号,主要开展了面向基层,面向大众,面向文学基础队伍的活动。2007年9月举行了第三届北京文学节,著名作家林斤澜、史铁生分获"终生成就奖"和"杰出贡献奖"。针对新世纪的经济社会发展和文化建设需要,北京市文联成功举办了三届文艺论坛,围绕"市场经济与文艺"、"传媒与文艺"、"文艺与批评"等主题进行广泛深入的探讨。同时,北京文学界开展了形式多样的活动,加强京内外、国内外作家、理论家和批评家之间的交流与对话,推动北京文学开放与发展。值得一提的是,新世纪北京文学的发展还受到科技飞速发展和市场化的影响,传统的文学写作、传播和接受模式发生了巨大的改变。大量网络文学、图像文学的涌现极大地丰富了文学的百花园。长篇小说的市场化运作日益成熟,很多小说和影视形成互动,借助影视的传播带动了小说销量,刘震云的小说《手机》即是一例。2002年下半年,"博客"在网络上兴起,并逐渐从"网络日记"或"日志式个人主页"发展为公众创作的场所。

在视觉艺术方面,北京地区的书法、美术、摄影等视觉艺术在大量精品力作产生的同时,最明显的变化是展览数量增加,展览规模不断扩大,展览水准不断提高,各种美术活动体现了对时代、对生活、对重大事件,特别是2008北京奥运会的关注。从创作看,除题材内容丰富、形式多样、各具探索性的作品大量产生外,还有数幅紧扣奥运和北京城市生活的巨幅大作诞生,仅2008年8月就有《奥林匹克颂》、《盛世荷谐》和《笔墨盛世——百米书画长卷展》推出。反映百年奥运历史的巨幅油画《奥林匹克颂》出自著名画家刘宇一和女儿刘浩眉之手,是当时世界上规模最大的架上绘画。陆万运历经两年时间创作的巨幅国画《盛世荷谐》,以"荷"喻"和",体现"同一个世界,同一个梦想"的理念。《笔墨盛世——百米书画长卷展》由《申奥报告》、《京门九衢图》、《古运回望图》3幅百米长卷组成。2009年中央美院九位青年画家完成的绘画长卷《盛世长安图》则首次完整地描绘了北京的长安街,以工笔重彩艺术地再现了长安街的美景和市民百姓的生活常态。

新世纪北京美术创作的繁荣最明显地体现在城市雕塑精品力作的大量产生上。主要作品有2001年张高山、张高屹设计创作的中关村科技园景观标志雕塑,体现了中关村高科技、国际化、知识经济、科技创新的显著特征。2002年,菖蒲河公园建设了一批公共雕塑,主要有《菖蒲球》、《菖蒲迎春》、《天妃闸影》、《古砚》、《"兰亭集序"砖刻》、《情侣扇》、《对弈》、《昆虫灯》等。2003年,北京建都纪念阙在北京宣武区滨河公园落成,纪念阙寓意"天圆地方,维系中央,四季平安",斑驳的铜锈透着历史的沧桑感。2004年9月,《圣火》、《奥运风》和《飘动的五环》三座第一批奥运主题雕塑在东城区奥林匹克社区公园落成,作品用艺术手法表现了火炬传递、奥运大家庭和人文奥运的主题。其他城市雕塑作品还有西直门的《流韵》,海淀区花园广场中心落成的《花·火·祥》,月坛南街西端入口处的《日新月异》,王府井皇城根遗址公园城市雕塑群,西单大街的《和谐》、《流通》、《欢乐一家人》,北京航空航天大学校园内建造的《载人航天精神雕塑——铭》,天桥市民广场的《天桥八怪》等等。新世纪的北京城市公共艺术得到了迅速的发展,美化了首都城市的环境。

从美术展览看,新世纪的各种展览在数量不断增加的同时,规模不断扩大,水准不断提高。大型展览除2004年12月在中国美术馆举行的"第十届全国美展"外,还有从2003年开始举办的"北京国际美术双年展",从

2005年开始举办的北京国际书法双年展。建国55周年之际的"第十届全国美展"第二阶段在京展示了597件获奖作品,题材广泛、内容丰富、形式多样,比较全面地反映了广大美术家在追求民族风骨和时代精神的融合上所做出的大胆探索和所取得的出色成绩。2003年,首届北京国际美术双年展主题为"创新:当代性与地域性",展出了来自40多个国家的400件作品。国内作品涵盖中国画、油画、漆画、版画等艺术门类;国外艺术家的作品以油画和雕塑为主,也有能代表该国艺术特色的民族绘画。2005年第二届北京双年展展出了来自60多个国家的500余件作品,展览反映出国际上绘画和雕塑鲜活的当前状况。2008年在中国美术馆举办的第三届北京美术双年展以"色彩与奥林匹克"为主题,参展的81个国家701位艺术家的747件作品全景式地展现出全球当代绘画和雕塑艺术的面貌。这是在奥运期间举办的北京奥运会重大文化活动,也是建国以来参展国最多的一次国际美术大展。艺术家们用多种表现手法诠释了和平、友爱与奋进的奥林匹克精神。

北京国际书法双年展于2005年开始举办,首届和第二届分别于2005年11月和2008年奥运会开幕前夕举行。首届书法双年展会聚了762件书法精品,包括国际书法名家精品邀请展、中国中青年获奖书法家提名精品展、中国著名女书法家作品邀请展等九大展览,成为北京以往历届书法展中规模最大的一次展览。其中北京书法家优秀作品展首次展出了北京书协已故著名书法家郭沫若、启功、赵朴初、舒同等人,以及北京书协近年涌现出来的中青年书法家的作品。第二届北京国际书法双年展·北京书法家协会第十二届书法篆刻展于北京2008年奥运会开幕前夕举行,用东方古老的书法艺术表达了"人文奥运"理念,体现了"同一个世界,同一个梦想"的奥运主题,为广大书法爱好者搭建了一个"笔歌北京奥运"的舞台。另外,几次大型雕塑艺术展也引人注目。2001年5月,"新北京,新奥运——体育雕塑展"在王府井大街举行,展出近百件来自全国各地的雕塑作品。其中《奥林匹克精神》、《搏》、《龙舟》、《千钧一发》、《超越》等融合力与美、速度与拼搏精神的体育雕塑,展现了艺术家们祝愿北京申奥成功的心愿。2002年9月,"中国北京·国际城市雕塑艺术展"举办。展览定位为"交流、融合、超越",内容包括主题展、专题展和学术研讨。这是建国后我国规格最高、规模最大、形式最多样、内容最丰富的城市雕塑艺术盛会。此次雕塑展共收到62个国家和地区的2400件设计方案图。经过评选后,有40个国家和地区的242件雕塑作品参加了艺术展。展会得到了社会各界的高度关注,产生了广泛的影响。为配合"2002 年中国北京·国际城市雕塑艺术展",北京市还同时举办了"半个世纪回顾——北京雕塑艺术文献展"和"童心·绿色·未来——全国少年儿童雕塑设计比赛"两个专题展。2004 年 1 月,"北京城市雕塑十年回顾展"在北京城市规划展览馆举办。2007 年 10 月,"北京奥林匹克艺术之梦·2007 北京国际城市雕塑艺术展"启动,近百件优秀城市雕塑作品将"落户"奥运场馆及北京城市街区和公园。此次参展的所有艺术品都采用"现在进行时"的方式,国外雕塑大师们来到北京亲自进行奥运雕塑的现场加工制作。

在大型展览举办的同时,其他各类书法美术展此起彼伏,令人目不暇接。以 2003 年为例,全国在京举行的重要展览就有数十个:法国"新现实主义作品展"、"女美术家联谊会会员自选作品展"、"主题与副题——亚洲女艺术家作品展"、"抗击非典,奉献爱心——雕塑及艺术作品展览"、"融入自然、共享空间、雕塑生命——2003 环保雕塑作品展"、"今日中国美术大展"、全国当代花鸟画艺术大展、全国第二届中国画大展、全国首届壁画展、全国漆画展、中国粉画展、中国十所美术院校作品展等系列展。此外重要的展览还有 2004 年的法国印象派画展(2004)、"爱我中华·全国青少年书画双年展"(2006)、"画坛苗圃——北京市新人新作展"(2007)、"中国国粹油画艺术精品展"、故宫院藏"清代四僧"绘画展(2008)、"耕耘与奉献——吴冠中捐赠作品展"和"中国现代美术奠基人系列·徐悲鸿大型艺术展"(2009)等。新世纪北京各类美术展览在体现国际化、多元化、高规格化和常态化的同时,也体现出美术对重大事件的关注和对生活的贴近。如"永恒的记忆——纪念中国人民抗日战争暨世界反法西斯战争胜利 60 周年京沪美术作品联展"(2005),"翰墨颂歌——中国美术馆迎奥运书法邀请展"、"擎起奥运大厦的人们"纪实摄影展览、"美好家园——和谐社区北京美术作品展览"、"迎奥运文明礼仪之光·赛场文明礼仪"(2007)等,以及 2008 年举办的"众志成城——2008 抗震救灾全国摄影美术书法特展"(2008)。2008 年北京奥运会前后,各种美术活动烘托出浓浓的奥运氛围。从 2008 年 6 月至 9 月,国内外的 398 项各类展览在北京各大博物馆、展览馆、美术馆展出。展出规模、数量、品质和分量前所未有。其中中国内包括港、澳、台地区的展览就有 355 项,分为文物、美术、书法、设计、服饰、收藏、影像艺术、现代艺术几大部分。2009 年,为庆祝澳门回归祖国 10 周年,举办了"镜海观澜——澳门艺术博物馆藏澳门美术作品展"等。

新世纪北京美术创作实绩也体现在获奖上。如在 2004 年 9 月举行的

"第三届全国城市雕塑建设成就展览"会上,北京的《中国人民抗日战争纪念雕塑园群雕》、《国风》、《火树银花》获得了优秀作品奖,《北京国际雕塑公园》、《北京天桥八大怪》、《中国人民抗日战争纪念雕塑园》、《北京现代文学馆群雕》获得了特别奖。在第十届全国美展中北京地区的作品摘得多项大奖:叶武林、白羽平等人的《受难者·反抗者》(壁画),俞孔坚、庞伟、黄征征等人的《中山岐江公园》(环艺),李薇的《夜与昼服装系列》(服装设计),滕非的《对话与独白》(首饰设计)和高峰《故乡情组器之涌波》(陶艺)等作品获金奖;庄道静、咸宜的《百合》(中国画),叶健的《轮》(油画),徐维辛的《工棚》(油画),杜飞的《北大荒人颂》(壁画),吴涛毅的《静静的艾敏河》之一至之四(插图),白小华的《午门瑞雪》(漆画),王红卫、吕淳的《传承与超越(书籍装帧)》(设计),韩文强、李晓明的《海风痕迹(环艺)》(设计),蔡军、王小龙的《明@style(工业设计)》(设计)等作品获银奖;赵卫的《老区早晨》(中国画)和李乃宙的《苗岭三月》(中国画)获齐白石奖;李爱国的《白毛风》(中国画)获关山月美术基金奖;杨飞云的《秋海棠》(油画)和陈坚的《塔吉克牧羊女》(水彩)获马利艺术创作奖。此外,孙玉芬摄影作品获第十五届奥赛国际影艺联盟金奖和法国马椰国际摄影比赛优秀奖,秦大唐作品在斯洛伐克国际摄影比赛和比利时国际摄影比赛均获优秀奖,孝刚作品获第十一届中国国际影展铜牌,何慷民、刘英毅获首届中青年德艺双馨奖,徐利生获第二届中青年德艺双馨奖,魏刚第三届中青年德艺双馨奖。

在影视和表演艺术方面,北京的影视、文艺创作和表演日趋繁荣,大量精品剧目不断产生,演出市场日益壮大。同时,围绕北京奥运的演出如火如荼,2008年北京奥运会开幕式文艺表演更是吸引了全世界的目光。

进入新世纪,国家一系列政策措施出台,演出市场逐步开放。2002年10月,文化部《营业性演出管理条例实施细则》开始实行,放宽了社会资金进入演出行业的限制。此后,《行政许可法》取消了演出项目的行政审批,《关于非公有资本进入文化产业的若干规定》、《关于鼓励发展民营文艺表演团体的意见》、《关于完善审批管理促进演出市场健康发展的通知》等相继实施的政策,则积极鼓励和支持非公有资本进入文艺表演、演出场所等文化领域。随着国家政策的实施,2002年北京市文化局简化了社会资金进入演出行业的审批手续,2005年北京市委通过《北京市文化产业发展规划(2004—2008年)》,提出要将北京建成全国的文艺演出、影视节目制作和交易等多个文艺中心。

在发展文化产业的政策推动下,新世纪北京表演艺术单位和广播影视业在向市场转向方面取得实质进展。2001年,由中央实验话剧院和中国青年艺术剧院合并组成国家话剧院,随后中国京剧院更名为国家京剧院。2002年,以东方歌舞团为代表的一批国家院团,开始了对演出产业化运营的探索。东方歌舞团推出大型歌舞晚会《蔚蓝色的浪漫》,民族歌舞团和中国歌舞团分别推出大型歌舞《多彩的家园》和《秘镜之旅》。演出向市场的转化大大促进了演出的繁荣,从2002年,北京每年的文艺演出突破10000场次,意味着平均每天的演出约30场。

北京儿童艺术剧院等一批演出院团则相继完成股份制改制。2004年,北京儿童艺术剧院股份有限公司挂牌成立;2004年,北京歌舞剧院有限责任公司成立;2006年,中国木偶剧院有限责任公司正式挂牌;2006年,中国杂技团与中国银泰投资有限公司合作,改制为文化企业,成立中国杂技团有限公司。股份制改革大大激发了这些演出单位的活力,在剧目运作、资源整合、市场推广、品牌经营等方面均取得了突破性进展。同时,民营演出团体、演出经营机构迅速增加,演出市场日益壮大。截至2006年底,全市累计审批艺术表演团体达194家,其中社会办团138家,比一年前增加了两倍多。据北京市文化局不完全统计,北京的艺术表演团体2006年在国内外演出17629场,同比增长15%;国内观众1167万人次,同比增长约80%;演出收入2.9亿元,同比增长170%。2006年,北京市剧场演出8253场,观众达396万人次。北京市属11个剧团平均单场演出费为1.4万元,比2005年增长27.3%。

在表演团体迅速增加的浪潮中,一批快速成长的社办演出团体涌现出来,具有代表性的有女子十二乐坊、红缨束女子打击乐团和新丝路模特经纪公司等。其中,女子十二乐坊于2001年6月诞生。带着中国传统的民族器乐与时尚的现代音乐元素完美结合的独特音乐,12个青春靓丽的中国女孩引领着中国民乐的世界流行风潮走向亚洲、北美等国家和地区,对民族文化的弘扬与发展、教育与普及做出了重大的贡献。天创国际演艺公司投资制作并经营的大型演艺剧目《功夫传奇》、北京派格太合环球传媒有限公司参与出品的、舞蹈艺术家杨丽萍表演的《云南印象》、北京羚祥文化艺术公司推出的舞剧《藏羚羊》等剧目则成为市场化成功运作的典范。演出市场的发展也促进了剧目创作的繁荣,除上述《功夫传奇》、《藏羚羊》等剧目外,2001年后,北京地区的新创大型剧目还有:历史剧《水淹七军》、河北梆子《王宝钏》、为纪念抗击"非典"胜利三周年推出的环境话剧《天使》、音乐话剧《艳遇》、话剧《失明的城市》、原创时尚木偶剧《少年孙悟空》、非语言爆笑舞台剧《终极使命》、新编历史京剧《走西口》、新版《东方红》、实验戏剧《东游记》、原创舞剧《一代天骄》、原创歌剧《孔子》、实验话剧《爱比死更冷酷》、杂技剧《西游记》、新编史诗京剧《赤壁》、情境杂技《一品一三绝》、国家大剧院开幕以来首部原创话剧《简·爱》等等。很多新创剧目体现了多种艺术元素乃至高科技元素的融合,以及大胆的探索,如新版《东方红》增加了交响乐伴奏,在尊重原创音乐的基础上,以独唱、重唱、伴唱、合唱等艺术形式进行崭新表现,最大限度地张扬了中国传统民歌的动听和美感。

在大量剧目涌现的同时,北京文艺工作者和剧目表演还频频获得各种荣誉称号和奖项。2001年,戏剧《宰相刘罗锅》(第二本)、儿童剧《想变蜜蜂的孩子》,歌曲《军旗下的我们》、《五星红旗》、《二十年后再相会》,广播剧《向天歌》、《妈妈你说话》、理论文献电视片《红旗飘飘》等作品获得中宣部第八届"五个一工程"奖;杂技《移形幻影》在第16届法国摩纳哥国际魔术比赛中荣获唯一金奖"金魔棒"奖。2003年,在文化部组织的首届国家舞台艺术精品工程评选中,京剧《宰相刘罗锅》位居十大精品剧目榜首;话剧《万家灯火》、《北街南院》获中国人口文化奖;杂技《翔——软钢丝》荣获法国"明日"暨"未来"杂技节少儿组冠军和法兰西共和国总统奖;木偶戏《天鹅湖》荣获金狮奖、第二届全国木偶皮影比赛金奖。2004年,杂技"十三人顶碗"在国际杂技顶尖级赛场蒙特卡罗荣获金奖,"抖空竹"获武汉国际杂技节金奖;社团女子十二乐坊的《奇迹》荣获日本2003年唱片大奖;话剧《万家灯火》入选国家舞台艺术精品工程十大精品剧目;话剧《北街南院》和《宦门子弟错立身》获得文化部第十一届文华新剧目奖;大型京剧交响剧诗《梅兰芳》获第四届中国京剧艺术节金奖;评剧《刘巧儿新传》荣获第四届中国评剧艺术节优秀剧目奖。2007年,适逢中国话剧百年,人事部、文化部授予于是之、朱琳、李默然等30位艺术家"国家有突出贡献话剧艺术家"的荣誉称号,授予赵有亮、朱旭等80人"文化部优秀话剧艺术工作者"荣誉称号。新世纪北京的演出形成了几大演出品牌,标志性文化活动走向成熟,国际影响力越来越大。影响较大的有"相约北京"、"北京国际音乐节"、北京国际戏剧演出季、北京国际舞蹈演出季、"北京新年音乐会"等。另外,2006年5月,北京市还在通州、大兴、怀柔、平谷及房山区开展了"文艺演出星火工程"试点工作,使艺术走近基层,走近农民,丰富和活跃了农村文化生活。该工程当年在5个试点区2038个行政村共演出4852场。2007年,"文艺演出星火工程"全面推广至全市13个农村区县。

更引人注目的是,北京有声有色地成功举办了一系列庆祝申奥成功、迎奥运和献礼奥运的演出。如 2001 年 7 月 13 日,北京申奥成功当晚中华世纪坛激情上演的联欢晚会,以及申奥成功各周年纪念演出。进入 2007 年,迎奥运的文艺演出活动逐渐增多。大兴区在兴城广场举行的"迎奥运创和谐 2007 年花会汇演",怀柔区群众的百余文艺节目迎奥运活动,石景山区开展的"奥运向我们走来——石景山区庆祝奥运会倒计时五百天周末剧场演出",第七届北京宣南文化节表演了京剧、评书、体育绝活表演、舞蹈《奥运圣火》等迎奥运节目,丰台区举办的"激情奥运,舞动丰台"广场舞蹈展演和"激情奥运大家唱"活动等等。2008 年,文化部开展了"2008 北京奥运重大文化活动"。3 月至 9 月,400 多台中外演出节目在北京各大剧院上演。6 月至 9 月北京奥运会和残奥会期间,是演出活动最为密集的时段。奥运前后的演出主要有大型晚会,剧场演出和广场文化表演。大型晚会主要有 7 月 29 日,在距北京奥运会开幕式还有整整 10 天时上演的《百年圆梦——迎 2008 北京奥运会文艺晚会》、《穿越时空的圣火——百年奥运经典回顾大屏幕视听音乐会》和"奥运文化重大演出活动"中唯一一台相声小品专场晚会等。

如果说迎奥运的文艺演出主要围绕奥运主题展示了亿万中华儿女的喜悦、热情和信心的话,北京奥动会开幕式的文艺表演则用富有视觉冲击力的画面展示了中国文化的博大精深,以及"同一个世界,同一个梦想"的主题。2008 年 8 月 8 日晚 8 时,举世瞩目的北京第二十九届奥林匹克运动会开幕式在国家体育场隆重举行,奥运五环在传承五千多年的灿烂中华文化中呈现出独特的魅力。历时约四个小时的开幕式用中国文化的元素和通行世界的语言、以写意的风格营造了浪漫的气氛,将七年来首都北京围绕奥运的文艺演出推向了最高潮。继北京奥运会开幕式表演获得巨大成功后,8 月 24 日精彩的北京奥运会闭幕式,9 月 6 日与 9 月 17 日,北京残奥会开幕式和闭幕式文艺表演分别在国家体育场"鸟巢"上演,再次为全球观众呈上震撼人心的视觉盛宴。

从影视艺术看,2002 年,《电影管理条例》的颁布揭开了新一轮电影体制改革和产业化进程的序幕。2004 年,国家广电总局又先后出台《关于加快电影产业发展的若干意见》和《国家电影专项资金资助城市影院改造办法》等一系列推动电影产业改革发展的政策、法规、措施。2005 年北京市文化局又出台了《支持新建改造多厅影院资金补助办法(试行)》。在政策推动下,越来越多的民营资本注入电影制片和发行放映领域,包括世纪英雄、星美传媒影视、华谊兄弟、西影华谊、北大华忆、新画面等在内的民营制片机构迅速成长。同时，营业性电影放映场所也呈不断增加之势，而广播影视业也走向规模化发展。2001年，拥有50亿元资产的北京广播影视集团组建成立。到2008年11月，北京地区累计注册的广播影视制作机构已达725家。

随着影视制作机构的增多，北京影视剧创作数量逐渐增加，质量不断提高。2001年共拍摄完成《刮痧》等电影6部，《太阳不落山》等电视剧30部687集，制作《向天歌》等广播剧3部，其中《刮痧》、《紫日》、《谁说我不在乎》在第十届"百花奖"、"金鸡奖"评选中荣获多项大奖。2002年拍摄电影《嘎达梅林》、电视剧《彭真》等影视作品20余部100多集，制作《潮涌东方》、《新时代·新航程》等4部51集系列理论专题片，影片《法官妈妈》、《嘎达梅梛》、《谁说我不在乎》获得第八届电影"华表奖"优秀故事片奖和评委会奖，《法官妈妈》还获得了大众电影"百花奖"最佳故事片奖，影片《天上的恋人》荣获第十五届东京国际电影节最佳艺术贡献奖。2004年，电影《张思德》、电视连续剧《天下第一楼》、歌曲《江山》等一批优秀作品相继完成。2006年拍摄的有《缉毒警》、《香巴拉信使》等影片以及《城里城外》等电视剧40部1189集，电影《张思德》获第28届大众电影百花奖最佳故事片、最佳导演和最佳男主角奖，电视剧《亮剑》和《家有儿女》获第二十三届中国电视金鹰奖优秀长篇电视剧奖，电影《马背上的法庭》获第六十三届威尼斯电影节地平线单元最佳影片奖。2007年拍摄制作的有电影《一个人的奥林匹克》，电视剧《荣归》、《金婚》，动画片《福娃奥运漫游记》等一批主题鲜明、形式多样的文艺作品。2008年，北京电影出品量约占到全国出品总量的1/2，电视剧出品量约占到全国总量的1/4。此外，还有《我们俩》、《英雄》、《暖》、《可可西里》、《孔雀》、《动词变味》、《寻枪》、《冲出亚马逊》、《惊涛骇浪》、《盲井》、《诺玛十七岁》、《台湾往事》等大量影片获得国内国际多项大奖。其中《我们俩》在第二十五届中国金鸡电影节上获得最佳导演和最佳女演员奖，《英雄》获第二十六届大众电影百花奖最佳故事片奖、第九届中国电影华表奖优秀中外合拍片奖、特殊贡献奖，《可可西里》获第十七届东京国际电影节评委会特别奖、第四十一届台湾电影金马奖最佳故事片奖，《孔雀》获第十五届柏林国际电影节评委会奖银熊奖。新世纪北京的影视艺术的发展还体现在新的艺术趋向上，如张艺谋的《英雄》和《十面埋伏》、冯小刚的《夜宴》等影片均表现出对画面和光影效果的追求。而"第六代"导演的探索性则表现为把镜头对准社会边缘、底层人群，或探索人生,或思考梦想,既漠视主流意识形态又极端"个人化",他们所追求的不是"民族化",而是世俗化的纪实风格。如顾长卫的《孔雀》、陆川的《可可西里》、马俪文的《我们俩》均把镜头对准了一种被社会忽视的真实,而高晓松的《我心飞翔》则阐释了"流逝"的主题:一切都会流逝,爱情、生活及命运都无法抗拒"流逝"。

在市场化的运作模式的推进下,北京出品影视剧的市场不断得到拓宽。紫禁城影业公司的影片《张思德》取得了经济、社会效益的双丰收,《亮剑》于2005年获得央视电视剧最高收视率,影片《英雄》、《十面埋伏》、《美丽的新世界》和《洗澡》在海内外市场均收获丰厚的票房。同时,北京电影市场的票房也节节开始飙升。2005年北京电影市场实现了2.26亿元的票房新纪录,在日益市场化的运作模式下,"电影季"一浪高过一浪,"档期票房"出现大幅上涨。自2006年首次超过3亿元后,2007全市电影票房升至3.7亿元,2008年北京电影放映收入达5.25亿元,雄居全国各大城市之首。

新世纪的北京文学艺术呈现出更加繁荣的局面,在弘扬主旋律的同时不断拓展文学艺术的多样性空间,在坚持正确文艺方向的同时积极探索文学艺术的新方法,在努力建构精神文化价值的同时勇于面向市场经济的发展,在深化文化体制改革的新形势下,坚持"百花齐放,百家争鸣"的方针,大力推动北京文学艺术的新发展和新繁荣。

八、新世纪北京的新闻出版事业

新世纪的北京新闻出版事业坚持精品文化意识,进一步深化体制改革,开创市场,积极探索社会主义市场经济体制下北京市新闻出版事业的新发展。"十五"期间,北京市新闻出版系统不断深化新闻出版的改革力度,努力打造形成了具有全国性影响和世界关注度的首都新闻出版系列品牌。"十一五"期间,北京市新闻出版事业贯彻落实中央和北京市有关文化体制改革、文化事业建设和文化产业发展的指示精神,抓住新的机遇,迎接新的挑战,按照"新北京,新奥运"和构建社会主义和谐社会的要求,以发展文化创意产业为重点,大力实施精品战略,推进人文奥运建设,全力建设具有全国辐射力和世界影响力的新闻出版事业。

2001年,北京市新闻宣传工作积极宣传党的方针政策,坚持主旋律,多方面宣传和报道国家和首都的两个文化建设。北京电视台365集大型文献纪录片《红旗飘飘——中国共产党历史上的今天》从1月1日开始播出,率先在全国拉开了纪念建党80周年宣传的序幕。新闻宣传工作积极报道首都经济技术新发展、城市基础设施建设和首都精神建设。2001年是北京申奥之年,北京市新闻宣传部门以"爱国主义"为基调,大力宣传首都经济社会文化建设的伟大成就、首都人民支持申奥的热情和申奥成功后的喜悦。北京市的出版事业围绕北京市的中心工作,积极推出大批力作。《邓小平理论与中共党史学》等被中宣部、新闻出版总署作为"庆祝中国共产党成立80周年重点图书选题",《李大钊》、《少奇同志三部曲》等入选新闻出版总署"庆祝中国共产党诞生80周年重点音像选题目录",《妈妈的心有多高》(北京十月文艺出版社)和"漫画金头脑丛书"(北京少年儿童出版社)获第八届"五个一工程"奖,北京市有5种图书入选第五届国家图书奖。2002年,北京市新闻宣传工作积极稳步地推进新闻出版事业的改革,以重大活动、重大节日和重大会议为契机,紧紧围绕迎接、学习、宣传、贯彻十六大,分铺垫、预热、升温、高潮、深化五大阶段,组织了"北京记者基层行"、"成就报道"等八大主题新闻宣传活动;围绕"第五届中国北京科技博览会"、"中关村十年大变样"、"南城成就和发展"、"北京经济技术开发区成立十周年"、"古都风貌保护"、"城市重点工程建设"等重点工作,报道首都科技经济、城市建设和文化保护等新进展。北京日报报业集团深化改革取得新进展,改组了《北京经济报》,创办了《北京现代商报》;北京出版社出版集团不断完善内部机制,本年度图书销售总码洋达到5亿元,利润达到5500万元,总资产增加1亿元。该年度共有189种图书荣获市级以上奖。北京地区各出版单位共引进图书版权6780种,电子出版物253种,签署计算机软件许可使用合同458份。广播影视业改革进一步深入,2002年,广电集团的总体经济形势保持良好态势,全年总收入达25.1亿元,比上年增长8.9%。

2003年6月,全国文化体制改革试点工作会议召开,正式启动中央文化体制改革试点工作。7月,中共中央办公厅和国务院办公厅转发《中宣部、文化部、广电总局、新闻出版总署关于文化体制改革试点工作的意见》,确定北京、上海、广东、浙江、重庆、杭州、沈阳、西安、丽江等九省市作为文化体制改革综合性试点地区。北京市各新闻媒体大力报道各级党组织认真学习实践"三个代表"思想,围绕市委市政府关于优化发展环境的重大工作部署,首都率先基本实现现代化和筹办2008年奥运会两大中心任务,突出反映首都两个文明建设的新面貌。通过有深度有特色的主题报道,展示北京的历史文化传统、文化精神和现代城市文化建设,大力塑造北京文化之都形象。围绕新北京、新奥运主题,报道和宣传"7.13 健康北京,激情奥运市民日活动"、"第 29 届奥运会会徽发布"、"2008 首届奥林匹克文化节",塑造热烈而丰富的奥运文化氛围。加强首都新闻出版事业的法制建设和体制改革,制定和下发了《北京市关于改进和加强突发事件新闻报道工作的实施办法》、《关于改进会议和领导活动报道实施方案》、《北京市新闻战线自律公约》、《关于加强职业道德建设,杜绝虚假不实新闻的若干规定》等相关文件,北京日报报业集团增强改革力度,整合资源,突出优势,塑造品牌,"京版"品牌增强了市场的竞争力,出版图书 816 种,重印率达 60% 以上,新书社会获奖率达 25% 以上。广电集团控股组建的"北广传媒集团有限公司",创造了广电领域新的经济增长点。北京人民广播电台成为全国首家通过 ISO9001 认证的电台。2004 年,北京市委宣传部和新闻出版行政管理部门针对新闻宣传出现的新情况和新问题,制定了《关于进一步规范和完善新闻发布制度的意见》、《关于进一步加强新闻出版工作的意见》、《关于加强职业道德建设,杜绝虚假不实新闻的若干规定》、《关于做好预防和妥善处置群体性事件新闻报道工作的要求》等规定,加强新闻宣传的宏观管理。根据中央关于深化新闻出版改革的要求,北京市新闻出版系统进一步优化产业结构,整合现有资源,挖掘市场潜力。北京青年报作为全国文化体制改革试点单位,与上海、广州合办了《第一财经日报》,控股北京儿童艺术剧院实现了跨行业、跨地域、跨媒体发展等等,都取得了显著的成效。新闻宣传方面,市属各新闻单位组织了庆祝新中国成立 55 周年、市人大成立 50 周年、市政协成立 55 周年等一系列重大宣传活动。北京市属各新闻单位开辟专栏、专版、专题节目,全面深入地报道各区县、各系统建国 55 年来所取得的伟大成就;集中宣传科博会、国际金融论坛、京港洽谈会等大型活动,为树立北京国际城市的新形象塑造良好氛围。2004 年,雅典夏季奥运会召开,北京市新闻单位围绕雅典奥运火炬北京传递、第二届奥林匹克文化节暨纪念北京申奥成功三周年、雅典奥运会闭幕式上接过奥运会会旗等活动,大力普及奥林匹克知识,弘扬奥林匹克精神,宣传奥林匹克文化,展示北京奥运筹备工作的巨大成就,宣传北京古都文化传统和现代城市文明,塑造作为历史文化名城和现代国际化城市的形象。北京出版社出版集团加快产品结构调整,扩大经营规模,提高经济效益,全年销售收入达 2 亿元,实现利润 8000 万元。北京发行集团的成立,对首都国有图书发行行业实现集约化经营和市场化运作发挥了极为重要的作用。

2005 年 1 月,北京市审议通过了《2004—2008 北京市文化产业发展规划》，提出要进行文化体制改革，大力发展北京的文化产业。2005年12月，中共中央、国务院颁布《关于深化文化体制改革的若干意见》。同月，北京市委书记刘淇提出，要以发展文化创意产业为新的引擎，推动产业升级。2005年，北京市新闻出版工作不断加强新闻舆论的宏观调控管理工作，加强新闻出版队伍建设。市属主要媒体开设"贯彻'三个代表'重要思想，保持共产党员先进性"、"深入开展先进性教育，锻造群众满意工程"、"贯彻五中全会精神，保持共产党员先进性"、"时代先锋"、"永远的丰碑"等栏目；以落实科学发展观为主题开展北京城市总体规划和建设节约型社会的宣传战役；以展示首都经济社会发展成就为主题，宣传报道首都的重点工程建设和"十五"成就；积极配合中央和北京市经济工作会议，开展"十五"期间经济发展、城市建设和奥运场馆建设的新成就和新发展；以"人文奥运"为主题，大力开展"新北京·新奥运"宣传工作；以首都精神文明建设为主题，组织文化和思想宣传工程，展现首都文化事业发展的新成效和新经验。在出版方面，北京市出版单位继续打造和树立"京版"图书精品意识，创建"北京市出版工程"和"读书益民工程"。长篇小说《无字》(北京十月文艺出版社出版)荣获茅盾文学奖；《十月》杂志荣获国家期刊奖；《北京支部生活》、《父母必读》、《建筑技术》、《建筑工人》等期刊名列国家百种重点期刊。北京市属17家出版社共出版图书6041种，比上年增长30%；总定价约10.23亿元，比上年增长19%。

"十五"计划期间，北京新闻出版业抓住机遇，面对新的挑战，积极深化体制改革，谋求新闻出版事业的新思路和新发展，北京的新闻出版事业取得了快速稳定的发展。首都新闻出版业集约化、规模化程度大幅度提高，形成了享誉全国、世界关注的首都新闻出版系列品牌。到2005年，北京地区共有图书出版社234家，占全国的二分之一；报刊出版单位发展到3062家，约占全国的三分之一；音像、电子出版单位225家，占全国的45%；网络出版单位13家，占全国的26%。形成了以《人民日报》等中央七大报纸和以《北京日报》、《北京晚报》、《北京青年报》为核心的首都报业品牌群，以《时尚》、《瑞丽》、《十月》等为核心的首都期刊品牌群，以外语教学与研究出版社、高等教育出版社、北京出版社出版集团等为核心的首都名牌图书出版社，此外还有一批代表高新出版技术水平的音像电子和数字网络出版群体。经过改革开放以来的发展，北京成为全国重要的出版发行基地，规模和水平位居全国前列。据北京市统计局统计，2005年，北京地区出版发行业和版权服务业增加值为110.4亿元，占北京地区文化产业增加值的

30%,占全北京地区国内生产总值(GDP)的1.6%,比2004年增加了5.5%;版权登记也呈现大幅度上升趋势,其中作品登记161184件,软件登记23961件,图书版权引进35007种。"十五"期间,首都的新闻出版事业在深化改革、开拓市场的同时,进一步加强了法制建设,北京新闻出版管理部门组织实施了一系列专项治理行动,严厉打击侵权盗版和兜售淫秽色情、政治性非法出版物的违法犯罪行为,"十五"期间,共查办各类案件10410起,收缴各类非法出版物2601万张(册),净化了首都的出版物市场和文化市场,加强了首都社会主义精神文明的建设。

2006年1月,中共中央、国务院颁布了《关于深化文化体制改革的若干意见》。3月,全国文化体制工作会议在北京召开。同月,北京市文化创意产业领导小组正式成立,市委书记刘淇强调,要从落实科学发展观的高度,积极推动文化创意产业发展。10月,北京市发布了《北京市"十一五"时期文化事业发展规划》。2006年,北京新闻出版工作贯彻落实中央和北京市有关文化体制改革、文化产业和创意产业发展的精神,发展北京的新闻出版事业。北京市属新闻单位开设了"深入开展先进性教育,锻造群众满意工程"等栏目,宣传践行"三个代表"重要思想的典型人物;围绕落实科学发展观和建设"创新型城市"主题,集中报道奥运场馆建设、企业自主创新、重大科技攻关、"建设节约型社会"等领域的新突破和新成果;开展了主题和专题报道,全面宣传构建社会主义和谐社会首善之区的战略任务。以建设首都和谐文化为宗旨,市属主要媒体开辟"知荣辱树新风"、"文明办网、文明上网"等专栏,加强社会主义精神文明建设宣传。出版方面大力推动出版发行工作有序发展和繁荣,以狠抓出版导向为重点,确保出版发行工作有序发展,精心组织了《江泽民文选》在北京地区的发行工作,掀起宣传、学习"三个代表"重要思想和建设中国特色社会主义理论的热潮。

2006年,国家新闻出版总署印发了《新闻出版业"十一五"发展规划》,具体指导"十一五"期间我国新闻出版行业发展的纲领性文件,指出了我国新闻出版业的发展现状,面临的机遇和挑战,新闻出版业发展的指导思想、基本原则和主要目标,确定了"十一五"新闻出版业发展战略重点和促进新闻出版业发展的政策措施。2007年,北京市新闻出版局印发了《北京市出版(版权)业"十一五"时期发展规划》。《规划》提出,以科学发展观为统领,大力弘扬社会主义先进文化,确保正确舆论导向;进一步解放思想,深化出版体制改革;优化资源配置,调整产业结构,转变增长方式,推动新技术新媒体的应用;立足北京,服务大局,面向国内国外两个市场,不断提升首都出版(版权)业的辐射力。"十一五"期间,北京地区出版(版权)业的基本目标完善是以市场为导向的出版产业体系,健全面向公众、积极健康全面的出版公共文化服务体系,不断提高出版(版权)业对首都文化创意产业的贡献率,充分发挥北京作为国际大都市的优势,提升民族出版业在国际市场的影响力,将北京建设成为全国的出版发行和版权贸易中心。

2007年,北京市新闻出版工作坚持"三贴近",巩固和发展积极向上的主流舆论,努力保持舆论基调平稳,竭力维护首都改革发展稳定大局,为推动首都改革开放和社会主义现代化建设事业,实现"新北京、新奥运"战略构想,营造了良好的思想文化和舆论环境。2007年,是筹办2008年北京奥运会的决战年,北京市新闻工作进一步加强新闻舆论的宏观调控,牢固树立政治意识、大局意识和责任意识,突出抓好突发事件宣传、日常新闻管理、健全落实制度,牢牢把握正确舆论导向,认真落实《关于进一步规范和完善新闻发布制度的意见》,组织实施《北京奥运会及其筹备期间外国记者来华采访规定》,研究制定了《关于奥运筹办期间发生境外媒体和非政府组织干扰破坏事件的新闻应急处理预案》和《关于奥运筹办期间发生来京外籍人员突然伤亡事件的新闻应急处理预案》,制定下发了《北京市新闻单位"一支笔"责任管理办法》、《北京市新闻出版单位及其从业人员违纪违规处理办法(暂行)》、《新闻采编"五个坚决不准"》、《关于进一步加强新闻媒体药品广告发布管理工作的通知》等一系列的规章制度。北京市2007年全年共组织宣传活动50余场,组织中央媒体采访20余次,直接组织市属媒体采访210余次,加大正面宣传力度,有效引导了社会舆论。新闻单位开设"喜迎十七大——发展建设成就巡礼"、"十七大代表风采录"等专栏,宣传党的十六大以来首都经济社会发展取得的巨大成就;深度报道"十七大"盛会,宣传十七大报告精神,全面阐释科学发展观的科学内涵、精神实质和根本要求。积极宣传北京市五年来经济社会发展成就和市委市政府的发展战略。市属各媒体开设"筑时代精品,创奥运辉煌"、"奇迹与梦想——奥运场馆之美"、"创造建筑奇迹、实现奥运梦想"等精品专栏,宣传落实"三大理念"和自主创新成果,集中展示奥运场馆风采,组织"迎奥运、讲文明、树新风——我参与、我奉献、我快乐"等宣传北京城市经济、社会、文化和奥运建设的活动。在出版发行方面,北京出版发行业加快了图书发行传统产业的升级换代,北京图书物流中心建成营业,报纸杂志持续稳定发展。

2008年,北京市的新闻出版工作坚持正确的舆论导向,全面深入地报道十七届三中全会、第二十九届奥运会、神七航天工程、纪念改革开放30

周年以及汶川地震等重要事件,组织实施了一大批重点出版工程,形成了积极向上、奋发有为、有利于社会和谐稳定的主流舆论环境。北京奥运会期间,明确和执行奥运会期间的报道要求,大力宣传中国改革开放 30 年取得的伟大成就、北京的历史文化传统和首都社会主义现代化建设的伟大成就,宣传奥运精神。北京市属报刊单位加大正面宣传报道力度,出版了大量的报纸号外和期刊增刊,积极规范和引导北京地区涉外场所境外报刊的发行工作,扶持出版了 180 余种奥运题材、纪念改革开放 30 周年、服务三农等精品出版物,据不完全统计,北京地区共出版奥运图书近 200 种,音像制品、电子出版物约 50 种;组织制作了 10 集"奥运版权保护知识动画宣传片",并在北京电视台 1 频道黄金时段进行了连续播放,对于宣传北京,宣传奥运,展示奥运风采,提升市民素质,推动文化产业发展发挥了巨大作用;与北京日报联合组织了奥运版权保护有奖征文活动,共收到来自全国 21 个省市的 3000 余篇稿件,完成了第 29 届奥运会组委会会徽、奖牌、火炬等 16 件涉奥作品的版权登记工作,有效提高了社会公众奥运版权保护意识。为不断完善图书出版政策体系,大力扶持精品,打造新闻出版实力,北京市先后制定出台或修改完善了《北京市优秀长篇小说创作出版资金管理办法》、《北京市文化创意产业知识产权(版权)保护与促进意见》等 6 个规范性文件。积极探索创新机制,优化服务质量和提高读物水平,加强北京新闻出版公共服务体系的建设。北京新闻出版的产业化得到了健康稳定的发展,据统计,2008 年北京地区共出版图书 15.34 万种,同比增长 22.4%;出版期刊 9.48 亿册,同比增长 3.4%;出版报纸 76.72 亿份,同比增长 5%。在全国 10 家游戏上市公司中,金山、完美时空、搜狐网和中华网等 4 家位于北京,其产值均过亿元。尤其是完美时空公司,2008 年出口收入近 3000 万美元,同比增长 181%。

2009 年是新中国成立 60 周年,北京市把 2009 年作为首都新闻出版、版权业发展的关键之年。在深化体制改革中,北京新闻出版事业努力转变政府职能,不断提高管理和服务水平;不断改进和创新管理工作的内容和方式,探索和建立一套适合首都新闻出版业发展需要的行政管理制度和体系。充分利用首都在新闻出版资源、信息、科技、人才、市场等方面的优势,以改革创新、技术进步为动力,加快发展速度,优化结构布局,提升首都新闻出版业发展质量和整体实力。同时,加强管理,加强服务,实现调控与发展、监管与服务的统一,积极应对国际金融危机的挑战。在新闻出版工作中,紧紧围绕中央提出的"保增长、保民生、保稳定"的目标和新中国建立 60

周年、"五四运动"90周年、澳门回归10周年等重大活动,深入宣传人文北京、科技北京、绿色北京的实践成果,引导社会舆论,营造良好的舆论环境。在出版方面,集中力量完成好国家重点出版工程确定的各项任务,出版一批全面阐释中国特色社会主义理论、学习实践科学发展观和宣传新中国成立60周年的优秀出版物。在新闻宣传方面,不断发展壮大主流舆论,大力宣传新中国成立60周年取得的伟大成就,广泛宣传经济社会和文化发展的重要成果,为保持首都平稳较快发展和社会祥和稳定,实现"人文北京、科技北京、绿色北京"的战略目标做出新的贡献。深入贯彻落实科学发展观,全力推动首都新闻出版事业又好又快发展,在文化建设和产业发展上发挥率先垂范的引领作用,塑造具有全国辐射力和国际影响力的中国新闻出版中心。

九、新北京、新奥运与北京体育事业大发展

2001年,北京申办第二十九届奥林匹克运动会成功,为中国和首都体育事业的发展带来百年一遇的新契机。在新的世纪,北京体育事业围绕"新北京、新奥运"的宏伟主题,为筹办和迎接2008年北京奥运体育盛会,积极开展各项体育事业的建设,北京的体育事业取得了前所未有的新发展和新成就,开创了北京体育大发展、大繁荣的新局面。

2001年是新世纪和"十五"计划的第一年,同时也是北京申办奥运会、举办大运会、承办体育博览会、参加九运会的决胜之年。2001年7月13日,在党中央、国务院的正确领导和亲切关怀下,在全国人民的大力支持下,经过全市人民的共同努力和北京奥申委扎实、细致的工作,北京成功获得2008年第二十九届奥运会的举办权,终于圆了中国百年奥运梦想,同时,也充分证明了中国的国际地位和经济发展所取得的举世瞩目的成就。经党中央、国务院批准,12月10日,第二十九届奥林匹克运动会工作领导小组正式成立。12月13日,经党中央和国务院批准,第二十九届奥林匹克运动会组织委员会正式成立。组委会由北京市、国家体育总局等国家机关的领导同志及运动员和社会知名人士等7个方面的人士组成。在申奥的热潮中,北京的竞技体育取得了新的发展。8月22日至9月1日,北京成功举办了第二十一届世界大学生运动会,来自169个国家和地区的9000余名运动员、教练员、官员、裁判员和记者报名参加此次运动会。北京市圆满实

现第九届全国运动会奋斗目标,在 11 月 11 日至 25 日举行的第九届全国运动会上,北京市的 533 名运动员参加了全部 30 个大项 252 个小项的比赛,共获得金牌 23 枚,总分 1609.75 分,金牌数和总分均居第五位,实现了"金牌总分超八运,力争位次向前移"的九运会目标。为了促进北京体育事业的健康快速发展,北京市制定和出台了一系列的规章制度,如《关于进一步加强我市少年儿童体育训练工作的意见》、《北京市区县少年儿童体校办校规定》和《关于北京市少年儿童体校运动员合理流动的暂行规定》等管理办法,《〈北京市全民健身工程管理暂行规定〉实施细则》、《关于进一步加强体育运动项目经营活动管理的通知》、《北京市体育运动项目从业审核条件》、《关于北京市体育运动项目经营资质证书审核发证规定》、《北京市体育设施管理条例》等等。北京市组织召开了"2001 中国体育产业发展国际论坛"和"2001 北京体育经纪和体育俱乐部经营创收国际研讨会",加强了北京体育业内人士与国内外专家的交流,为政府决策提供了极有价值的思路和建议。7 月 5 日至 8 日,北京市举办了北京 2001 中国国际体育用品博览会暨第九届中国体育用品博览会,来自全国 20 多个省市及美国、日本、澳大利亚、新西兰、荷兰、台湾和香港等国家和地区的 678 家参展企业订购展位 4258 个,加强了北京体育事业的对外交流,促进了体育产业的发展。北京体育基础设施建设取得了的新进展,完成了木樨园网球中心、木樨园综合训练馆、什刹海综合训练馆、芦城体校运动员公寓 4 个基建施工项目的建设,总面积达 31965 平方米,累计完成总投资超过一亿元。2001 年,《全民健身计划纲要》二期工程启动,北京市完成了国民体质监测工作。同时,北京市加强了全民健身基础设施建设的力度,举办了第三届全民健身体育节,营造了良好的申奥氛围,推动了首都群众体育运动的社会化发展。

2002 年,北京市体育工作以"新北京、新奥运"为主题,以改革创新为动力,积极落实中共中央《关于加强和改进新时期体育工作的意见》和国务院召开的第一次全国体育会议的精神,加大各项基础性体育工作的建设,完成了《北京奥运体育行动规划》制定工作。奥运规划的制定为统筹未来 6 年北京市体育工作提供了纲领性文件,为迎接第二十九届奥运会做了重要的准备。2002 年,北京市的竞技体育基本完成了新周期项目调整和布局,组建了两支队伍,运动水平保持了稳定,基本完成了新周期项目布局和队伍组建工作,对新周期项目进行了重新布局调整,重新下达了各运动队的编制数,狠抓了 2004 年、2005 年和 2008 年、2009 年两支队伍的建设;组建了由 243 人组成的代表团参加了第二届全国体育大会 22 个竞赛项目中 18

个大项、99个小项的比赛,北京市运动员获得13金、14银、20铜,金牌总数位居第五。群众体育以构建面向大众的体育健身服务体系为目标,突出对健身的科学指导,加强了群众性体育基础设施的建设,修订了《北京市区县综合评估标准》和《优秀社会体育指导员评选办法与标准》,制定了《青少年体育俱乐部的管理办法及评估标准》,举办了北京市第11届运动会,18个区县代表团的4880名运动员参加了21个项目、523个子项的比赛,有力地推动了北京市群众性体育事业的发展。

2003年,北京市的体育工作紧紧围绕举办一届成功的奥运会和建设国际化体育中心城市的根本任务,进一步完善健身服务体系,加强运动队建设和训练质量,不断优化体育产业发展环境,强化体育执法和法制宣传工作。为贯彻中共中央、国务院《关于进一步加强和改进新时期体育工作的意见》和全国体育工作会议的精神,北京市委、市政府印发《关于加强新时期体育工作,建设国际化体育中心城市的意见》,提出了建设国际化体育中心城市的奋斗目标。针对本市面临的筹备和举办2008年奥运会的战略机遇期,北京市编制《北京体育奥运行动规划》,包括8个专题规划和各区县规划;以抓训练质量和后备队伍建设为重点,使竞技体育水平稳步提升;面对2008年奥运会的形势要求,成立北京市竞技体育工作领导小组;同时,进一步细化《关于加快2008年奥运会后备人才队伍建设,实施奥运金牌战略的工作方案》。2003年,北京市运动员在指定的全国比赛中共获金牌28块、银牌27块、铜牌26块,完成前三名79项,前八名163项。在世界、亚洲三大赛比赛中,北京市选手共获金牌10枚、银牌3枚、铜牌3枚。在第五届全国城市运动会上,北京市共获得8块金牌、10块银牌和11块铜牌,北京市的运动员取得了优异的成绩。为激励运动员和教练员迎接和备战2004年和2008年奥运会,北京市出台《优秀运动队年度比赛成绩津贴奖励办法》和《2004年奥运会入围奖励办法》,提高了运动员为国争光、为北京市争光的积极性和创造性。继续贯彻和开展全民健身工程和群众性体育运动。9月6日至10月10日,北京市举办了第四届全民健身体育节,这是"非典"之后北京市规模最大、持续时间最长、参与人数最多的一项群众体育活动。2003年,北京市共举办市级活动50余项,区县级活动521项次,基层单位活动12744项次,768.5669万人次参与健身活动。截至2003年,北京市共配建全民健身工程3847个,总配建面积2830227平方米,总投资超过5亿元。

2004年,北京市体育系统围绕奥运会和十运会开展各项工作,努力构建国际化体育中心城市，大力建构全民健身服务体系。2004年，第二十八届雅典奥运会举行，北京市有31名运动员、5名教练员入选中国代表团，在6个项目上夺得金牌，占中国代表团金牌总数的16%，位居各省市之首；在自行车、体操项目上夺得1银、1铜，在垒球、花样游泳等项目上夺得11个第四至第八名。这一成绩超额完成了"3246"，即在2004年奥运会上夺取3块金牌、全国十运会上夺取24枚金牌、2008年奥运会上夺取6块金牌的奥运夺金计划的第一个目标，实现了北京市在奥运会上的历史性突破。此外，北京市运动员在世界三大赛上还获得9块金牌、在亚洲三大赛上获得10块金牌，在全国指定性比赛中获得26块金牌。同时，北京市体育系统制定印发了《关于加强教练员队伍建设和管理工作的意见》，加强了教练员队伍的建设；继续加强2008年北京奥运会优秀后备人才队伍的建设。此外，进一步加强了北京市的农村体育工作，继续推进群众性体育工作的发展，加强了学校体育的开展工作。2004年，北京市努力打造北京品牌体育赛事，提高本市在国际体育领域的地位和影响力，举办和参加了一系列的体育赛事；加强了体育产业的培育和管理，进一步推进体育休闲产业的发展。

2005年，北京市奥组委确立了"同一个世界，同一个梦想"的北京奥运会主题口号，北京市体育工作紧紧围绕举办一届"有特色、高水平"奥运会的目标和推动"新北京、新奥运"战略构想，大力宣传"人文奥运"理念，普及奥运项目知识和观赛礼仪，全面推动各项体育事业的建设和发展，初步建成了全民健身服务体系，大幅度提高了北京市的基层体育水平，进一步规范了北京体育市场的管理，并举办了多项国际性体育赛事，积极开展了全面的群众性体育活动。2005年，完成"3246"奥运夺金计划第二阶段目标任务，在十运会上，本市代表团共获得32金、23.5银、26铜，奖牌81.5枚，总分1667.45，1人1次创全国纪录并亚洲纪录，位居金牌榜第四，奖牌榜第六，总分第六，超额完成了十运会的目标任务。本年度，北京市共举办12项全市性活动，225项次区县级活动，6254项次基层活动，市民参与达428万人次；进一步加强和完善了相关的制度建设，制定了《北京市青少年运动员参加竞技系列比赛若干补充规定》、《体育健身活动场所安全通用技术标准》、《北京市全民健身条例》等。同时，北京市的体育科学教育、体育宣传和体育国际交流等都取得新的成绩。

2006年，北京市编制和公布了《北京市"十一五"时期体育发展规划》，对北京市"十一五"时期的体育事业和体育产业发展的目标、重点领域和项目做了明确要求，并提出了支持政策和措施。2006年，举办了北京市第十二届运动会、北京市第九届职工运动会、第二届机关运动会、第七届少数民族运动会和残疾人运动会,举办了第十一届国际田联世界青年锦标赛等国际赛事。在第三届全国群众体育大会上,北京市296名运动员参加了19个大项的比赛,共获得16金、26银、17铜的优异成绩,金牌及奖牌总数均居全国第四,并荣获体育道德风尚奖。在多哈亚运会上,北京市运动员共夺得22金、11银、9铜,并有1人打破1项亚洲纪录,这是北京市参加亚运会以来参赛项目最多、成绩最好的一届,所获的金牌、奖牌数分列全国第四位和第三位。此外,在世界三大赛中,北京市运动员共获得14个世界冠军;在全国比赛中,共获得25个冠军,总分1441分。全民健身运动得到了进一步的深入开展。北京市以第一个"6·23全民健身日"为启动日,举办了本市全民健身周,吸引203.28万人次参与;以"全民健身与奥运同行"为主题,举办了奥运会倒计时两周年百万市民晨练大行动等活动,共举办活动三千四百余项,约六百万人次参与。北京市的国民体质得到了大幅度的提高,北京市第二次国民体质监测结果表明,市民体质总体水平有所提高,儿童青少年体质与健康状况总体良好。该年举办了以"发展农村体育,创建和谐京郊"为主题的京郊农民体育展示大会,进一步推动了北京市农村体育事业的发展。学校体育事业取得了新进展,北京市下发了《关于加强体教结合培养高水平体育后备人才的意见》,并确定10所高校和24所中学为高水平体育后备人才培养基地。

  2007年是北京奥运会的决战之年,北京市切实做好北京奥运会的各项准备工作,推进北京市体育基础设施建设,大力发展体育文化事业和体育产业。北京市市委、市政府出台了《关于促进体育产业发展的若干意见》,这是指导本市体育产业发展的纲领性文件。《意见》明确了体育产业发展的总体思路、指导原则和目标、主要任务和保障措施。2007年,北京市举办了第六届全民健身体育节,组织京城羽毛球千人挑战赛等市级活动12项、区县级活动261项、基层活动5941项,参与总人数达588.6万;开展迎奥运和谐社区杯乒乓球比赛和迎奥运和谐杯金秋全民健身篮球赛,参与人数分别达到280万人、162万人,创下了北京市群体活动单项和集体项目最高纪录;举办了迎奥运倒计时1周年全民健身优秀项目展示活动、全国亿万群众迎奥运健身行活动、全国亿万妇女健身活动、全国亿万青少年阳光体育运动启动仪式、第六届北京市农民运动会、北京市第二届文明啦啦队大赛等活动;举行十大公园健身气功展示活动及本市第二届健身气功交流展示比赛;完成了全国第七届残疾人运动会、第八届少数民族运动会参赛任务。

2007年,北京市圆满完成了北京世界跆拳道锦标赛、北京世界柔道团体锦标赛、中国网球公开赛、姚明纳什慈善邀请赛、全国足篮排乒球联赛北京赛区比赛等多项国际、国内赛事的组织和承办工作,对北京市建设国际化体育中心城市、创建体育品牌起到了推动作用,为2008年奥运会营造了良好的社会氛围。2007年,北京市运动员参加世界锦标赛、世界杯系列分站赛、公开赛、巡回赛等国际赛事获第一名22人次、第二名4人次、第三名9人次;获全国锦标赛、冠军赛金牌26.5块、奖牌77.5块、前8名162.5项次,与上周期同期基本持平。海淀区和顺义区分别组团参加第6届全国城市运动会,共获得13金、13银和12铜的较好成绩,1人1次打破一项全国纪录。体育文化的国际化交流进一步发展,2007年,北京参加了第2届中国(北京)国际文化创意产业博览会,以北京体育产业展的形式集中展示了六大体育产业功能区、大型体育赛事、全民健身活动、区县体育发展成果、奥运场馆成果与大型体育企业等项目。

2008年第29届奥林匹克运动会在北京举行,北京市的体育事业迈上了一个崭新的历史发展平台,是北京市体育事业、体育文化、体育产业走向大发展和大繁荣的年份。在党中央、国务院和北京市市委、市政府的领导下,北京市圆满完成奥运承办任务和相关保障工作,广泛宣传和普及奥林匹克知识和赛场文明礼仪,传播了奥运知识与体育文化,积极开展"迎奥运、讲文明、树新风"活动,为奥运会培养了一大批"热情、文明、懂行"的拉拉队及后备观众,采取全方位防控措施,圆满实现"平安奥运行动"目标。奥运会和残奥会的成功举办和完满完成,为北京赢得了世界性的广泛赞誉,北京市的体育事业走上了兴旺发达的征程。2008年的北京奥运会,是北京市运动员参加奥运会以来,入围人数最多、参赛项目最多、获金牌最多、成绩最好的一届,共有44名运动员、22名教练员和3名队医入选中国体育代表团,参加了17个大项、33个小项的角逐,张怡宁、陈颖、何可欣、林跃等32名运动员在乒乓球、射击、体操、跳水、游泳、女子柔道等20个项目上共夺得6枚金牌、3枚银牌、6枚铜牌、3项第五名、2项第六名、1项第七名和1项第八名的优异成绩,实现了金牌和奖牌总数超雅典奥运会的奋斗目标,圆满完成了"3246"夺金计划,实现了北京运动员参加奥运会历史上的新突破,充分展示了北京体育运动员的竞技实力和水平。为了营造喜庆、热情、欢快的奥运氛围,北京市全力唱响"全民健身与奥运同行"主题,开展了丰富多彩的健身活动,成功举办了第二届和谐社区杯乒乓球比赛,参与了第六届奥林匹克文化节,举办了以迎奥运为主题的重大群体活动为奥运会、残奥会成功举办营造了浓厚的氛围。2008年,以举办北京奥运会为契机,在奥运竞技的拉动下,北京的体育文化产业得到了迅猛发展。健身娱乐、竞赛表演、体育用品、数字体育、体育传媒、体育彩票市场活跃,初步形成了以体育为特色,集体育、文化、旅游、传媒、商业为一体的综合产业链和现代服务业市场。同年,还相继成功举办了世界斯诺克中国公开赛、中国网球公开赛、首届世界智力运动会、NBA中国赛、北京国际马拉松赛等具有相当影响力和市场价值的体育赛事。体育彩票销售再创新高,截至12月31日,北京市体育彩票共销售15.4亿元,比去年同期增长2.8亿元,筹集公益金3.28亿元,进一步加大了对北京体育重点产业项目的扶持力度,加速了北京体育产业的发展。

2008年北京奥运会的成功举办不仅在中国首都北京得到了继承和发扬,而且通过奥运会这个窗口和舞台向世界展示和传播了中华民族的优秀文化,体现了北京作为历史文化名城的历史和文化魅力,展示了北京现代化物质文明建设和精神文明建设的城市气质和精神风貌,并在全球化的经济文化背景中和新历史时代中促进了中外文化的交流与对话,加深了各国人民之间的了解、信任和友谊。"新北京、新奥运"的主题和"绿色奥运、科技奥运、人文奥运"的理念,体现了北京在新的环境保护意识、新的科学技术条件下和新的人文意识视野中的三位一体的综合价值取向。如果说,"绿色北京"体现的是一种环保意识,"科技北京"体现的是科技技术先进性,那么"人文奥运"这体现了以人为本的精神文化价值取向。2008年北京奥运会不仅是一次体育盛会,而且是一次文化盛会,充分体现了融生态伦理学、技术功能性和人文价值与人文精神于一体的综合价值取向。2008年北京奥运会的成功举办,为国际奥林匹克运动的发展做出了积极的开创性的贡献,也为北京城市的建设和发展留下了深厚丰富的遗产,为建设"人文北京、科技北京、绿色北京"的建设提供了可资借鉴的成功经验和重要的契机。

2009年是推动北京市体育事业科学发展的关键一年和第十一届全运会的决战年。北京体育工作以加快国际化体育中心城市建设为目标,继承奥运财富、巩固奥运成果,发展群体事业,争创竞技体育佳绩,培育体育产业,推进体育改革,努力推动首都体育事业又好又快发展,以优异成绩迎接新中国成立60周年,为建设"人文北京、科技北京、绿色北京"做出更大贡献。北京市全力打好第十一届全运会,努力增强竞技体育实力,巩固和加强二级运动队管理,规范后备人才基地建设,做好北京市第十三届运动会的筹备工作,力争运动成绩和精神文明双丰收。积极落实北京市委、市政府《关于促进体育产业发展的若干意见》,大力支持体育产业功能区建设,办好重大赛事,加强体育市场监管,积极推进体育管理体制和运行机制改革,加强体育法制工作建设,做好《北京市"十一五"时期体育发展规划》督导与评估工作,加快重大规划项目的建设工作,启动北京体育职业学院综合楼等项目,进一步完善体育产业体系。进一步深化体育改革,加强基础工作,推动体育事业协调发展。更加完善全民健身服务体系,重点改善农民和青少年人群的健康条件;继续健全群体组织网络,加强自发组织的管理;加强健身指导,围绕建国60周年开展丰富多彩的群体活动;加强青少年体育工作,重点抓好意见的落实。加强国际间体育交流与合作,增强体育工作的国际影响力和竞争力。全面推进首都体育事业和体育产业的健康、有序的快速发展,努力把北京塑造为中国的体育事业、体育文化、体育产业中心,加速北京作为国际化体育中心城市的建设和发展。

十、新世纪北京的公共文化体系、文化旅游和文化交流

进入新世纪以来,我国的文化事业建设在资金投入、设施数量和规模上大幅度提高,在建设的质量和理念转变方面实现了质的提升,尤其是"奥运"文化和文化创意产业的兴起,有力地促进了各项文化事业的发展。在公共文化体系建设方面,资金扶持和政策引导进一步加强,既有向薄弱地区的面的扩展,也有一批重点项目所体现的质的提升;"奥运"文化起到了强势的拉动作用;博物馆筹资渠道、办馆主体和门类进一步拓展,服务公众的力度提升;图书馆网络化、电子化趋势显著,农村和远郊区县的图书事业得到加强;文化场馆的四级文化设施服务体系大体实现全面覆盖;档案馆等其他文化设施建设继续发展。在文化旅游方面,文化旅游事业与文化创意产业的结合更加紧密,出现了一些以往所未见的新项目、新规划、新气象。在对外文化交流方面,文化外交与文化交流的结合更加多样化;"引进来"与"走出去"相互协调,相辅相成;文化交流的管理和经营机制转换进一步深入,运作更为成熟,与市场、国际接轨更为密切;努力创建文化交流品牌,搭建世界性文化交流的平台,形成国际都市的开放气象;文化交流从"台上"走到"台下",进入日常生活。

新世纪以来,北京市加快了公共文化服务体系的建设。2001年申奥成

功,北京的文化事业建设进入了一个迎奥运的新阶段,各项文化建设在资金投入、设施数量和规模上有大幅度提高,在建设的质量和理念转变方面实现了质的提升。比如历史文化名城的保护和开发、文化品牌的建设、基层公共文化设施等方面都有令人鼓舞的新景象,博物馆、文化场馆、文物事业等也得到了很大的发展。2002年北京市政府、奥组委发布的《北京奥运行动规划》制定了一系列对策、举措,包括建设和改造首都博物馆、中央电视台新址、北京电视台新址、中国科技馆三期等重点文化设施;在奥林匹克公园建设市民广场及青少年活动场所,充实其文化功能;保护和展示历史文化名城和古都的风貌。此外,北京市政府还提出在今后备战奥运的几年中,北京地区各级各类博物馆新建、改扩建的总投资将达到70亿元,在《北京市"十一五"文化事业发展规划》中,为迎奥运同样做出了很多公共文化设施建设的部署,在抓奥运工作的同时,还研究制定了《关于加强北京市公共文化服务体系建设的实施意见》,这些都很有力地促进了首都文化事业和文化产业蓬勃发展。

进入新世纪,国家和北京市政府对文化事业的重视程度和投入不断加大。2005年全国文化事业经费达到495.22亿元,比"九五"期间增加240.71亿元;北京市政府的资金支持也有较大力度,此外还有不少社会资金。这样大规模、多渠道的投资下,"十五"期间北京的文化设施建设出现了新的高潮。资料显示,"十五"期间,国家的重点文化项目中位于北京的占了相当大的一部分,包括国家大剧院、中国美术馆扩改建工程、国家图书馆二期工程(中国数字图书馆)、国家博物馆、故宫大修、国家话剧院、中央歌剧院等;北京市文化设施重点工程包括首都图书馆二期、北京画院画室、中国杂技团教学楼、海淀剧院改造等多个项目。北京市还采取联合开发的办法,建设了长安大戏院、中国评剧院和北京戏校排演场,合作建设资金共计3.66亿元。2003—2005年,北京市加大了对文化事业的改革,鼓励社会各界兴办文化企业并加以各种优惠政策;对文化事业的公益性做出了明确的区分,强调增加对公益性文化事业单位和文化基础设施建设投入,规定经营性文化单位所承担的公益性任务部分可单独核算且亏损部分经核定后由政府负担。2006年9月,《国家"十一五"时期文化发展规划纲要》发布,其中"公共文化服务"专辟一章,并被置于"文化产业"之前,占据了令人瞩目的优先地位,内容涉及完善公共文化服务网络、创新公共文化服务方式、健全公共文化服务组织体制和运行机制,以及加强农村文化建设等一系列重要工作指向。在公共文化服务方面明确强调要完善公共文化服务网络,形成实用、便捷、高效的公共文化服务网络,要加强图书馆、博物馆、文化馆(站、室)、美术馆等公共文化基础设施建设,并且要建设一批代表国家文化形象的重点文化设施。进入"十一五"(2006—2010)期间后,公共文化服务体系建设资金投入更是有了进一步的提高,在2006、2007和2008年的基层文化建设专项资金分别高达22340.15、43884.345、46784.75702万元。

新世纪以来全市博物馆事业迅速发展,筹资渠道、办馆主体和门类进一步拓展,私人办馆、企业办馆、行业办馆的数量不断增长,服务公众的力度也得到提升。2001年实行的《北京市博物馆条例》以法规形式明确提出:"鼓励和提倡社会各界、公民个人兴办博物馆,优先发展填补本市门类空白的博物馆。"2002年北京新文化运动纪念馆和北京御生堂中医药博物馆正式开放,其中后者为民办博物馆。2003年博物馆总数达到123家,中国马文化博物馆、北京皇城艺术馆、中国铁道博物馆开馆。2004年,中国西瓜博物馆、居庸关长城博物馆开馆。北京登记注册的博物馆有127家,总馆藏226万件,博物馆职工队伍人数近7000人,其中各类专业技术人员近3000人;保持运营的约123家,正常开放的有118家,国家级博物馆25个;各类固定展览200多项,临时展览400多项,平均每个博物馆年举办固定展览1.7项,临时展览3.4项,年观众量4000余万人次。2005年全市登记注册的129家博物馆馆藏文物323万件,70%以上的博物馆以收藏和展示文物藏品为主,专题博物馆、纪念馆所占比例约为20%,科技类、艺术类博物馆约占10%。由各级政府出资建立、隶属于各级文物行政管理部门的博物馆约占30%;隶属于部、委、办及北京市政府职能局的,约占45%;隶属于部队系统、科技系统、教育系统的,约占15%;由企业兴办的,约占5%;民办公助的、私立的,约占5%。2006年审批了北京孔庙和国子监管理处、北京老爷车博物馆、北京晋商博物馆、北京电话博物馆4座新博物馆,全市总数达133家。年内全市各博物馆共计接待观众约2500万人次。2007年市文物局审核批准了7家博物馆,包括李大钊故居、中国电影博物馆、胡同张老北京民间艺术馆等。该年在北京注册的各类博物馆有141个(129个对外开放);其中隶属于中央单位的有38个;市属单位的有41个;区县的32个;民间个人或团体的18个。文物藏品达到329.5万件,年观众人数近3000万人次。2008年,北京共有注册登记的博物馆145家,全市博物馆共收藏各类文物及标本330.56万件套,其中经过鉴定的一级文物1.5万件套,二级文物约61万件套,每年推出固定展览200余项,临时展览400余项,接待观众 3000 多万人次。

  除数量和规模的增长之外,北京市还提高了博物馆的减免费程度。2008 年 1 月中宣部、财政部、文化部、国家文物局联合下发《关于全国博物馆、纪念馆免费开放的通知》。根据通知,全国各级文化文物部门归口管理的公共博物馆、纪念馆、全国爱国主义教育示范基地将全部实行免费开放;提出 2009 年除文物建筑及遗址博物馆外,全国各级文化文物部门归口管理的公共博物馆、纪念馆,全国爱国主义教育基地全部向社会免费开放。北京市在这一背景下有 33 个免费开放的博物馆,包括首都博物馆、焦庄户地道战遗址纪念馆、北京自然博物馆、徐悲鸿纪念馆、李大钊烈士陵园、中国电影博物馆、北京禁毒教育基地、海淀区博物馆、中国抗日战争纪念雕塑园等。

  北京市的区县级及以上公共图书馆,2002 年之后各年总藏书量依然保持着逐年稳步增长的良好势头:2002 年为 3248.2 万册、件,2004 年为 3450.6 万册、件,2006 年为 3776.0 万册、件,2007 年为 3940.0 万册、件,2008 年末全市公共图书馆总藏量达 4078.3 万册(件)。除了国家级、市级、区县级三级图书馆之外,街道、乡镇以及社区、村级的图书馆也有很大发展。2004 年北京地区内图书馆(室)共计 10067 所,其中市、区县图书馆 26 所;234 所街道、乡镇社区级图书馆总藏书量 1206.8 万册,外借 713.1 万册次,流通 749 万人次;社区、村图书馆(室)2975 所。2004 年 5 月图书馆的"一卡通"服务开始实施,读者可进行网上及电话续借、享受免费数字资源阅览等服务。此外还有若干民办图书馆(室)。流动图书车送书下基层,为 494 个送书点送书 2210 次,88 万余册。对于北京而言大量的学校图书馆也是重要的一部分文化资源。2003 年北京市属 41 所高校图书馆藏书达 5389 万册、电子文献 93.5 万片;889 所中等学校图书馆藏书达 2677 万册、电子文献 48 万片;1652 所小学图书馆藏书 2372 万册、电子文献 11 万片。到 2007 年,北京市有市级图书馆 1 个,区县级图书馆 23 个,街道图书馆 113 个,乡镇图书馆 163 个,社区图书室 717 个,农村图书室 1746 个,"一卡通"服务至 2007 年底覆盖至市级图书馆 1 个,区县级图书馆 10 个,街道、乡镇级图书馆 132 个,至此街道、乡镇图书馆覆盖率达 87%,社区、村级图书馆(室)覆盖率为 37%。

  从公共图书馆的馆藏量和使用情况看,各区县之间的不平衡性依然比较大。朝阳依然保持着一贯的优势,总藏数在 2006 和 2007 年分别达到 537 万和 582 万册、件,远远超过了同期的其他大部分区县,比如东城区的

43万和崇文区的50余万。同时期另一极端的延庆县藏书数只有20万册,总流通人次和外借册次也只有几万到十余万不等。因此如何缩小区县差距,更好地改善基层尤其是农村地区的图书设施、服务的薄弱状况,是一个重要问题。从2005年起,北京市委宣传部和市新闻出版局等单位启动"读书益民"工程,总投资2000万元,初步规划5年内每年向来京务工人员聚居区、边远山区和城乡中小学校捐建200个"益民书屋"。这与"十一五"期间全国推行的"农家书屋"工程的精神实质也是相当一致的。据统计,到2007年11月底,北京市已为农村村委会、农村中小学校和建设工地建成725个益民书屋,共捐赠图书70余万册,音像制品6000余套,电视机DVD机725台。到2008年底,北京的益民书屋已近1000家,并计划在2012年前达到3950家,初步实现村村有书屋的计划。

在落实"新北京,新奥运"和实施"绿色奥运、科技奥运、人文奥运"理念的过程中,北京的文化场馆设施建设出现高速发展的态势,文化场馆的四级文化设施服务体系大体实现全面覆盖。其中奥运文化广场尤其引人瞩目,这些广场的面积一般都在数千甚至上万平方米以上,比如海淀公园奥运文化广场等。据北京市统计局的资料显示,2003年和2004年,北京各类文化广场达到972个,建筑面积达到454万平方米。此外,2004年全市共有文化馆(中心、站、室、大院)4670个,其中,市级群艺馆1个,区县文化馆19个,街道文化中心125个,乡镇文化站178个,社区文化室1785个,村文化室(大院)2562个;同年全市共计1819个校外活动场所,青少年宫49家;另还有科技馆13个,建筑面积49100平方米,展厅面积11302平方米;科普画廊246个,建筑长度15322米,年展览总长度33914米;展览馆7个,展览总面积126500平方米。到2005年底,全市拥有群众艺术馆和区县文化馆20个、街道乡镇文化站306个、社区文化室1785个、村文化大院2562个、文化广场1091个。截至2007年底,全市有群众艺术馆1个、文化馆20个、文化站310个、社区文化室1785个、村文化大院2562个。到2008年区县级文化馆实现覆盖率100%,乡镇文化站(文化中心)实现覆盖率97%,行政村文化室实现覆盖率67%,街道文化中心实现覆盖率98%,社区文化室实现覆盖率71%。[1]

档案馆建设方面,从2002年起,北京市各区县的档案馆有不断的发展。

---

[1] 北京统计局、国家统计局北京调查总队编:《数说北京改革开放三十年》,2008年,第132页。

建筑面积从 2002 年的 72964 平方米逐年增长为 81519、83162、84654、93773 和 93463 平方米;利用档案资料的人次从 2002 年的 4.53 万人次增长为 6.27、7.03、6.97 万人次,并于 2006 和 2007 年增加到 10.59 和 9.51 万人次;馆藏的案卷总数则从 2002 年的 328.42 万增加到 2003 年的 358.95 万、2004 年的 379.13 万、2005 年的 404.69 万、2006 年的 436.70 万和 2007 年的 461.67 万卷件。

为了改善居民的文化生活,国家"十一五"文化发展规划纲要中,将"2131 工程"(即在 21 世纪,实现每一个行政村(社区)每一个月放一场电影的目标)列入公共文化建设重点工程。早在 1998 年,北京市委宣传部、农工委、市政府文教办、市文化局就联合设立了北京市农村电影启动资金 70 万元,用于为各郊区购买电影拷贝和设备。筹办奥运的几年以来,"2131 工程"的落实也有很大成绩。2002 年北京市文化局为此工程为此拨付 51.4 万元;2003 年市文化局拨款 183 万余元,实际放映电影场次为 38935 场;2004 年为 52186 场;2005 年为 62482 场;2006 年为 7648 场;2007 年更是增加到 95785 场。各年观影人次在 2000 万左右波动,高可达 2600 多万,低也有 1600 多万。

新世纪以来,北京的文化旅游和文化经济呈现出结构升级和丰富发展的新局面。2002 年奥运筹备工作的开始以及文化创意产业的兴盛,为文化旅游的发展带来了新范式和新气象,许多项目中我们都能看到新近的文化产业运营的新机制和新模式,文化旅游的国际化层次进一步提高,文化旅游的管理水平进一步提升,充分体现了北京的文化旅游具有了更多的国际视野和现代意识,文化旅游和文化旅游经济进入了一个新的发展时期。首先,"申奥"成功之后,北京市旅游局制定实施了《北京奥运旅游行动规划》,提出打造国际一流、国内首位的旅游文化名城。同时,备战人文奥运的工作对北京的历史文化的保护、文化设施的建设、文化活动的举办等方方面面都产生了巨大的影响力。比如 2002 年市政府和奥组委发布的《北京奥运行动规划》中出台了一系列举措,包括加大对历史文化名城和古都风貌的保护力度,建设一些新的文化设施。同时,以奥运为契机,文化创意产业的发展给北京文化旅游的经营和发展战略提供了新的契机和方向。文化产业在北京得到了迅速的发展,地位日趋重要,各级政府开始从"文化产业"化的视角来重新审视文化旅游的发展战略和策略。《北京市"十一五"时期文化创意产业发展规划》提出,要把北京建设成为全国性的文化旅游中心,为此提出了一系列具有浓厚文化产业色彩的旅游发展策略,如大力开发旅游特色商品、设立旅游商品研发展示中心,支持旅游景区(点)将自有品牌注册商标,加强文化旅游服务功能,培育新型文化旅游集聚区,充分利用传统民居民俗等非物质文化遗产资源,规划建设798艺术区、宋庄画家村等新型文化旅游区。2006年的《北京市"十一五"时期旅游业及会展业发展规划》、《北京市文化旅游创意产业发展实施方案》,都明确以文化创意产业的发展战略思考文化旅游业发展的路径,从而有力地推动了从更市场化、更商业化的角度提升文化经营效果,从更广阔、更日常的角度开拓文化旅游资源,从更整体化、更科学的角度规划和打造文化旅游集聚区,全方位推动北京文化旅游产业的发展。

从文化旅游与文化创意产业的关系看,两者融合更加紧密。文化产业的经营理念为文化旅游引入了更多的旅游产品,一些文化产业集聚区同时成为知名的文化旅游区。2004年北京市旅游局针对海外游客推出了12条旅游新线路,包括"千年古都觅双绝"等,北京百工坊、潘家园旧货市场、古玩城、全聚德之类都纳入与长城、寺庙等并列的旅游资源。2005年起,北京市申报了第一批国家级非物质文化遗产名录,一些区县随后开始规划专门、集中的"非遗"展演活动。近年来兴起的"798"、"751"、宋庄等则本身就是新兴文化创意产业的集聚区,成为广受欢迎的文化旅游对象。2005年超过50万人次的游客访问了798,其中境外与国内游客比例约为4∶6,2006年的访问量达到100万人次,奥运期间,798接待了50—60个国家各个层次的游客前来参观。2008年《关于全面推进北京市旅游产业发展的意见》强调,要积极推进大马戏表演、中国杂技秀、中华武术擂台赛、大型主题公园以及一些品牌和特色剧目落户北京,更显示出现代的文化创意产业内容和经营方式对文化旅游的影响。

与此同时,新旅游资源的开辟和发展进一步拓深。突出的例子是工业旅游和乡村民俗旅游的崛起。首钢早在2000年就推出了北京的第一个工业旅游项目。2004年,国家旅游局于按照《全国工农业旅游示范点检查标准》,产生了首批306家全国工农业旅游示范点,其中北京的首钢总公司和燕京啤酒集团公司列入工业旅游示范点。此后,北京工业文化旅游也产生了越来越大的社会反响。北京汇源饮料食品集团有限公司、顺鑫牛栏山酒厂、北京市珐琅厂、蒙牛集团生产线、北京现代汽车有限公司等都相继开展了工业旅游。2008年《关于全面推进北京市旅游产业发展的意见》明确指出,要支持具有北京特色和优势的工业企业创建"工业旅游示范点"。到此,北京的工业旅游已经形成"都市工业类"、"现代制造类"、"循环经济类"、"工业遗存开发利用类"等七大类产品,打造了一批有国际影响的知名景点,累计游客数百万。

2002年后,农村民俗旅游也开始走上规范化的正式轨道。该年7月,北京首批民俗旅游接待户颁牌,共有1520个,其中昌平418户,密云300户,房山234户,怀柔194户,平谷151户,延庆138户,大兴31户,门头沟30户,通州17户,海淀7户。2003年北京首批35个民俗村和第二批2644个民俗旅游接待户颁牌,至此全市已有11个区县50多个乡镇300多个村10000多个农户开展民俗旅游接待服务工作。2003年颁布《北京市郊区民俗旅游村评定标准(试行)》,实行统一正规管理。京郊民俗村和民俗户的代表还与市委农工委和市旅游局签订了《"健康文明旅游"民俗旅游村公约》,向游客承诺健康文明的民俗游。此外,乡村民俗旅游的发展还与北京市的历史文化保护区从城区向乡村扩展有关,2004年编制的《北京市第二批历史文化保护区保护规划》中把门头沟区三家店、爨底下村,延庆县岔道城、榆林堡等都纳入保护范围。2005年,中国乡土艺术协会民俗文化专业委员会授予顺义区张镇和莲花山滑雪场为"中国民俗文化镇"和"中国民俗文化活动基地",张镇所辖的张各庄村、良山村、赵各庄村分别被授予"中国民俗文化村"称号。2006围绕"中国乡村旅游年"主题活动,北京举办"北京乡村游"活动,乡村民俗旅游接待人次达2193万,比上年增长32.8%,乡村民俗旅游综合收入达14.1亿元,比上年增长28.4%,全市乡村民俗旅游村达到367个,乡村民俗旅游户18724户。

此外,政府更加着力打造区域性的文化旅游品牌,规划更加合理,特色更加鲜明,产品更加整体化和立体化。其中,一些区县成功地塑造了"文化名片",如通州以"运河文化"为底蕴基础,形成了古城文化保护区、现代文化产业区、农业观光产业区、生态产业园区四大类功能区;文化产业带的范围内包括西海子公园、东方文化艺术产业园区、月亮河花园、运河文化广场以及通州石道碑、燃灯佛舍利塔、张家湾古城遗址和一些名人故居等,囊括了历史人文遗迹、现代景观以及文化创意产业园区。运河文化产业带的规划较好地把打造运河文化品牌和发展文化创意产业融合了起来。又如2004年门头沟区提出打造永定河文化品牌,陆续推出以潭柘寺、戒台寺、妙峰山为代表的民俗宗教文化游,以沿河城、举人村、爨底下村、三家店、琉璃渠等为代表的古村落文化游,以京西商旅古道、进香古道、军事古道为见证的京西古道文化游等。2008年,北京(房山)历史文化旅游集聚区启动,以周口店古文化为龙头、云居寺经文化为核心、大石窝石文化为支撑,以上方山、长沟等山水休闲文化旅游为补充,主要包括周口店古文化旅游区、云居寺佛教文化旅游区等 5 个园区,并启动中华石雕艺术园、龙门生态观光度假园、房山世界地质公园博物馆等 10 个重点项目。这些区域文化旅游品牌不仅仅是对旅游资源的规划整合,它们实际上隐含着把文化旅游作为文化创意产业、通过文化旅游品牌带动文化创意产业发展、把文化创意产业的发展纳入文化品牌的内涵这样的新的思考背景。文化旅游与文化产业的视域融合,给两者都带来了更具活力的发展前景。

新世纪北京的对外文化交流进一步深化、繁荣和发展。面对新世纪更为复杂多变的国际政治、经济环境,中国坚定不移地坚持改革开放这一基本国策,国家各项事业快速发展,取得举世瞩目的成就。与 20 世纪 90 年代相比,北京的对外文化交流事业在"质"与"量"上都呈现出超越发展的态势。2001 年北京申奥成功,同年中国正式成为世贸组织成员,为北京的对外文化交流提出挑战和机遇。北京市制定的《北京市"十五"时期文化事业发展规划》、《北京市"十一五"时期文化事业发展规划》,对北京对外文化交流发展都进行了具有战略性的规划,北京市文化管理机构和组织积极实施文化"走出去"战略,促进对外文化交流,至"十一五"的最后两年,大部分目标已超前、超质完成。北京市的对外文化交流,有力推动了首都现代化国际大都市的全面建设,促进了经济社会全面协调可持续发展,满足了人民群众精神文化需求和促进了人的全面发展,推动了社会主义和谐社会首善之区的构建。

新的世纪北京的文化外交与文化交流在内容和形式上更加多样化,在规模和深广度上有所加强。国家与地方的对外文化交流主管部门积极探索文化交流与文化外交结合的形式,从原来单一的政府统领、官方出面的文化外宣式交流形式到中央与地方,官方与民间相辅相成的多样化形式,合力促成了规模和影响巨大的跨国界、多边文化交流项目,如"北京文化周"活动:2001 年,北京市文化局参加了在莫斯科、蒙特利尔、柏林、布宜诺斯艾利斯举行的"北京文化周"活动,2002 年,市文化局所属演出团体 150 多人组成的代表团赴澳大利亚新西兰参加"北京文化节"活动,代表团辗转悉尼、堪培拉、惠灵顿 3 个城市,14 天演出 120 余场。2003—2004 年"中法文化年"期间,2004 年在巴黎举行的"北京文化周"的规模空前:"文化周"期间,举办了"北京百年摄影图片展"、"北京风情舞动巴黎"、"北京电视连线巴黎"、"北京经贸携手巴黎"、"北京藏书展陈巴黎"、以及北京—巴黎汽车拉力赛等一系列活动,高潮是 1 月 24 日在巴黎香榭丽舍大街举行的中国春节盛装大游行,闻名于世的香榭丽舍大街两侧高悬大红灯笼,由巨型主题彩车装点。北京各界 800 多人与旅居法国的 5000 多名华侨、华人一起,组成 18 个方队,表演京剧、舞龙、舞狮等独具中国和北京特色的精彩节目,把中国传统新春佳节的喜庆气氛呈献给巴黎人民。此次北京文化周是北京历史上规模最大、参加人数最多、活动时间最长、项目最丰富和参与面最广泛的一次对外文化交流活动,全方位地宣传和推介中华文化的同时,向世界传递了北京丰富、文明、祥和、健康、洁净的文化形象和文化精神。

20 世纪 90 年代,中央总结前一阶段的经验,充分认识到了"走出去"在经济社会文化发展中的重要推动意义。2000 年,中共十五届五中全会通过的《中共中央关于制定国民经济和社会发展的第十个五年计划的建议》明确提出了"走出去"战略,紧后,中央对实施文化"走出去"战略做了明确指示。胡锦涛在 2003 年 12 月举行的全国宣传思想工作会议上指出:"大力发展涉外文化产业,积极参与国际文化竞争。"2005 年 10 月,中共十六届五中全会通过的《中共中央关于制定国民经济和社会发展第十一个五年规划的建议》提出:"要积极开拓国际文化市场,推进中华文化走向世界。"《国家文化文化事业"十一五"规划》提出,推动实施文化创新战略、公共文化服务战略、文化产业跨越式发展战略、中华文化"走出去"战略、人才兴文战略等五大发展战略。在中央关于文化交流的政策和精神指导下,北京市贯彻落实文化"走出去"战略,2002 年—2008 年,北京市文化局派出到国外和港澳台地区的文化项目逐年上升,七年中共派出 1153 批次,15158 人次。2006 年,北京市制定《"十一五"时期文化事业发展规划》,提出深化文化体制改革,加强对外文化交流。在筹办奥运期间,北京市积极利用海外中国文化中心举办宣传北京、宣传奥运的系列文化活动,促进中国文化走向世界,创出北京外宣工作的品牌工程,树立北京良好的国际形象。实施北京国际艺术节海外推广计划,提升北京品牌文化活动的国际知名度。选择重点国家和地区办好北京文化节、北京文化周活动。成立对台文化交流的民间机构,提升京台文化交流的规模和档次。研究制定北京市优秀演出、展览项目出口指导目录。瞄准东南亚、港澳台等华人文化圈国家和地区的出版市场,推动中文繁体出版物的出口。以外文书店黄河文化公司为阵地,扩大在欧洲地区中国文化宣传品的出口发行数量和规模。推动出版一批介绍中国历史文化和当代文化的中外文对照或中外文并行的出版物,推动中国出版物走向世界。大力支持出版物版权输出。办好侨报等海外新闻专版。办好外语广播,实现多语种播出。增加北京人民广播电台、北京电视台在境外播出节目数量,精心办好北京电视台北美和亚洲卫星频道。加大对影视剧产品和节目出口的政策扶持力度,拓展北京广播电视节目外销渠道,建立海外营销平台和发行网络。积极开展国内外文物保护、博物馆管理等方面的交流合作,鼓励和引导博物馆组织高水平的展览和交流活动。北京市文化"走出去"战略的实施,扩大了北京文化在国际的影响力,增强了北京市文化产业的国际竞争力,为奥运的顺利举行创造了良好的国际环境,实现了社会效益和经济效益双赢最大化。

在文化交流品牌的塑造方面,随着对外交流的深入发展,北京市创立了一些文化交流品牌,努力搭建世界性文化交流的平台,形成国际都市的开放气象,塑造了"文化北京"的新形象。北京敞开大门欢迎世界著名的艺术家和演出团体来京献艺,成功举办了系列艺术节,如北京新年音乐会、北京国际音乐节和北京交响乐演出季,北京国际旅游文化节、"相约北京"联欢活动、北京戏剧演出季,北京国际舞蹈演出季等。通过几年的积累,开始于2000年的"相约北京",成为中国国家级大型综合国际艺术节和亚洲地区最大的春季艺术节,形成具有较强影响力的艺术品牌,获得了国内外艺术界的认可,为我国对外文化交流提供了一个重要平台。8年来累积邀请了来自世界各地的300个艺术团体、6000多位艺术家在北京登台献艺,其中不乏世界一流的艺术家和艺术院团参与艺术节活动。美国费城交响乐团访华音乐会,英国皇家莎士比亚话剧团演出,捷杰耶夫歌剧盛典,多明戈独唱音乐会,蒂娜、阿瑞娜音乐会,音乐剧《猫》等精彩的艺术精品都在"相约北京"的舞台上上演。1998年开始的北京国际音乐节,是文化部和北京市人民政府主办的大型音乐活动,包括交响乐音乐会、歌剧、独奏音乐会、室内乐音乐会、经典爵士乐音乐会、歌舞剧、演唱会等多种艺术演出活动,经过多年打磨,已经跻身于世界最高水平音乐节的行列。北京国际音乐节中的很多作品都是难得一见。以歌剧为例,2005年瓦格纳的四联剧《尼伯龙根的指环》,2006年肖斯塔科维奇的《迈克白夫人》和威尔第的《茶花女》,代表了西方歌剧历史几百年的不同风格,除《茶花女》外,其他几部即使在欧美国家也不经常上演,而北京国际音乐节的舞台却让这些经典剧目大放异彩。随着影响的不断扩大,登上这个舞台的音乐团体和艺术家的水平越来越高,而且产生了滚雪球的效应。从第一届到第十届,北京国际音乐节吸引观众34万多人次,其影响逐渐从音乐界发散到社会各方面。2003年,北京市政府为2008年奥运会特别设计三大文化品牌工程,即北京国际戏剧演出季、北京国际舞蹈演出季和北京国际音乐演出季。在2003年至

2007年的每年四五月进行,共有120多台国内外经典与现代剧作登台演出,展示了当代国际戏剧舞台上的艺术潮流,成为当代国内外戏剧文化交流的重要窗口。北京国际舞蹈演出季,是北京各艺术活动中唯一一个纯粹由舞蹈艺术支撑起来的艺术节,每年岁末年初举行,为国内外舞蹈团体提供良好的展示机会,从2003年的第一届到2008年与北京国际戏剧演出季联合并举,北京国际舞蹈演出季上呈现了芭蕾舞、古典舞、弗拉门戈舞,也有现代舞、踢踏舞、街舞、民族舞剧、民族原声态舞蹈等精彩纷呈的中外舞蹈。总的来看,北京的重要文化品牌具有国际性、多样性、公益性、原创性四大特点,整合各方面社会资源,丰富了市民文化生活,提升了北京文化的影响力和国际号召力。

在筹办奥运之机,北京市抓住"奥运"良机,塑造"文化北京"形象,文化交流从"台上"走到"台下",进入日常生活。2001年,北京申办2008年第29届奥运会成功,奥运会的筹备和举办对北京城市的建设和发展具有历史性意义。奥运会本身就是一项大型的、国际性的文化交流活动,是集中向世界展示北京与中国的政治、经济、文化的一次良机。在中央"举办一届有特色的奥运会"的指示下,奥运会筹办期间,北京以天安门广场、东西长安街、南北中轴线、中华世纪坛、北京标志性建筑的广场、奥林匹克公园以及其他重点公园等为重点文化活动场所,充分发挥世界第一大城市广场、第一长街以及独一无二的城市中轴线在首都整体文化形象塑造中的重要作用,推出一批体现中国特色、北京气派的国际性品牌文化活动。

2002年—2007年,宣传北京奥运成为对外文化交流的主要内容,为此北京市举办了四届奥林匹克文化节、北京国际戏剧演出季,六届"相约北京",九届北京国际旅游文化节等大型文化活动。随着奥运会的临近对外文化交流也达到高峰:2007年,北京市出访国外及港澳台地区文化交流项目150批2016人次,其中,局系统81批1240人次,归口管理单位69批776人次。引进国外及港澳台地区共419批,9875次,其中,局系统3批5人次,归口管理单位416批9870人次。与2006年相比,对外交流项目增长了19%;交流人数增长了15%,为历年来的最高。2008年度,文化局受理对外交流文化项目553批,8649人次。来访项目高于出访项目。与2007年相比,对外交流项目下降了3%;交流人数下降了27%。出访项目的降低是因为,奥运举办之年,北京开放大门,搭建舞台,欢迎来自世界各国的艺术表演、展会团体。与此同时,为迎接奥运,2002年北京市政府专门成立了北京市民讲外语组委会办公室。在筹办奥运的6年内,北京至少有100万人参与到市政府开展的讲外语活动之中,到 2008 年以英语为主的外语人口总数达到 500 万,占常住人口比例的 35%,对外文化交流,从"台上"走到"台下",北京市民人人参与,文化交流发生在日常生活之中。奥运期间国内外演出团体联合协作,为北京市民和游客提供 3400 场演出和奥运主题展览活动,平均每天 13 场左右的文化艺术盛宴。围绕奥运开展的文化交流活动,除由政府组织外,更多地发挥社会各界积极性,注重市场运作方式,吸引一流人才和广大民众的热情参与,通过精心设计和反复锤炼,创造一个具有"古都特色、中国风格、东方气派"的文化环境,向世界展示北京城市繁荣、文明的崭新形象和北京市民昂扬向上的良好风貌,提升了北京作为全国文化中心和国际交往中心的文化品位。

主要参考文献①

1. 北京市地方志编纂委员会编:《北京年鉴》(1990—2008),北京:中国城市出版社。
2. 北京市地方志编纂委员会编:《北京志·文化艺术卷·群众文化志》,北京:北京出版社,2001。
3. 北京市社会科学院等编:《北京文化产业研究》,北京:北京出版社,1999。
4. 北京统计局、国家统计局北京调查总队编:《数说北京改革开放三十年》,北京:中国统计出版社,2008。
5. 戴维·钱尼:《文化转向:当代文化史概览》,南京:江苏人民出版社,2004。
6. 《当代中国的北京》编辑部编:《当代北京大事记(1949—2003)》,北京:当代中国出版社,2003。
7. 大卫·赫斯蒙德夫:《文化产业》,张菲娜译,北京:中国人民大学出版社,2007。
8. 董光器编著:《古都北京五十年演变录》,南京:东南大学出版社,2006。
9. 单霁翔:《城市文化发展与文化遗产保护》,天津:天津大学出版社,2006。
10. 弗雷德里希·詹姆逊:《文化转向》,胡亚敏等译,北京:中国社会科学出版社,2000。
11. 甘阳主编:《八十年代文化意识》,上海:上海人民出版社,2006。
12. 郭双林:《八十年代以来的文化论争》,南昌:百花洲文艺出版社,2004。
13. 《邓小平文选》(1—3),北京:人民出版社,1994。
14. 《江泽民文选》(1—3),北京:人民出版社,2006。
15. 林蕴晖等主编:《人民共和国春秋实录》,北京:中国人民大学出版社,1992。

---

① 本书主要参考文献还有,新中国成立以来各个时期的北京城市总体规划以及中央的批复意见;各个时期国家和北京市的有关文化保护、文化建设、文化制度方面的文献;十一届三中全会以来中央和北京市关于精神文化建设的文献;各个时期中央和北京市关于哲学社会科学发展的文献;新中国成立以来中央和北京市关于文学艺术、新闻出版和体育事业的相关文献。这些文献在书中随文标明,此不赘列。

16. 刘牧雨、戚本超主编:《北京改革开放30年研究》丛书,北京:北京出版社,2008。
17. 《毛泽东选集》(第五卷),北京:人民出版社,1977。
18. 席宣:《"文化大革命"简史》,北京:中共党史出版社,2005。
19. 许明等著:《当代中国的文化发展》,北京:中国大百科全书出版社,2008。
20. 杨继绳:《邓小平时代:中国改革开放纪实》,北京:中央编译出版社,1998。
21. 于炳贵、郝良华:《中国国家文化安全研究》,济南:山东人民出版社,2007。
22. 俞思念主编:《社会主义文化建设的历史、理论与实践》,北京:中国社会科学出版社,2008。
23. 郑刚主编:《当代中国三次思想解放全录》,北京:中共党史出版社,1998。
24. 中共北京市委宣传部编:《北京市改革开放20年文集》,北京:同心出版社,1999。
25. 中华人民共和国教育部编:《共和国教育50年(1949—1999)》,北京:北京师范大学出版社,1999。
26. 周一兴主编:《当代中国的北京》,北京:中国社会科学出版社,1989。

后记

2009年适值北京解放60周年、新中国成立60周年。在庆祝北京和平解放60年和新中国成立60年之际，回顾、梳理、阐述和研究北京60年来文化建设与发展的历程，具有非常重要的理论价值和实践意义。值此，北京市社会科学院设立"北京文化建设与发展60年"年度重大课题，本人受命于院领导的委托，主持和负责完成该课题的研究，本书即是其最终成果。

本书以历史发展为基本线索、以区域性文化为基本内容、以主题性文化为基本结构，分五个历史阶段、设九个基本文化层面，力图立体多维地展示、概括、阐述北京文化60年的建设和发展历程。这里涉及每一个历史时期、每一个文化内容、每一个文化主题甚至每一个文化层面，都是值得深入研究的重大课题，都是需要一部专著甚至多部著作才能完成的工作，其中的每一问题都可以从不同层面、不同角度、不同维度进行深入研究。应当说，对于新中国成立以来北京文化历程的研究，本书只是做了非常初步的工作，有待来者做出更系统全面、更深入细致、更深刻到位的研究。至于如何从社会主义文化现代化的角度研究北京文化的发展，如何从北京历史文化传统与北京现代文化建设的关系探讨北京的文化建设，如何在国际大都市的坐标系上思考首都文化发展战略问题，如何从国家首都、历史名城、世界城市、宜居城市、创新性城市、人文北京发展目标定位和战略要求等等，以专题性或综合性的视野思考、探讨首都的文化建设、文化发展、文化繁荣、文化战略等等问题，恐怕是未来首都文化的理论性深化研究和前瞻性战略探讨更值得深入的课题。

在本课题的申报、研究和写作过程中，曾与北京市社会科学院院长刘牧雨研究员就课题的基本思路和框架进行过多次讨论，刘牧雨院长提出了诸多中肯的建议和意见，北京市社会科学院主管科研的副院长戚本超研究员始终关心课题的研究和进展,在此致以衷心的感谢。本课题得以完成,还得感谢院学术委员会、科研处和图书馆的支持。在论证过程中,北京师范大学王一川教授、刘勇教授,中国人民大学金元浦教授,北京市社会科学院孟固研究员等都提出了非常好的意见和建议。北京市社会科学院赵志强研究员、杜丽燕研究员、郑永华博士等给予了经常性的智力支持,谨向他们表示诚挚的谢意。此外,还得感谢课题的几位参与者,他们查找和整理了许多相关材料,撰写了部分章节:徐翔撰写了第三章第八节、第四章第九节、第五章第十节"北京公共文化体系、文化旅游和文化交流"部分;张佳、陈黎铃、常力强分别撰写了第三章第六节"改革开放与新时期北京文学艺术"部分,第四章第六节"深化改革与北京文学艺术"、第五章第七节"新世纪的北京文学艺术"部分,徐翔博士认真细致地通读了全部章节的书稿,避免了不少计算机"误读"之处,全书最后由李建盛修改定稿。

李建盛